LE Magasin du XIXe siècle

SOMMAIRE

ÉDITORIAL

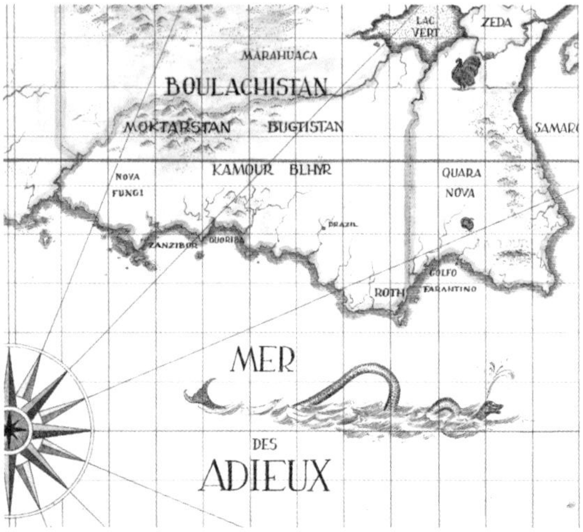

LEUR XIXe SIÈCLE

DOSSIER : C'EST LA FÊTE !

LE XIXe SIÈCLE S'AFFICHE

LE XIXe SIÈCLE INTIME

ARCHIVES

L'ESPRIT DES LIEUX : TIVOLIS, BALS ET JARDINS DE DIVERTISSEMENT

ÉDITORIAL

Victoire Feuillebois

« Une terrasse du palais Barbarigo, à Venise. C'est une fête de nuit », annonce la première phrase de *Lucrèce Borgia* (1832) de Victor Hugo. Inutile d'en dire plus dans cette didascalie liminaire : le simple mot « fête », dans ce contexte italien et nocturne, suffit à convoquer dans l'esprit du lecteur tout un univers de réjouissances, empreint de luxe et de stupre, où le divertissement se colore volontiers d'intrigue amoureuse ou politique, où les feux de la fête servent autant de décor que de révélateur au drame des passions, où la scène et la salle se fondent sous des flambeaux d'un même éclat, à une époque où on aime particulièrement représenter sur les planches des moments de joie collective que de nouveaux moyens techniques rendent plus réalistes ou plus spectaculaires. Nous voilà plongés au cœur de la l'intensité et de la diversité des cultures festives du XIXe siècle, que ce nouveau numéro du Magasin du XIXe siècle se propose d'explorer.

Car le XIXe siècle prend la fête très au sérieux : c'est une époque charnière où se mêlent anciennes et nouvelles pratiques de la fête, et qui prend acte avec une gourmandise encyclopédique de la multiplicité historique et géographique des phénomènes festifs. On enquête : le goût prononcé du siècle pour le folklore suscite un intérêt tout nouveau pour le cérémonial archaïque des fêtes paysannes, tandis que le regard historique met en relief la place centrale qu'occupaient les rituels festifs païens et les fêtes religieuses. On s'interroge : le sens de la fête se serait-il perdu en comparaison des fêtes légendaires du passé, bacchanales latines ou fêtes des fous médiévales, dont on se plaît à retrouver des vestiges dans des pratiques rituelles telles que la descente de la Courtille ? On encadre : le regard des autorités cherche à percer toujours plus au cœur cette masse de noceurs et à contrôler ces flux qui ont leurs lieux attitrés – et qui parfois en débordent. Mais surtout, on célèbre à tous les étages : les fêtes du roi ou de l'Empereur cohabitent avec les célébrations inspirées de la Révolution et, de l'arrivée du chemin de fer jusqu'à la grisette, tout peut être prétexte à faire la fête. La République a ses

Jules Chéret, affiche avant la lettre : *Théâtre de l'Opéra. Samedi 7 janvier. Grande fête.* 1898. BnF, Gallica.

Louis Morin, *Carnavals parisiens*. Éd. Montgrédien et Cie. Paris, 18... BnF, Gallica.

banquets, les ouvriers leurs bals de barrière, les drôlesses et les mauvais garçons leurs « chahuts », la presse mondaine aime à voir alterner, « raouts » aristocratiques et « fêtes d'artistes », la vie de bohème s'invente comme une fête perpétuelle où s'expérimente une autre image du créateur, tandis qu'au XIXe siècle, le *Charivari* est aussi... un journal, créé en 1832, qui témoigne de l'assimilation de ces cultures festives anciennes par la civilisation médiatique.

Mais gare, le tourbillon de la fête ne s'arrête pas aux portes du dossier : il conduit jusqu'au légendaire Tivoli dans la rubrique « L'Esprit des Lieux », tandis qu'« Archives » fait, entre autres, sa fête à Molière, qui s'invite dans les commémorations dix-neuviémistes récentes dont la rubrique culturelle se fait l'écho appuyé. Du côté des écrits intimes, on apprendra que Flaubert ne fait pas que gueuler, il rêve aussi... Mais laissons d'abord à nos deux grands témoins, Benoît Peeters et François Schuiten, les auteurs des *Cités obscures*, le soin d'ouvrir le bal : c'est à une célébration de l'amitié que ces deux passionnés de notre siècle vous invitent.

Eugène Atget, Quatorze juillet 1899, photographie. BnF, Gallica.

OCEAN NEPTUNIQUE
KØBENHAVEN
ILES CHULAE VISTAE
GOLFE KHADARÉ
GENOVA
CALVANI
BAYREUTH
BRÜSEL
MER METHYLENE
KAH
CHULA VISTA
CANFILA
GALATOGRAD
MOHKA
CERNOVADA
SODROVNO-VOLDACHIE
PORRENTRUY
JUNGLE SEPTENTRIONALE
ZOGECAR
SODROVNI
FORET DE MEGARA
PAHRY
MONT MICHELSON
BLOSSFELDTSTAD
MYLOS
UQBAR
ALAXIS
LEIKO
LAC NEMO
XHYSTOS
DESERT DES SOMONITES
GORONA
ALTA PLANA
SINDACIU
LAC VERT
ZEDA
NOVA
MARAHUACA
IBLIS
URBICANDE
LUNA
TIRUS
BOULACHISTAN
MOKTARSTAN
BUGTISTAN
SAMAROBRIVE
CAVI
KAMOUR BLHYR
NOVA FUNGI
QUARA NOVA
SAMARIS
ORSENNA
MER DES SILENCES
BRAZIL
ZANZIBAR
QUORIBA
GOLFO TARANTINO
ROTH
PORT-DES-SINGES
MONT ANALOGUE
ARD
MER DES ADIEUX
ITHY

LEUR XIXe SIÈCLE

BENOÎT PEETERS / FRANÇOIS SCHUITEN : « NOUS EST UN AUTRE »

Entretien avec Benoît Peeters
Propos recueillis par Jean-Didier Wagneur

Benoît Peeters et François Schuiten ont l'habitude de répondre aux entretiens d'une seule voix. Cette fois l'actualité en a décidé autrement et nous leur avons donné la parole séparément.

Benoît Peeters s'est penché avec Michel Lafon sur les duos d'écrivains dans *Nous est un autre* (Flammarion). Nul doute qu'avec François Schuiten il offre un cas singulier. Ce fut d'abord une amitié et des lectures dans une cour de récréation puis la fusion de deux trajectoires qui ont amené la création d'une bande dessinée exceptionnelle, *Les Cités obscures*, une quinzaine d'albums et de nombreux livres et interventions multimédias. Retour sur la genèse de ce monde latéral qui participe des imaginations et des voyages extraordinaires des XIXe et XXe siècles. Retour aussi, à propos de la parution simultanée de la biographie d'Alain Robbe-Grillet (Flammarion) par Benoît Peeters, sur le temps des avant-gardes, leur « approche » du XIXe siècle et la pratique de la bande dessinée comme mode d'expression.

Benoît Peeters et François Schuiten par Vladimir Peeters

« Carte des Cités obscures » version mise à jour à paraître dans la nouvelle édition de *L'Archiviste* (octobre 2022).

Benoît Peeters par Camile Gabarra, SCAM.

Vous avez vécu votre jeunesse entre Paris et Bruxelles, votre XIXe siècle est-il franco-belge ?

Benoît Peeters ☛ J'ai grandi à Bruxelles et fréquenté plusieurs systèmes d'enseignement, mais je n'avais pas un tropisme belge très prononcé. Mon XIXe a été celui d'un adolescent passionné de littérature, quelque chose d'assez traditionnel. Outre les livres recommandés par l'école et les grands romanciers inévitables que j'ai lus pour la plupart avec plaisir, une rencontre importante a été celle de Nerval, et cela très jeune. Je me vois encore, dans la cour de récréation du collège Don Bosco, là où j'ai rencontré François Schuiten, plongé dans les Garnier-Flammarion en tentant d'échapper au football. Le professeur de français est alors venu me dire : « Tu sais, tu n'es pas obligé de lire les textes intégraux, il y a les petits classiques Larousse très bien, et les anthologies... » Il me voyait avec *Les Filles du feu* et *Aurélia* à la main, et devait trouver que c'était exagéré ! J'ai toujours gardé dans mes lectures une inclinaison vers la littérature française, malgré ma passion plus tardive pour Stevenson, Conrad et James.

Bien évidemment de toutes ces lectures se sont dégagées des influences que l'on peut retrouver dans *Les Cités obscures* avec François. En premier Jules Verne, les publications autour du *Magasin d'éducation et de récréation* et de vieux bouquins de la bibliothèque familiale. Je me souviens d'un livre en trois tomes qui s'appelait les *Mémoires d'un soldat de l'Empire*. Le héros débutait petit tambour et finissait colonel ou général en ayant vécu toute l'épopée napoléonienne. J'aimais les Jules Verne du Livre de poche qui m'offraient un simulacre d'édition Hetzel car l'éditeur avait conservé les superbes gravures des éditions originales que je n'avais fait qu'entrevoir.

D'autres auteurs sont devenus très importants au fil des ans. Je les ai découverts plus tard, après mes vingt ans. Robida dont j'avais vu quelques images, mais que je ne connaissais pas encore. Quant à Nadar, j'en avais une idée vague. Pour Töpffer, j'ai mis longtemps à mesurer son importance... Il y a beaucoup de découvertes qui se sont faites après avoir commencé à publier. Mais une lecture capitale, je l'ai faite avec François, lorsque nous avions treize ans. Il avait reçu en cadeau au moment de sa parution, en 1969, l'édition Pierre Horay de Winsor McCay. *Little Nemo* m'a d'emblée attiré mais je ne connaissais alors rien sur la bande dessinée ancienne. Je fais partie des gens qui ont cru pendant assez longtemps que, globalement, il n'y avait pas grand-chose de sérieux avant *Tintin*. Grandissant avec la BD belge qui était très vivante (Jacobs, Hergé, Franquin, Tillieux et autres), on savait qu'il y avait de lointains précurseurs, mais dans ma famille, les lointains précurseurs c'était Christophe, auteur certes sympathique mais qui ne m'a jamais enthousiasmé. Pour François et moi, ni *La Famille Fenouillard*, ni *Bécassine*, ni *Les Pieds nickelés* ne faisaient le poids face à *Blake et Mortimer*, *Tintin* et *Lucky Luke*, cela nous semblait très primitif. J'ai mis longtemps à me plonger dans les images narratives du XIXe et à découvrir leur richesse. Je ne suis pas le seul, toute la génération d'historiens de la bande dessinée, Thierry Groensteen, Thierry Smolderen et quelques autres ont fait cette découverte à peu près en même temps que moi. D'un coup, on a pris conscience qu'il y avait une forte tradition graphique avant le fameux *Yellow Kid* de Richard Felton Outcault, cette explosion américaine autour de 1900.

Et on est obligé ici d'en revenir à Töpffer...

B. P. ☛ Effectivement. Sa première publication connue est de 1833 (*Histoire de M. Jabot*), mais il est déjà identifié comme écrivain dès les années vingt, par ses nouvelles. Sainte-Beuve leur a consacré un long article (1841) où il est un peu fait allusion à ses histoires en images. Töpffer avait néanmoins peur qu'on ne le prenne pas au sérieux. Au départ, les *Histoires* ne sont pas signées, mais dans le milieu genevois, tout le monde est au courant. Lorsque je me suis intéressé à lui, on ne trouvait pas ses œuvres, les *Histoires* avaient, certes, été republiées chez Horay, mais de manière assez médiocre, en empilant les strips, etc. Avec Thierry Groensteen, nous sommes allés à Genève, au musée Rath où de nombreux documents sont conservés. On a rencontré les Amis de Töpffer qui voyaient les histoires en images comme secondaires, écrites surtout pour s'amuser et pour amuser ses élèves. Mais on a vite découvert non seulement la force et l'humour de l'œuvre graphique, son inventivité, mais surtout les textes théoriques, qui sont les *Réflexions et menus propos d'un peintre genevois* et l'*Essai de physiognomonie*, premier art poétique de la bande dessinée. Töpffer y pose à partir de l'idée caduque de la physiognomonie de Lavater, celle d'une physiognomonie pratique. Elle nous révèle non l'intelligence d'un être ou sa vérité, mais la manière dont, par le dessin, on peut construire un personnage, avec cette intuition très forte quant aux traits permanents et aux traits non permanents qui permettent de rendre un personnage reconnaissable et de le faire vivre. Ces lectures nous ont amenés, Thierry Groensteen et moi, à publier en 1995, chez Hermann, *Töpffer, l'invention de la bande dessinée*, où l'on a exhumé un certain nombre de textes et proposé de nouvelles approches. J'ai toujours eu le sentiment qu'il y avait un moment Töpffer qui rejoignait les préoccupations les plus contemporaines sur la bande dessinée : une ouverture, une liberté dans la façon de concevoir la narration dessinée, qui finalement trouvait un nouveau sens dans la génération du roman graphique. Pendant longtemps, la tradition très normée de la bande dessinée ne permettait pas de voir la force d'invention de Töpffer. Ce n'est pas étonnant, d'ailleurs, que des gens comme Art Spiegelman ou Chris Ware aient contribué à sa résurrection.

Il s'est aussi intéressé à l'invention de Daguerre.

B. P. ☛ Töpffer écrit sur la plaque Daguerre dès 1841. Il s'en sert pour redéfinir sa théorie de la ligne. Quelle est la différence entre l'identité et la ressemblance ? Cette question est un point essentiel pour lui et sur lequel la photographie va achopper. C'est un problème sur lequel Nadar va revenir. Töpffer est un des personnages que je ne connaissais pas du tout dans ma jeunesse et que j'ai contribué à faire redécouvrir, il est devenu une référence absolue dans l'histoire de la bande dessinée. À partir de lui, on redécouvre les richesses de la bande dessinée du XIXe siècle, longtemps occultée parce qu'on ne savait pas comment la nommer. On connaissait évidemment les albums, notamment ceux de Doré, mais on ne savait pas à quel point la bande dessinée avait été présente dans la petite et la grande presse, en France, en Angleterre, en Allemagne. On a pris conscience que Benjamin Rabier est un très grand auteur de bande dessinée, alors qu'on le voyait comme un illustrateur pour la jeunesse. Il y a beaucoup d'auteurs dont il est difficile de reconstituer l'histoire, et qui ont eu une pratique de bande dessinée muette, qui ont signé des pages extravagantes, jouant joyeusement avec le medium. J'ai, au fil des ans, beaucoup progressé dans la connaissance de l'histoire de la bande dessinée, car j'en avais une idée franco-belge un peu restreinte, celle de ma génération, et j'ai mis longtemps à comprendre que les tentatives d'en donner une définition stricte, par le phylactère par exemple, étaient des âneries. De même, l'idée que la bande dessinée était d'abord un medium pour enfants est démentie par tout le XIXe siècle, à commencer par Töpffer qui s'adresse clairement à un public d'adultes. Il infirme aussi au passage l'idée qu'elle serait un produit exclusif de presse, car il débute par le livre.

Venons-en à présent à une bibliothèque singulière, mais qui n'abandonne pas pour autant le XIXe siècle, celle des « *Cités obscures* ? »

« Dessin de François Schuiten Paul Otlet et le Mundaneum ». (Éditions nouvelles).

B. P. ☛ Un des effets de ma rencontre avec François et de la mise en chantier des *Cités obscures*, en 1980, c'est qu'on s'est vraiment échangé nos bibliothèques. La mienne était avant tout une bibliothèque de mots et la sienne avant tout une bibliothèque d'images. Il possédait toute une série de reliures de *L'Illustration* dont certaines venaient de la bibliothèque de son père, et d'autres qu'il avait acquises. Il avait encore la collection de la revue *Le Tour du monde* et énormément de livres anciens, de gravures et des livres d'art un peu démodés dont les reproductions étaient en noir et blanc, mais qui contenaient néanmoins des trésors. On a passé beaucoup de temps à les feuilleter et à rêver. C'est de cet échange que sont nées *Les Cités obscures*. Chacun de nous deux en détenait un morceau. Borges et Bioy Casarès parlent à propos de leur collaboration de l'apparition d'un troisième homme. Ce troisième homme, c'est véritablement l'auteur des *Cités obscures*, ce n'est ni François ni moi, mais ce que produit notre rencontre, avec les surprises et le côté ludique que génère souvent la collaboration. Ainsi, dans un ancien numéro de *L'Illustration*, alors qu'on travaillait à *Brüsel*, on a découvert Arsène d'Arsonval, un médecin un peu allumé, si j'ose dire, puisqu'il croit à l'électrothérapie, au « beefsteak électrique ». On est tombé aussi sur un « Vaisseau du désert ». L'idée d'un paquebot qui affronterait les déserts est une des sources du personnage de l'inventeur Axel Wappendorf qui invente toujours de nouveaux véhicules.

Tout cela est véritablement né de rêveries sur ces revues publiées entre 1850 et 1930. Le projet des *Cités obscures* a cette tonalité à la fois fin-de-siècle et début du siècle. Le lecteur est plongé dans une période qui n'est ni tout à fait le XIXe siècle classique ni tout à fait le début du XXe, et qui globalement s'arrête à la guerre de 1914. La découverte d'Arsène d'Arsonval date d'un peu plus tard, mais c'était déjà un vieux monsieur. J'adorais cette idée, présente chez Verne et chez Nadar, de gens déjà vieux qui se projettent dans l'avenir avec une énergie absolue. Ils ont entre 70 ans et 80 ans, et se disent : « On peut encore faire ça, imaginer, associer... ». Cet enthousiasme qui nous paraît aujourd'hui un peu naïf est très exaltant, *Les Cités obscures* en sont remplies. L'idée de folles entreprises, de découverte de terres inexplorées, de machines apparemment problématiques… C'est ce qu'on a retrouvé chez un homme qui appartient encore au XIXe : Paul Otlet...

Le créateur du Mundaneum et du fichier universel des connaissances pour le sauvetage duquel vous vous êtes mobilisés, François et vous...

B. P. ☛ Oui, chez Paul Otlet, on trouve cette même exaltation. Il s'est donné comme tâche de cataloguer le monde entier, d'en rassembler tous les savoirs dans son Mundaneum. Il était lié à un sénateur socialiste, franc-maçon, utopiste et wagnérien, Henri La Fontaine, qui a obtenu le prix Nobel de la paix en 1913. Mais leur rêve encyclopédique subit un coup fatal avec la guerre de 1914, et ce sera un fort traumatisme. Otlet était quelqu'un de profondément positiviste, marqué par Hegel et Auguste Comte, et qui entrevoyait outre les révolutions technologiques, la venue d'une grande révolution humaniste et pacifiste. Mais, en lui se profilait parfois un homme du XXIe siècle, une sorte de grand-oncle d'Internet, car le web arrivant, on a redécouvert son traité de documentation, *Le Livre sur le livre*, qui contient un certain nombre de pages visionnaires, associant l'audio, l'écran, imaginant un nouvel espace de travail où les données du monde entier pourraient être accessibles au chercheur – une anticipation qui, technologiquement, en 1934, est bien sûr totalement hors champ. Il a pressenti la combinaison de la télévision, la voix, l'image, l'écran. Avant Tim Berners Lee et Théodore Nelson, Paul Otlet fait figure de précurseur des grandes réalisations numériques de la fin du XXe siècle. En travaillant sur le Mundaneum, on a vécu le croisement improbable entre l'univers purement fictionnel des *Cités obscures* et de *L'Archiviste*, avec un patrimoine oublié et un élément de modernité inattendu. Des lecteurs ont pensé qu'on l'avait inventé ! Mais on a vécu aussi l'inverse avec le Musée A. Desombres, hommage à un peintre plus qu'à demi imaginaire.

L'autre versant du positivisme dans *Les Cités obscures* c'est la menace de l'entropie et du chaos.

B. P. ☛ Il y a certainement là quelque chose de notre complémentarité. François est fils d'un architecte plutôt moderniste, Robert Schuiten, l'un de ceux qui ont fait bouger Bruxelles dans un sens assez problématique. François restait porteur de cette énergie, de ces grandes visions des architectes utopistes. Moi, j'étais toujours un peu du côté de l'ironie, du ver dans le fruit, du détail qui cloche, et ça a dû conférer aux *Cités obscures* une part de leur étrangeté. C'est tout à la fois une projection grandiose, on y bâtit des villes entières, mais il y a toujours quelque chose qui empêche le dispositif utopique de fonctionner tout à fait et le conduit inévitablement vers la désagrégation. Un grain de sable...

Est-ce qu'il y a une théorie de l'histoire au cœur des *Cités obscures* ?

B. P. ☛ Non, je crois que ce n'est pas un système complet, fermé et produit par une théorie. Il y a quelque chose de bizarre, et c'est même une clef dans beaucoup d'entreprises : un rêve synchronique dans la construction d'une œuvre, et la réalité de son élaboration chronologique. C'est ce qui explique le côté complètement troué de *La Comédie humaine*, ou la traver-

François Schuiten, Benoît Peeters, *La Théorie du Grain de Sable*, tome 2, Castermann, 2008.

sée du XXe siècle dans *Les Aventures de Tintin*, malgré leurs nombreux remaniements. *Tintin*, c'est un univers clos, mais c'est en même temps la guerre sino-japonaise, la Seconde Guerre mondiale, la conquête de l'espace, la guerre froide… il y a ces deux mouvements. Pour nous, il y a eu ce rêve autour de la fin des utopies dans les premiers albums, peu avant la chute du mur de Berlin. Mais assez vite la critique de l'utopie ne nous intéresse plus. Ce qui apparaît dans les albums plus tardifs comme *L'Enfant penchée*, *La Frontière invisible* ou *La Théorie du grain de sable*, ce sont d'autres thématiques, liées à notre évolution comme individus et à la période dans laquelle nous sommes pris. Il y a toujours cette envie des auteurs, et peut-être encore plus des lecteurs, de chercher une cohérence, un effet Tolkien, un univers complet, avec son dictionnaire et sa mythologie. Mais autre chose est la pulsion de vie qui traverse tout cela : nous changeons, nos corps, nos références changent, tout comme le monde autour de nous. L'accumulation des titres, leur réception, les commentaires qu'ils ont suscités, ont aussi leurs effets. Je pense que cette dialectique-là est fondamentale, c'est pourquoi il n'y a pas de grand plan, de grand dessein, mais un bricolage qui rattrape des éléments du passé, qui en projette d'autres. Il y a des livres rêvés qui ne se font pas, des fictions qui ne se développent que le temps d'une conférence-fiction ou d'une exposition. C'est donc un univers qu'on ne peut pas cerner comme une totalité, mais qui est en même temps un peu hanté par ce fantasme.

Une totalité perdue. Mais en même temps, vous nourrissez une passion pour l'encyclopédisme. Peter Sloterdijk définit le XIXe siècle par la rencontre de l'encyclopédie et du journal. Vous avez écrit un *Guide des cités*, vous les avez accompagnées d'un journal, *L'Écho des Cités*. Aujourd'hui, un site Internet recense les sources des *Cités obscures*.

B. P. ☛ Une totalité perdue sans mélancolie. C'est quelque chose qui est assumé. Évidemment, je repense à Balzac, au projet de *La Comédie humaine*. Dans mes conversations avec Robbe-Grillet, qui était un grand anti-balzacien, j'essayais de lui faire comprendre que Balzac n'est pas ce modèle où tout se tient droit, que ce monde est hanté par la ruine. *La Comédie humaine* fascine non seulement par ses échos internes, ses personnages qui reviennent, mais aussi par ses manques. Aujourd'hui, cette dimension de *La Comédie humaine* nous paraît presque ce qu'il y a de plus fort et de plus beau, alors que pour Balzac cela a été une intuition géniale suivie un accablement quand il s'est rendu compte que son corps et son énergie créatrice ne suivaient pas. Il y a la même chose chez Dumas et Maquet qui se brouillent puis se retrouvent un certain nombre d'années plus tard en se disant : c'est terrible, on n'a pas pu finir la continuité de l'histoire de France, il y a des romans qui manquent. Pour nous, évidemment, ce mouvement de la vie et de la mort, de la vie qui se poursuit à l'intérieur du système, c'est quelque chose de fondamental. Prenons l'exemple d'une autre œuvre qui m'a beaucoup fascinée et sur laquelle j'ai travaillé, celle de Paul Valéry. Les *Cahiers* sont hantés au départ par l'idée de forger un système. Puis il se rend compte qu'il ne va pas y arriver, il essaie d'en réorganiser plusieurs fois la matière, mais ce que l'on retient aujourd'hui, c'est le journal d'une pensée tenue sur cinquante ans : cela nous importe et nous touche plus que le monument dont il avait d'abord rêvé. Cette ruine est aussi à l'œuvre dans le projet de Walter Benjamin, qu'il a dû vivre comme un échec et qui aujourd'hui nous touche beaucoup plus que si *Le Livre des passages* avait été terminé. Chez Benjamin, il y a cette rencontre entre ce projet d'inventaire et de compréhension du XIXe, et un XXe qui avance, s'accélère et l'entraîne vers une tragédie personnelle et collective. Je crois que c'est ce qui nous retient dans ces œuvres-là : le fantasme d'une monumentalité et son impossibilité. C'est un peu ce que nous racontons dans *Les Cités obscures*, sur un tout autre mode. Mais on n'avait aucun projet théorique au début, on essayait juste de réussir à mener un album à bien, puis un second qui s'est inscrit dans le même univers. *L'Archiviste* a une histoire particulière. Il a été conçu en 1986, comme une commande pour une collection d'albums-posters lancée par Casterman. En réalité, cette fiction est extrêmement marquée par Borges qui est partout chez nous, comme Kafka, et nous y avons joué avec l'idée de l'encyclopédisme, le vertige de la note de bas de page, l'idée du faux glissé au milieu d'une bibliothèque authentique… *L'Archiviste* a marqué un tournant, parce que les trois albums qui le précèdent traitaient

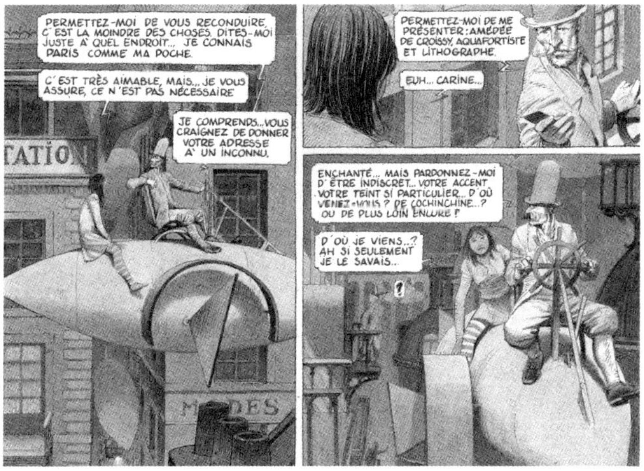

François Schuiten, Benoît Peeters, *Revoir Paris, hommage à Robida.*

de périodes différentes dans des styles différents graphiques différents (couleurs et noir et blanc), et le tout ne formait pas encore un univers. À partir du moment où nous avons créé ce personnage d'archiviste qui doit prouver que les cités obscures n'existent pas et qui se persuade peu à peu qu'elles existent, l'aspect d'encyclopédie un peu folle s'est imposé.

Deux villes sont constamment en filigrane, Bruxelles et Paris « la capitale du XIXe ».

B. P. ☛ Effectivement ces deux modèles ont joué : Bruxelles était la ville de référence dont on connaissait les qualités secrètes et les défauts visibles, celle que le père de François avait contribué à faire évoluer (dans son atelier, il y avait de grandes maquettes, des visions urbaines…) ; Paris était la ville historique respectable, mythique. Quand j'ai donné à François *Paris capitale du XIXe siècle*, il a été d'abord surpris par la structure du livre mais quand il s'est plongé dedans, il m'a dit c'est génial, ça donne plein d'idées. Tout Benjamin compte pour nous, avec son regard spécifique qui est celui d'un étranger, qui va observer cette histoire du XIXe siècle et cette histoire de Paris avec un œil allemand, une culture autre, qui le rend capable probablement de noter des choses qu'un chercheur ou un écrivain français n'aurait pas vues. La figure de Benjamin est une de celles qui jouent un rôle important dans *Les Cités obscures* et dans *Revoir Paris*. Il y en a d'autres : Jules Verne est devenu explicitement un personnage des *Cités obscures*, il dit d'ailleurs dans *L'Enfant penchée* que c'est là qu'il a puisé l'inspiration des *Voyages extraordinaires* – on retourne l'hommage. Robida est extrêmement présent dans *Revoir Paris*, mais il y a, comme René Daumal, toute une série de figures pas seulement littéraires, des artistes, des architectes, pas forcément célèbres, qui ont nourri notre travail, que nous avons aimés et auxquels nous avons voulu rendre hommage. *Les Cités obscures* nous ont fait grandir, et ont élargi notre bibliothèque et notre regard. Moi je l'ai amplifié aussi par mon travail de chercheur, d'essayiste et de biographe (souvent autour de figures de la même époque, comme Nadar, Paul Valéry ou Sandor Ferenczi). Mais nous ne sommes pas partis avec des références architecturales, picturales ou littéraires complètes, nous avions quelques références ; petit à petit, chaque album nous a amenés à construire une bibliothèque spécifique et à réinvestir d'autres publications, d'autres images et d'autres rêves.

Comment s'est déroulé cette hybridation entre deux siècles ?

B. P. ☛ Très spontanément. Pour prendre un exemple, les coiffures, les barbes, les physionomies, les vêtements sont empruntés au milieu du XIXe, au Second Empire mais, technologiquement et idéologiquement, on serait plutôt au début du XXe siècle dans une période qui va jusqu'au futurisme. Assez étrangement, ces mondes qui, historiquement, ne peuvent pas fonctionner ensemble, trouvent une forme de cohérence par l'unification que propose le trait, par l'habileté de François à synthétiser des sources très diverses. Par exemple, la ville d'Urbicande, fait référence à des puristes comme Hilbersheimer ou Le Corbusier, mais en même temps, elle est pleine de statues, d'allégories et de motifs décoratifs. Dans cette idée d'une ville des villes, d'une ville absolue, il me semble qu'il y a quelque chose qui permet d'unifier l'archaïsme des silhouettes et les aspects les plus modernes.

Vous aimez travailler à la frontière, les croisements, les associations...

B. P. ☛ Oui, il y a la liberté que donnent la fiction et singulièrement la bande dessinée. Nous ne sommes pas tenus par une rigueur chronologique ou géographique, mais par une cohérence imaginaire. Il faut que cela fonctionne. Pour préparer chaque album, on a souvent réuni un cahier de références, 100-150 pages de photocopies, qui nous ont servi de réservoir, de boîte à idées pendant qu'on élaborait l'histoire. Il y a des choses qui s'intègrent et d'autres qui tombent en cours de route ; il y a des pièces qu'on aimerait insérer mais qui ne trouvent pas leur place. C'est pour ça que lorsque les gens nous disent « vous devriez faire une Cité obscure autour de telle ville ou de tel personnage ou de telle invention », généralement ça ne marche pas. François peut créer une image pour une ville en combinant quelques éléments caractéristiques, mais on ne peut pas à froid investir une ville, en disant qu'on va la transformer en ville imaginaire, en Cité obscure. C'est pour cela aussi que *Les Cités obscures* sont hantées par l'encyclopédisme, mais aussi par les manques : c'est un puzzle fondamentalement incomplet. Nous avons dit à un moment, en publiant les quatre gros tomes de l'Intégrale, que *Les Cités obscures* étaient peut-être finies. Aujourd'hui nous avons un nouveau projet qui va s'intégrer dans la série : *Le Retour du capitaine Nemo*, mais de toute façon, même si on ajoutait dix albums, l'ensemble resterait incomplet. Ce n'est pas une série qui peut se boucler, puisqu'elle est fuyante, on aborde des points sur la carte ou des dates, mais jamais il ne peut y avoir un élément qui achève la série en résolvant tous ses mystères. Plusieurs livres (*L'Archiviste*, *Le Guide des Cités*, *L'Enfant penchée*) proposent une lecture qui se voudrait hégémonique, mais il reste toujours des béances, des nouvelles failles. *L'Archiviste* a la prétention d'unifier *Les Cités obscures*, mais le personnage d'Augustin Desombres tente de le faire d'une autre manière. Finalement les *Cités obscures* pourraient être une pure projection des fantasmes de ce peintre oublié.

Vous avez une trajectoire singulière, élève de Roland Barthes, biographe de Jacques Derrida et aujourd'hui d'Alain Robbe-Grillet... Comment en êtes-vous arrivé à la bande dessinée et non au roman ?

B. P. ☛ Je me sens à la fois l'enfant de l'ère du soupçon et de la passion du romanesque. Quand j'ai commencé à écrire, j'avais envie de prendre tout ce que la modernité m'offrait : Barthes, Robbe-Grillet, Lacan... Mais en même temps je n'avais pas envie de renoncer à tout ce que la modernité rejetait. Je n'ai jamais cru à la mort de l'auteur. Pour moi, c'était une blague, et quand on voyait des personnalités aussi rayonnantes et charismatiques que Foucault, Barthes, Robbe-Grillet, Derrida ou Bourdieu, on sentait tout de suite que l'aura qui se dégageait d'eux contredisait l'idée même d'une mort de l'auteur. J'aimais en même temps Verne, Dumas, Agatha Christie et je ne faisais pas de coupure franche entre eux et la modernité d'alors. Mon second livre, *La Bibliothèque de Villers*, débute par une épigraphe de Mallarmé ; le Borges de « La Mort et la boussole » y est aussi présent qu'Agatha Christie. Peu après avoir publié mon premier texte de fiction dans la revue *Minuit*, j'ai proposé à Jérôme Lindon un entretien avec Hergé. Je pense qu'il y avait mélange de provocation et d'innocence. Je reconnaissais que Beckett était un très grand écrivain, mais Hergé était à mes yeux un autre auteur majeur. Pour quelle raison ne ferait-on pas se rencontrer ces univers ? Et Lindon, qui était quand même très ouvert de ce point de vue-là, a dû trouver cela amusant et j'ai publié vingt-cinq pages d'entretien, à côté des textes

François Schuiten, Benoît Peeters, *L'Enfant penchée*, Castermann, 1996.

de Tony Duvert ou de Deleuze-Guattari ! Je refusais les interdits de la modernité : le récit, la représentation, le personnage, tout en me passionnant pour ses apports. La rencontre avec la bande dessinée m'a permis de découvrir un terrain moins balisé. J'ai pris conscience après mon premier roman, *Omnibus*, que c'était une littérature nourrie d'allusions, de références, s'adressant à un assez petit monde. J'avais le sentiment que la littérature de la modernité parlait presque à un public de professionnels. On était entre auteurs, critiques, éditeurs, libraires, universitaires, on se retrouvait dans les colloques de Cerisy, partageant les mêmes références, on se comprenait, on se faisait de petits clins d'œil, parfois certains faisaient de la surenchère. Un peu plus tard, quand j'ai commencé à publier dans *(À suivre)*, j'ai eu le sentiment d'avoir de vrais lecteurs, qui étaient architectes, médecins, étudiants ou employés et étaient passionnés. Ils ne se privaient pas de dire ce qui les excitait et ce qui les ennuyait, alors qu'en littérature on était souvent dans un entre-soi un peu pincé, à se demander si on partageait bien les mêmes références. Même si Ricardou est quelqu'un qui a aussi ouvert des portes, qui m'a aussi stimulé et que j'ai bien aimé comme personne – et qui d'ailleurs en lisant les livres que je lui envoyais, roman-photo, bande dessinée, s'est toujours montré bienveillant –, il est certain qu'il a stérilisé beaucoup de gens, ce que Barthes n'a jamais fait. Barthes a eu des moments de rigidité dans certains textes, « Écrivains et écrivants », par exemple, où il a créé le piège dont il a été la première victime, parce qu'il se demandait tout le temps : ne suis-je qu'un écrivant ? alors qu'il était fondamentalement un grand écrivain. Mais il n'a cessé de se réinventer. Ce Barthes complexe, qu'on sentait à travers sa personnalité, sa fragilité, l'étendue de sa culture, je n'en fais pas de lui un antimoderne comme Antoine Compagnon, mais un moderne inquiet, et donc essentiel… Même Derrida était un homme d'inquiétudes beaucoup plus fortes qu'on ne pourrait le croire. Quand il a postfacé l'album photographique que j'avais réalisé avec Marie-Françoise Plissart, *Droit de regards*, il se posait et nous posait plein de questions. Il n'empêche qu'à cette époque beaucoup de personnes ont intériorisé des interdits qui, au fond, étaient des interdits tactiques ou provisoires. Pour répondre un peu plus concrètement à votre question, il est vrai que je me suis assez vite détourné du roman et que l'esprit de l'époque n'y était sans doute pas pour rien. Peut-être s'agissait-il d'un territoire trop balisé, peut-être étais-je intimidé par les chefs-d'œuvre de ceux qui m'avaient précédé. Toujours est-il qu'en écrivant pour la bande dessinée, je ne me sentais pas soumis au même surmoi.

Outre ce nouveau volume à venir des *Cités obscures*, avez-vous un autre projet en cours ?

B. P. ☛ J'ai actuellement un projet qui a été retardé pendant longtemps et qui est directement lié à notre conversation, ce sera une sorte de traversée des images au XIXe siècle, ponctué d'échos et d'échanges entre les mondes de l'illustration, de la bande dessinée naissante, de la photographie, de la caricature et les débuts du cinéma. En fait de Töpffer à Méliès en passant par Nadar. Ce livre a d'abord pris la forme d'un cycle de conférence au musée des Arts et Métiers sous le titre « La révolution des images » ; je l'envisage aujourd'hui comme une série de biographies croisées et de points de rencontre. À cet égard, un personnage comme Nadar est un parfait échangeur, il débute dans la bohème des petits journaux, il est l'ami de Baudelaire et de Jules Verne, le précurseur du plus lourd que l'air. Il accueille les impressionnistes dans son atelier de photographe du Boulevard des Capucines, est lié aussi à Étienne-Jules Marey. Une grande scène du XIXe siècle, c'est la séance chez Meissonier où Eadweard Muybridge projette ses photographies, notamment ses séquences sur le cheval, dans une salle où se trouvent Degas et un certain nombre d'autres gens, de tous horizons ; ensemble, ils assistent à une projection qui va être un choc. On sait à quel point Muybridge a pu peser non seulement sur la naissance ultérieure du cinématographe, mais aussi sur l'évolution de la bande dessinée : il n'y aurait pas de Winsor MacCay sans Muybridge, par exemple. C'est un livre assez ambitieux que j'envisageais plutôt comme un essai autrefois, je le vois aujourd'hui comme plus proche du récit. Je m'y mettrai après quand j'aurai terminé le cours sur la « Poétique de la bande dessinée » que j'ai la chance de présenter cette année au Collège de France.

Propos recueillis par Jean-Didier Wagneur

À LIRE

Benoît Peeters, *Alain Robbe-Grillet, L'Aventure du Nouveau Roman*, Flammarion, 2022.

— et Alain Robbe-Grillet, *Réinventer le roman, Entretiens inédits*, Flammarion, collection Champs Essais, 2022.

À DÉCOUVRIR

Sur les Cités obscures, l'« Encyclopédie impossible et infinie du monde créé par Schuiten & Peeters » à l'adresse suivante https://www.altaplana.be/fr/start

La leçon inaugurale du cours de Benoît Peeters sur la « Poétique de la bande dessinée » a lieu au Collège de France le 27 octobre 2022 à 18h.

Schuiten, *La station de métro Arts et Métiers.*

Entretien avec François Schuiten
Propos recueillis par Mathilde Labbé et Anne Reverseau

François Schuiten dans son atelier parisien, septembre 2022.
Photo Mathilde Labbé.

Dessinateur et scénographe, François Schuiten voit dans le récit le meilleur allié de la création plastique, ce qui fait de la bande dessinée un lieu idéal. S'il a décidé récemment de s'en éloigner quelque peu, il reste un homme de l'image et un homme du livre. De la série *Carapaces* (avec Luc Schuiten) aux *Cités obscures* (avec Benoît Peeters), l'invention et l'exploration d'architectures fictives dessinaient un fil rouge que les lecteurs retrouvent de façon évidente dans ses créations les plus récentes. *Le Retour du capitaine Nemo* à paraître accompagne un projet scénographique d'envergure à Amiens, et les travaux de prospective dessinée dans lesquels l'artiste s'est engagé sont autant de nouveaux *scenarii* d'anticipation. Quand nous l'avons rencontré, il arrivait d'une réunion de la « Red team », une équipe d'auteurs de science-fiction missionnée par le ministère français de la Défense pour anticiper les conflits du futur - un monde assez terrifiant d'où il sortait « choqué », mais comme aiguillonné par les défis de l'époque.

Un écrivain du dix-neuvième siècle occupe une place centrale dans votre travail : Jules Verne. Vous illustrez un roman inédit (*Paris au XXe siècle,* 1994), reprenez certains de ses personnages, comme Michel Ardan, et participez à la rénovation de sa maison à Amiens (2005). Pouvez-vous nous parler de ce compagnonnage et en particulier du nauti-poulpe, la créature hybride que vous imaginez pour la ville d'Amiens, et dont vous allez raconter l'histoire avec Benoît Peeters dans un ouvrage à paraître ?

François Schuiten ☞ Le plus bel hommage qu'on puisse faire à Jules Verne, c'est de raconter. Il a fallu quatre ou cinq ans à ce projet pour commencer à s'affirmer, et c'est ce qui a fait que je me suis dit qu'il fallait raconter une histoire. Ce nauti-poulpe peut avoir son sens à Amiens, parce que c'est la ville de Jules Verne, mais il lui fallait aussi un enracinement dans la fiction. Les livres aujourd'hui sont dans un immense fleuve. Quelques-uns s'accrochent. Je trouvais joli que les livres s'enracinent, qu'il y ait un lieu – par exemple le Palais de justice de Bruxelles pour *Le Dernier Pharaon* (2019) –, qu'à un moment donné un morceau de réel vienne s'accrocher à la fiction comme à un cerf-volant. L'idée du nauti-poulpe était déjà dans une image que j'avais faite il y a une trentaine d'années : une pieuvre s'accroche à la jambe du capitaine Nemo sur son Nautilus. Les récits sont des choses un peu mystérieuses qui traversent

« Nous étions sur le dos d'un bateau sous-marin ».
Jules Verne, *Vingt mille lieues sous les mers*, ill. de 111 dessins par Neuville [et Riou], [gravés par Hildibrand] [1869-1870], Paris, Jules Hetzel et Cie, « Bibliothèque d'éducation et de récréation », 1871, p. 48. BnF, Gallica.

François Schuiten, illustration pour François Schuiten et Benoît Peeters, *Le Retour du capitaine Nemo*, Paris, Casterman, à paraître en novembre 2023. © François Schuiten, Benoît Peeters & Casterman.

vos vies, voyagent. Vous ne dirigez pas grand-chose. Vous les faites affleurer, les hasards viennent… j'adore le fait qu'ils ne soient pas fabriqués, que ce soit comme des émergences qui se relient entre elles.

Mais le lien avec Jules Verne vient du rapport avec ma mère. Enfant, j'avais des insomnies. Je me rappelle que j'allais ouvrir la porte de mes parents ; il y avait un long escalier et je l'appelais à l'aide. Alors elle descendait me lire Jules Verne. Le matin, je regardais les images et, sans doute, entre la voix de ma mère et la beauté de ces illustrations, il se créait encore quelque chose d'autre.

Pouvez-vous nous dire quel est votre rapport à ces gravures du XIXe siècle, celles de Gustave Doré, qui apparaît dans *Revoir Paris*, ou celles des illustrateurs de Jules Verne comme Alphonse de Neuville et Édouard Riou, pour *Vingt mille lieues sous les mers* ? Comment travaillez-vous avec elles ?

F. S. ☞ D'abord, l'émotion que j'avais face à ces gravures de Jules Verne, leur mystère… Hetzel avait mis au point un objet capteur d'émotions. Entre ces gravures, et évidemment l'extraordinaire talent de Jules Verne, il y avait

François Schuiten, illustration pour François Schuiten et Benoît Peeters, *Revoir Paris*, Paris, Casterman, 2014 et 2016. © François Schuiten, Benoît Peeters & Casterman.

une équation qui a marqué son époque. On ne dira jamais à quel point ces illustrateurs étaient talentueux. La plupart ont disparu ; ils ont été balayés par la photographie.

Dans ces éditions illustrées de Jules Verne, il y avait une modernité dont je suis un peu nostalgique. Donc j'essaie de retrouver l'émotion que j'ai eue devant le mystère de ces images, leur persistance rétinienne : elles s'incrustaient en vous pour des raisons qui m'échappent. Elles n'étaient pas réalistes. Elles avaient une dimension un peu fantastique, des changements d'échelle que je trouvais porteurs d'imaginaire... Et ça, c'est quelque chose que j'ai envie de retravailler avec ce que nous sommes aujourd'hui.

Le nauti-poulpe c'est un organe biomécanique, un objet hybride. Il y a des tas d'éléments modernes dans le récit qu'on va introduire – des paquebots par exemple, même si ce ne sont pas les paquebots d'aujourd'hui : je mélange différentes époques.

Les images sur lesquelles je travaille maintenant pour ce livre (*Le Retour du capitaine Nemo*, Casterman, à paraître) prennent un temps fou, parce que j'aime retrouver cette texture et ce temps que prenaient les graveurs, à l'encre. J'ai choisi un format un peu hors-norme, très vertical. Ce nauti-poulpe traverse un monde troublé. On va développer, avec Benoît, le regard noir que portait le capitaine Nemo sur son monde. Au début du récit donc, il vient du fonds des mers, il remonte de l'océan et revient sur la terre pour se poser vers Amiens après avoir traversé des forêts...

Il y a quelque chose de la force imaginative de Jules Verne dans *Les Cités obscures*, cela faisait-il partie de votre ambition, de créer un imaginaire qui touche plusieurs générations, dès l'enfance ?

F. S. ☞ Oui, Jules Verne traverse profondément *Les Cités obscures* : il intervient même explicitement dans *L'Enfant penchée* (1987).

D'ailleurs, on oublie souvent que l'œuvre de Verne a été dès le départ le lieu d'adaptations extrêmement audacieuses – des spectacles avec des éléphants, par exemple, pour *Le Tour du monde en 80 jours*. Verne adorait cela, c'était un homme de spectacles, qui avait une vision assez moderne du récit. Je pense qu'il a déjà en lui ce potentiel de métamorphose. Cela me trouble : il y a dans la façon dont Verne a traité ces mythes des potentialités multiples de se réincarner.

Edgar P. Jacobs, le créateur de *Blake et Mortimer*, était aussi un homme de spectacle, un de ceux qui savent faire des images qui « s'incrustent », qui savent les articuler, les composer. Il commence tard la bande dessinée : il a été chanteur d'opéra, scénographe, il faisait ses maquillages lui-même. Je trouve d'ailleurs que BD et opéra sont deux mondes très proches, ce qui n'est pas du tout le cas du cinéma.

En parlant d'opéra : au cœur de la scénographie de la *Cenerentola* de Rossini que vous avez réalisée en 2000, il y a un livre géant sur un plateau qui tourne, motif que l'on retrouve aussi en couverture de *Paris au XXe siècle* et dans bien d'autres de vos dessins.

F. S. ☞ Oui, le dispositif était extraordinairement ambitieux et je dois dire assez cher car animer, mécaniser un livre de huit mètres de haut c'est considérable… J'étais entouré de gens très compétents dont certains sont mes amis comme Alexandre Obolensky, très grand peintre, qui l'a patiné, qui lui a donné cette espèce de profondeur. J'ai comme cela des obsessions sur lesquelles je n'en finis pas de revenir car c'est en les traitant différemment sous forme de spectacles qu'à un moment donné je les épuise littéralement.

Le livre est la porte qui m'a permis de grandir. Je croule littéralement sous les livres et pourtant ça reste un objet fascinant, même s'il est en train de disparaître de l'espace de beaucoup de gens. Un de mes plus grands plaisirs est d'ouvrir un livre, et d'en faire. Je rêve des livres, de leur fabrication. J'ai une grande admiration pour les maquettistes, les graphistes, les éditeurs qui sont sensibles au choix d'un papier, par exemple.

François Schuiten, illustration pour François Schuiten et Benoît Peeters, Le Retour du capitaine Nemo, Paris, Casterman, à paraître en novembre 2023. © François Schuiten, Benoît Peeters & Casterman

Comment rendre le livre, donc ? En le changeant d'échelle, en éprouvant toutes ses dimensions, en le magnifiant. En matière de scénographie, je trouve que l'écran est l'objet le plus vulgaire qui soit, tandis que le livre garde sa part de force ancienne. Il faut ranimer cette fascination, montrer que ça reste le lieu de l'émerveillement, mais il faut réinventer les formes, surprendre et se surprendre soi-même…

Nous voulions vous parler d'une exposition dont vous étiez à la fois objet, auteur, et scénographe : *Revoir Paris*, en 2014. La Cité de l'architecture et du patrimoine de Paris proposait un dialogue entre vos créations et des projets d'architectes et d'urbanistes depuis deux siècles. On y découvrait de puissantes influences, et une période de prédilection, les années 1850-1930. Le désir de montrer ces jeux d'écho, voire vos sources visuelles, venait-il de vous ?

F. S. ☞ D'abord, il y a eu le livre *Revoir Paris*. Cela faisait longtemps que Benoît et moi voulions aborder directement la ville. J'y habitais de plus en plus, c'était la ville de tous mes éditeurs, mes parents avaient toujours été attirés par Paris. Le récit s'est imposé, avec toutes nos références, Robida, bien sûr, et toutes les utopies parisiennes. On est toujours très heureux de dire les filiations, les choses qui nous ont nourris. J'aime quand des gens me disent avoir pris telle ou telle chose chez moi : ce sont de longues chaînes qui se construisent. Donc, nous sommes allés voir la Cité de l'architecture pour leur parler de ce projet, qui a été accepté avec enthousiasme. Et nous nous sommes immergés, plongés dans les réserves avec bonheur.

François Schuiten, illustration pour Jules Verne, *Paris au xxe siècle*, Paris, Hachette, 1994 et 1995. © François Schuiten.

Dans la bande dessinée Revoir Paris, un personnage explique, en montrant les Halles de Baltard reconstruites, qu'on a « réparé les erreurs du passé », c'est-à-dire les destructions opérées lors des grands travaux des années 1970. Ce retour à une époque antérieure, par la fiction et le dessin, à la suite de Viollet-Le-Duc, nous a marquées. Quel rôle joue pour vous le dessin dans cet accès au passé ?

F. S. ☞ La démolition de la Maison du Peuple d'Horta à Bruxelles ou des Halles Baltard à Paris sont des erreurs historiques : c'étaient de petits chefs-d'œuvre. Et quand vous commencez à dessiner ces bâtiments, vous voyez à quel point c'était extraordinairement bien pensé. Au départ de cette création il y a la qualité du dessin, des proportions, des alignements. C'est un bonheur à dessiner, une grande émotion : vous vous le réappropriez, vous ramenez un peu de ce passé en vous. J'ai même fait appel à Françoise Aubry, la conservatrice du musée Horta, à Bruxelles, pour savoir quelle était exactement la couleur des briques de la Maison du Peuple, initialement, avant que le bâtiment n'ait été brouillé par ses transformations successives (car c'est un bâtiment brouillé qui a été démoli). Le dessin permet de revenir à l'origine, de découvrir la beauté d'un bâtiment.

Mon approche consiste à comprendre en dessinant, en essayant de saisir ce qu'un regard ne peut pas prendre. Pour que le dessin soit intéressant, il doit trouver, reconstruire, il faut des perspectives qui ne soient pas photographiques, des points de vue sur lesquels ni le cinéma ni la photo ne peuvent aller.

Vous êtes souvent invité à imaginer le futur des bâtiments ou des villes, pour le Grand Paris par exemple ou pour la « Red team ». Est-ce que ces projets auxquels vous participez ne sont pas finalement la suite de la planification urbaine telle que la concevait le XIXe siècle (Haussman à Paris, Anspach à Bruxelles) et que vous critiquez dans *Les Cités obscures* ?

F. S. ☞ Si, bien sûr. D'ailleurs, le personnage de l'« urbatecte » des *Cités obscures*, Eugen Robick, est l'un deux. Mais il a aussi pour modèle mon père, Robert Schuiten, qui dessinait des projets de villes utopiques sur des calques avec des dimensions complètement folles, d'une grande radicalité. Cela m'a beaucoup marqué enfant, comme Benoît, qui le connaissait bien.

Mais je ne peux pas m'empêcher de sentir aussi que ces grandes visions hausmanniennes, pour le meilleur et parfois pour le pire, ont permis à des villes de se projeter, de s'inventer avec une ambition que nous ne sommes plus capables d'avoir. Aujourd'hui, on bricole. Il y avait là une capacité à regarder devant qu'on a perdue, mais qu'on est peut-être en train de regagner. Aujourd'hui, je sens un désir de vision, un désir d'imaginer le futur face aux crises qu'on a traversées. Je me sens donc extrêmement proche du titre de votre rubrique – « le XIXe siècle à l'avant-garde » – parce que je me suis nourri du XIXe siècle. Je comprends un petit peu mieux mon époque parce que je me suis enrichi de cette compréhension. Ce sont mes outils pour dessiner demain, pour être prospectif. C'est cette dimension-là qui m'a amené vers la prospection.

Et pour moi cela passe par le dessin ; c'est d'ailleurs ce qu'on m'a demandé pour Meudon : imaginer par le dessin le futur de la ville.

François Schuiten et Benoît Peeters, *Revoir Paris*, Paris, Casterman, 2014 et 2016. © François Schuiten, Benoît Peeters & Casterman.

Il s'agit d'un site comprenant une grande soufflerie des années 1930, une perspective dessinée par Lenôtre, les vestiges d'un petit Versailles et une halle à dirigeables. Il était extrêmement difficile de dessiner tout cela parce qu'aujourd'hui tout est brouillé. Dans mon dessin, je redonne au site une perspective d'après les dessins de Lenôtre et j'imagine ce qu'il pourrait devenir dans la modernité, en en respectant l'âme. Le hangar évoque à la fois les taxis volants électriques et cette mémoire des dirigeables qui est

François Schuiten, illustration pour Jules Verne, *Paris au xxe siècle*, Paris, Hachette, 1994 et 1995. © François Schuiten.

François Schuiten, affiche (noir et blanc) pour l'exposition *Revoir Paris*, Cité de l'architecture et du patrimoine, Paris, du 20 novembre 2014 au 9 mars 2015. © François Schuiten.

là, prête à ressurgir. Même si ce n'est pas le projet du mécène qui a acheté le bâtiment, ce n'est pas grave : mon travail est là pour essayer de montrer que ces bâtiments sont des objets de rêve, à conserver et à défendre. Mais il faut se battre aujourd'hui pour que l'irraisonnable, pour que l'inutile reste là.

Vous avez aussi été invité à dessiner sur le chantier de Notre-Dame. Que pensez-vous de la façon dont la restauration a été envisagée ?

F. S. ☞ Sur Notre-Dame, j'ai tout de suite dit « ça ne sert à rien tous ces projets, ils ne les réaliseront jamais ! » Imaginer une autre cathédrale n'est pas inutile, mais je n'y crois pas une seconde : bien sûr que Notre-Dame va être reconstruite à l'identique, car l'objet est devenu iconique. Même la flèche de Viollet-Le-Duc est entrée dans l'histoire, comme appartenant à Notre-Dame : c'est critiquable, mais incontournable. Mais recréer à l'identique n'empêchait pas d'introduire une modernité dans le chantier. Pourquoi ne pas avoir fait un chantier un peu plus ouvert, de mise en valeur de l'artisanat, par exemple ?

Dans une interview que l'on avait faite pour l'exposition *Revoir Paris*, l'architecte japonais Toyo Ito avait cette phrase terrible : « Moi je laisserais Paris tel qu'il est. » Il ne faut pas être binaire. Il faut réinventer, mais en respectant ce que Paris a de juste, ce qui a été pertinent à un moment donné. Réinventer une ville, aujourd'hui, c'est un projet citoyen, plus largement, pour la rendre vivable et même désirable.

Je trouve souvent le discours trop linéaire : « il faut des tours », « les villes sont faites pour bouger », etc. Oui, elles doivent bouger, mais de façon très sensible, très organique et subtile. La radicalité, on l'a payée très cher. Si on avait écouté Le Corbusier, on sait ce qu'il en serait… C'est donc complexe : réinventer à partir d'une cohérence, magnifique, unique et rare, mais y introduire du nouveau.

À propos d'invention et de nouveauté : dans vos dessins comme vos scénographies apparaissent souvent des échecs, des inventions technologiques oubliées, des choses qui n'ont pas marché… Et vous les traitez avec une forme de tendresse qui donne l'impression d'une fascination pour la beauté de l'obsolète.

F. S. ☞ Oui, tout à fait, on ne peut pas critiquer quelqu'un qui a été sincère mais qui s'est trompé. Il tient à très peu de chose qu'on se trompe ou non. Notre société survalorise le succès, mais on ne voit pas la valeur du risque et de l'échec. C'est pour cela qu'il est intéressant par exemple de voir de mauvais films : on comprend pourquoi c'est raté.

Ou bien, vous voyez, le talent, l'énergie déployée dans l'histoire des machines volantes, le rêve de voler, c'est extraordinaire ! C'est une chaîne avec ses échecs et ses réussites. On ne retient que Clément Ader et Charles Lindbergh, mais c'est très injuste. Il y a des tas de chemins qui se sont révélés inintéressants mais qui ont été nécessaires. Et qui sont beaux !

Benoît et moi on a été passionnés par le *Mundaneum*, de Paul Otlet et Henri Lafontaine, à Mons, en Belgique. C'est un projet complètement fou d'archives totales et continues, un extraordinaire échec. À la fin, Paul Otlet va quand même voir Hitler pour essayer de sauver son projet ! Alors, il est à l'origine, peut-être, de l'internet – en tout cas il en a pensé un modèle –, mais il s'est aussi perdu. Et c'est très beau sa manière de se perdre. J'ai une tendresse pour Paul Otlet, une admiration pour ce monsieur, cette vie totalement traversée par un projet. Une utopie ratée à laquelle Benoît et moi nous sommes liés !

Là aussi, nous aidons à raconter cette histoire, autour de ce personnage très romanesque. C'est difficile car il faut contextualiser, évoquer toute une époque : les expositions universelles, les Frères Lumière, les Archives de la planète d'Albert Kahn... Ce moment historique où se cristallise l'idée de rassembler le monde en un seul endroit.

Propos recueillis par
Mathilde Labbé et Anne Reverseau

À VOIR

Les Labyrinthes du rêve. François Schuiten, exposition juillet-octobre 2022 Bar-le-Duc, Espace Saint Louis.

François Schuiten, *Meudon - Hangar Y*, 2022 (inédit). © François Schuiten.

LE DOSSIER : C'EST LA FÊTE !

La fête en discours

José-Luis Diaz

S'il est un trait qui caractérise le devenir de la fête au XIXe siècle, c'est qu'elle tend à devenir objet de discours autant que de pratique. Le siècle *parle* et *pense* fête autant qu'il ne la fait, comme en témoigne la série de propos que recueille notre Florilège. Siècle raisonnable, il prend la fête au sérieux, la considère sous ses divers aspects, publics et privés, pèse ses avantages et ses inconvénients en termes de paix sociale, rêve de la réformer. Siècle de l'histoire, il a conscience des formes multiples qu'elle a prises à travers le temps, et se pense par différence, avec souvent la conscience de venir un peu tard pour vivre la fête à plein. Siècle des voyages, il aime à étalonner les fêtes à travers la mappemonde, et considère avec plus d'attention encore l'espace national, avec ses divisions si marquées alors entre capitale, province et campagne. Siècle encyclopédique, il aimerait saisir toutes les fêtes ensemble, tel cet observateur du Carnaval qui, en 1835, se propose d'être « partout, observant, étudiant, recueillant, décrivant, dessinant toutes les joies, toutes les fêtes, tous les déguisements, toutes les ivresses ; le cabaret et le salon, l'antichambre et le palais, la mansarde et le Colysée, le fort de la halle et la duchesse, tout ce qui danse, tout ce qui s'amuse ». Tout en s'efforçant d'écrire l'histoire des fêtes, le XIXe siècle pratique une sorte de *festologie comparée.*

LA FÊTE PRISE AU SÉRIEUX

« Nos fêtes sont devenues sérieuses, comme la vie l'est devenue », pérore un orateur de distribution des prix en 1865. Sérieuses, elles sont aussi prises au sérieux. L'effervescence joyeuse du « C'est la fête ! » qu'arbore notre page de titre, qu'on ne croie pas qu'elle soit le climat majeur qui préside au *discours de fête* qui court tout au long du siècle. Larousse, en ouverture à la longue notice qui en traite, définit la fête comme une « solennité religieuse ou civile, instituée en commémoration d'un fait jugé important ». Et rien ensuite sur

…es Meunier, *Demandez les confetti "Mousseline"* …erpentins *"Express"*, affiche. Paris, 1894.

Auguste Belin, *Les Boulevards de Paris, pendant le carnaval*, 1848. Musée Carnavalet.

les fêtes privées, ni sur les grands *hits* de la fête parisienne : carnaval, bal de l'opéra, descente de la Courtille, Tivoli, etc. La *fête en discours* telle que le siècle la présente, c'est d'abord une festivité périodique que règlent les institutions civiles et religieuses, avec leur souci des formes, des traditions et des convenances : rien de bien *festif*, au sens actuel du mot, dans tout cela. État et Église se répartissent les jours du calendrier à marquer d'une pierre blanche, les jours à chômer, les saints et les monarques à célébrer, Napoléon, Louis, Charles, Philippe. La fête n'est pas disruptive ainsi, mais règle le temps social, assure la mémoire nationale. Et quand ce siècle des révolutions vient interrompre temporairement le cours naturel de l'histoire, les interrupteurs s'empressent de définir leurs propres cérémoniaux avec une minutie dont on se moque.

Que ce soit lors du sacre de Charles X ou lors du premier semestre de 1848, décorateurs et artistes sont aux aguets, doublant leurs propositions d'événements festifs renouvelés d'« observations sur les réjouissances publiques ». Fait social qu'on sait régulateur, la fête incite surtout politiques et utopistes à la penser ou la repenser. Côté utopie, Charles Fourier vante « l'Harmonie », qui, « dans ses *festivités*, n'imite pas les frivoles civilisés, qui dans leurs divertissements n'ont aucune vue d'accord général, n'établissent aucun lien des plaisirs avec l'industrie » (*Théorie de l'unité universelle*). Auguste Comte définit « le système de fêtes, publiques ou privées, qui constituera la majeure partie du culte » positiviste, pour la bonne marche duquel « les prêtres de l'Humanité devront appliquer davantage leur aptitude esthétique que leur talent scientifique ». Dans *Nos fils*, en 1870, Michelet assigne aux fêtes une vertu pédagogique. Traitant de « l'éducation

par les fêtes », il estime que ce qui « ce qui manque à notre vie moderne, ce sont les grandes fêtes qui parlent aux yeux des enfants et leur font sentir la grandeur de la patrie et de l'humanité », mais parie que dans le radieux avenir qu'il pressent « l'éducation de l'homme se fera par les fêtes encore. La sociabilité est un sens éternel qui se réveillera ».

Ce sont aussi les doctes que les fêtes intéressent. Un observateur social conservateur tel que le baron de Gérando se plaint en 1839 de ce que « les fêtes populaires dont l'intérêt était si bien compris des législateurs de l'antiquité, sont beaucoup trop négligées de nos jours. [...] on en varie trop peu les programmes ; on étudie trop peu leur objet ; on méconnaît trop leur effet moral ». Tant est fort le bénéfice qu'on peut en escompter pour « l'homme voué aux travaux manuels », et donc en termes de paix sociale, il se lamente qu'on laisse « aux seuls bateleurs le soin de faire les frais de ces réunions populaires ». Dans le même esprit, l'un des participants à un concours de philosophie morale organisé par l'académie de Besançon en 1852 se propose « d'examiner quelle a été l'action des fêtes et des divertissements publics sur les mœurs des peuples, et quelle peut être encore aujourd'hui cette influence ». En 1873, devant les cinq académies parisiennes, Henri Baudrillart affirme qu'il y a dans les solennités publiques une grande idée, l'unité vivante de la cité ou de la nation ». Tout en admettant que « les amusements et les plaisirs en forment l'accessoire indispensable », il estime, en moraliste d'État, que « ce côté plus sérieux, plus élevé, ne doit pas être omis ». Toujours le sérieux... Et de pester contre l'ordinaire des fêtes publiques :

> Une joute sur l'eau, si le temps n'y met pas trop d'obstacle, un ballon qui excite une attente d'autant plus vive qu'on n'est jamais sûr qu'il s'élèvera, quelques mats de cocagne, uniques repré-

> sentants de la gymnastique, des combats simulés sur des tréteaux par dix ou vingt comparses avec accompagnement de coups de feu pour compléter l'illusion, [...] des mouvements plus ou moins désordonnés qui figurent la danse, voilà de quoi se compose la fête.

La sociologie naissante à la fin du siècle, celle de Gabriel Tarde en particulier, ne manque pas à son tour de s'intéresser aux fêtes, soit pour montrer qu'elles obéissent au principe général de l'imitation, soit pour insister sur leur contribution au lien social, soit pour distinguer « l'institution des fêtes » de « l'institution des vacances », notion alors montante qui fait son deuil allégrement du sacré. L'ethnologie, elle aussi naissante, ne manque pas de s'intéresser aux fêtes comme en témoignent à partir de 1860, les *Bulletins de la société d'anthropologie de Paris*.

TOUTES LES FÊTES ENSEMBLE

En matière de *fête en discours*, le sérieux se retrouve dans la voracité intellectuelle qui porte le siècle à vouloir saisir toutes les fêtes. Complétant les doctes, une légion de vulgarisateurs et de journalistes traitent tout au long du siècle des fêtes au pluriel : « fêtes, travestissemens, mascarades et carrousels qui ont eu lieu chez toutes les nations depuis leur origine jusqu'à nos jours » (1835), *Fêtes célèbres, de l'antiquité, du moyen âge et des temps modernes* (1883), *Fêtes et spectacles du vieux Paris* (1886), « fêtes révolutionnaires » des deux siècles. D'autres traitent à répétition du carnaval, de la procession du bœuf gras, de la « fête des fous » dans ses rapports avec les origines du théâtre, avec un intérêt que Larousse partage.

Comme nous sommes en régime médiatique, les fêtes retenues obéissent au critère de la célébrité, parfois brandi à titre d'étendard. Et certain piment d'érotisme vient souvent corser l'intérêt, que Chaussard traite ensemble des *Fêtes et courtisanes de la Grèce* (1803), qu'on évoque à répétition les bacchanales grecques et romaine, le phallus qu'on « portait triomphalement dans les fêtes *d'Osiris* et dans celles de Bacchus » (1886), les fêtes « appelées *Orgies*, à cause de la fureur des Bacchantes » (1837), ou ces autres « orgies que le régent, Dubois et ses roués appelaient *fêtes d'Adam* » (1853).

On s'émerveille des synonymes approchés qui déclinent en tous sens le festif : festivités, foires, raouts, bamboches, galas, etc., tout comme des noms de la même famille : fêtard, fêteux, festoyer, festival, etc. Larousse égrène les épithètes permettant de décliner la fête sous toutes ses formes : « galante, solennelle, auguste, sacrée, sainte, païenne, publique, chômée, bocagère, villageoise ». On rassemble en bataillons les expressions clichés que la fête rameute : « C'est la fête », « La fête bat son plein », « Et la fête continue ! », « Faire la fête », « Être à/de la fête ». Le *discours de fête* est volontiers nominaliste. On liste les noms variables que la fête prend quand on descend du Nord au Sud : « Chaque contrée a ses fêtes publiques, ses centres mobiles de réunion, ses rendez-vous populaires. Dans le Nord, ce sont les kermesses ; dans la Normandie, les assemblées ; en Bretagne, les pardons ; dans l'Est et le Midi, ce sont les foires » (1858).

Fête des vignerons à Vevey, foire du grand mail à Rennes, fêtes de la Tarasque à Tarascon, foire de la Pentecôte à Nîmes, chaque ville, chaque village même a son dû. Et la grille ancienne des provinces résiste, qu'on remarque que l'Alsacien est grand amateur « des fêtes privées, des réunions intimes, des banquets » (1880), ou que « les fêtes sont l'occasion d'une grande partie de paume » chez les Basques (1882).

Par prurit encyclopédiste, on prétend observer toutes les fêtes du monde. Louis Blanc à Londres trouve que Christmas est la fête anglaise par excellence, parce que c'est la fête de la « bombance ». Dumas à Florence trouve que « c'est toujours fête, demi-fête ou quart de fête ». Des voyageurs en frais de plus d'exotisme vont jusqu'à traiter de « la fête que les Turcs nomment Curbân-beïrâm » (1869) ». Mais sans faire tant de kilomètres, on peut, dans Paris même, à la fête de Montmartre, contempler « la belle Zim-laï-lah, la seule véritable Exotique de la Fête » (Allais, 1891).

LA MEILLEURE DES FÊTES

Siècle comparatiste, le XIXe siècle a deux autres manières encore de décliner la diversité des fêtes mondiales et nationales : soit en cherchant à élire la « meilleure des fêtes », la « fête des fêtes », la « fête la plus... », soit en les jaugeant de manière comparative.

C'est en fonction de critères purement festifs que certains élisent telle ou telle forme de fête comme celle qui mérite la palme. Selon un gastronome de 1828, le carnaval est « la fête des fêtes, la solennelle majeure ». La fête de la Tarasque est, selon Mistral, « la fête la plus charmante, la plus joyeuse, la plus populaire, la plus mouvementée d'ici à bien loin » (1861). De tels propos à répétition tendent à établir une hiérarchie entre fêtes célèbres, assez stable tout au long du siècle, qui met au pinacle quelques grandes institutions festives : le carnaval, le bal de l'opéra, la fête d'artiste, tout comme quelques lieux de divertissement réputés : Tivoli, le Prado, Bullier, le Ranelagh, etc., dont le petit journal et la littérature panoramique font la légende.

Mais la désignation de la fête la plus haute se fait souvent en fonction des positionnements idéologiques. Pour les catholiques, « l'anniversaire de la naissance du Sauveur est la « fête des fêtes ». Pour les bonapartistes, « la Saint Napoléon n'est pas une fête vulgaire, c'est la fête nationale par excellence » (1855). Selon Michelet, la fête de la Fédération en 1790 a été « la fête des fêtes, la plus belle qui fut jamais ». Selon Hugo, la « grande fête » c'est le 14 juillet, « fête nationale » mais aussi « fête universelle » et « fête humaine ». Et la presse républicaine de se réjouir d'avance : « 1889 sera la fête des fêtes. »

Des attendus d'ordre socio-politique ré-

Anonyme, *Vue instantanée de la fête de Montmartre en 1862*, Paris. Musée Carnavalet.

gissent aussi les comparaisons entre fêtes. Au bal de l'opéra, l'Ermite de la Chaussée d'Antin préfère le carnaval, « folle et tumultueuse bacchanale », « *branle* immense » où les classes se confondent, où « le chiffonnier donne le bras à une dame de cour ». En 1835, Jules-Antoine David, observe, lui, en revanche que dans les bals de l'après 1830 de tels mélanges sont de pure apparence, car l'aristocratie ancienne « forme encore une sorte de franc-maçonnerie ». *La Mode*, revue monarchiste, ironise en 1833, sur la triste parcimonie des fêtes du régime de Juillet célébrant les trois glorieuses. Aux « assommants raouts de la haute finance, de l'aristocratie de la bourse, des notabilités du parquet », elle oppose la « fête d'artistes » qu'a organisée Dumas, avec son bal costumé « original s'il en fut ». Pour Louis Morin, à la fin du siècle, c'est le « bal des quatr' arts » qui mérite le titre de « plus belle fête des temps modernes, une fête qui laisse bien au-dessouss d'elle l'orgie bourgeoise si vantée du bal de l'Opéra ». Plus conciliant, en revanche, un ouvrage par livraisons vite interrompu consacré au carnaval en 1835 insistait sur la collaboration entre ces deux « fêtes des fêtes » rivales, le carnaval et le bal de l'opéra : « Il a donné le signal des fêtes, et le carnaval lui est venu en aide, comme il est venu en aide au carnaval. »

Mais la comparaison plus fréquente encore qui se fait entre fêtes, c'est entre le passé et le présent.

LA FÊTE DANS L'HISTOIRE

Méritant son titre de « siècle de l'histoire », le XIXe non seulement se fait historien des fêtes, mais continue de se vivre en contemporain mémoriel des fêtes du passé, en particulier de celles de l'antiquité gréco-latine, dont l'enseignement reste le conservatoire.

On célèbre encore en vers une *Fête de Vénus* en 1825 : « Vierges, parez vos têtes / Cérès, viens embellir nos fêtes. » La « bacchanale » reste légende incontournable, pour le Chateaubriand de l'*Essai sur les Révolutions,* le Balzac de *Sarrasine*, comme le Dumas de *Monte-Christo.* Eugène Pelletan relance en 1866 le cri de la bacchante : « Le vin ne suffit plus, il faut l'orgie. Évohé ! voici le Dieu qui passe ; c'est la fête de Bacchus ». « Enfans de Comus, de Vénus, de Bacchus et de Momus, préparez-vous aux grandes initiations », annonce en 1828 le gastronome déjà cité.

Cette présence du passé explique aussi la pratique croissante tout au long du siècle des « fêtes historiques » que fondent à l'envi les villes des anciennes provinces, se plaisant à remettre en scène des festivités anciennes, et aussi, dans l'espace privé, la mode des bals costumés, mêlant les époques. Mais les révolutionnaires à cet égard ne sont pas en reste. Ainsi de la Fête de la Concorde du 21 mai 1848, avec son feu d'artifice tiré place de la Bastille sur fond de toiles peintes figurant l'ancienne forteresse. De quoi encourager Monseigneur Gaume à se demander, en lisant « la longue série des fêtes révolutionnaires et la manière de les célébrer, si tout cela était un original ou une copie » (1856).

Les historiens de tous poils s'attachent quant à eux à couvrir systématiquement l'histoire universelle des fêtes, de l'antiquité au XIXe siècle. Ainsi fait Larousse, comme bien d'autres. Il rappelle que selon Hérodote l'uniformité de leurs fêtes fut « le troisième lien d'union entre les Grecs », aux côtés de la race et du langage ; qu'à la décadence de l'Empire romain, les fêtes politiques, firent place à d'autres « dont la débauche faisait presque tous les frais ». Il compte les jours fériés abusifs : en Grèce, « plus de quatre-vingts jours par an enlevés à l'industrie et au travail des champs ». Traque le comportement des rois de France : Charles VI, fou, « parcourant les provinces du royaume, et y donnant partout des fêtes splendides » ; Charles VII, dont le règne ne fut qu'« un festoiement » ; Louis XI qui n'était pas « homme à festoyer » ; Charles VIII dont le voyage d'Italie fut « une fête solennisée avec toutes les réjouissances imaginables ». Souligne le prix exorbitant des « menus plaisirs » de François Ier, la magnificence des fêtes de Louis XIV à l'inauguration de Versailles, le « mauvais goût » de celles de Louis XV ; passe en revue les « fêtes nationales » annuelles de la Révolution et commente : rien dans leurs programmes de « la fastueuse niaiserie des fêtes de l'ancien régime, rien non plus de l'attirail libidineux des fêtes de Louis XIV ». Ce à quoi les régimes suivants ont substitué « ce que nous avons encore aujourd'hui » : « des bals publics, des jeux forains, des spectacles gratuits, des feux d'artifice, des mâts de cocagne lors de la *fête* de l'empereur et, plus tard, de celle du roi ». Et Larousse de commenter : « C'est une triste chose qu'une société qui n'a pas d'autre amusement à fournir à un peuple. » Et de conclure, en idéaliste républicain, avec « Blanqui l'économiste » : « Il est beau dans un temps d'égoïsme et d'intérêts matériels, de réveiller au cœur des peuples le feu sacré de l'enthousiasme et de la reconnaissance ».

Théatre Impérial du Chatelet, *La Lanterne magique, grande revue de l'année en 4 actes et 20 tableaux,[…] au 10e tableau, le bœuf gras et son cortège. La déesse du bœuf gras, chantée par Mme Fleury, le ballet des époques, la danse du progrès.* Paris, 1850-1870. BnF, Gallica.

Partant d'un tout autre horizon idéologique, le Bibliophile Jacob termine son histoire en accéléré du bœuf gras en pestant contre la Révolution de 93 qui « ne respecta pas plus le bœuf gras qu'elle ne fit le trône et l'autel » ; remarque que Napoléon le rétablit, pour occuper le peuple « pour que le peuple ne s'occupât pas de lui », et qu'il a survécu ensuite, mais sous une forme telle que les Égyptiens, les Chinois, les Gaulois, auraient bien du mal à reconnaître « dans cette parade misérable l'emblème commémoratif de la fécondation de la terre ». Décadence que confirme Hugo, traitant de la saturnale devenue mardi gras, et de la bacchanale tombée en chie-en-lit.

LA FÊTE S'EN VA

Deux exemples déjà d'une histoire minimaliste qu'on pourrait appeler *contrastive*, consistant à mettre en antithèse en bloc un passé idéal et un présent dévalué. Soit donc la philosophie de l'histoire ordinaire des journalistes et vulgarisateurs.

En 1828 déjà, notre gastronome trouve ses contemporains déchus de « cette aptitude héroïque au plaisir dont [l]es fêtes offraient des exemples prodigieux ». Plus grand chose ne subsiste de l'« immense réseau de réjouissances publiques [qui] enveloppait la France ancienne », observe-t-on en 1886. L'Académie de Besançon le martèle en 1852 : « Les fêtes sont tombées dans notre pays avec le grand siècle. » « De nos jours, il y a encore des solennités, des cérémonies officielles, mais il n'y a plus de fêtes ; le peuple raisonne, il ne s'amuse plus. » Le déclin accéléré des « anciennes fêtes populaires » est tel qu'il est urgent de saluer le travail des érudits qui s'attachent à en conserver la mémoire (1874). Un historien provincial regrette les rires bruyants et les joies folles qui « éclataient dans ces fêtes populaires que la terreur de 93 éteignit dans le sang, et que notre génération banquetière et politique se garde bien de restaurer » (1857) ». En sociologue académique, Henri Baudrillart lie le déclin des fêtes publiques et leur perte d'influence morale à la montée en puissance de la vie privée, ainsi qu'aux moyens de distraction plus que suffisants qu'offre la ville moderne : ses réunions, ses bals, ses curiosités de tout genre.

Il y a déclin aussi en ces festivités plus modestes que sont les « fêtes champêtres » des environs de Paris, dont traite en 1883 un(e) journaliste du *Gaulois*. On y court toujours, en train, mais elles sont dénaturées, car la « voyoucratie » y triomphe. Le bal champêtre est devenu « une guinguette de banlieue ». « Les fêtes champêtres s'en vont, et il n'en reste que ce qu'il vaut mieux n'en pas montrer. »

Responsable de cette décadence généralisée, le nouveau monde industriel et financier. « Les fêtes sont devenues impossibles, car la Bourse, ce thermomètre social, a reculé devant la seule idée de quatre jours sans affaires », ironise un collaborateur du *Figaro* (1835). Désormais, elles doivent s'adapter au monde moderne, industriel, financier, médiatique, où « le temps est précieux parce qu'il représente de l'argent ». On rêve « fête industrielle », et les expositions universelles successives s'emploient à réaliser cet idéal dans les grandes largeurs. En 1867, un « Hymne en l'honneur de l'Exposition Universelle » chante cette « Fête de l'industrie » sur l'air du *Chant du Départ*. En 1889, de nombreux événements festifs ont pour cadre le Palais de l'Industrie, dont un bal offert en l'honneur des ouvriers de l'Exposition et aux syndicats ouvriers. La fête se doit d'exhiber désormais des emblèmes de modernité, de proportions si possible exceptionnelles, telle déjà cette « montgolfière gigantesque » lancée lors du couronnement de Napoléon, tel ce palais monumental où le nouvel Opéra prend ses aises, tel cet éclairage électrique des boulevards extérieurs qui fait de la nuit le jour, constate Claretie en 1881. Et elle n'est rien si la veille les journaux ne la tambourinent, faisant mousser l'intérêt des spectateurs à la grande joie des commanditaires, puis n'en chantent merveilles le lendemain.

LA FÊTE ET LA LITTÉRATURE

Et si après tant de discours de fête, on regardait un peu du côté de la littérature ? Elle aussi, il est vrai, n'est pas indemne de discours, avec les clichés parfois pompeux qui vont avec.

Autre forme de discours : la série imposante de ces « fêtes littéraires » qu'on célèbre tout au long du siècle, en l'honneur de tel ou tel écrivain, grand ou petit, telle la « Fête littéraire de Voltaire », organisée en 1878 au théâtre de la Gaieté, et à laquelle Hugo participe avec éloquence. La notion est tellement entrée dans les mœurs qu'on fait « fête littéraire » de tout, de n'importe quelle représentation à bénéfice, ou retraite d'homme de lettres, comme de la parution de *Jocelyn* en 1836. Plusieurs « Fêtes de Molière » s'égrènent dans le siècle, donnant lieu à saynètes représentées, tandis que Florence célèbre le 600e anniversaire de Dante en 1866 et qu'un citoyen de Genève en a contre la fête de Rousseau en 1845 (André Janin, *Deux mots au sujet de la fête de Rousseau*).

Il y a parfois complicité entre fête et littérature. Ainsi lorsque Louis Morin songe en 1897 à organiser une « fête d'ensemble » à thème, prenant pour partition le *Songe d'une nuit d'été* commenté par Gautier. Les rédacteurs du *Carnaval* (1835), pour vanter leur sujet, imaginent, eux, une rivalité entre fête et littérature, tournant au profit de la fête en temps de Carnaval, puisque les théâtres cessaient alors de proposer des spectacles pour se faire salles de bal :

> Adieu les crimes de l'Ambigu, adieu les assassinats de la Gaîté, adieu le poison des Borgia à la porte Saint-Martin ; crimes, prison, fureurs, incendies, tout le drame moderne se remplace par une autre passion, le bal. Pierrot et Colombine foulent d'un pied léger tous les crimes amoncelés par le génie réuni de Victor Hugo et d'Alexandre

Dumas ; chaque théâtre obéit à ce besoin du jour et se dévoue au carnaval.

Mais c'est quand même la littérature qui l'emporte, par la constance qu'elle met tout au long du siècle à mettre la fête en scène. De beaux sujets de thèse, comme on dit.

Au théâtre, la chose va d'autant plus de soi qu'elle permet la collaboration des musiciens et des décorateurs, son et lumières. Si l'on se fie aux titres, ce sont les fêtes de village qui l'emportent avec, en vedette, *La Fête du village voisin*, opéra-comique en trois actes, paroles de Sewrin, musique de Boieldieu (1816), encore republié en 1869, partition comprise. L'auteur a préludé en 1807 par un *Opéra au village ou la fête impromptu* [*sic*]. On s'attend à des conventions et on n'est pas déçu. Dans le même genre, Scribe en revanche, dans *Haydée* (1847), exporte la fête en Italie, pour faire que son héroïne chante la « fête au Lido / Dont Venise raffole » en vers de mirliton. Le romantisme est passé par là, avec son exotisme à bon marché et son goût des fêtes princières du passé, si possible italiennes, comme dans l'ouverture de *Lucrèce Borgia*, espagnoles comme au cinquième acte d'*Hernani*. Du coup, Fantasio fait la grève : « Que diable Hartman et Facio s'en vont-ils faire dans cette fête ? »

« Qu'est-ce qu'un roman ? c'est une fête, un bal donné par un hôte complaisant à des imaginations qui veulent s'amuser », affirme Armand de Pontmartin, dans l'intention de montrer que Balzac se conduit en hôte indélicat. La *fête en roman* au XIXe siècle, c'est d'abord Mme de Staël, qui, en bonne élève, consacre un chapitre aux fêtes populaires de Rome dans *Corinne*. Et Sand, qui fait que Lélia médite sur les fêtes lors d'une « mascarade » donnée par le « riche musicien Spuela », inspirée du bal célèbre de Dumas, et leur donne pour condition de réussite d'avoisiner l'impossible. Avant de s'intéresser aux « noces de village », quitte à y retrouver quelque chose des saturnales. Dans *Notre-Dame de Paris* Hugo met en scène « la double solennité du jour des Rois et de la Fête des Fous ». Autour de 1830, sévit une épidémie d'orgies dont Gautier se moque, avec pour contaminateurs principaux Balzac, Sue et Janin. Paul de Kock s'amuse d'une compagnie de bourgeois en goguette qui cherchent sans la trouver une fête de banlieue. « Ce délicieux bal champêtre qu'on retrouve dans tant de romans » (1883) revient souvent ensuite, à commencer dans *Lamiel*, tandis que les grands réalistes déclinent la fête en ses formes bourgeoises et populaires de préférence : bal de Sceaux, bal bourgeois chez les Grandet et les Birotteau, « grand bal de lady Dudley » dans *Une fille d'Eve*, fête romaine d'artistes dans *Sarrasine*, chez Balzac ; « fête rustico-municipale », bal de la Vaubyessard, bal de lorette, « raout oriental » qui passe en conversation, Fête-Dieu, chez Flaubert ; « fête saine et violente » d'*Une vie*, « assemblée » normande de *La Petite Roque*, chez Maupassant ; « fête des mineurs » dans *Germinal*, « grande fête » donnée en guise de réclame au *Bonheur des Dames*, mais aussi fête bouffonne à Coqueville chez Zola.

Et la poésie n'est pas en reste, même s'il est permis d'oublier ces *Dernières Fêtes* (1891) dont la critique est alors presque friande. Dans des genres divers, les *Fêtes galantes* de Verlaine, précédé à cet égard par Banville, et « La fête chez Thérèse » de Hugo sont des « fêtes des fêtes ». Et tandis que la multitude vile / Va cueillir des remords à la fête servile », tandis que les cloches font *bin bam, bin bam* dans les *Complaintes*,

Quelle fête ! Quelle fête !

tandis que « Les sauvages dansent les Fêtes de la Nuit » chez Rimbaud, Germain Nouveau, son complice, rime en vers déhanchés « La Fête à Toto ». D'où l'on sort en comprenant qu'elle n'a pas eu lieu et que personne n'y est venu. Victoire de la poésie sur le discours. Et sur la fête…

Éclats de nuits romantiques

Bérangère Chaumont

Célestin Nanteuil, *Théâtre royal de l'Opéra-Comique : fête de nuit*, eau-forte, 1835, BnF, Gallica.

« Fête de nuit » ! En janvier 1835, les journaux parisiens se renvoient, en écho, ces trois mots inscrits en capitales sur le programme du nouveau bal de l'Opéra-Comique, annoncé au théâtre des Nouveautés le 14 janvier, puis reporté au 20 de ce même mois. Diffusée dans les loges et à domicile, si l'on en croit la *Revue de Paris*, l'invitation sur papier rose est accompagnée d'un frontispice de Célestin Nanteuil. Elle a aujourd'hui de quoi séduire les amoureux du Paris romantique, tant y chatoient les différentes facettes d'une riche culture festive, qui n'a rien à envier à celle de la Belle-Époque. Cette expression « fête de nuit », inscrite ici au « grand poème de l'étalage » (Balzac), intrigue en particulier. Ses accents hugoliens rappellent que les réjouissances nocturnes sont autant un motif littéraire et artistique qu'une réalité historique et culturelle de la première moitié du XIXe siècle.

CARNAVALS ET NUITS BLANCHES

François-Louis Crosnier, nouveau directeur de la troupe, s'assure dans la presse une publicité efficace au cœur d'une saison festive très concurrentielle. Bals de salon, bals officiels, bals d'ambassade, bals des barrières, bals des théâtres, bals d'artistes et même bals d'enfants... Tout est prétexte à danser à Paris, y compris la charité. Dans les années 1830, la ville ne manque pas de lieux de danse privés et publics. L'historien François Gasnault a étudié le développement sans précédent des salles installées depuis le début du siècle, en réponse à une demande croissante des Parisiens pour danser en hiver et en soirée : en 1835 se côtoient cent-cinquante établissements de ce type. Théophile Gautier évoque « une fureur des bals » (*La* Presse, 12 février 1838) et, tous genres et registres confondus, des descriptions satiriques des physiologies aux vers lyriques, la littérature de l'époque en témoigne. Alors que la scène de bal privé, carrefour des rencontres et des ambitions de la vie moderne, est un *topos* romanesque reconnu, sa version publique s'immisce aussi dans les écrits contemporains. Dans *La Comédie humaine*, par exemple, chaque catégorie sociale fréquente son établissement : les élégants et les courtisanes vont à l'Opéra, institution fondée par le Régent en 1716, un marquis encanaillé assiste au « fameux galop » chez Valentino (*Béatrix*, 1839) et les étudiants ne rentrent qu'au petit matin du Prado ou de l'Odéon (*Le Père Goriot*, 1835). Les lorettes et grisettes hantent Mabille (*Le Cousin Pons*, 1847), où les sergents veillent au grain pour éviter les poses scandaleuses du chahut, « danse prohibée » qui nourrit les colonnes de *La Gazette des tribunaux*.

Une jeune femme attend minuit pour se rendre au bal. Détail au verso du *Programme de la Fête de Nuit au Théâtre Royal de l'Opéra-Comique, le Mercredi 14 janvier 1835*, estampe, 1835, BnF, Gallica.

Autorisés par l'article 7 de la Charte, les entrepreneurs de théâtre comme l'Opéra-Comique se sont eux aussi engouffrés dans cette vague lucrative du bal. Ils participent par leur inventivité au renouveau du carnaval, cœur battant de la fête parisienne entre les Rois, Mardi-gras et la Mi-Carême. Fixant le prix d'entrée à 10 francs, comme au bal de l'Opéra, l'administration de Crosnier réserve ici sa soirée aux élégants et proscrit sur son programme les danses populaires qui heurtent « les règles du bon goût et les lois de la décence ». Entre le bal d'usage rue Le Peletier, « procession de spectres qui couraient à une fête en vêtement de deuil » selon George Sand (*Isidora*, 1846), où l'on ne danse plus, où le domino noir est seul autorisé, et la danse débridée des autres bals costumés, le créneau de la fête distinguée semblait encore vacant. La présence de Philippe Musard pour conduire l'orchestre de 60 musiciens a de quoi attirer les foules. Premier entrepreneur de concerts-bals depuis 1833, rue Vivienne puis rue Saint-Honoré, il est déjà célèbre pour ses galops effrénés. Le musicien, étant également recruté pour les samedis du carnaval de l'Opéra, toutefois « sans parvenir à faire former une seule contredanse » (*Gazette des théâtres*, 15 janvier), ce choix confirme la

Pierre-Henri Tetar Van Elven, *Fête de nuit aux Tuileries, le 10 juin 1867, à l'occasion de la visite des souverains étrangers à l'exposition universelle*, 1862-1872, Musée Carnavalet, Paris.

volonté de rivaliser commercialement avec le docteur Véron, directeur de l'Opéra. L'année suivante, ses concerts sont qualifiés d'« emblèmes des plaisirs de notre époque » par Delphine de Girardin, *alias* Vicomte de Launay, dans sa chronique mondaine de *La Presse*. Le nom de Musard, synonyme de fête, est sous toutes les plumes.

À l'instar de ses équivalents, « bal de nuit » ou « fête nocturne », courants dans la presse, le titre même de « fête de nuit » présente l'ouverture tardive comme une première circonstance excitante, prélude à la mention d'autres plaisirs. Celle-ci est relativement nouvelle, liée à l'essor contemporain du carnaval dont la licence autorise à s'amuser sans limites horaires. Les plaintes sur l'ouverture tardive des bals masqués deviennent alors un lieu commun, ici discrètement illustré sur le prospectus : « Un caractère particulier de ce Bal, c'est qu'il n'obligera le public à aucune veillée préalable : le théâtre fera relâche, et la Fête commencera à neuf heures précises du soir. » Or la réjouissance est prévue pour durer : *Le Vert-Vert* annonce le 13 janvier que les restaurants place de la Bourse accueilleront exceptionnellement les convives toute la nuit. Le compte rendu de la *Gazette des théâtres* du 22 janvier précisera ensuite que la danse n'a commencé qu'à deux heures du matin. En dehors du carnaval, un tel débordement n'est théoriquement possible que dans les bals d'été, comme cette « fête de nuit » donnée à Tivoli le 30 juin 1835, qui « se prolongera jusqu'au jour », selon la *Gazette des salons*. Mais l'engouement pour la nuit est tel que dès 1838 l'ouverture nocturne des bals se généralise à toute la saison d'hiver, puis à l'année, tandis que le préfet Delessert ferme les yeux, voyant des avantages à cet enfermement des festivités. Faire de la nuit le jour est une revendication de l'époque romantique, qui touche tous les lieux de consommation du plaisir. Ce progrès du loisir sur les heures sombres est rendu possible par le nouvel éclairage au gaz, installé dans les rues entre les années 1830 et 1850, le premier à « blanchir » la nuit en la sécurisant et en l'ouvrant à la circulation. Dans la première moitié du siècle, s'achève ainsi la démocratisation du divertissement nocturne et se construit un mythe euphorique. De fait, la dénomination « fête de nuit », mise ici précocement en exergue, fait bientôt florès sur les affiches de bals et tableaux de célébrations du Second Empire, et jusqu'au milieu du XXe siècle.

GRANDS SPECTACLES ET ILLUMINATIONS

L'expression déjà ponctuellement utilisée à des fins publicitaires pour les cérémonies sous l'Empire, sous-entend également qu'il s'agit moins cette nuit-là d'un simple bal que d'un spectacle total : « une grande Fête de nuit, à l'éclat de laquelle concourront des emprunts faits à tous les arts ; et qui, par le nombre et la variété de ses divertissements, doit offrir une réunion les plus animées et les plus brillantes qui aient eu lieu depuis longtemps à Paris. » Dirigée par le peintre Clément Boulanger et douze commissaires choisis parmi les jeunes artistes de l'époque, la soirée a tout pour éblouir : aménagement d'un pont suspendu sur les avant-scènes, concerts de 40 choristes, proverbes dramatiques, mais aussi décoration vénitienne, tableaux vivants, machines optiques, bazar oriental, exposition d'objets d'art et de curiosité de la tombola... Le cadre nocturne ajoute encore à l'émerveillement grâce à l'illumination extérieure préparée par l'entrepreneur Clémençon, tandis que « la salle et le théâtre seront magnifiquement éclairés aux bougies ». L'expression « fête de nuit » est d'ailleurs plus fréquemment employée pour désigner des festivités de plein air, publiques ou dans les jardins d'agrément, avec illuminations et feux d'artifice. Héritée des loisirs aristocratiques et des fêtes curiales baroques, la fête nocturne suppose précisément cette dépense merveilleuse de lumière. Dans sa magistrale étude de la nuit parisienne du XIXe siècle, Simone Delattre prend note de cette nouvelle consommation de lumières festives et séductrices : « [...] Préludant au siècle du "tout visuel", les lumières des soirées parisiennes sont déjà, entre 1820 et 1870, des appâts. Nous quittons donc le domaine de la clarté ordinaire, gardienne discrète des nuits de Paris, pour atteindre une lumière superflue, spectaculaire, éphémère, dispendieuse. »

Ainsi, les nouveaux becs de gaz et réverbères du boulevard sont décrits dans la littérature panoramique non seulement comme un enchantement, mais aussi comme une fête en eux-mêmes, venant relayer les illuminations exceptionnelles des célébrations publiques qui, débordant de la chronique, font elles aussi irruption dans la littérature romantique. Dans *Notre-Dame de Paris* (1831), les rues médiévales s'égayent avec des « lances à feu », « fusées », « double pétard » et « chandelles d'artifice » qui doivent beaucoup aux feux publics du XIXe siècle. Dans le récit ou dans la poésie, « brillant », « éblouissant », « étincelant » sont les adjectifs les plus courants dans les descriptions de bals ou de soupers. L'œil s'arrête alors sur les sources de lumières dont on vante la profusion autant que l'éclat. De là proviennent deux images récurrentes : les papillons de nuit et l'ivresse de lumière, toutes deux illustrées dans le poème « Une bonne fortune » (1835) d'Alfred de Musset, décrivant les passants attirés par les fenêtres du casino de Baden-Baden : « Ils couraient, ils partaient, tout ivres de lumière. » La valse n'est pas la seule à faire tourner les têtes. Cette attention aux luminaires s'illustre également dans les gravures de bals où le lustre est le second motif indispensable, après la danse.

Si les fêtes nocturnes sont des fêtes de lumières, c'est que le sujet est intimement lié au spectacle, théâtre et opéra. En témoigne encore la réclame du bal de l'Opéra-Comique, qui mentionne le nom d'artistes reconnus : les scènes théâtrales sont d'Henry Monnier et les décors de Philastre et Cambon. Ces décorateurs de l'Opéra se sont notamment illustrés deux ans plus tôt par la toile du dernier acte de *Gustave III ou le Bal masqué* d'Auber et Scribe qui représente... une salle de bal, cadre d'un galop spontané du public le 3 janvier 1833. Comment aussi ne pas soupçonner Crosnier, directeur jusqu'en 1830 du théâtre de la Porte-Saint-Martin où la pièce fut montée, et Célestin Nanteuil, admirateur de Hugo et auteur du frontispice de *Lucrèce Borgia* (1833), de faire allusion, avec l'expression « fête de nuit », au premier acte du drame ? Le choix du thème, le carnaval vénitien, et la décoration de la scène,

« un salon somptueusement disposé pour le bal, et ouvert sur le golfe de Venise », soutiennent cette hypothèse. En effet, sans doute pour s'adapter au goût des contemporains pour le divertissement nocturne, les spectacles mettent en scène des fêtes de plus en plus nombreuses. Le *Freischütz* de Weber, qui triomphe à l'Opéra-Comique dans sa version française en ce mois de janvier 1835, est notamment remarqué pour l'ajout d'une valse au premier acte. Catherine Join-Diéterle, qui a étudié les décors de l'Opéra, conclut que la scène de bal fait partie des archétypes opératiques à partir de la monarchie de Juillet.

À leur tour, dans une grande ronde, les fêtes du siècle s'inspirent de ces spectacles. C'est que la fête de nuit est une manifestation de l'extraordinaire : ses lumières théâtralisent le quotidien, l'on y va pour voir, être vu, jouer à être un autre. En outre, les costumes et les habits d'apparat qu'elle suppose « artialisent » la vie. Comme lors de cette soirée de l'Opéra-Comique qui transporte ses convives entre Italie et Orient, quand la fête de nuit s'illustre en littérature, elle est l'objet d'une véritable poétique du ravissement. Fête royale, orgie antique, richesses des *Mille et Une Nuits*, prestiges de fééries dramatiques… : les comparants habituels placent la scène dans un Ailleurs de fantaisie, cristallisation de fantasmes à la mode. Ces images exceptionnelles idéalisent, par l'écriture, les fêtes d'Ici et Maintenant. C'est de cette rêverie littéraire et artistique des romantiques dont se moque Flaubert à travers le bal de la Vaubyessard, comme d'un lieu commun.

« QUE NOS POÈTES SACHENT AMENER UNE FÊTE ET UNE ORGIE »

Les contemporains répondent effectivement aux vœux du jeune Alfred de Musset, ébloui par le galop final de *Gustave III*. Dans son théâtre, Victor Hugo se sert justement de l'expression « fête de nuit » pour désigner des réjouissances spectaculaires. Une hypothèse séduisante en ferait un emprunt aux festivités du siècle, avec une différence notable cependant, puisque l'association du nom « fête » avec le complément « de nuit », a ici une valeur quasi essentielle. Présente dans les didascalies du *Roi s'amuse* (1832), *Lucrèce Borgia* (1833) et *Angelo, tyran de Padoue* (1835), la formule fait surgir un décor et un dispositif scénique, autant qu'une atmosphère et des enjeux dramatiques intrinsèquement liés aux heures noires, ainsi qu'à leur potentiel mortifère. Le scénario du trouble-fête, hérité du festin de Balthazar et de la figure du Commandeur, est en particulier récurrent chez Hugo dès les noces funèbres d'*Hernani* (1830). Derrière Hugo, avec la fête de mort, c'est aussi une poétique du contraste que développent le drame et toute la littérature romantique qui en est obsédée : la fête, cette célébration de la vie, est inversée par la nuit tragique, pour un effet sidérant et signifiant. Le motif questionne ainsi les destinées individuelles et collectives. Dans *Léo Burckart* (1839) de Gérard de Nerval, la fête nocturne typique du drame des années 1830, entre palais et jardin, est par exemple un lieu pour réfléchir à la violence politique : « La mort !... elle nous entoure, elle rampe sous ces fleurs et aux lueurs de cette fête ! […] vous ne voyez donc pas qu'il se prépare ici des luttes sanglantes ! »

Espace-temps objectivement dangereux, autant que sulfureux, la nuit appelle l'excès, le délire, la violence et la mort. Elle révèle autant les ombres intérieures de l'homme que le tragique de sa condition. Si l'envahissement de la littérature par le motif peut être imputé au développement contemporain de la fête de nuit, dans l'imaginaire romantique, la circonstance nocturne est rarement « blanchie ». Au contraire, les scènes de fête réactivent souvent les thèmes et images associés à la dramatisation traditionnelle des ténèbres. Il est intéressant de noter que si les auteurs contemporains utilisent rarement l'expression « fête de nuit », en 1822, une occurrence précoce de « fête nocturne »

William Finden, d'après un dessin d'Auguste Raffet, *Illustration de* Lucrèce Borgia *de Victor Hugo. Dernier acte*, eau-forte, 1833, Musée Carnavalet, Paris.

chez Nodier peut être lue comme un avertissement sur la thématique démoniaque qui lui sera couramment associée. Cette *Fête nocturne ou assemblée de sorciers* (*Infernaliana*), inspirée par les recueils d'histoires diaboliques, décrit un sabbat, en prélude à la vogue artistique et littéraire de l'incarnation ultra-romantique de la fête de nuit. L'excès et l'exception sataniques ne traduisent-ils pas métaphoriquement la portée irrévérencieuse et libératrice de toute fête ? Ces réunions sombres rappellent l'essence de la nuit à une époque où le progrès et les mœurs voudraient l'effacer. En tant que suspension du temps, lieu de communication avec l'Au-delà symbolisé par la nuit et reprise de rites magiques par la danse, toute scène de fête nocturne, et de bal en particulier, menace de se métamorphoser en scénario fantastique. Dans les récits surnaturels les plus célèbres de Théophile Gautier, les créatures surgissent le plus souvent dans et pour un bal, ou une danse nocturne. Mais le registre frénétique peut s'introduire dans les scènes les plus référentielles, inspirées directement des réjouissances du siècle. Ainsi, dans une nouvelle de Dumas intitulée *Un bal masqué* (1833), le galop du bal des Variétés se transforme-t-il en une foule inhumaine et magnétique, qui menace d'absorber le narrateur : « [...] il me prenait d'étranges tentations de me jeter au milieu de ce pandémonium, comme Faust, à travers le sabbat, et je sentais qu'alors j'aurais des cris, des gestes, des postures, des rires comme les leurs. »

Personnage de dandy désabusé, nostalgie de la Régence, goût pour l'intrigue, scène spectaculaire… Dans cette description hallucinée, les poncifs de la fête rejoignent ceux du fantastique romantique : références aux démons de Milton, aux sorcières de Goethe, au grotesque de Hoffmann et de Callot, hésitation entre réalité, folie et cauchemar. Ce bal visité par le narrateur en contrepoint de celui de l'Opéra, comme « une curiosité au milieu d'une époque si curieuse », le conduira au Père-Lachaise, à la recherche de l'inconnue rencontrée sous un masque et qui mourra avant que l'amoureux n'ait pu la retrouver. « Maudit bal masqué ! »

À LIRE

Petite anthologie suggestive de la fête de nuit romantique

BALZAC, Honoré de, *La Paix du ménage* (1830), *La Peau de chagrin* (1831), *La Fausse maîtresse* (1842).

DESBORDES-VALMORE, Marceline, « L'Aumône au bal » (1833), « L'Invitation à la valse » (1860), « La Danse de nuit » (1860).

DUMAS, Alexandre, *Le Bal masqué* (1833), *Mes Mémoires* (1852-1856), ch. CCXXIV et CCXXIX, *Les Mohicans de Paris*, ch. 1 à 9 (1854-1859).

GAUTIER, Théophile, *La Cafetière* (1831), « Le Bol de punch », *Les Jeunes-France* (1833), *Giselle ou les Wilis* (1837), « Les Fêtes de juillet vues de Montmartre », *La Charte de 1830*, 3 octobre 1837.

GIRARDIN, Delphine de, *Lettres parisiennes du vicomte de Launay* publiées dans *La Presse* (1836-1848), en particulier les lettres de l'année 1837 et de l'année 1841.

HUGO, Victor, « La Ronde du sabbat », *Odes et ballades* (1828), « Fantômes », *Les Orientales* (1829), *Hernani* (1830), *Lucrèce Borgia* (1833), « Sur le bal de l'hôtel de ville », « Noces et festins », *Les Chants du crépuscule* (1835).

MUSSET, Alfred de, *La Nuit vénitienne* (1830), « Bulletin théâtral » [Compte-rendu de *Gustave III*], *Revue des Deux Mondes*, 14 mars 1833, « À la mi-carême », « Une bonne fortune », *Poésies nouvelles (1835-1840)*, *La Confession d'un enfant du siècle* (1836).

NERVAL, Gérard de, *Léo Burckart* (1839), *Les Nuits d'octobre* (1852), *La Bohême galante* (1852), *Petits châteaux de Bohême* (1853).

NODIER, Charles, « Fête nocturne ou assemblée de sorciers », *Infernaliana* (1822), *Inès de las Sierras* (1837).

SAND, George, *Lélia* (1833), *Isidora* (1846).

VIGNY, Alfred de, « Le Bal », *Poèmes antiques et modernes* (1826) ; *Cinq-Mars* (1826).

Littérature secondaire

CHAUMONT, Bérangère, « Le souper à outrance et les outrances du souper littéraire », in *Le Souper*, sous la direction de Françoise Le Borgne et Alain Montandon, Clermont-Ferrand, PUBP, 2020, p. 345-369.

—, « Autour du sabbat : pour une sociopoétique des nuits agitées à l'époque romantique », *Sociopoétiques*, n° 5, 2020 [en ligne].

DELATTRE, Simone, *Les Douze heures noires : la nuit à Paris au XIXe siècle*, Paris, Albin Michel, « Bibliothèque de l'évolution de l'humanité », 2000.

GASNAULT, François, *Guinguettes et lorettes : Bals publics et danse sociale à Paris entre 1830 et 1870*, Aubier, « Collection historique », 1986.

JOIN-DIÉTERLE, Catherine, « Évolution de la scénographie à l'Académie de musique à l'époque romantique », *Romantisme*, n° 38, « Le Spectacle romantique », 1982, p. 74.

KERLOUÉGAN, François, « Les Mille et une nuit urbaines », *Le Magasin du XIXe siècle*, n° 3 « Quand la ville dort », Paris, Champ Vallon, 2013, p. 23.

MARTIN-FUGIER, Anne, *La Vie élégante ou la formation du Tout-Paris 1815-1848*, Paris, Perrin, coll. « Tempus », 2011 (Fayard, 1990).

La Vie parisienne. En souvenir du bal du nouvel opéra. Janvier 1875. BnF, Gallica.

Jules Chéret, Olympia, anicennes Montagnes russes, Boulevard des Capucines, affiche avant la lettre, Imp. Chaix (Ateliers Chéret). Paris, 1892. BnF, Gallica.

Panoramas de la fête parisienne

Brigitte Diaz

« Le Siècle au bal », « Les Fêtes publiques », « Une fête aux environs de Paris », « Une fête au Palais-Royal », « Le Bal au cinquième étage », « Les Soirées dansantes », « Paris illuminé » ... À égrener quelques-uns des titres inscrits au sommaire des quinze volumes de *Paris ou le Livre des Cent-et-Un*, publiés de 1831 à 1834 chez Ladvocat, on pressent que la fête est un peu plus qu'un motif parmi d'autres dans ce tableau d'un « Paris multisplié et tricolore » réalisé par la conjonction de ces cent-et-un regards. La fête, ou plutôt *les* fêtes, car le pluriel s'impose quand il s'agit de saisir les manifestations effervescentes de cette pulsion festive qui semble s'emparer de la population parisienne, toutes classes confondues : du bourgeois badaud et « admiromane », qui défend la fête publique « comme un vrai citoyen de la ville de Paris » (Amédée Pommier, « Les Fêtes publiques » t. IV) à la duchesse qui s'encanaille *incognito* dans la descente de la Courtille. Aussi, que le lecteur de l'ouvrage ne s'attende pas à un tableau bien ordonné du Paris en fête : il en percevra surtout les éclats, les étincelles, les phosphorescences...

Il est d'ailleurs sommé dès l'introduction de remiser sa lorgnette pour adopter un regard kaléidoscopique plus approprié à l'objet du spectacle : « Renoncez à l'unité pour une peinture multiple, appelez à votre secours toutes les imaginations contemporaines avec leurs coloris si divers : vive ou lente, joyeuse ou triste, bonne ou moqueuse, sceptique ou croyante, quelle que soit l'imagination de nos faiseurs, elle aura sa place dans ce livre, elle prendra un instant le manteau d'Asmodée... » Le manteau d'Asmodée – le diable littéraire qui patronne l'affaire – c'est ce patchwork de 101 récits qui écrivent les nouvelles mythologies urbaines de l'après 1830, car telle est la borne historique sur laquelle se fonde la représentation d'un Paris où « le spectre des trois journées erre la nuit », comme le dit Eugène Briffault.

L'éclatement des points de vue n'exclut pas l'amplitude du champ de vision, car c'est là l'ambition de cette littérature collective que Walter Benjamin a justement baptisée « panoramique » : déployer dans tous ses détails le tableau de Paris, cette « ville confusionnée », « immense Babel, où les choses ne répondent pas aux mots », « Ninive moderne » où l'on se perd dans le fouillis inextricable de « ses mille quatre-vingt rues » que compte Frédéric Gaillardet. Dans l'ensemble foisonnant de cette littérature pittoresque qui a prospéré tout au long du siècle pour devenir à son terme un genre convenu, brassant et refondant dans son chaudron les éternelles *physiologies de Paris*, *Paris pittoresques* et autres *Petits-Paris*, le *Livre des Cent-et-un* fait figure de pionnier : il est novateur dans sa forme comme dans son projet, qui

Affiche pour Louis Morin, *Carnavals parisiens*, Paris, Montgrédien et Cie, 1897. BnF, Gallica.

consiste à réaliser une « espèce d'encyclopédie des idées contemporaines », ainsi que l'explique Jules Janin dans l'introduction qu'il donne à l'ensemble. Bien plus qu'une idée cependant, la fête est figurée comme une réalité omniprésente dans ce Paris *post* 1830, à travers laquelle se manifestent, plus que dans tout autre pratique sociale, les stigmates de l'Histoire.

L'HISTOIRE SAISIE DANS LE PRISME DE LA FÊTE

Si l'entreprise des Cent-et-Un s'inscrit dans la tradition du *Tableau de Paris* – « Il faut faire pour le Paris d'aujourd'hui ce que Mercier a fait pour le Paris de son temps » –, il s'agit surtout de la dépasser et d'accomplir une « révolution dans l'étude de mœurs », comme l'écrit Janin. Celui-ci se fait la voix de ses confrères pour revendiquer la vocation historique d'un ouvrage par lequel ils veulent « confier à l'histoire contemporaine ce qu'ils ont vu, ce qu'ils ont entendu, ce qu'ils ont appris de [notre] civilisation moderne si heurtée, si vague, si indécise, dont le caprice le plus innocent a été une révolution ». Livre attrape-tout, qui peint « sous des couleurs si diverses, et avec des contradictions si amusantes, nos passions, nos répugnances, toute notre vie actuelle », *Le Livre des Cent-et-Un* entend s'ériger *in fine* en « monument » de science sociale, « dans lequel la postérité (si postérité il y a) cherchera surtout quelles étaient, après la révolution de 1830, les modes de Paris, en politique, en croyances, comme on cherche ailleurs la façon des robes et des habits d'une époque ». C'est ce qu'affirme Charles Lenormand, auteur d'un chapitre intitulé « Du costume parisien et de son avenir », dans lequel il prédit l'uniformisation des vêtements – confondant genres et classes – sous l'effet de la pression démocratique. Paraphrasant la célèbre formule « *la littérature est l'expression de la société* », il affirme que dorénavant « tout est devenu l'expression de tout ». Selon cette logique, chaque détail saisi dans les filets de l'observateur est représentatif de la totalité du « mécanisme de l'existence sociale » : la barbe des hommes, les robes des femmes, les affiches, les devantures des magasins, les lieux de plaisir… Aussi peut-on « *doctrinaliser* » – c'est son expression – sur des choses apparemment aussi futiles que la mode ou la fête, parce qu'elles disent aussi bien – si ce n'est mieux – que d'érudites dissertations la vérité historique et sociale du moment. Et chacun d'arguer de cette doctrine pour légitimer sa modeste contribution à l'ensemble. L'argument sera repris à l'envi par la cohorte des auteurs de « guides parisiens » qui suivront, tel Alfred Delvau, qui, en 1867, justifie l'apparente légèreté de son sujet, sensible dès le titre de son ouvrage – *Les Plaisirs de Paris* –, par le sérieux des leçons à en tirer : « en écrivant une histoire des cabarets des cafés parisiens, [on est] exposé à écrire une histoire de toutes les classes de la société parisienne, depuis les plus élevées jusqu'aux plus basses, depuis les plus nobles jusqu'aux plus viles ». Envisagée selon cette logique synecdochique, la fête – « immense détail » de la vie parisienne, dirait Balzac – s'avère un levier intéressant pour élaborer la nouvelle histoire sociale qui se cherche là. C'est ainsi qu'Auguste Luchet traitant d'un des *must* de la fête parisienne, « La Descente de la Courtille en 1833 », valorise un objet d'étude *a priori* peu académique, en en soulignant la valeur historique qui a totalement échappé aux historiens en toge :

> On a peu écrit sur le carnaval, en France. Cette surprenante époque de l'année n'a point d'historien chez nous. Il est raisonnable de penser que la majestueuse gravité de nos moralistes aura craint de se compromettre en y touchant ; et c'est à mon avis, bien dommage. Car il y aurait de grands et curieux enseignements à prendre dans un livre qui nous raconterait les carnavals de Paris, depuis un demi-siècle seulement.

C'est cette histoire en abrégé qu'il entend écrire. Il ne s'agit pas tant, cependant, de considérer le carnaval comme un lieu de mémoire où se déchiffrerait une histoire linéaire de la France que de saisir à travers lui les articulations, ou plutôt les fractures de cette même histoire. « Ce serait une chose étourdissante », écrit Luchet, que de voir à travers « les bruyantes folies du mardi-gras », toute l'histoire des cinquante dernières années, depuis « les préludes de la grande révolution » jusqu'aux « dévotes simagrées du règne de la Charte de 1814 », en passant par « les gloires du Consulat et de l'Empire » . La démarche qui consiste à faire de la fête sous toutes les formes qu'elle peut revêtir un observatoire des transformations politiques et sociales du pays est reprise par de nombreux contributeurs de l'ouvrage, qui exaltent chacun à son tour les enseignements potentiels de cette historiographie inédite de la fête. C'est le cas de Salvandy qui livre le récit circonstancié d'« Une fête au Palais-Royal », dont il précise la date – juin 1830 –, une date emblématique pour une fête qui ne l'est pas moins. Tout en admirant le lustre et la solennité des festivités organisées en l'honneur du roi des Deux-Siciles, Salvandy y décèle les premiers craquements d'une monarchie qui vacille. Pressentiment qu'il formule dans une sentence restée célèbre, adressée au duc d'Orléans : « c'est une fête toute napolitaine, monseigneur, *nous dansons sur un volcan* ». Cette fête extraordinaire, « donnée, en quelque sorte, sur la limite de deux monarchies, et dont on ne saurait dire si elle fut la dernière pompe de l'ancienne royauté, ou la première de la nouvelle », illustre selon lui, mieux que ne pourrait le faire tout autre événement social, le passage de l'Histoire.

Dépendante du régime politique, de l'état économique et social du pays, la fête rendrait donc perceptibles – parfois même lisibles à l'œil nu – les fractures historiques. C'est le postulat avancé par Antoine Rey-Dussueil, auteur d'un chapitre sur « Le Siècle au bal » qui aime à dire que l'« influence des mœurs politiques » se marque tout particulièrement « sur les choses les plus frivoles ». Idée que partage Eugène Briffault qui livre une sorte d'archéologie abrégée des festivités nocturnes dans son étude « La Nuit de Paris ». Après avoir dressé un bref historique des fêtes pour noctambules depuis 1789, il en arrive au constat désenchanté de leur disparition sous l'effet de nouvelles réglementations démocratiques et de la surveillance des gendarmes, ces « protecteurs brevetés de la décence et des bonnes mœurs » :

> Aujourd'hui les bals publics sont soumis à un régime sévère ; les tribunaux veillent à la pudeur de la danse populaire ; les lieux de vagues plaisirs subissent les plus rigoureuses prescriptions ; les

> cafés, les cabarets les plus obscurs réduits d'ivrognerie sont astreints à la plus minutieuse observance de règlements ; le Palais-Royal, cette infecte Capoue d'autrefois, n'est plus qu'un bazar ; enfin, par une ordre récent, tous les théâtres doivent avoir achevé leurs représentations à 11 heures précises.

Ce nouveau régime policier a eu pour effet d'entraîner la désertification de la nuit parisienne : « Frascati perd chaque jour de son éclat ; et si quelques files de fiacres annoncent de loin en loin quelques réunions, quelques soirées, quelques bals, on peut presque dire que rien ne transpire au dehors de ces fêtes sans gaieté et sans plaisirs », auxquelles doivent pourtant se résoudre les viveurs parisiens. Le Paris des années 1830 s'aligne ainsi sur les États-Unis d'Amérique, où troubler le repos de la nuit est un « crime de lèse nation ». Le coupable de cette américanisation de la société parisienne ne serait autre que « la liberté de 1830 », qui a « achevé l'œuvre de destruction » de la nuit et de ses folies. Curieux paradoxe politique qui voudrait que la fête ne soit jamais plus intense que dans les régimes liberticides : « la vie de nuit, disons le mot, la licence, a toujours été à Paris, en raison inverse de la liberté politique », affirme Briffault. Et nombreux sont les contributeurs, qui, tout en adhérant en théorie à l'esprit de 1830, expriment une même nostalgie à l'égard du Paris d'Ancien Régime et de ses fastes. Où sont les fêtes d'antan ? se demande Amaury Duval, dans sa « Journée de flâneur sur les boulevarts du Nord ». Autrefois fête pour les yeux, les grands boulevards offraient un spectacle ébouriffant où s'exhibait un Paris festif et libertin : « c'était un vrai kaléidoscope ». Mais, déplore le flâneur en prose, « quelques années après, toute cette fantasmagorie avait disparu. La révolution était flagrante, mœurs et costumes, tout était changé. Plus d'habits de soie, plus de perles ni de diamants, plus de fard sur les figures, plus de poudre sur les cheveux, et chacun pouvait faire impunément de la main le tour de sa tête ». En se démocratisant la fête a perdu de son faste et peut-être aussi de son âme…

LA FÊTE EST MORTE, VIVE LA FÊTE !

1830 aurait donc sonné le glas des splendeurs de la fête aristocratique. Les festivités bourgeoises qui ont pris le relais n'en sont qu'une pâle et dérisoire copie, comme le déplore Jacques Raphaël, auteur d'un chapitre sur « Les Soirées dansantes » : « Quand on sort d'une soirée bourgeoise, la bouche empâtée de meringues et de sucreries, et qu'on vient à se souvenir de ces nuits brillantes, dont tous les flambeaux se sont éteints, on croit avoir rêvé des *Mille et une Nuits* ». Affaire d'étiquette, dit Salvandy, qui évoque avec émotion le spectacle solennel des fêtes au Palais-Royal avant 1830, sublimé par la mise en scène à la gloire des membres de la famille régnante et de ses invités :

> C'était la beauté des fêtes de la Restauration que l'habit de ville n'y fut point admis [...]. On voyait étalé, pour la dernière fois, le luxe des costumes sans nombre qui distinguaient les services de cour, et qui rivalisaient tous de richesse entre eux.

Affaires de mœurs également : le personnel de la fête a changé, notamment les artistes, qui, eux aussi, « ne sont plus ce qu'ils étaient », regrette Auguste Jal. Autrefois affidés aux grands seigneurs libertins dont ils animaient les orgies, les artistes, depuis la Restauration, « ont senti qu'ils étaient quelque chose » et de cette nouvelle respectabilité découle leur goût nouveau pour des loisirs plus sérieux. Finie « l'époque où l'on s'occupait encore d'arts et de littérature », où se retrouvait dans ces « *raouts* anglais » très en vogue au faubourg Saint-Germain une « foule fashionable, magnifique panorama, où l'on allait passer en revue toutes les célébrités de l'époque ». Divertissement durable puisque « quatre ou cinq de ces raouts aux proportions gigantesques suffisaient pour alimenter le caquetage des salons pour l'hiver ». Il n'est pas jusqu'aux occasions naguère susceptibles de laisser libre cours à l'esprit de fête qui se perdent : « Autrefois, c'est-à-dire avant le 26 juillet 1830, c'était quelque chose qu'une *Première Représentation* [...]. On faisait du bruit, on riait, on s'amusait ; c'était une orgie ; c'était le combat du taureau... », regrette un nostalgique d'une vie théâtrale ponctuée de batailles et de scandales. Alors, introuvable, la fête ? À l'image de cette « fête aux environs de Paris » que s'efforce désespérément de localiser une petite famille de bourgeois parisiens, bien décidés à passer la barrière pour se dévergonder dans un bal de village... Narré sur un mode héroï-comique par Paul de Kock, leur périple hors les murs les mène de Belleville, où tout est endormi, à Romainville, où ce n'est pas mieux, puis à Bagnolet, où ils finissent par dénicher un malheureux bal populaire qui tourne à la rixe généralisée suscitant leur fuite apeurée.

En dépit de ces contre-exemples, d'autres instantanés saisis dans le film des Cent-et-Un témoignent *a contrario* qu'*intra muros* les fêtes continuent à rythmer la vie des Parisiens. Il semblerait même qu'elles se soient multipliées, enrôlant à présent toutes les couches de cette population parisienne qui, dit-on, n'aime rien tant que s'amuser, ou du moins, selon Alfred Delvau, « se donner en spectacle, avoir un public, une *galerie* ». C'est à les recenser que se vouent les *panoramistes* de tout poil, offrant à leurs lecteurs le catalogue toujours plus long des festivités censées électriser la vie parisienne : bals, illuminations, féeries pyrotechniques, défilés militaires, foires, théâtres, carnavals, célébrations nationales, soirées dansantes... Autant d'occasions de festoyer qui honorent, en la renouvelant, la tradition parisienne. Car l'ancien reste présent, comme une sorte d'idéal qui s'efface mais se reconfigure dans des scénarios modernes. Si les observateurs de la fin du siècle se plaisent à débusquer sous la diversité de ses fêtes l'âme du « vieux Paris », comme le fait Victor Fournel, qui voit notamment dans « nos vieilles foires parisiennes », « l'embryon des expositions universelles »), ce sont plutôt les ruptures dans les habitus et les codes de la fête que soulignent les chroniqueurs de 1830, cherchant à saisir ce que d'autres appelleront, un peu plus tard dans le siècle, la *modernité*.

Jules Chéret, *Champs-Elysées, Jardin de Paris*, affiche lithographique, Imp. Chaix (Ateliers Chéret), 1890. BnF, Gallica.

LE SIÈCLE AU BAL

L'empreinte la plus notable de cette modernité naissante se marque dans la démocratisation de la fête : elle est devenue l'affaire de tous, une affaire publique et non plus le privilège des *happy few*. Le bal, tel qu'il s'institutionalise comme divertissement national au tournant de 1830, en est l'illustration exemplaire. Le bal, déclare Rey-Dusseil et, parmi tous, le bal de l'Opéra, c'est « le résumé d'une époque ». On lit en lui comme dans un livre d'histoire et ce qu'on déchiffre dans ce livre vivant ce sont les « traces de la révolution de juillet ». Elles ne sont pas seulement visibles dans « les peintures tricolores de l'avant-scène », on les perçoit aussi en observant la « population nivelée » qui y évo-

E. Guérard, *Bal de l'Opéra*, lithographe, Paris, E. Dardoize, éditeur, s.d. BnF, Gallica..

lue à présent, rendue plus indifférenciée encore par le port du masque. Rey-Dusseil se désole en ces termes :

> Je n'ai jamais vu de bal plus sérieux, se désole, Rey-Dusseil. Ces longs dominos noirs m'offusquent la vue ; impossible, avec l'imagination la plus complaisante, de supposer là-dessous des humeurs, et des visages divers ; on dirait d'un seul personnage en mille individus.

De là à faire du domino l'emblème de la nouvelle société, le pas est vite franchi : « La société est nivelée, et vous ne voulez pas que le bal le soit aussi ? Des caractères ! vraiment ! cherchez-en ailleurs ! Si, étant peintre, j'avais à faire de l'égalité une figure allégorique, je la revêtirais d'un domino noir. » L'uniformisation du personnel de la fête rejaillit nécessairement sur les pratiques festives. Représentative de ce fait de société, la mode des soirées dansantes, succédanés bourgeois du bal aristocratique, qui « balancent entre les mansardes et le premier étage, comme la grande affiche d'un magasin à prix fixe », écrit, un brin méprisant, Jacques Raphaël . C'est la fête *discount* avant la lettre, qui fait danser à prix coûtant tout un petit monde de « chefs de bureau, avocats, médecins, commerçants, tous électeurs, tous de la garde citoyenne » : l'ensemble formant une « vraie macédoine en rubans et en habits noirs, en bérets et en chapeaux ronds ». Quant aux femmes, ne pas chercher dans ces bals domestiques les déesses naguère croisées dans les salons du Faubourg Saint-Germain : ici règne la « muse bourgeoise du quartier Poissonnière, ballottée dans sa grande robe bleue, parsemée d'étoiles d'argent, comme une vierge de village dans son sayon de satin broché ». Bref, conclut l'observateur, c'est la « fête juste milieu », « le bal de la petite propriété [...], demi-fortune en bas de soie et en robe de crêpe, dansant au bruit d'un piano et d'un flageolet, accompagné parfois d'un violon et d'une basse d'amateur ». Adoptant l'œil d'Asmodée, il entraine son lecteur à tous les étages de cet immeuble parisien où se joue le même scénario de la soirée dansante dans des formes toujours plus sommaires :

> Bal au premier étage, concert au second, soirée dansante au troisième, et bal des domestiques dans les mansardes... cela s'enfile comme les grains d'un chapelet. Si le cordon vient à casser, gare que les grains ne roulent pêle-mêle à terre. Bien adroit qui saura le mettre à leur place !

D'autres observateurs dénoncent plus crument l'arasement social qui se manifeste dans les grandes occasions festives. Évoquant « Les Fêtes publiques » et leur organisation tarifée comme une « transaction commerciale », Amédée Pommier décrit d'une plume narquoise le petit peuple de Parisiens et de banlieusards – tout le « ban et arrière-ban de la badauderie » – qui « roule et gronde comme un océan d'homme dans les Champs-Élysées », haut-lieu de la fête publique. « Noces de Gamache », « frénésie de boisson », « immense foire », où on « lapide le peuple à coups de comestibles » et où on l'éblouit avec des chefs-d'œuvre pyrotechniques : la fête publique a des relents de populace avinée qui froissent la sensibilité de l'observateur :

> Je ne sais pas si vous avez jamais réfléchi sur l'étonnant amour du peuple pour le vin. C'est pour moi un phénomène physiologique inexplicable, un phénomène qui est l'objet de mon admiration et de ma stupeur, que cette soif générale permanente, inextinguible, que cette frénésie de la boisson, que cette rage d'entonner dans son corps le jus fermenté de la treille.

Jules Chéret, *Opéra Comique, Bal masqué*, affiche, Paris, Imp. J. Chéret, 1874. BnF, Gallica.

Le tableau tourne à la caricature. N'y aurait-il rien à sauver dans la fête moderne ? En marge des discours nostalgiques qui déplorent la banalisation de la fête parisienne, d'autres voix exaltent à l'inverse le renouvellement constant de ses formes. Si l'idée de l'embourgeoisement de la société et, conséquemment, de la vie festive devient un cliché qui court d'un chapitre à l'autre du *Livre des Cent-et-un*, elle se trouve contredite par une autre, diamétralement opposée, qui affirme au contraire que Paris reste la ville légendaire des mille et une fêtes : « Paris veut avant tout des fêtes splendides à la clarté des bougies, des bals, des concerts, des spectacles, des amours, des intrigues. Il lui faut le bruit de la politique pleine de colère, de la conversation pleine d'épigrammes... » C'est ce qu'affirme Jules Janin dans *L'Été à Paris*, un de ces petits guides parisiens issus de la littérature panoramique qui abondent alors. Comme bien d'autres, il salue l'inépuisable fantaisie des Parisiens en matière de fête, « peuple qui oublie tout, excepté d'être exact aux fêtes qu'on lui donne », stimulé par le génie de Paris, « ville enchantée », qui « a besoin d'avoir chaque jour une fête nouvelle » et qui « improvise cette fête avec une verve qui tient du génie ».

C'est ce foisonnement déraisonnable de festivités en tous genres, le renouvellement constant de leur topographie et la frénésie affolante de leurs scénographies que s'efforcent de saisir les chroniqueurs parisiens qui emboîtent le pas aux Cent-et-Un. Dénombrement presque impossible tant la furie festive sévit dans la capitale : « à Paris, quand s'écroule le péristyle d'un temple consacré à ce vieux dieu toujours jeune, le Plaisir, dix autres temples s'élèvent aussitôt comme par enchantement », peut-on lire dans le *Tableau de Paris* d'Edmond Texier. Cet engouement pour les « plaisirs de Paris » qu'Alfred Delvau a entrepris de dénombrer se mesure à la longueur des listes qu'il établit pour guider ses lecteurs dans ce nouvel Eldorado de jouissances : listes de cafés, de théâtres, de concerts, de restaurants, de cercles et de club… et surtout listes de bals, « du plus élégant au plus canaille », bals d'été et d'hiver, bals masqués, bals du demi-monde, avec mention spéciale pour les plus fameux : bal Mabille, Casino Cadet, bal de la Reine Blanche, du Château rouge, de la Boule noire, Bal Valentino, Constant, Dourlans, et compagnie... Il y en a pour tous les publics, toutes les classes, tous les goûts et chaque quartier a son bal attitré. D'où la multiplication exponentielle de ces « temples chorégraphiques », dont beaucoup prolifèrent aux barrières :

> Il n'est pas une barrière où il n'y ait au moins cinq ou six endroits où l'on danse ; il y a des bals dans les jardins, dans les salons, dans les cours et jusque dans les boutiques. Chacun de ces bals a une physionomie particulière qui lui est imprimée par le genre d'habitués qui le fréquentent : les uns sont dévolus aux militaires, les autres aux ouvriers de tout état ; ceux-ci aux petits bourgeois, aux boutiquiers, aux clercs d'huissiers ; ceux-là aux charbonniers, aux porteurs d'eau, et en général à tous les enfants de l'Auvergne qui viennent y figurer la danse de leur pays…

Cette « dansomanie » généralisée, qui fait son apparition au tournant de 1830, semble emblématiser à elle seule la fête moderne, forcément parisienne. Les Parisiens s'affichent en effet comme les infatigables acteurs de ces transes chorégraphiques, et plus encore les Parisiennes : madones des bastringues ou égéries des bals chics, elles s'adonnent sans modération à toutes sortes d'acrobaties rythmiques. « C'est inouï, remarque Delvau, ce qu'il y a de vif argent et de fulmi-coton dans ces petites jambes qui n'ont l'air de rien du tout, et qui lasseraient cependant les jarrets masculins les plus intrépides, muscles d'acier sous une enveloppe idéale de fragilité ! » D'autant que les danses qu'elles affectionnent n'ont rien de divertissements de salons : ce ne sont, précise Delvau en connaisseur, « ni la cordace, ni la cybistique, ni la bellicrepa, ni la pyrrhique, ni l'anagogie, ni la sicinnis, ni la dionysiaque, et encore moins la bourrée, le branle, la carole, le menuet, la gavotte, la gigue, la pavane, la sarabande, le boléro ou le fandango... », mais des danses autrement indécentes : « leur cher cancan et leur précieux chahut ». Ces Mistinguett avant la lettre incarneront pour longtemps le mythe d'une vie parisienne tout entière vouée au plaisir.

Si l'on en revient pour conclure au *Livre des Cent-et-un*, on constate que le tableau parisien qui s'y dessine est assez éloigné de la fantasmagorie tapageuse pour touristes éblouis qui prendra toute son ampleur à la Belle Époque. Au fil des quinze volumes de cette encyclopédie de la vie urbaine, la fête parisienne se révèle certes tout aussi exubérante mais sans doute moins gaie, moins *glamour*, plus inquiétante

Steinlen, *Bal de Barrière*, lithographie, s.n., 1898. BnF, Gallica.

aussi, peut-être en raison de ce qu'elle semble charrier de potentielles résurgences révolutionnaires.

À lire Auguste Luchet décrivant la descente de la Courtille en 1833, rien de moins réjouissant, en réalité, que cette fameuse liesse parisienne, censée déborder à l'occasion du Mardi gras. Lui qui voulait faire l'histoire de France vue du carnaval, s'arrête, songeur, sur cette année climatérique : 1833. Après 1830 et sa révolution, 1832, son choléra et ses émeutes, 1833 s'impose comme un millésime particulier en matière de carnaval :

> Tout le monde convient que depuis bien longtemps on n'avait vu la fureur de plaisirs, l'universalité d'orgies, qui ont distingué le carnaval de cette année. On a voulu savoir le pourquoi de cet empressement insolite à se réjouir, de cette faim, de cette soif frénétique d'amusements, de bruit et de cris, dont les temps antérieurs offrent si peu d'exemples, même celui où le *Catéchisme poissard* eut sa première édition.

S'il ne trouve pas le pourquoi de cette démesure, il en décrit le comment, et le tableau n'est guère flatteur. C'est d'abord le spectacle lamentable donné par les participants à la fête, dont les costumes et les maquillages se liquéfient sous la pluie battante, barbotant dans un océan de boue et de déjections diverses, ils attendent dans une hébétude avinée d'entrer dans le saint des saints : la salle du bal Franconi. Nous faisant pénétrer dans ladite salle, Luchet déploie alors à grand renfort de métaphores diabolisantes la vision apocalyptique d'une « chaîne d'hommes et de femmes se tenant pêle-mêle », se trémoussant au rythme d'une musique « infernale et grotesque » en une « contredanse diabolique », suscitant un « tourbillon immense qui entraînait tout sur son passage » : « véritable trombe humaine, à côté de laquelle une ronde du sabbat n'eût semblé ni plus animée, ni plus bruyante, qu'une simple galopade diplomatique ». Comble de l'obscénité, que l'observateur hésite à évoquer et qui justifie soudain à ses yeux « l'absence de cette histoire du carnaval » dont il se plaignait initialement : *la chahut*, dansée par « les quarante masques du *Grand Saint-Martin* », « non pas, précise-t-il, cette *chahut* dégénérée, cette *chahut* à l'eau rose et petite-maîtresse des étudiants ; mais la véritable, la primitive *chahut*, née du *fandango* des Espagnols et de la *chica* des Nègres ». Échappée de ce pandémonium, la sarabande infernale se poursuit dans la fameuse descente de la Courtille, « avec toutes ses folies, avec son infini cortège de masques pâles et bleus de la nuit, avec ses deux mille voitures à la file, avec ses cent mille spectateurs qui la regardent ébahis et riants, en faisant la tortue de leurs parapluies qui dégouttent les uns sur les autres ! » D'autres scènes d'hystérie s'offrent alors à ces badauds, comme la bagarre frénétique de ces femmes « ivres de champagne et de jalousie [qui] se prennent aux cheveux, s'égratignent, se mordent horriblement ». Vient enfin le dernier tableau du triptyque, celui de l'après-fête, qui se profile, glauque, solitaire et misérable pour la plupart des participants :

> Mais ce soir... mais demain... quand ils auront dormi... quand ils s'éveilleront d'un lourd sommeil, prenant tout cela pour une suite de rêves bizarres ; quand au costume d'or et de plumes succéderont l'habit râpé, la redingote maigrie d'avant-hier... quand le tiroir de la commode, en s'ouvrant, ne montrera plus à l'œil que des reconnaissances du Mont-de-piété... Alors...

C'est alors, dit Luchet, qu'on verra les mains fouiller dans les poches, et en sortir... vides.

Les saturnales du carnaval ne parviennent pas à recouvrir complètement la réalité de la gêne et de la misère, plus familière aux Parisiens, même s'ils l'occultent périodiquement avec éclat. La fête comme révélateur des envers ténébreux de la modernité, comme sismographe des malaises et des désordres sociaux : c'est aussi sous cet angle de vue plus inattendu que la peignent les Cent-et-Un, lucides sur l'intermittence de ses enchantements qui cosmétisent, sans jamais les dissimuler complètement, les plaies et les fractures d'une société révolutionnée.

À LIRE

LADVOCAT, *Paris ou le Livre des Cent-et-un*, t. I-XIV, 1831-1834.

SARRUT, P. et SAINT-EDME, *Paris pittoresque*, Worms, 2 vol., 1837.

CURMER, Louis, *Les Français peints par eux-mêmes*, t. I-VIII, 1839-1841.

La Grande Ville, Nouveau Tableau de Paris, t. I, par Charles-Paul de Kock, t. II, par Charles-Paul de Kock, Balzac, Dumas, etc. Paris, V. Maglan, 2 vol., 1842-1843.

Le Diable à Paris. Paris et les Parisiens, Hetzel, 2 vol., 1844-1845.

TEXIER, DEBORD, FRÉMY etc., *Les Petits-Paris*, Taride, 24 vol., 1854-1855.

DELVAU, Alfred, *Les Plaisirs de Paris, guide pratique des étrangers*, Faure, 1867.

JANIN, Jules, *L'Été à Paris*, Aubert, 1844.

GUILLEMIN, Léon, *Physiologie des quartiers de Paris*, Desloges, 1841.

GASNAULT, François, *Guinguettes et lorettes. Bals publics à Paris, au XIX*e *siècle*, Aubier, 1986.

Very bad trips

Julien Schuh, Jean-Didier Wagneur

« On ne fait plus la fête. La bamboche, c'est terminé. »
Pierre Pouëssel, préfet.

« Ce n'est pas la bamboche du jour au lendemain. »
Emmanuel Macron.

Le terme qui désigne cet exercice éminemment nocturne, « bambocher », est peu présent dans les dictionnaires. On n'en trouvera de définition propre ni dans le *Grand Dictionnaire universel*, ni dans le sage Littré pour qui *bamboche* est une marionnette et *faire la noce* se réduit aux réjouissances qui accompagnent le mariage. À peine consentent-ils à citer « faire noce de chien », c'est-à-dire « se livrer à la débauche ». C'est déjà comme une anticipation du moderne dicton : « Ce qui se passe à Vegas reste à Vegas. » Pourtant faire la bamboche, c'est faire la fête, vadrouiller. Au fil du siècle viendront d'autres expressions comme « faire la bombe », au risque d'y « perdre la boule » et au mieux d'avoir « mal aux cheveux », après avoir empilé trop de soucoupes. La solution : se faire un « gendarme » (vin blanc, sirop de gomme et eau).

LA VIE À OUTRANCE

Aborder ce thème reviendrait à envelopper toute une littérature qui a d'abord eu pour cadre le Palais-Royal avant d'investir d'autres lieux comme le Quartier Latin et les Boulevards riches de toute une littérature de dandies, de lions et de lionnes (Milord l'Arsouille, Roqueplan, Roger de Beauvoir ou Alfred Delvau), sans oublier Montmartre et Montparnasse. Tout est question d'argent : les salons privés des grands restaurants n'offrent pas les mêmes plaisirs que les estaminets. Il y a la « noce » que fait le petit bourgeois ou le provincial monté à Paris par train de plaisir et « la haute noce » de la Babylone moderne qui se mène sur les tapis verts et chez les grandes horizontales. Le siècle a un mot pour cela : « la vie à grandes guides », celle des « viveurs » et des « viveuses ». Ils ont leurs journaux, leurs guides de Paris la nuit, leurs cantines préférées (la Maison d'or, Brébant, les cafés Riche et Hardy) et de nombreux cercles. Ils ne négligent pas le Paris populaire : la vie des pauvres est si exotique et si *exciting*, qu'elle est une étape incontournable de la tournée des Grands Ducs. Ils se transportent souvent à Bade, dans le Palais de la conversation, sur les tables de baccarat et de roulettes avec le monde de la grande prostitution dans leurs bagages. Marcelin en a écrit la chronique dans *La Vie parisienne*, Offenbach l'a mise en musique et le journaliste Albert Wolff leur a consacré un livre tout entier, *La Haute-Noce* :

> Nous appelons à Paris « la Haute Noce », cette vie à outrance, qui semble être une fête perpétuelle, où toutes les folies sont déchaînées, où les millions disparaissent, où les caractères s'écroulent et où souvent, à la fin de l'orgie, il ne reste de ces splendeurs d'un instant que les rares bougies, vacillantes dans les bobèches qui éclatent et disant

Jules Chéret, *Élysée-Montmartre, Bal masqué*, affiche lithographique, Paris, Imp. Chaix, 1890. BnF, Gallica.

> que dans ces lieux à présent déserts, empestés par les émanations du festin consommé, on s'est jadis amusé. La haute noce parisienne a ses fastes, le plus souvent suivis de cruels écroulements ; elle se compose de la galanterie sous ses différents aspects, des grands festivals financiers à la fin desquels s'effondre la fortune publique, des noceurs qui basent leur vie sur le hasard, et des étrangers plus pervertis que les Parisiens et qui, après avoir fait la fête chez nous avec un dévergondage particulier, retournent dans leur pays pour dénigrer Paris.

La « bamboche » touche donc toutes les classes de la société, mais c'est une pratique essentiellement masculine. Les femmes qui s'y livrent le font en secret ; sachant trouver l'anonymat sous le déguisement ou le domino des bals masqués, elles empruntent les entrées dérobées des célèbres cabinets particuliers des restaurants parisiens. La fête est un marché dont les professionnelles sont surtout de jeunes filles dont le premier souteneur a été souvent leurs propres mères, qui espèrent qu'elles atteindront le statut d'une demi-mondaine célèbre. Le monde bourgeois verse bien sûr aussi dans le commerce des corps, dans les maisons à gros numéros. Reste que tout cela se dissimule dans les rapports de police ou au mieux dans les mémoires des commissaires.

BAMBOCHE BOHÈME

Nous allons plutôt nous intéresser ici de préférence aux jeunes écrivains et artistes dont les fredaines sont moins sordides (et encore) que celles de leurs pères. Avant même de devenir écrivain, d'en ressentir la vocation, la vie qu'ils mènent est celle des étudiants. Les pratiques bohèmes sont génériquement en lien étroit avec les pratiques potachiques, que ce soient celles des Écoles de droit et de médecine ou celles, plus inventives, des ateliers des Beaux-Arts. Leur terrain privilégié est le Quartier Latin. Le chahut y est une institution depuis toujours, et du boulevard Saint-Michel à Bullier, Paris a disposé d'un ensemble conséquent de brasseries et de cafés, de bals d'été et d'hiver, de bouillons et de crémeries chaudes comme autant d'unité de lieu. Quant aux romantiques se dissimulant sous les frondaisons du jardin du Luxembourg.

Ces chahuteurs ne sont encore que des artistes et des écrivains en herbe – il faudra attendre les années psychédéliques pour que cela fasse jeu de mots. Leurs aires de jeu sont essentiellement les bals et les cafés : le Bal Bullier en haut du futur boulevard Saint-Michel où le propriétaire et le municipal attachés à chaque établissement doivent veiller à la bonne tenue des soirées. La chasse aux grisettes et aux demoiselles qui ont choisi l'anonymat est une des attractions de ce lieu, c'est pour cela qu'on préfère, depuis les Tivolis de l'Ancien Régime, l'anonymat des bals champêtres et l'amour dans les bosquets.

Ces bals feront longtemps également partie des hauts lieux de la prostitution, comme le révèle la correspondance de Maupassant à ses amis de jeunesse. Dans une lettre à Albert de Joinville du 8 juin 1878 (sur papier à en-tête du ministère de la Marine et des Colonies), il donne des nouvelles de leurs amis communs Robert Pinchon (alias La Tôque) et Léon Fontaine (Petit Bleu) et précise ce que ces gaillards cherchaient dans les bals parisiens :

> Le dit La Toque passe son temps dans les bals de la *Reine Blanche* et de la *Boule Noire* à lever les petites putains qui débutent (16 et 17 ans). Il leur fait naturellement minette et est rongé le lendemain et les jours suivants, non de chancres, mais d'inquiétudes. Il commence à avoir des goûts de vieillard.
>
> Du reste ses fonds étant épuisés il repart la semaine prochaine pour Longueville. Je vois fort peu Petit Bleu qui valse, quadrillonne etc, etc, fait la cour aux petites filles, ce qui ne l'empêche pas, m'a-t-on dit, de courir aussi les putains.

Le bal des Quat'z'Arts, organisé tous les ans par les étudiants des Beaux-Arts à partir de 1892,

Paul Merwart, couverture pour *Au Quartier Latin*, n° 1, Mi-Carême 1896. BnF, Gallica.

est une occasion particulièrement attendue de provoquer le scandale en défilant dans des costumes plus provocants les uns que les autres – le « père la Pudeur » Bérenger poursuit les organisateurs en 1893 après un défilé égyptien très dénudé. Rachilde se souvient dans *Quand j'étais jeune* de la ferveur provoquée par ces bals : « Toute la jeunesse artistique du Quartier Latin est en émoi. » Une année, elle prévoit avec Jean Lorrain une entrée fracassante, elle en « tunique de mousseline blanche à pois brodés » raccourcie autant que faire se peut, à califourchon sur son ami, déguisé en lutteur marseillais avec « un maillot d'un rose violent et un cache-sexe en peau de panthère ». La provocation tourne mal : le soir du bal, la bonne de Rachilde vient la prévenir, affolée : « Mademoiselle ! M. Jean Lorrain qui devait venir vous chercher est en bas, dans une voiture, presque tout nu, *entre deux agents* qui l'ont arrêté et qui viennent vous demander des renseignements, rapport à son métier de journaliste. » Mais il ne s'agit que d'une farce de Lorrain, qui avait imaginé cette mise en scène avec deux complices grimés en policiers pour augmenter encore l'effet scandaleux de leurs tenues.

PÉRÉGRINATIONS NOCTAMBULIQUES

Il y a aussi les cafés où, outre les discussions littéraires et artistiques, boire et chahuter constituent l'inévitable programme de chaque soirée. Terroriser les parties de dominos des Messieurs Prudhomme et Gogo du quartier est un plaisir délicat comme semer le trouble dans les parties de billards ou partir sans payer. Les retours sont le plus souvent hasardeux et le seront plus encore à Montmartre pour des raisons géodésiques. Reste que les performances alcoolisées et les tournées dans les établissements sont d'usage et ne deviendront dignes de notation que plus tard. Néanmoins certains eurent leur quart d'heure de célébrité comme le bohème Guichardet :

> Quand vous apercevez, le soir, une lueur rouge qui s'avance, vous pressentez un omnibus et vous faites place. Mais prenez garde que si la lueur est oblongue et violacée, vous devez, au contraire, aller à sa rencontre. Ce que vous preniez pour une lanterne d'omnibus, c'est le nez de Guichardet, le nez du dernier gentilhomme ! Qu'est-ce que Guichardet ? Un être infini qui ne peut être perçu par nos sens, qui ne peut être décrit par notre plume. C'était l'ami d'Alfred de Musset, l'ami de Gérard de Nerval. Les gens de lettres l'appellent mon oncle, les femmes l'appellent Oscar ! Où est Guichardet ? Guichardet est partout, au ciel, aux enfers, au Divan, à la Brasserie, aux halles et dans tous les lieux du monde. Guichardet n'écrit pas, mais il raconte, et on écrit pour lui. Guichardet aurait cent ans qu'il ne serait pas un vieillard.
>
> Aurélien Scholl, « Le Divan Lepeletier », *Figaro*, 31 mars 1857.

Ce sont ces mêmes cafés qui, après la guerre de 1870, connaissent une mutation importante qui amènera des mouvements de protestations contre les souteneurs au Quartier Latin. Les maisons closes, soumises à une pression croissante de la police, dépérissent. Mais, au bénéfice d'une législation permissive, vont apparaître au Quartier Latin les brasseries à femmes où étudiants et littérateurs font leur initiation sexuelle. Dans la biographie qu'il a consacrée à Alphonse Allais, François Caradec déroule les noms pittoresques de ces maisons dont les serveuses, qui font aussi office de filles, revêtent des costumes adaptés à la thématique affichée par les patrons :

> Brasseries des Belles Marocaines, Brasserie des Excentriques Polonaises, Brasserie des Apothicaires (où le bock à 30 centimes est servi... avec un clystère), Brasserie des Jolies Diablesses (tenue par madame Emma, 7, rue Racine), Brasserie du Caprice (64, rue Saint-André-des-Arts, où les serveuses sont travesties en facteurs des postes, avant de devenir « moujiks » quand la maison change d'enseigne et devient la Brasserie franco-russe), Brasserie de la Vestale (13, rue Monsieur-le-Prince, où le costume normand est de règle), Brasserie de la Seine (27, quai Saint Michel, où l'on est servi par des ramoneuses), Brasserie des Dernières Cartouches (où les serveuses sont costumées en cantinières [...].

Gustave Macé, ancien chef du service de la Sûreté, dresse un état des lieux sans fard de ces lieux de débauche dans *Gibier de Saint-Lazare*, l'un des volumes de sa série de souvenirs dans la police parisienne :

> Plusieurs brasseries baptisées : *Boîtes à femmes*, servent de lieu de rendez-vous à la bohême soi-disant artistique et littéraire ; tous ces gens incompris ou trop compris, travaillent peu et boivent beaucoup. Paresseux incorrigibles, ces ratés poseurs, supportables à vingt ans, mais grotesques à quarante, affichent leur mépris pour les personnes dont la vie est régulière ; ils passent dans leur cénacle pour

Léopold Flameng, eau-forte pour *Paris qui s'en va et Paris qui vient : publication littéraire et artistique*, Paris, Alfred Cadart, 1859-1860. BnF, Gallica.

> avoir de l'esprit en citant des mots bêtes qui réussissent cependant à faire rire de jeunes néophytes toujours disposés à solder le prix des consommations.
>
> On vient profiter des attractions de ces endroits : « Du jeu, du chant, de la musique, des propos et des paris obscènes, [des] tableaux vivants où l'espèce humaine est représentée dans des poses plus ou moins pornographiques. L'intimité est complète, il y en a pour tous les goûts et pour tous les sens. »

Cette époque qui est celle du *fumisme* reste un moment privilégié où la rue est davantage le théâtre de farces et de mystifications. La bande, assez « situationniste », autour d'Alphonse Allais et d'Arthur Sapeck végète entre cafés et bals à l'affût d'un bon coup à faire. On s'ennuie ferme, d'ailleurs Maupassant écrit alors que « tout se répète sans cesse et lamentablement ». Sapeck multiplie ses farces avec une certaine inclination pour les lieux où le Parisien est pris en otage comme les omnibus, il connaît souvent la garde à vue. Harry Alis décrit ainsi une « vadrouille » typique des étudiants du Quartier Latin dans son roman à clef *Hara-Kiri* (1882) où l'on reconnaît facilement les intéressés et les groupes en présence. La soirée débute au *Cancan*, pastiche du Cabaret du Coucou :

> Autour des tables de marbre, sur les banquettes et sur les chaises, des femmes, le regard perdu, et des étudiants, fumant des pipes et buvant des bocks, se tenaient pressés. Une fumée âcre, remplissant l'espace libre, se mêlait, en spirales capricieuses, aux odeurs méphitiques des consommations et des tabacs. Dans ce brouillard, des gens à moitié ivres entraient et sortaient sans relâche, échangeant avec les premiers occupants des poignées de main et des engueulements fraternels.

Une jeune fille se fait harceler par un groupe de jeunes gens, les « Tristapattes » [Hydropathes], qui tentent de glisser leurs mains sous ses jupes : « Ceux-là étaient des habitués du

Agence Rol, *Café d'Harcourt*, photographie de presse, 1911. BnF, Gallica.

Cancan : des étudiants ès-bières, des journalistes tintamarresques, des peintres inconnus, des musiciens vadrouilleurs, des acteurs d'avenir sans présent, des poètes s'éditant à leurs frais ou ne s'éditant pas du tout. » Un étudiant japonais, Taïko, tente à plusieurs reprises de l'embrasser et se fait rabrouer ; les jeunes gens, conduit par un certain Kopeck [Sapeck], mettent au point une mystification : on propose de « coller » Taïko avec une autre jeune femme et d'aller célébrer leurs noces au bal Bullier, et un cortège s'engage, chantant à tue-tête le long des boulevards : « Sur le boulevard Saint-Michel, pourtant habitué aux tumultes nocturnes, des têtes de bourgeois ensommeillés, effrayés, apparaissaient aux fenêtres, croyant à un incendie. Et, en voyant se dérouler, houleux, le serpent humain, ils demeuraient bouche béante, quelques-uns rêvant d'un bœuf gras monstrueux et fantastique. » À côté d'Alis, il faudrait ajouter *La Vache enragée* d'Émile Goudeau, les romans de Félicien Champsaur, des livres de Catulle Mendès, mais qui paraissent encore mesurés face à la génération suivante.

Dans son *Journal intime*, Apollinaire décrit cliniquement les nuits de débauches autour des soirées de *La Plume* où il retrouvait Gustave Kahn, Paul Fort, Félix Fénéon ou encore Alfred Jarry. Son agenda du mois de mai donne une bonne idée des lieux que la fine équipe fréquentait et de leurs habitudes : le 3 mai 1903, « dimanche Enghien Montmorency. Soûlerie qui s'est terminée dans le stout et les verres brisés au Panthéon à 2 h. du matin ». Le 4, « dîné avec Cappiello chez un marchand de vins de Montparnasse. – Pour finir pris *un verre de la bouteille* terme d'usage pour un petit verre de bordeaux. Au café de Versailles revu Madame Zigzag avec Craigg (où laisse-t-il sa femme, sœur de Thaulow ?) ». Le 8, « Leroy Beaulieu à l'Européen, parle à Diriks, et à sa femme, à Paul Fort, à Merril et sa femme. Soûlerie avec Mécislas Goldberg l'étrange, le laid, le curieux, méphitique, diabolique, mais léger léger et c'est ce qui le sauve. Diriks paye bien à boire ». Le 16 : « *Le Plume* connaissance de tous Scheffer, Armory, Dauriac, des petites femmes. Soûlerie avec Mécislas Goldberg Taverne de l'Olympia ». Le 17, « Diriks soûlerie avec Fort ». Le 23 : « le soir Plume soûlerie couche chez Hammer Hôtel des Américains. » Le 27 : « Exposition Diriks. Vois Mirbeau, Édouard Rod, Elémir Bourges. Les Leblond, Charnoy – connaissance avec Ghil et Sadia Lévy. [...] — Champagne, les petits modèles Dédé dont le concierge est mort aussi la porte de chez elle entrouverte toute la nuit. — Gaby 14 rue Girardon soûlerie. » Le 30 : « Plume — Chahut. Cake Walk. Après au d'Harcourt Scheffer engueule Goldberg qui l'engueule aussi, mais Rob Scheffer n'a pas le sou pour son demi et Diriks son exposition faite ne veut plus payer. Scheffer embêté. Paulette et Pontcarme font la sourde oreille. Mais Goldberg le Juif se venge en payant en sous la consommation de son insulter. On file avec Derène et sa petite amie Jeannot aux Lilas, retour on voit un incendie. Goldberg arrive aussi. On finit à la Boulangerie. » Apparemment Apollinaire se couchait assez peu souvent sobre.

SOIRÉES INTIMES

Isabelle de Régnier, la sœur du poète Henri de Régnier, avait des occupations bien plus sages dans le cercle des écrivains post-parnassiens. Dans deux cahiers de *Souvenirs*, elle décrit quelques soirées parisiennes, comme ce « grand raout » chez Laure Baignières le 12 mars 1894, où se trouvent les demoiselles Heredia et leurs parents, Jacques-Émile Blanche, les Gandarax : « comme nous étions à peine une vingtaine on a dansotté : Laure sautait comme une plume, et a même relevé sa jupe pour attacher sa jarretière, Hélène disait la Maccarona et Louise Tararaboum et quelques gigues, et le bruit s'est répandu ensuite que cela avait été fort inconvenant et que les dames relevaient leurs jupes : c'est vraiment embelli ! » On découvre aussi comment on s'amusait chez les Heredia, lors des fameuses Soirées canaques :

> [En] avril les Heredia ont donné une soirée canaque, qui devait être fort belle parce que Judith Gautier avait préparé une charade qui devait être miraculeuse, car elle a généralement le génie de ces choses-là, seulement on arrive toujours tard quoiqu'on invite de bonne heure, et elle a commencé trop tôt d'attifer Hélène et Louise de sorte que toutes étaient d'un peu mauvaise humeur, le plan de la charade était trop compliqué, et elle n'a pas réussi. Les seules choses bien ont été le chameau représenté par deux personnes couvertes de châles beiges et portant la tête de chameau faite de laine on ne peut mieux ficelée, et puis Henri qui se drapait dans des loques, coiffé du chapeau 1890 de Marie, et se dandinant tout en parlant légèrement anglais.

En quoi consistaient ces charades ? Un passage un peu plus loin dans le même journal, qui décrit une autre soirée canaque chez les Heredia, permet de mieux comprendre les règles de ce jeu de société, sorte de rébus joués :

> Les charades étaient charmantes, comme de véritables comédies. Le premier mot était Cléopâtre : pour *clef* Hélène était femme de Barbe-Bleu et ouvrait la porte de l'antichambre, soi-disant cabinet des femmes du Sire, où Louise, Marie et moi tirions la langue, éclairées par du magnésium, afin de paraître cadavériques. Mr Hasse dirigeait les feux du magnésium. Pour *eau* Louise était une servante de ville d'eau, et abreuvait les malades qui se pressaient autour de la source, Hahn et Hérold, chacun dans son genre faisaient de parfaits galeux ! Pour *pâtre* Hérold déguisé en berger jouait du chalumeau pendant que des messieurs recouverts de housses se promenaient à quatre pattes. Enfin Hélène était Cléopâtre, et Hahn Antoine, et le serpent, représenté par un margotin au bout duquel était une cerise, piquait Cléopâtre qui tombait avec Antoine, celui-ci foudroyé de douleur et avec des gestes théâtraux.

Les bamboches organisées par les écrivains en dehors de ces cercles familiaux et bourgeois n'étaient pas aussi bon enfant. Dans *La Jupe*, Léo Trézenik raconte comment « faire flanelle » dans les bordels du Quartier Latin, ce qui signifiait flirter avec les pensionnaires sans consommer. Dans *Les Jours et les Nuits* (1897), roman transposant son expérience du service militaire, Alfred Jarry expose ainsi dans quelques chapitres liminaires le genre d'activités dans lesquelles se complaisait la jeunesse de l'époque. Dans le chapitre d'ouverture, « Premier jour », il met en scène une compétition sexuelle entre Sengle, le personnage principal, et Valens, son meilleur ami (dans lesquels on peut reconnaître Jarry et peut-être Léon-Paul Fargue). Dans deux lits d'une même chambre, les deux compagnons s'activent avec leurs maîtresses, Margot et Ilane, chaque couple notant au fur et à mesure sur une ardoise le nombre de fois qu'il a accompli la chose. Au matin, on discute pour savoir s'il est écrit 17 ou 18 sur l'ardoise… Le troisième chapitre, « Autre Jour », décrit une autre sorte de festivité, inspiré d'un souvenir réel de Jarry comme l'atteste un exemplaire du roman annoté par un de ses amis, Édouard Julia. Sengle et quelques amis décident de tirer au sort pour savoir qui posera nu pour les autres ; le destin désigne Severus Altmensch (l'écrivain Ernest La Jeunesse), que ses compagnons obligent à se déshabiller avant que la seule fille du groupe, Huppe (l'actrice

Alfred Jarry, *Répertoire des Pantins: La Chanson du Décervelage*, Paris, Mercure de France, 1898. BnF Gallica.

Fanny Zaessinger) ne tente d'user de lui : « Huppe voulut pour lui des complaisances complètes ; Severus poussa de petits cris, minauda et la mordit au sein. Elle n'obtint aucun résultat, car il était masochiste, fétichiste et basochien, et se tordit sur le tapis, en suçant le bec d'un paon empaillé. » Tous finissent par se déshabiller, avant que le coup de sonnette d'un visiteur inopiné ne mette fin à ce qui allait se transformer en partouze.

UN DERNIER VERS POUR LA ROUTE

Comme les soirées d'alors, clôturons ce petit tour des chahuts dix-neuviémistes en chanson, avec « En vadrouille » de Gabriel Montoya (1891), à entonner en chœur sur l'air des *Filles de la Rochelle* :

C'est l' sam'di soir qu'on vadrouille
Tout l'dimanche on roupill'ra (on roupill'ra).
Débarrassons-nous d'not'douille,
Et puis qui vivra verra.

Refrain :
Si nous ne somm' pas des andouilles
Ce soir on rira. (*bis*)

II

Nous nous moquons d'la patrouille,
C'est du décor d'opéra, (cor d'opéra).
Avec sa panse en citrouille,
Le sergot nous respect'ra.

III

Si nous trouvons des grenouilles,
Avec elles on coass'ra (on coass'ra).
Vive les femmes arsouilles,
Y a pas de gêne avec cell'là.

IV

Plutôt qu'de rentrer bredouille,
Jusque chez ell' on suivra (ell' on suivra),
Les femmelett'dont l' cœur s' verrouille,
Quand on leur dit des mots gras.

V

Si nous trouvons des fripouilles,
Qui fass' trop leurs embarras,
Nous leur flanqu'rons des tatouilles,
À seul'fin d' nous faire les bras.

VI

Si dans nos casiers on fouille,
Dans quéqu' temps on y lira :
Cinq francs d'amend' pour vadrouille,
Chant nocturne et cætera.

À LIRE

Apollinaire, Guillaume, *Journal intime : 1898-1918*, Paris, Éd. du Limon, 1991.

Harry-Alis, *Hara-Kiri*, Paris, Ollendorff, 1882, chapitre II, « La Vadrouille ».

Jarry, Alfred, *Les Jours et les Nuits*, Paris, Mercure de France, 1897.

Macé, Gustave, *Un joli monde*, Paris, Charpentier, 1887.

Macé, Gustave, *Gibier de Saint-Lazare*, Paris, Charpentier, 1888.

Montoya, Gabriel, *Sur le Boul'Mich : chansons du quartier*, illustrations de Henri Gillet, Paris, Imprimerie Ferdinand Imbert, 1891.

Pougy, Liane de, *Les Sensations de Mlle de La Bringue*, Paris, A. Michel, 1904.

Rachilde, *Quand j'étais jeune*, Paris, Mercure de France, 1948.

Régnier, Isabelle de, « Mes souvenirs 1894-1895-1898 », manuscrit, Bibliothèque nationale de France.

Trézenik, Léo, *La Jupe*, Paris, E. Monnier, 1887.

Wolff, Albert, *La Haute Noce*, Paris, Victor Havard, 1885.

Caradec, François, *Alphonse Allais*, Paris, Fayard, 1997.

Oberlé, Christophe, « Lettres inédites de Maupassant à Albert de Joinville », *Bulletin Flaubert-Maupassant*, n° 9, 2001, p. 333-351.

Fernand Pelez, *Gare voilà la vache enragée, départ du Bd de Clichy le 20 juin à 1 heure*. Affiche. Paris, 1897. BnF, Gallica.

Henri Gray, *Théâtre de L'Opéra*, affiche avant la lettre, Paris, Imp. Courmont Frères, 1898. BnF Gallica.

Sous le masque et le domino, la confusion des mondes ?

Corinne Legoy

Des bals masqués et costumés du XIXe siècle, et en particulier du bal de l'Opéra, l'historien peut parvenir à recomposer les lieux, les danses et les musiques, les costumes ou les désordres massifs. Plus difficiles à cerner, en revanche, sont leurs acteurs. Comme si, de l'histoire de ces bals, ceux qui la firent – danseurs, spectateurs, viveurs ou simples curieux – étaient les plus insaisissables. Il en va ici comme de bien des publics, l'histoire des pratiques culturelles, semblant, au fond, souvent achopper sur ceux qui s'y adonnèrent. Pourtant, sans eux, point de bals ; ils en font le quotidien fiévreux ou atone, en ordonnent la vogue, les modes et les reflux. Sans eux, pas d'histoire vivante et sensible de ce que pouvaient être ces nuits de Carnaval, répétées d'années en années, dans tout Paris, en d'innombrables lieux publics.

Qui donc jouait alors du masque, du costume, du domino ? Qui donc intriguait, dansait, observait ? C'est en levant ce mystère que ces nuits peuvent s'écrire – à la fois dans ce qu'elles ont alors d'habituel et d'immanquablement extraordinaire. Usuelles, en effet, ces nuits festives le sont d'une certaine façon, parce que récurrentes et attendues ; exceptionnelles, ces nuits blanches le sont cependant tout autant, à bien des égards – et pas seulement en leur singularité de pratique engloutie, devenue étrangère, tant les écarts anthropologiques sont grands entre cet usage et les nôtres.

Pour réduire le mystère, il faut glaner ; croiser les littératures, les images et les archives. Émerge alors un discours ample et lacunaire sur ces publics, foules abondamment peintes et scrutées mais aux visages indiscernables. En son cœur, la question de l'indistinction sociale s'impose peu à peu – jusqu'à devenir hantise. Aux typologies et classifications cloisonnées du début du siècle, succède en effet progressivement l'obsession du mélange social et de la confusion des mondes, porteurs, aux yeux de nombre de contemporains, de bien des périls.

« CHAQUE BAL A SON PUBLIC »

« De même qu'à Paris, chaque quartier a ses habitants, chaque boulevard ses promeneurs, chaque bal a son public » (Rozier, 1855). Durant la première moitié du siècle, physiologies, tableaux de Paris, guides touristiques ou presse dressent l'inventaire de ces lieux du Paris nocturne, souvent corrélé à leur peinture sociale. Le discours sur les publics des bals masqués et costumés s'arrime donc à cette littérature descriptive, qui distingue, décrypte, classe leurs espaces. À la topographie criminelle de Paris édifiée au XIXe siècle, au repérage et à l'imaginaire des lieux du crime reconstitué par Dominique Kalifa, s'ajoute ainsi une topographie festive : le

Estampe anonyme, *Le Bal Mabille, Champs Élysées*. BnF, Gallica

Paris de la nuit, « Paris étrange » (Louis Barron), appelle lui aussi son déchiffrement. Aux usages nouveaux de la ville, répond ainsi une littérature des lieux consacrés à la joie comme il est des « littératures de rue », pour reprendre la formule de Marie-Ève Thérenty. Avec elle, s'édifie une catégorisation de ces lieux et de leurs publics, chaque bal semblant posséder ses adeptes.

Jusqu'aux années 1850, au demeurant, ils s'identifient aisément, les bals masqués et costumés se concentrant encore essentiellement dans les théâtres et les salles de bal. Dans *Les Bals d'hiver. Paris masqué* (1848), Auguste Vitu peut ainsi, sans se perdre, « suivre Paris où il a coutume d'aller », et la littérature panoramique inventorie les mêmes lieux emblématiques : théâtres de l'Odéon, de l'Opéra-Comique, des Variétés, de l'Ambigu-Comique ou de la Porte-Saint-Martin ; bals du Prado, de la Grande Chaumière, Mabille ou Valentino, bals du Château-Rouge ou de la Reine-Blanche. Leur sociologie, cependant, est sommaire : à l'Opéra-Comique, un public élégant et choisi, « le monde fashionable » (*Le Monde dramatique*, 1er janvier 1840) ; à Valentino, une foule souvent mal famée ; au Château-Rouge ou à la Reine-Blanche, les classes populaires ; à la Grande-Chaumière et Bullier, les étudiants, dont ils sont les quartiers-généraux. Parfois, et notamment dans la presse ou les guides touristiques, commence à percer, greffée sur cette peinture sociale, une condamnation morale qui s'épanouit ensuite au fil du siècle : « Pour l'Odéon et la Porte-Saint-Martin, ce serait à moi folie d'en prétendre faire le récit. Ignoble crapule, amours de canaille » (*Le Globe*, 7 février 1832). Mais, en ce moment, selon Privat d'Anglemont, « où l'on étudie avec une si scrupuleuse attention toutes les individualités sociales », ce sont finalement quelques figures de danseurs qui cristallisent l'essentiel des discours et des représentations. Elles en viennent à constituer des types propres à ces bals, effaçant leurs foules aux yeux de l'historien : ce sont les chicards, les balochards ou les débardeurs, peints par toutes les physiologies du temps. Sous la monarchie de

Juillet, Alexandre Lévêque, marchand de cuirs de la rue Saint-Denis, invente le personnage de Chicard – avec son casque de carton vert bronze surmonté d'un plumet rouge, ses larges braies et ses bottes à revers – et avec lui un rendez-vous de toutes les turbulences : les bals qu'il organise dans les salons du restaurant des Vendanges de Bourgogne, à Belleville. Copié dans son costume et ses danses débridées, il devient ensuite un type carnavalesque. Au même moment, bien des jeunes femmes, les « débardeurs », adoptent le costume, en particulier le pantalon, des travailleurs de force. Gavarni en peint abondamment la malice, les libertés et les provocations. Le balochard, enfin, se reconnaît à sa blouse en grosse toile, son pantalon tenu par une ceinture rouge et son feutre. Tous, à leur façon, incarnent la transgression et l'émancipation associées alors à ces nuits.

Dans ce paysage, la place du bal de l'Opéra est d'emblée à part. Son antériorité, son prestige, son statut, qui en font le modèle des bals masqués et costumés, celui qui a ouvert l'histoire de ces fêtes publiques au XVIIIe siècle, en sont bien évidemment les raisons majeures. Mais sa singularité tient aussi à celles et ceux qui le fréquentent ; à la différence des autres lieux, il n'est en effet pas de public type du bal de l'Opéra : Rozier écrit en 1855 que « l'Opéra est [...] l'unique bal masqué où se trouvent réunis des gens de toute espèce [...]. Nul n'y est déplacé et chacun s'y distrait à sa façon ». Il est alors, rappelle Huart, le lieu admis des mondes mêlés :

> Le bal masqué de l'Opéra offre le tableau touchant de la fraternité qui régnait du temps de l'âge d'or, car tous les rangs y sont confondus. Là on voit un prince cosaque faire plus qu'épouser une bergère, car il danse publiquement le cancan avec elle ; plus loin on aperçoit un marquis donner le bras à une simple titi.

Si cette confusion des mondes a ses apologistes, elle nourrit au même moment, et précocement dans le siècle, les inquiétudes du pouvoir. La surveillance vigilante dont le bal de

Gavarni, « C'est d'matin qu'mon tendre époux va beugler : Ah! mais ... zut ! ce soir j'suis Simonienne, enfoncé l'conjugal », dans *Œuvres choisies de Gavarni*, Paris, Hetzel, 1846-1848. BnF, Gallica.

l'Opéra fait l'objet dès la monarchie de Juillet en témoigne :

> Monsieur le Préfet, le bal qui a eu lieu le 5 janvier courant, à l'académie Royale de musique, a été troublé par une lutte violente entre les agens de la police et une partie du public. Des bruits divers circulent sur les causes de ce désordre. [...] On raconte en outre qu'après la retraite forcée des agens de la police, des dandys indécens ont continué toute la nuit et que le bal s'est terminé par un souper scandaleux dans le foyer du chant de l'opéra. [...] Je sais que le directeur entrepreneur de l'Opéra a fait savoir qu'il renonce à continuer ces bals à bas prix, mais il n'est pas moins important de constater ce qu'il s'est passé dans la nuit de samedi, ne fut-ce que pour établir qu'il n'est pas permis de compromettre ainsi par des spéculations au moins imprudentes l'honneur d'un établissement national, que l'État subventionne et qui porte le nom du Roi. (Lettre du Ministre du commerce et des travaux publics au préfet de police de la Seine, 14 janvier 1833, Archives Nationales, AJ13 182).

Pourtant, cette foule mêlée ne l'est que d'apparence. Il est en effet une géographie interne du lieu, socialement signifiante, qui cloisonne assez largement les publics – et les activités de chacun – à l'intérieur de la salle de la rue Le Peletier. Selon les mots d'Auguste Vitu, « on divise le bal de l'Opéra en quatre parties [...]. Ces quatre parties sont la salle, le foyer, les loges et les couloirs ». Et de fait, chacun a ses espaces dans l'Opéra : aux danseurs, aux masques et aux costumes, la salle ; aux hommes en habit de soirée et aux femmes en domino, le foyer, où les costumes ne sont pas admis : on n'y danse pas, on y flâne, on y parle, on y intrigue ; aux spectateurs, certains balcons, et les loges, lieux plus mondains, où l'on observe ; les couloirs, enfin, peuvent seuls faire se croiser les habits noirs et les masques, s'ils s'y aventurent.

« LÀ, TOUT ÉTAIT NIVELÉ, C'ÉTAIT LE TEMPLE DE L'ÉGALITÉ » (PRIVAT D'ANGLEMONT, 1854)

À partir des années 1850-1860, le discours s'infléchit cependant : l'idée du mélange des mondes s'impose plus nettement. « Public mêlé... cassis ! » (mélange d'eau de vie et de cassis, métaphore de toutes les confusions), résume ainsi Paul Mahalin à propos du bal du Châtelet en 1869. Les mutations perceptibles de cette pratique contribuent à nourrir cet infléchissement des représentations. Inscrite désormais dans un véritable commerce des loisirs, relevant de plus en plus du divertissement de masse, son échelle change et avec elle ses publics. Ces bals attirent désormais, en de plus en plus de lieux, de véritables foules, et deviennent un rendez-vous public exceptionnel par leur ampleur dans la France du XIXe siècle. À l'Opéra, ce sont souvent 4 000 personnes, parfois jusqu'à 8 000, qui se trouvent réunies, mais bien d'autres salles rivalisent avec lui, ainsi de Valentino et du Châtelet, où se rendent entre 1 500 et 3 500 personnes ou de Bullier qui attire régulièrement plus de 3 000 personnes. Avec elles, tout le paysage urbain nocturne autour de ces salles est modifié : par le flot des voitures qui y conduisent certains participants, par les masques et les costumes patientant devant l'entrée, par les curieux assemblés pour les observer et par les forces de l'ordre présentes pour réguler ces soirées :

> La foule était si considérable que la circulation a été interrompue pendant quelque temps et ce n'est que vers trois heures du matin qu'on a pu circuler un peu librement. Néanmoins il ne s'y est produit aucun scandale et à 5 h le public s'est retiré avec calme. (Rapport du 18 février 1874, police municipale, surveillance du bal Valentino, Archives de la préfecture de police de Paris, DA 62).

La concomitance de certains bals, de surcroît, démultiplie la présence de leurs amateurs dans l'espace public. Certains, en effet, se rendent, en une même nuit, de bals en bals voisins. Ces trajets sont scrutés par la police qui les souligne dans ses rapports : « Jusqu'à deux heures moins un quart, il y a eu assez d'animation, mais à ce moment un certain nombre d'assistants sont partis en voiture se rendant au bal Frascati. » (Rapport du 30 janvier 1876, police municipale, surveillance du bal Valentino, DA 62). Dans les salles elles-mêmes, enfin, la densité des foules assemblées donne à ces bals une inévitable, et ordinaire, atmosphère de tumulte : fièvre des danses, et en particulier du chahut ; répercussions des mouvements des corps assemblés jusqu'à, parfois, faire chuter un lustre du plafond ou briser des vitres (le 7 février 1837 à l'Opéra, Archives Nationales, F21 1066) ; risques permanents d'incendie dans ces espaces où l'on fume ; vols, ivresse, prises à parties et comportements erratiques. Une nuit de bal masqué et costumé est toujours une nuit de désordres :

> Le comte d'Osmond, attaché au ministère des Beaux-Arts, a sauté d'une galerie sur le tambour au-dessus de la cage des bêtes féroces du dompteur Delmonico. Quelques dégâts ont résulté de cet exercice fantastique. Il a payé 20 frs pour le prix de la réparation au directeur. (Rapport du 17 décembre 1876, police municipale, surveillance du bal Valentino, Archives de la préfecture de police, DA 62).

Gravure de Gustave Doré, *Le bal masqué de l'Opéra. Minuit. Aspect du boulevard des Italiens*,1861. Musée Carnavalet, Paris.

L'engouement manifeste pour ces rendez-vous aiguise les appétits commerciaux et la seconde moitié du siècle voit ainsi se multiplier les lieux qui les accueillent. Leur géographie s'étend et les cloisonnements sociaux se brouillent. Le temps n'est plus aux typologies aisées de ces bals tant leurs espaces se diversifient : cirques (de l'Impératrice et Fernando), hippodrome du Pont de l'Alma, Tivoli Vaux-Hall, Élysée-Montmartre, music-halls et cabarets (Folies-Bergères et Moulin Rouge en particulier), skating-rinks, ces salles de patinage particulièrement à la mode à partir des années 1870, leur ouvrent désormais leurs portes. Dans une telle compétition, attirer le public devient un enjeu ; de nouvelles pratiques se développent qui contribuent, elles aussi, à modifier la composition de ces bals. C'est le temps des divertissements de toutes natures (tombola, exhibitions d'animaux, numéros de trapézistes), des danseuses invitées pour équilibrer fréquentation féminine et masculine, des travestis et des danseurs à gage, comme le souligne Albert Wolff :

> Clodoche a un tarif, il donne des représentations aux avant-scènes, le tout est d'y mettre le prix. Ses jambes sont cotées comme les valeurs étrangères. Il travaille en gros et en détail : un cavalier seul, c'est un louis ; un quadrille complet, trois louis ; si vous voulez le voir danser sur la tête et tomber sur le nez, il faut ajouter dix francs.

Un tel mouvement accentue la dimension spectaculaire de ces rendez-vous : désormais, on vient voir autant que danser, les curieux supplantent souvent les danseurs. Femme comme il faut mais encapuchonnée et « masquée jusqu'aux dents », bon bourgeois tenté par le frisson de l'aventure, touristes ou provinciaux pour lesquels ces bals deviennent un point de passage obligé… Tous se croisent désormais en ces lieux, contribuant à la recomposition et à l'élargissement des publics.

« C'EST UN SALMIGONDIS DE TOUS LES ÂGES, DE TOUTES LES CLASSES… »

« C'est un salmigondis de tous les âges, de toutes les classes, de toutes les conditions, de toutes les fortunes, de toutes les misères ». Ainsi s'épanouit peu à peu, et de plus en plus nettement, un imaginaire du mélange redoutable. De part en part, quel que soit le lieu, le constat est le même : Maupassant écrit qu'à l'Élysée-Montmartre, « les habitués du lieu s'en venaient […] des quatre coins de Paris, gens de toutes les classes, qui aiment le gros plaisir tapageur, un peu crapuleux, frotté de débauche », quand, à l'Opéra, nous dit J. R. Cicerone, « tout Paris est là, confondu, mêlé, enchevêtré, comme dans une danse d'Holbein, dans une danse diabolique,

Gravure de Gustave Doré, *Le Galop infernal, orchestre et bal de la Mi-Carême à l'Opéra, vers cinq heures*, 1861.

Paris jeune, Paris fashionable, Paris laid, Paris débauché, Paris artiste et jusqu'à Paris assassin ». Désormais, il est clair pour nombre d'observateurs, et en particulier les pouvoirs, que les publics des bals masqués et costumés ne sont pas des publics comme les autres ; anonymat et travestissement, unanimement, transforment les comportements : « il est certain que les personnes travesties sont plus disposées à faire du tapage que celles qui portent le costume ordinaire… », signale ainsi un officier de paix le 22 décembre 1874 (Archives de la préfecture de police de Paris, DA 65).

À ce constat, se lie alors tout un discours moral, en germe dans la première moitié du siècle, mais dont les proportions deviennent inédites tant sa récurrence est grande. Les mises en garde se multiplient : « aux bals de l'Opéra, n'y allez […] que par curiosité et en grande toilette ; ne descendez pas dans le bal, tenez-vous au foyer ou dans une loge ; ne mettez pas de faux nez » (baronne de Fresne, 1858). Bals de l'Opéra, du Casino ou du Moulin Rouge sont devenus autant d'endroits « où une femme du monde ne peut s'aventurer qu'une fois par hasard, en escapade, et bien accompagnée » (*Le Figaro*, 25 janvier 1892). La dénonciation de l'immoralité induite ou entourant ces rendez-vous s'affirme. Pour Louis Morin, le bal de l'Opéra n'est ainsi plus que « la fête des mains, l'assaut malpropre que livrent 500 goujats à quelques femmes isolées », un « écœurant spectacle ». Ils deviennent également des lieux condamnés de corruption de la jeunesse. Dès le Second Empire, un tel discours avait surgi, ainsi dans le texte de Maurice Le Prévost, *Les Jeunes Ouvriers*, paru en 1862, qui relatait l'histoire d'un jeune ouvrier dont la mère avait basculé dans la folie après qu'il eût été pris d'une frénésie de bals masqués. Sous la IIIe République, un plus grand nombre de textes brodent sur ce thème, condamnant en particulier les vols auxquels seraient conduits les jeunes gens amateurs de ces rendez-vous coûteux, à l'instar de Maxime Du Camp : « un samedi de carnaval, n'ayant pas d'argent pour se rendre au bal de l'Opéra, il brisa un tiroir dans l'étude de l'officier ministériel chez lequel il travaillait et y prit cinquante francs ».

Ainsi s'explique l'arrêt de la cour de cassation qui, dès le 16 mars 1860, avait interdit aux enfants de moins de 16 ans, même accompagnés de leurs parents, d'accéder à des bals publics costumés (Archives de la préfecture de police, DB 60). Ainsi s'explique également la surveillance déployée lors de ces nuits, bien plus importante que pour les bals ordinaires. Elle prend même des proportions exceptionnelles dans le cas du bal de l'Opéra où sont requis, dans les années 1890 et 1900, 54 gardes républicains à pied et 24 membres de la police municipale pour le service intérieur, 10 gardes républicains à cheval (l'Opéra en détient le privilège) et 49 membres de la police municipale pour le service extérieur (Archives de la préfecture de police, DB 414).

Cette vigilance spécifique se traduit, au-delà, par des tentatives de régulation en forme de recloisonnement social. Le prix des billets, dans cette perspective, est un enjeu et notamment à l'Opéra. Un temps abaissé à 5 francs sous la monarchie de Juillet, leur tarif est rapidement relevé à 10 francs et le reste tout au long du siècle. L'objectif est clair : maintenir une composition choisie de son public pour une salle emblématique. Le contrôle accru exercé sur certains lieux, et notamment par la police des mœurs, s'inscrit dans ce même mouvement. À l'entrée de Valentino ou de Frascati, certains individus sont écartés dès l'entrée, d'autres sont évacués de la salle, les homosexuels et prostituées comptabilisés et scrutés, les identités sociales, autant que les tenues et les comportements, notés scrupuleusement :

> Le monde était très mélangé et on y a remarqué un assez grand nombre de domestiques des maisons bourgeoises, dont quelques-uns avaient des déguisements d'assez mauvais goût. Quelques femmes connues s'y trouvaient en costume de ville et parmi ces dernières on a reconnu les nommées : Olga de Mayran, cité Gaillard n° 8, Ricard Augustine, rue Fontaine 33, Gabrielle Fradier, en costume d'homme, rue Maubeuge 78, et enfin une femme connue sous le prénom de Marie qui serait fille soumise et qui a été conduite vers 4 h du matin au bureau de M. l'officier de paix de service sur la réquisition d'un individu qu'elle aurait injurié (rapport du 10 février 1875, bal Valentino, DA 62).

Aux classifications allègres des physiologies ou des tableaux de Paris, aux surveillances aléatoires et parfois brouillonnes du premier XIXe siècle, ont succédé les descriptions pointilleuses d'une administration obsédée par la composition des foules festives. À elle seule, cette obsession vient dire la hantise du mélange des mondes, fût-ce le temps de quelques nuits, en certains lieux. Jouer à se dérober aux identités, de genre ou de statut, en ce siècle obsédé par la lisibilité du monde social, est un jeu toujours aux lisières de l'interdit. Face à ces bals, se dressent ainsi, souvent efficacement, « les Bourdaloues du balcon de l'Opéra [...] qui gourmandent le siècle d'une si belle façon » (Gautier, 1835). Pourtant, leur discours même, dans sa réitération, leur traque obstinée de la moindre transgression, nous racontent aussi une autre histoire : celle d'un coup de force masqué, opéré par ces danseuses et ces danseurs, dans l'expansion d'un simple divertissement.

À LIRE

BARRON, Louis, *Paris étrange*, Paris, Lalouette, 1883.

CICERONE, J. R., *À travers les plaisirs parisiens : guide intime*, Paris, Édition et Publicité, 1900.

DELORD, Taxile, « Le chicard », *Les Français peints par eux-mêmes*, Paris, Omnibus, 2003 [1840-1842].

DU CAMP, Maxime, *Paris bienfaisant*, Paris, Hachette, 1888.

FRESNE, baronne de, *De l'usage et de la politesse dans le monde*, Paris, Taride, 1870.

HUART, Louis, *Paris au bal*, Paris, Aubert, 1845.

GAUTIER, Théophile, *Mademoiselle de Maupin, préface*, Paris, Garnier-Flammarion, 1973 [1835], citation p. 34.

MAHALIN, Paul, *Au bal masqué, Opéra, Prado, Bullier, Casino, Valentino, Châtelet*, Paris, Pache, 1869.

MAUPASSANT, Guy de, « Le masque », *L'Écho de Paris*, 10 mai 1889.

MORIN, Louis, *Carnavals parisiens*, Paris, Montgredien, c.1900.

PÈNE, Henry de, « Le sommeil de Paris », *Paris-Guide par les principaux écrivains et artistes de la France*, t. II, Paris, Librairie internationale, 1867.

PRIVAT D'ANGLEMONT, Alexandre, *Voyage à travers Paris. Le Prado*, Paris, Paulier, 1846.

—, *Paris anecdote*, Paris, Delahays, 1860, citation p. 275.

ROZIER, Victor, *Les Bals publics à Paris*, Paris, Havard, 1855.

VITU, Auguste, *Les Bals d'hiver. Paris masqué*, Paris, Brière, 1848.

WOLFF, Albert, *Mémoires du boulevard*, Paris, Librairie Centrale, 1866.

KALIFA, Dominique, « Lieux du crime. Topographie criminelle et imaginaire social à Paris au XIXe siècle », *Sociétés & Représentations*, 2004/1, n° 17, p. 131-150.

THÉRENTY, Marie-Ève, « La rue au quotidien. Lisibilités urbaines, des tableaux de Paris aux déambulations surréalistes », *Romantisme*, 2016/1, n° 171, p. 5-14.

Honoré Daumier, « Croquis pris au théâtre, La Claque », *Le Charivari*, 13 février 1864. BnF, Gallica.

Les soupers de centième : la fête entre en scène

Jean-Claude Yon

S'il est un lieu qui évoque la fête au XIXe siècle, ce sont bien les théâtres. Outre le fait que la sortie théâtrale a un caractère festif évident, les salles de spectacle offrent un cadre idéal aux réjouissances de tout type. Elles accueillent notamment des bals pour lesquels on utilise soit le foyer du public, soit la scène et la salle qui peuvent être unifiées par un même plancher. Elles se prêtent à une grande variété de cérémonies festives et, pour la visite d'un souverain ou d'un personnage important, elles permettent aux autorités de mettre en scène marques d'hospitalité et ferveur plus ou moins populaire. Il est cependant un cas où le monde du théâtre utilise ce qui est son lieu ordinaire de travail pour s'auto-célébrer : les soupers de centième. Apparues au milieu du siècle, ces fêtes mi-publiques, mi-privées accompagnent l'industrialisation de la création théâtrale et témoignent du renforcement des liens entre presse et spectacles. On en étudiera ci-dessous les principales caractéristiques.

PETITE HISTOIRE DES SOUPERS

Il est difficile de dater le premier souper de centième. Dans la première moitié du XIXe siècle, les théâtres renouvellent fréquemment leur affiche et il n'est pas facile pour une pièce d'atteindre cent représentations. Quand ce seuil symbolique est franchi malgré tout, il ne semble pas qu'une fête soit pour autant organisée. La presse mentionne certes la centième et la représentation peut donner lieu à diverses manifestations : bouquet offert à l'artiste qui tient le rôle principal, renouvellement de la mise en scène par de nouveaux costumes ou de nouveaux décors, ajout d'un intermède, etc. Rien cependant qui puisse être assimilé à une fête.

L'un des premiers soupers de centième qui puisse être repéré – sous réserve d'une enquête plus poussée – est celui offert par Fromental Halévy et Henri de Saint-Georges pour la centième de leur opéra-comique *Le Val d'Andorre* en octobre 1849. En avril 1852, ce sont les auteurs de la revue *Voilà l'plaisir, Mesdames !*, créée aux Délassements-Comiques, qui offrent un banquet de soixante couverts à la troupe du théâtre. À partir des années 1850, divers facteurs (parmi lesquels le renouvellement du public des salles parisiennes grâce au chemin de fer) rendent les centièmes plus fréquentes et la pratique des soupers se développe.

Grand organisateur de fêtes privées et homme de médias averti, Offenbach célèbre ainsi la centième représentation d'*Orphée aux Enfers* par un souper donné dans les salons du restaurant Véry, le 28 janvier 1859 à partir de minuit. Cent vingt couverts ont été dressés et un petit orchestre permet de prolonger le souper par un bal, des tables de jeu ayant été par ailleurs installées.

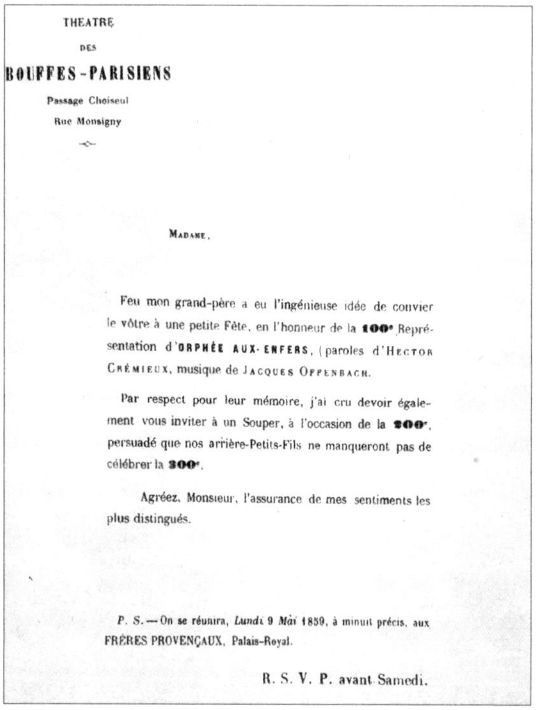

THEATRE
DES
BOUFFES-PARISIENS
Passage Choiseul
Rue Monsigny

MADAME,

Feu mon grand-père a eu l'ingénieuse idée de convier le vôtre à une petite Fête, en l'honneur de la 100e Représentation d'ORPHÉE AUX ENFERS, (paroles d'HECTOR CRÉMIEUX, musique de JACQUES OFFENBACH.

Par respect pour leur mémoire, j'ai cru devoir également vous inviter à un Souper, à l'occasion de la 200e, persuadé que nos arrière-Petits-Fils ne manqueront pas de célébrer la 300e.

Agréez, Monsieur, l'assurance de mes sentiments les plus distingués.

P. S. — On se réunira, *Lundi 9 Mai* 1859, à minuit précis, aux FRÈRES PROVENÇAUX, Palais-Royal.

R. S. V. P. avant Samedi.

Invitation pour la centième représentation d'Orphée aux enfers de Jacques Offenbach.

Le carton d'invitation, reproduit dans les journaux, mentionne « 1re représentation du Souper chez Véry (bouffonnerie en plusieurs tables) » et précise que « le rideau levé, on ne garantit plus les plats ». Lorsqu'*Orphée aux Enfers* atteint deux cents représentations, Offenbach – qui agit ici comme auteur et comme directeur des Bouffes-Parisiens – organise un second dîner au restaurant des Frères provençaux, le 9 mai 1859. Le carton d'invitation fait allusion au souper de centième donné par « feu mon grand-père » et évoque le fait que « nos arrière-petits-fils ne manqueront pas de célébrer la 300e ». Cette fois-ci, cent cinquante-quatre couverts ont été prévus.

Par la suite, le musicien ne semble pas avoir eu recours à ce type de manifestations pour des ouvrages pourtant plus que centenaires (*La Belle Hélène*, *Barbe-Bleue*, *La Grande-Duchesse de Gérolstein*). Il n'y revient qu'en février 1870, en organisant au Grand Hôtel un souper en l'honneur des *Brigands* et de *La Princesse de Trébizonde*, les deux pièces qu'il a créées à trois jours d'intervalle en décembre 1869. Peu importe que les ouvrages n'aient pas encore tout à fait atteint leur centième représentation : l'événement frappe les esprits et bon nombre de journalistes s'extasient sur « la fête d'Offenbach ». Celui-ci a demandé aux artistes de venir en costume de scène et, de quatre heures à six heures du matin, Isaac Strauss mène le bal à la tête de vingt-cinq musiciens.

Cette fête – restée dans les mémoires en particulier pour ses toasts prononcés en diverses langues – permet au compositeur de réaffirmer sa domination sur le répertoire bouffe, précisément au moment où celle-ci est remise en cause par Hervé et par Lecocq. À plus long terme, son éclat a conduit bon nombre de journalistes de la Belle Époque à faire d'Offenbach le créateur des soupers de centième (auxquels il a certes eu beaucoup recours dans les années 1870). En tout cas, la fête de 1870 au Grand Hôtel (souvent placée par erreur en 1869) marque le début d'une période faste pour les soupers de centième, nombreux dans les deux premières décennies de la Troisième République – surtout dans les théâtres où prime le divertissement. Leur fréquence semble diminuer dans les années 1890, et, quand ils ont lieu, ils sont soit plus modestes et strictement réservés aux gens de théâtre, soit fastueux et ouverts aux gens du monde, ce qui déplaît à certains. Ils ne disparaissent pas totalement pour autant et chaque saison théâtrale jusqu'en 1914 compte son lot (plus ou moins réduit) de soupers, même si les chroniqueurs les plus âgés ne manquent pas d'évoquer avec nostalgie les soupers d'antan, forcément plus réussis…

« Les soupers de centième ont vécu », décrète ainsi *Paris-Midi* en 1912. Ce déclin, peu aisé à expliquer, est à mettre en relation avec celui du souper en général. Cependant, dès la fin du Second Empire, le souper a parfois été remplacé par un dîner de centième, celui-ci étant rendu possible par l'instauration des matinées le dimanche après-midi. Si un directeur choisit d'organiser un dîner, la deuxième représentation de la journée, celle du soir, est annulée et toute

La centième de *Notre-Dame de Paris*. Souper offert par Victor Hugo, au Grand-Hôtel. Vers 1879. Paris Musées / Maisons de Victor Hugo, Paris-Guernesey.

la troupe peut alors se transporter au restaurant, voire faire une promenade sur la Seine (par exemple en bateau-mouche décoré de lanternes vénitiennes) ou se rendre à la campagne (Saint-Mandé, Bougival, etc.) ou encore au Jardin d'Acclimatation.

Une centième peut être l'occasion de toutes sortes de manifestations exceptionnelles. Pour la centième de *Madame Favart*, en mai 1879, un concert au bénéfice des victimes d'une inondation est ainsi intercalé au 2e acte de la pièce pendant la représentation en matinée : les actrices vont quêter dans la salle et, le soir, toute la troupe va dîner et danser à l'Hôtel Continental. Parfois, on fait relâche toute une journée. Le déjeuner offert en juin 1878 pour la centième du *Petit Duc* sur la terrasse du pavillon Henry IV à Saint-Germain-en-Laye est resté célèbre. La fête nautique donnée pour la centième de *Michel Strogoff* en juillet 1881 également. Ces diverses excursions ont beau être attractives, elles ne peuvent toutefois rivaliser avec le plaisir particulier qu'offre une fête nocturne. Ainsi que l'écrit Paul Souday en 1913, à un souper de centième « on a le sentiment d'une sorte de libération. [...] La soirée a établi une trêve : les travaux du jour sont loin et à demi oubliés. [...] Et à demain les affaires sérieuses ! » À l'évidence, le souper de centième se nourrit du lien si particulier que le théâtre entretient avec la nuit et tout bon reportage sur le sujet se doit de préciser que la fête a duré jusqu'à la pointe du jour.

LES INGRÉDIENTS D'UN BON SOUPER

Il y a *grosso modo* deux types de soupers de centième : ceux qui ont lieu dans un restaurant ou un cabaret et ceux qui se déroulent au théâtre. Le restaurant offre un cadre dépaysant et, a priori, on y mange mieux. Hôte de dîners littéraires fameux, le Brébant, boulevard Poissonnière, est une destination prisée. Un journal qualifie en 1877 Paul Brébant de « res-

Robida, "Un souper de centième", *La Caricature*, 2 avril 1881. BnF, Gallica.

taurateur des lettres ». L'établissement retenu doit en tout cas offrir des espaces suffisamment grands pour que l'on puisse danser après le repas. Choisir un hôtel luxueux permet une fête encore plus éblouissante. Pour *La Châtelaine* d'Alfred Capus en janvier 1903, Lucien Guitry, alors directeur de la Renaissance, organise le souper de centième dans la salle à manger du Ritz et renonce au bal et aux toasts. Parfois le menu est en lien avec la thématique de la pièce célébrée. Exceptionnel est le cas de la centième de *L'Assommoir*, en mars 1879, fêtée par un bal à l'Élysée-Montmartre où les hommes sont déguisés en ouvriers et les femmes en blanchisseuses.

Plus fréquents sont les soupers qui ont lieu au théâtre, après la représentation – laquelle est souvent bâclée car les artistes ont la tête ailleurs. Sitôt les derniers spectateurs partis, le bâtiment se transforme en lieu festif. Son vestibule est décoré de tentures et de plantes et directeur(s) et auteur(s) viennent y accueillir leurs hôtes. Des tables sont dressées dans le foyer du public et sur la scène par le personnel du traiteur à qui l'on a fait appel. Sur scène, le décor du dernier acte de la pièce reste parfois en place, offrant aux convives un cadre original. L'orchestre du théâtre, ou du moins une partie des musiciens, accompagne dans certains cas le repas. Le café est pris au foyer des artistes ou bien dans le café du théâtre, quand celui-ci en possède un. Pour le bal, on retire les tables ou on les pousse sur le côté : le foyer ou la scène servent alors de piste de danse. La dernière danse est souvent une farandole qui serpente dans tous les espaces du théâtre, de la salle aux combles. La fête touche alors à sa fin et ainsi que le raconte Henry Bauer dans son roman *La Comédienne* (1889), loges et baignoires peuvent abriter, avec plus ou moins de discrétion, les ébats des couples qui se sont formés au fil de la nuit. Le bâtiment théâtral, lors d'un souper de centième, semble donc se métamorphoser et la frontière entre espaces publics et espaces privés est brouillée, voire abolie, pendant quelques heures.

Si manger et danser sont les deux principales activités de la fête, discours et toasts sont quasi obligatoires. Le directeur et l'auteur remercient la troupe et la presse tandis que certains artistes prennent également la parole (certains sont même connus pour être très bavards). Un échotier évoque en 1877 « ces coups d'encensoir forcés, qui attristent tous les soupers de centième où, auteurs, comédiens et directeurs ont ordinairement la déplorable habitude de se congratuler en mettant la main sur le cœur, [et] en roulant des yeux émus ». Chacun fait assaut d'esprit et les jeux de mots sont particulièrement appréciés. Des couplets de circonstance sont récités ou chantés, dans certains cas avec une musique nouvelle.

La volonté d'être original et le goût du jeu peuvent conduire à des prestations artistiques plus développées qui ont toutes en commun un fort accent satirique : théâtre de marionnettes avec parodies assez lestes, spectacle de poupées articulées, fausse altercation jouée par deux artistes, tombola comique, etc. Il arrive qu'un caricaturiste, engagé par la direction, fasse le portrait des célébrités présentes et il peut avoir été sollicité pour le carton d'invitation du souper, lequel est souvent illustré. Sous la surveillance du pompier de service, des feux de Bengale sont allumés. Tout est bon pour se distinguer des autres soupers de centième et, en novembre 1903, une partie de la presse juge avec sévérité, lors du souper du *Sire de Vergy* de Claude Terrasse, Flers et Caillavet, la présence du singe Consul, une attraction des Folies-Bergère. Le bal – qui fait suite au repas mais peut aussi le précéder – est donné avec un orchestre de taille variable. Il a plus d'éclat quand on fête la centième d'un ouvrage lyrique. Une certaine excentricité est de mise chez les danseurs. La nourriture, quant à elle, est monotone et médiocre, si bien que les chroniqueurs répètent à l'envie qu'on mange mal dans les soupers de centième.

Carton d'invitation au souper de Centième de la pièce *Bouton d'Or*, le 10 avril 1893. Paris Musées / Musée Carnavalet – Histoire de Paris

DE L'ENTRE SOI À L'ENJEU MEDIATIQUE

Le souper de centième est à l'origine une fête privée, offerte à la troupe par la direction du théâtre et/ou par l'auteur – il n'est pas aisé de savoir qui paie – pour la remercier du succès remporté par l'ouvrage devenu centenaire. C'est donc la « grande famille du spectacle » qui est réunie et immédiatement se pose la question de ses limites. Faut-il inviter le personnel administratif, les machinistes ?

En janvier 1865, à l'occasion de la deux-centième de *La Biche au bois*, la presse se fait l'écho des difficultés qui étaient survenues lors de la fête de centième. Ni les danseurs ni les choristes n'avaient été invités et ils avaient protesté. Pour la deux-centième, les directeurs du Théâtre de la Porte-Saint-Martin préfèrent donc ne pas donner de souper et verser mille francs dans la caisse de secours du théâtre, trois cents francs étant de surcroît octroyés aux machinistes, lampistes et habilleuses.

En règle générale, les choses se passent mieux et la joie d'avoir contribué collectivement au succès de la pièce renvoie au second plan les rivalités et les tensions quotidiennes. Les artistes sont les plus valorisés, surtout ceux qui ont créé les principaux rôles. Ils soupent à la table d'honneur à côté de l'auteur et du directeur, lesquels leur font des cadeaux. En janvier 1878, Meilhac et Halévy offrent à Céline Chaumont, l'héroïne de *La Cigale*, un éventail peint et la collection complète de leur œuvre théâtrale richement reliée. Des bouquets sont distribués aux actrices. Même quand le souper a lieu au restaurant, les artistes ont l'habitude d'y participer en costume de scène, ce qui introduit une touche pittoresque.

Dès la fête fameuse organisée par Offenbach en février 1870, il est d'usage d'inviter des artistes d'autres théâtres. Le souper donné au Ritz pour *La Châtelaine*, déjà évoqué, réunit par exemple les plus grands noms de la scène parisienne : Sarah Bernhardt, Lucienne Bréval, Jeanne Granier, Marthe Brandès, Cora Laparcerie, Ève Lavallière, etc. Si toutes ne sont pas venues avec le sincère désir de féliciter Jane Hading, la créatrice du premier rôle féminin de la pièce, leur présence indique combien de tels soupers sont devenus un rituel auquel il serait malvenu de se dérober. D'ailleurs, il est de bon ton pour les absents d'envoyer une lettre d'excuse qui peut faire l'objet d'une lecture à voix haute.

À côté des artistes, les auteurs sont au centre de l'attention. Il existe certes des auteurs qui refusent les soupers de centième, soit par avarice (Adolphe d'Ennery), soit par conviction (Alexandre Dumas fils). Mais la plupart apprécient ce moment de gloire et ne manquent pas d'inviter des confrères, trop heureux de se montrer à eux au faîte de leur succès. À la fin du repas, il n'est pas rare que l'auteur fasse la tournée des tables pour avoir le plaisir d'être félicité par tous les convives.

Un souper peut même se transformer en hommage personnel. En décembre 1883, à l'occasion de la centième de *Formosa*, cent cinquante convives se réunissent à l'Hôtel Continental autour d'Auguste Vacquerie. Le souper est présidé par Victor Hugo et on salue bien plus la carrière dramatique de Vacquerie que sa dernière pièce. Dès les années 1860, un souper de centième est autant la célébration du monde des théâtres parisiens que celle de l'équipe qui a permis à une pièce d'atteindre cent représentations. Aux artistes d'autres théâtres s'ajoutent dès cette époque des auteurs et des directeurs invités par les vainqueurs du jour. Cet élargissement n'ôte pas à la fête son caractère intime puisque l'on reste – selon une expression beaucoup utilisée dans les journaux – « entre gens du bâtiment ».

Plus délicate est la présence de personnalités du Tout-Paris, attestée dès le Second Empire. Un souper de centième est un événement qui suscite la curiosité et nombreux sont ceux qui veulent y participer. Les invitations sont très recherchées. Gens du monde et membres des cercles veulent s'y montrer. En novembre 1908, *Le XIXe siècle* regrette que le souper de centième soit devenu « une réunion mondaine, sélect, extra chic » où la première place revient aux « représentants du Tout-Paris, des gens qui ne sont pas du bâtiment », si bien qu'artistes et personnel du théâtre ne s'y sentent plus à l'aise. En devenant événement mondain, le souper tend à n'être plus qu'une fête parmi d'autres.

Il est néanmoins une catégorie d'invités qui, pour ne pas appartenir à proprement parler au monde du théâtre, n'en sont pas moins indispensables : les journalistes. En mai 1877, un journaliste du *Soir* évoque « la tradition, qui exige qu'on n'invite que les gens de la maison et la presse ». Les journalistes sont bel et bien indispensables à tout souper de centième et, on l'a vu, ils ont droit aux remerciements d'usage. Édouard Pailleron fait exception quand, mécontent de la façon dont la critique l'a traité, il les exclut du souper de centième des *Cabotins*, en décembre 1894. Bien au contraire, ils sont généralement choyés et les plus importants sont installés à la table d'honneur. Un souper de centième est un événement médiatique. Il se doit de faire l'objet d'articles, d'échos, d'indiscrétions. En rendre compte est l'occasion de donner des chiffres de recettes, d'établir des comparaisons avec d'autres pièces, de reproduire tel ou tel couplet de circonstance ou de citer tel ou tel mot d'esprit. La liste des invités est parfois publiée dans les journaux. Dans son roman déjà cité, Henry Bauer montre les invités qui prennent la pose alors qu'ils soupent sur scène, ce portrait de groupe étant présenté par le directeur du théâtre comme un souvenir de la soirée. L'héroïne du roman a bien saisi que chacun est ici en représentation :

> Tout d'abord, elle avait vu ces journalistes, ces hommes de lettres, ces écrivains s'aborder familièrement, se tutoyer, puis se détourner et ne plus même s'adresser la parole ; mais ces mœurs, qui étaient aussi celles du théâtre, ne l'étonnaient pas et elle devinait la profonde indifférence, les vieilles haines masquées sous cette cordialité apparente. Ce qui l'étonna davantage, ce fut l'impression de tristesse profonde, de fatigue et d'ennui qui envahissait le visage de ces hôtes dès qu'ils ne se croyaient plus regardés et surveillés par un confrère.

On pourra ici faire la comparaison avec nos modernes cérémonies de remises de prix (Molières, Césars, Oscars, etc.). Cette surveillance mutuelle, ce jeu de regards entre gens de théâtre et journalistes, ces échanges de toute nature : tout cela se fait en l'absence de celui sans qui rien ne serait possible, à savoir le public. Symptomatiques sont ces quelques lignes d'un roman-feuilleton publié en 1895 dans *Le Pays* et qui décrivent le début d'un souper de centième : « Une fois la dernière porte fermée sur le dos du dernier spectateur, tous les artistes, tous les amis, tous les intimes des loges, des coulisses, des alcôves et des journaux s'étaient réunis au foyer. » Il faut que le public soit à distance pour que la fête puisse avoir lieu.

Concluons en observant que, pour les auteurs ou les directeurs les plus inventifs, le souper de centième peut prendre les formes les plus diverses. Ainsi Offenbach (encore lui !) offre-t-il en mars 1869 un souper à la troupe qui a créé son opéra-comique *Vert-Vert* après… la quatrième représentation. Sans doute est-ce la joie de voir une de ses pièces bien accueillie à la Salle Favart qui a conduit le compositeur à anticiper autant le souper de centième ! Ce dernier devient d'ailleurs, sous la plume de certains journalistes, le signe d'une regrettable course au succès. Le « monsieur de l'orchestre » du *Figaro* déplore ainsi en avril 1879 : « On veut remplir quand même sa salle cent fois de suite. On cherche à y arriver par tous les moyens possibles et on y arrive le plus souvent à force de *clous* fameux, d'engagements d'artistes spéciaux, de réclames, de costumes éblouissants, de toilettes à sensation. » Et tout cela pourquoi ? Pour une fête bien souvent décevante. Paul Burani dresse des soupers de centième un tableau désabusé dans *La Vie moderne* en février 1886 :

> On mange ? – *Un peu ;*
> On boit ? – *Beaucoup ;*
> On danse ? – *Passionnément !*
> On s'amuse ? – *Pas du tout.*
> Pour les auteurs, mince satisfaction d'amour-propre et sérieuse brèche aux droits.
> Pour les directeurs, motifs de réclame !
> Pour les invités, occasion de se retrouver avec nombre de gens… que l'on vient de quitter une heure auparavant.
> Quelle ivresse !

Et Burani, à la fois auteur et journaliste, de récapituler : « On grignote, on sirote, on parlotte, on se bécote. » Cependant, certes en

Nous donnerons des soupers de centième...

Caran d'Ache, "Le Char de Thémis", *Le Figaro*, 1er mars 1897. BnF,Gallica.

forçant le trait, n'est-ce pas toute fête, au-delà des soupers de centième, qui peut être ainsi résumée ?

À LIRE

Seule la lecture de la presse du XIXe siècle permet de se familiariser avec les soupers de centième. En l'absence d'études sur le sujet, on renverra à quelques ouvrages généraux :

CHARLE, Christophe, *Théâtres en capitales. Naissance de la société du spectacle à Paris, Berlin, Londres et Vienne, 1860-1914*, Paris, Albin Michel, 2008.

MARTIN-FUGIER, Anne, *Comédienne : de Mlle Mars à Sarah Bernhardt*, Paris, Seuil, 2001.

M. Offenbach nous écrit. Lettres au Figaro *et autres propos*, réunis et présentés par Jean-Claude Yon, Arles, Actes Sud / Palazzetto Bru Zane, 2019.

YON, Jean-Claude, *Une histoire du théâtre à Paris de la Révolution à la Grande Guerre*, Paris, Aubier, 2012.

Adolphe Willette, « Les Quat'z'arts », Collection Jaquet : Dessinateurs et humoristes. Willette. 3, défets d'illustrations de périodiques. BnF, Gallica.

Le bal des Quat'Z'Arts. Un chef-d'œuvre de la fête transposé à la scène (1892-1914)

Isabelle Conte

De 1892 à 1966, jusqu'à plusieurs milliers de personnes en costume se pressèrent dans l'une de plus célèbres fêtes parisiennes : le bal des Quat'Z'Arts. Organisé par les élèves de l'École des beaux-arts (il doit son nom aux quatre sections de l'École), il s'agit d'un événement soigneusement préparé pendant de longs mois, qui se déroule dans une immense salle entièrement transfigurée à l'aide de loges décorées de plusieurs mètres de haut. Mais il s'agit surtout de la plus célèbre des fêtes d'artistes, c'est-à-dire une création collective affranchie de toute commande – une fête conçue par les artistes pour eux-mêmes, rassemblant peintres, sculpteurs, architectes et graveurs.

Cet événement très couru fit la une de l'actualité à de nombreuses reprises. Le 25 avril 1899, dans *Le Journal*, Jean Lorrain citait quelques-uns des participants qu'on pouvait reconnaître au milieu des élèves des Beaux-Arts. Il dit avoir croisé « des actrices et des auteurs dramatiques, des grands médecins et même des immortels » et cite « des jeunes premiers de la Comédie-Française et des savants de l'Institut ». Il donne quelques noms, parmi lesquels on peut citer Henry Houssaye, un historien de l'Académie, Georges Clairin, un peintre et illustrateur, Gaston Bérardi, un patron de presse belge, le poète Pierre Louÿs et le peintre Guillaume Dubuffe. Cette année-là, il y avait également des directeurs de théâtres : Pedro Gailhard, alors à la tête de l'Opéra de Paris, et Albert Carré qui dirigeait l'Opéra-Comique. On y vit aussi des journalistes et critiques dramatiques comme Adolphe Brisson, le peintre Georges Rochegrosse ou le poète et dramaturge Henry Bataille et jusqu'à des chansonniers de Montmartre. Les personnalités issues du monde du spectacle, de la presse et des arts étaient tellement nombreuses à se rendre à cette fête qu'il n'est guère surprenant de voir le bal des Quat'Z'Arts devenir spectacle. C'est sur cette histoire, qui d'une fête sulfureuse qui entretint l'esprit subversif de certaines célébrations du XIXe siècle conduit à la spectacularisation d'un bal qui passe à la scène, que nous nous pencherons ici.

CARNAVAL, SATURNALES ET BACCHANALES : RETROUVER L'ESPRIT DE LA FÊTE

Dans quel contexte festif s'inscrivait le Quat'Z'Arts ? Le but est à l'origine de se démarquer du bal de l'Opéra que les élèves artistes jugeaient moribond : on proposa donc une grande fête costumée. On refusait l'entrée à toute personne habillée comme cela se faisait au palais Garnier. La blouse, l'habit, le moine et le domino noir étaient donc interdits. Si les élèves des différents ateliers étaient libres d'interpréter pour leur loge et pour leurs

L'atelier André-Laloux. Élèves déguisés pour le bal des Quatr'Z'Arts, 9 février 1893 (cliché pris dans la cour de l'École des beaux-arts).

costumes n'importe quel sujet historique ou exotique, à partir de 1900, de fête costumée, le Quat'Z'Arts devient ce qu'on appelait alors une « fête de caractère », c'est-à-dire, une fête visant à la reconstitution d'une époque par le biais des costumes, des loges et des cortèges. Dans *Les Bals de Paris,* André Warnod observe que l'idée grandissait « de donner une unité à chaque bal, de faire chaque année la reconstitution Quat'Z'Arts d'une époque ». Cette conception de la fête finit par s'imposer. Le vendredi 24 avril 1903, à Trianon, le bal des Quat'Z'Arts avait été annoncé par une affiche sur laquelle on lisait : « Le Moyen-Âge à la blague en Europe – Mystère tourbillonnant. » L'année suivante, le thème retenu était « Une Foire à Byzance ».

Parce qu'il était précédé et suivi d'une traversée des rues de Paris en costume, le bal peut être vu comme un héritier du carnaval de Paris. La « descente » du bal au petit matin rappelle la célèbre « descente de la Courtille » qui suivait les bals de carnaval. Il s'inscrit également dans la lignée du bal des Incohérents et du bal du *Courrier français* qui l'ont précédé de quelques années. Mais parce qu'il est avant tout une fête de la jeunesse artistique, ses modèles les plus proches sont les fêtes costumées d'atelier et le bal de l'académie Julian. Par ailleurs, parce que les organisateurs du Quat'Z'Arts s'inspiraient des civilisations du passé, les chroniqueurs du bal, comme Ricciotto Canudo ou Jean Lorrain, l'ont rapproché tour à tour de la fête des fous médiévale, des bacchanales ou des saturnales antiques. Mais il était avant toute chose une mascarade artistique reflétant un certain corporatisme estudiantin.

Comme le carnaval a un rôle libérateur, le Quat'Z'Arts était utile à la régulation de la rivalité des différents ateliers qui composaient les quatre sections des Beaux-Arts. Dans les premières éditions du bal, chaque atelier choi-

ATELIER PASCAL
90, RUE MAZARINE, 90

Le Comité du **Bal des Quatr'z'Arts**
*(Peintres, Sculpteurs, Architectes et Graveurs) a l'honneur d'inviter M*onsieur Perdriel
au Bal costumé qu'il donnera le Samedi 21 Avril 1894, au Moulin-Rouge, de minuit 1/2 à 6 heures du matin.

Le Comité des Quat'Z'Arts

N.-B. — Cette invitation, *rigoureusement personnelle*, ne donne droit à l'entrée qu'à une seule personne. L'entrée du Bal en sera refusée à tout autre que le véritable titulaire.

Le Costume est de rigueur; la blouse, l'habit, le moine et le domino noir sont interdits.

Les portes seront ouvertes de minuit 1/2 à 2 heures.

Toute invitation, pour être valable, doit porter le timbre du Comité.

Présenter cette invitation à l'entrée.

LE VESTIAIRE EST ABSOLUMENT GRATUIT

A. Guillaume (dessinateur), Michelet (graveur), *La résurrection du bal*, carton d'entrée au bal des Quatr'Z'Arts du 21 avril 1894 au Moulin Rouge.

sissait un thème pour sa loge et ses costumes. Il s'agissait alors d'affirmer l'identité du groupe par rapport au reste de l'École. Ainsi chaque atelier aimait brandir sa bannière et se réclamer d'une période historique liées aux thèmes de prédilection de leur maître. En 1895, les élèves de Cormon s'inspirèrent du tableau *Caïn* tandis que ceux de Gérôme s'inspirèrent de la statue de *Bellone*. L'adoption d'un thème commun à tous les ateliers marque une évolution dans la volonté d'unifier leur école.

Mais s'il participait à la régulation de cette microsociété qu'était l'École des beaux-arts, le Quat'Z'Arts ne jouait pas seulement un rôle au sein d'une institution artistique. Les Beaux-Arts tenaient une place de premier plan au sein d'une capitale artistique reconnue de tous et la fête de ses élèves célébrait également la place singulière que les artistes occupaient au sein de la société. À ce titre, le Quat'Z'Arts est aussi le lieu où l'on fête l'esprit créatif et anticonformiste des artistes, lesquels n'hésitent pas à défrayer la chronique.

Ainsi, la deuxième édition fut marquée dès 1893 par un scandale qualifié d'attentat à la pudeur : des modèles féminins avaient pris part au défilé des ateliers dans des tenues légères. La lecture d'un article relatant cet épisode poussa le sénateur René Bérenger à lancer des poursuites judiciaires. La polémique qui s'ensuivit alimenta les discussions au Sénat. Il en résulta un procès qui fut très médiatisé. Le passage en jugement des quatre modèles et d'Henri Guillaume, l'élève des Beaux-Arts qui était alors le président du bal, inspira un monôme de protestation auquel prirent part les jeunes artistes et plus largement la jeunesse des Écoles rassemblée depuis peu sous la houlette de l'association générale des étudiants. Cette manifestation fut réprimée avec force par les brigades centrales qui craignaient des attentats anarchistes. Il en résulta des altercations violentes et la mort

H. Pille, *Défilé au Moulin Rouge* (dessin paru dans *Le Courrier Français*, 26 avril 1896)

accidentelle d'un jeune homme. Ce drame provoqua un soulèvement étudiant qui dura plusieurs jours dans le Quartier Latin pour ne prendre fin qu'après la démission du préfet de police de la Seine. Toute cette affaire fit enfler une bulle médiatique autour de ce qui n'était à l'origine qu'une fête d'étudiants.

L'exposition médiatique considérable qui suivit ce fait divers aurait pu tuer cette fête. Les troubles causés par la seconde édition engendrèrent un contrôle policier accru lors des suivantes, mais un nouveau Quat'Z'Arts eut lieu en 1894. Le carton d'entrée évoque cette résurrection du bal en représentant quatre figures féminines sortant miraculeusement d'un tombeau. Elles symbolisent à la fois les allégories des quatre arts et les quatre modèles incriminés. La fête avait triomphé du scandale et le bal des Quat'Z'Arts devenait une référence pour les défenseurs de la nudité artistique. Pour le faire perdurer il importait de conserver un esprit de liberté tout en échappant au contrôle des autorités : les organisateurs choisirent la culture du secret et instaurèrent un sévère filtrage des participants. C'est ainsi que, né du scandale, ce mythe d'un bal sulfureux perdura d'année en année. L'événement marqua le paysage parisien, et le bal finit même par devenir lui-même objet de spectacle, témoignant de la fascination des Parisiens pour l'esprit de la fête.

LE BAL MONTE À LA SCÈNE

Ce fut par le biais des revues de fin d'année que le bal des Quat'Z'Arts fit son entrée au sein des arts du spectacle. Puisque le bal avait fait la Une de l'actualité, il était naturel de le retrouver au sein de tels spectacles. Très populaires durant tout le XIXe siècle, les revues de fin d'année présentaient aux spectateurs les faits marquant de l'année qui venait de s'écouler. On y retrouvait souvent des personnages archétypaux comme le compère ou la commère qui commentaient l'actualité sur les scènes des petits théâtres secondaires. Évidemment, le Quat'Z'Arts y avait toute sa place. Ce fut au concert des Ambassadeurs, le 5 août 1893, qu'eut lieu la première de la revue en un acte *Les Quat'z'arts l'ont bien passée.* Monsieur Bérenger y était pris pour cible dans la mise en scène d'une chasse au nu, prétexte à l'exhibition de nombreuses nudités et à des plaisanteries. En novembre 1893, une autre Revue intitulée *Ah !... La peau... La peau... La peau !* s'empara du même sujet. Le premier acte se terminait par un départ pour le bal des Quat'Z'Arts où étaient représentés les modèles ainsi que le sénateur Bérenger qui chantait qu'il fallait bien que jeunesse se passe. En janvier 1894, la *Revue Sans-Gêne* et *Champignol compère malgré lui* abordèrent encore ce thème. La scène finale de *Champignol compère malgré lui* ne se contentait pas de représenter ce bal sur la scène du café-concert La Fourmi, l'attraction de cette revue tenait surtout à la présence de la modèle Sarah Brown elle-même jouant son propre rôle, pour le grand plaisir des spectateurs qui se déplaçaient moins pour applaudir ses talents de comédienne que pour venir découvrir le visage de celle qui avait été à l'origine du scandale de l'année.

Les revues de fin d'année ne furent pas les seules à faire une place au Quat'Z'Arts. En 1893, une pantomime-ballet intitulé *Émilienne aux Quat'Z'Arts* fut monté aux Folies-Bergère. Le célèbre romancier Georges Courteline collabora avec Desormes pour la musique et travailla le texte avec le poète et chansonnier Louis Mersolleau. Sur la scène, Mariquita, ancienne danseuse devenue maître de ballet des Folies-Bergère, réglait le spectacle pour mettre en scène la courtisane. Le titre agrégeait déjà les deux principaux intérêts de ce spectacle : le Quat'Z'Arts et Émilienne d'Alençon dont c'était la première apparition sur scène. Il n'en suffisait pas plus pour que les places s'arrachent à prix d'or et que ce spectacle passionne le Tout-Paris. Toulouse-Lautrec en fit une lithographie parue dans *L'Escarmouche* et Raoul Ponchon en écrivit un madrigal. Au sein du public venu assister à cette pièce charmante, on aperçut la jeune Colette. Ce fut en voyant ce spectacle qu'elle eut l'envie de se produire sur scène ; ce qu'elle s'empressa de faire après son divorce.

Ces pièces avaient en commun de s'appuyer sur l'actualité : les revues de fin d'année pour la commenter, le spectacle d'Émilienne pour s'assurer du succès de la pièce. Mais le bal des Quat'Z'Arts se retrouva ensuite dans d'autres spectacles. Devenant d'année en année un épisode marquant de la vie artistique, il s'imposa très vite comme un thème incontournable des fictions portant sur les mœurs d'artistes. Or, en cette fin du XIXe siècle qui comptait encore des adaptations à la scène des *Scènes de la vie de bohème* d'Henry Murger, la bohème comme le quotidien des artistes avaient les faveurs du public. La bonne société aimait à fréquenter de loin ces ateliers aux mœurs sulfureuses et était friande de leurs transcriptions scéniques. L'opérette *La Duchesse de Ferrare* en est un témoignage. Créée en 1895 au théâtre

A. Guillaume, *Les élèves de l'atelier Cormon et leurs modèles montent au Moulin-Rouge pour le Bal des Quat'-z-arts* (dessin paru dans *Le Matin illustré*, 15 mai 1898).

des Bouffes parisiens par Maxime Boucheron et Edmond Audran, elle donnait à voir l'univers de l'atelier de formation des artistes en évoquant le Quat'Z'Arts qui servait de toile de fonds au thème plus large du rapport que les artistes entretenaient avec les modèles. En 1913, dans la pièce *Le Phalène,* c'est de la position sociale des femmes artistes dont il était question. Son auteur, Henry Bataille, peintre de formation, était désigné dans une critique des *Temps nouveaux* comme un « transfuge des Beaux-Arts » ou comme un « peintre embellisseur des mœurs » dont l'art « consistait à lyrifier le drame de tous les jours, à le parer, l'auréoler d'une sensibilité particulière en raison de l'ambiance en laquelle il le faisait se dérouler ». Il y narrait les mœurs libérés d'une jeune femme de la haute société ayant choisi la vie d'artiste et se rendant au Quat'Z'Arts déguisée en Salomé pour y danser « comme un modèle ». C'est parce qu'elle se savait condamnée par une maladie que l'héroïne s'autorisa cette liberté de participer au bal. En se libérant des conventions sociales, elle adopta un comportement assimilable

Henri de Touluse-Lautrec, *Répétition générale aux Folies-Bergère : Émilienne d'Alençon au bal des Quat'z'Arts*, L'Escarmouche, 3 décembre 1893. BnF, Gallica.

à un « suicide social » qui, à la fin de l'histoire, débouchera sur un réel et tragique suicide. Le destin de cette héroïne la place dans la lignée de celles de l'époque romantique emportées par la tuberculose sous la plume de Murger ou de Dumas fils.

Au-delà de la fascination qu'exerçaient les ateliers d'artistes, la féminisation du milieu artistique ne manquait pas d'attirer l'attention. C'est une femme qui est le sujet de *Cœur de femme*, un film réalisé par Ferdinand Zecca et René Leprince pour Pathé Frères en 1913. Sous-titré *Scène de la vie moderne*, le long métrage raconte une histoire d'amour impossible entre Jean Clédat, un sculpteur issu d'une famille bourgeoise, et Gabrielle Normand, une jeune peintre qui occupe l'atelier voisin du sien. Si tout oppose socialement ces personnages, ils partagent néanmoins une même passion pour l'art et sont amoureux. Lors du bal des Quat'Z'Arts, un accident mortel cause la mort d'un des amis de la jeune artiste. Elle en hérite et peut ainsi s'élever socialement. Le bal est donc associé à un nœud de l'intrigue. Une séquence entière lui est consacrée. Mais le déroulé du bal des Quat'Z'Arts s'enrichit d'un élément inédit : le clou du défilé est un char de carnaval dédié à la firme Pathé. Surplombé par son coq, on y voit sept œufs géants placés dans des coquetiers. Au fur et à mesure que le char avance, les œufs se mettent à éclore pour dévoiler les principales vedettes des films Pathé, notamment Mistinguett, Rigadin et Dranem. Il s'agit d'une mise en abyme : la société de cinéma qui reproduit le bal tient à se représenter dans l'œuvre elle-même. En tournant cette séquence, la société Pathé affirme que l'art cinématographique compte parmi les arts qui peuvent être célèbres au bal des Quat'Z'Arts.

Devenu fétiche de l'esprit de la fête, le Quat'Z'Arts réinventé sur la scène s'exporte aussi au-delà de Paris. C'est le cas de l'opérette *La Reine s'amuse*. La pièce relatait l'immersion d'une princesse dans le milieu des artistes parisiens. Ayant intégré le bal incognito, elle y participe et s'y fait acclamer comme la reine de la fête. La pièce évoque non seulement ce qui se passe dans la salle du bal mais aussi les préparatifs et le prolongement de la fête dans les cafés. Ce spectacle monté à Marseille en 1912, par André Barde et Charles Cuvillier, connut un tel succès qu'il fut joué à Paris et dans différentes villes de France. En 1918, son titre devint *La Reine joyeuse*. Il s'exporta en Belgique mais aussi à Londres en 1920 et en Australie en 1922 sous le titre *The Naughty princess*. Les spectateurs belges anglais et australiens entendaient donc parler du Quat'Z'Arts grâce à cette opérette.

Le public américain ne fut pas en reste. Dès 1908, il était question du Quat'Z'Arts dans la comédie musicale *The Queen of Moulin Rouge* jouée au Circle Theatre de Broadway. Les chars des élèves de l'École des beaux-arts. y étaient reconstitués sur scène. Huit ans plus tard, les Américains George Shepard Chappell et Kenneth MacKenzie Murchison, tous deux

The Queen of the Moulin Rouge, partitions, New-York, éd. Shapiro, 1909.

anciens élèves des Beaux-Arts de Paris, montèrent la comédie musicale *Come to Bohemia*. Il y était évidemment question de l'immersion dans le milieu artistique et de « l'institution » que représentait le bal des Quat'Z'Arts que les deux hommes avaient pu connaître durant leurs études. Enfin, les collections du MoMA conservent le livret et les travaux préparatoires d'un projet de ballet de 1912, intitulé *Orphée of the Quat-z-arts* ou *The Revellers of the 4 Arts Ball* [*Les Fêtards du bal des Quat'Z'arts*]. Il fut conçu par Florine Stettheimer mais ne fut jamais porté sur les planches.

Cette histoire de la transposition du bal des Quat'Z'Arts pour la scène ou le cinéma ne s'arrête pas là. On le retrouve dans des productions de chaque décennie : dans *L'Arpète* en 1929, dans *She wanted a millionaire* en 1931, dans *Un Américain à Paris* en 1951 et même dans *Henry & June*, l'adaptation cinématographique du journal d'Anaïs Nin par Philip Kaufman en 1990. Mais ces exemples traitent-ils encore d'une pratique festive appartenant au XIXe siècle ? Comme toutes les traditions, le Quat'Z'Arts évolue au fil des ans, mais s'il se perpétue au XXe siècle, il se montre fidèle à un modèle particulier de fête qui plonge ses racines dans le XIXe siècle, dans le carnaval de Paris, dans les bals costumés qui laissèrent peu à peu la place à d'autres modalités de la fête.

Il rejoint ainsi ces nombreuses traditions festives qui appartiennent à l'histoire du long XIXe siècle.

À LIRE

BATAILLE, Henry, *Le Phalène*, pièce en 4 actes et 2 parties, s. l., suppl. de « Parisiana », 1919.

BOUCHERON, Maxime, *La Duchesse de Ferrare*, opérette en 3 actes, Paris, Librairie théâtrale, 1898.

CANUDO, Ricciotto, *Les Transplantés : la ville Visage-du-monde*, Paris, Eugène Fasquelle, 1913.

CONTE, Isabelle, *Le Bal des Quat'Z'Arts (1892-1966). Quand la célébration de l'esprit d'atelier devient œuvre d'art*, thèse d'histoire de l'art, sous la direction de Jean-Michel Leniaud, École Pratique des Hautes Études, 2021 (livre à paraître aux éditions AAM).

FEYDEAU, Georges, *Feu la mère de Madame*, Paris, Gallimard, 2008.

LORRAIN, Jean, *Fards et Poisons*, Paris, Paul Ollendorff, 1903.

MONTORGUEIL, Georges, *Les Déshabillées au théâtre*, Paris, H. Floury, 1896.

MONTORGUEIL, Georges, *Paris dansant*, Paris, T. Belin, 1898.

MORIN, Louis, *La Revue des quat'saisons*, Paris, Paul Ollendorff, 1900-1901.

—, *Carnavals parisiens*, Paris, Montgredien et Cie, 1897.

WARNOD, André, *Les Bals de Paris*, Paris, Georges Crès & Cie, 1922.

Henry Hamel, illustration pour un compte rendu du *Train de plaisir*, vaudeville d'Alfred Hennequin, A. de Saint-Albin et Arnold Mortier, paru dans *Les Premières illustrées* (1884). BnF, Gallica.

Une fête industrielle : l'inauguration du chemin de fer à Dieppe

Chloé d'Arcy

Les Dieppois ont longtemps attendu l'arrivée du train : les premières idées à ce sujet ont germé dès 1832. Après l'inauguration de la ligne Paris-Rouen en 1843, la chambre des députés vote, le 1er juillet 1845, la construction d'un embranchement devant raccorder Dieppe à Rouen et, par extension, à la capitale. L'objectif de cette liaison est de donner à la station normande un rôle pivot dans les échanges commerciaux entre la France et l'Angleterre, mais aussi de relancer la pratique estivale des bains de mer, dont le succès s'émousse depuis la fin de la Restauration. Après plusieurs péripéties, dues notamment à la crise économique et à la révolution de février 1848, l'arrivée du chemin de fer à Dieppe est enfin célébrée les 29 et 30 juillet de cette même année. La « fête industrielle » – selon l'expression fréquemment employée dans la presse – qui se tient alors n'est pas la première du genre. Elle s'inscrit dans la continuité des cérémonies d'ouverture de ligne, dont un modèle éclatant est l'inauguration de la ligne du Nord, à Lille et à Bruxelles, en juin 1846. Ces manifestations comportent des enjeux à la fois économiques et politiques. Dans le cas de Dieppe, les enjeux politiques sont d'autant plus saisissants que l'inauguration se déroule un mois après les Journées de Juin et à la veille des élections municipales. Au programme des festivités : le samedi, accueil du train, chants patriotiques, défilé militaire, banquet, spectacle par les artistes du Théâtre de la Nation (nouveau nom donné à l'Opéra de Paris), bal ; le dimanche, régates, concert d'harmonies, spectacle *gratis* par la troupe du théâtre de Dieppe, illuminations et danses publiques. Plusieurs espaces sont investis : les gares de Paris Saint-Lazare, Rouen et Dieppe, la plage dieppoise, l'hôtel de ville, le théâtre municipal et l'établissement de bains.

UNE ORGANISATION PRÉCIPITÉE, DES ACTEURS MULTIPLES

En raison de l'instabilité économique et des retards pris dans les travaux, la date d'inauguration de la ligne de chemin de fer Rouen-Dieppe peine à se fixer et la ville de Dieppe dispose de peu de temps pour organiser une fête brillante. M. Osmont, négociant à Dieppe, représentant

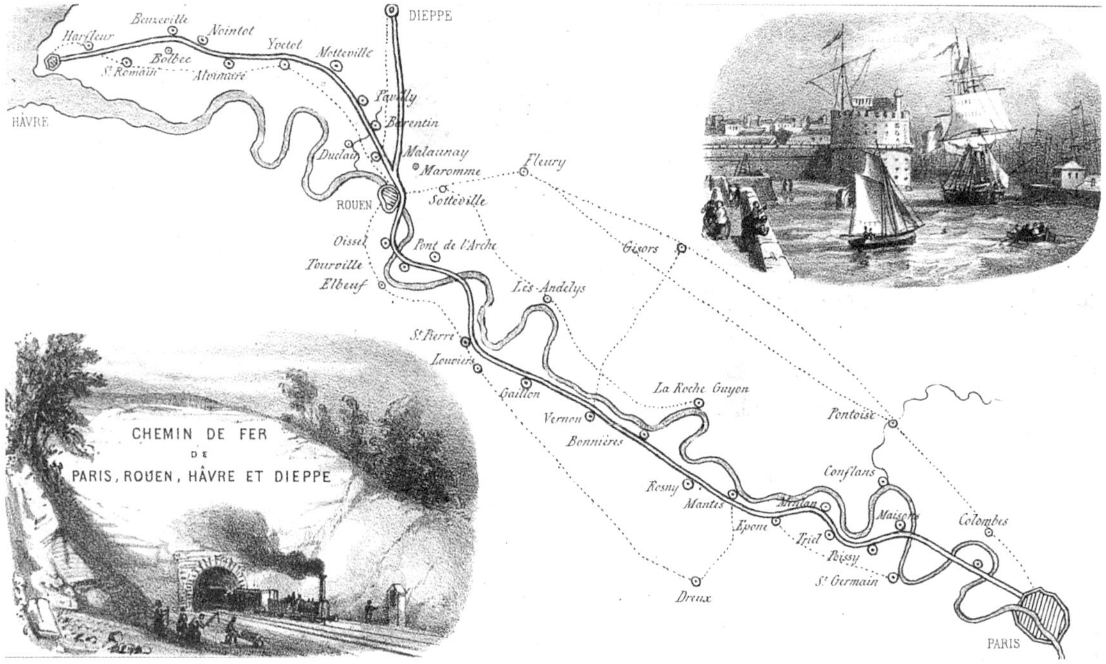

Chemin de fer de Paris, Rouen, Havre et Dieppe. BnF, Gallica.

du peuple (soit député), ancien membre de la commission municipale provisoire, et administrateur de la compagnie du chemin de fer, en est l'un des principaux instigateurs. Dans une lettre adressée au maire de Dieppe le 13 juillet 1848, il dessine les grandes lignes de l'événement. Le 15 juillet, le conseil municipal se réunit pour créer une commission chargée de l'organisation.

Selon un modèle récurrent, l'administration de la compagnie du chemin de fer s'associe à la municipalité. La première prend toutes les mesures relatives à l'ordonnancement et aux dépenses liés au banquet ; la seconde assume l'ensemble des activités du dimanche. Le budget de la fête, encadré, s'élève au total à 7 000 F. La ville dispose initialement de 1 500 F, puis de 3 500 F, grâce à une augmentation accordée le 22 juillet. Dans un contexte de crise, la ville ne peut pas tenir ses finances sans demander des subventions exceptionnelles au préfet. Elle tardera d'ailleurs à rembourser la part qu'elle doit à la compagnie pour équilibrer les comptes.

La fête d'inauguration ayant lieu durant la saison des bains de mer, le directeur de l'établissement de bains, M. Prévot, est impliqué dans l'organisation de l'événement : l'administration des bains doit accueillir le bal clôturant la première journée. Elle prend en charge les coûts concernant la salle, l'éclairage et la rémunération des musiciens, tandis que la municipalité paye les rafraîchissements. Les deux parties dressent ensemble la liste des invités. Les frais occasionnés par la représentation des artistes de l'Opéra doivent être couverts par les recettes du spectacle. Pour fournir fleurs et drapeaux destinés à orner le débarcadère du chemin de fer, la municipalité fait appel à ses concitoyens. Les délais d'organisation étant très courts, le doute plane quant au programme définitif et le maire doit renoncer à certaines de ses ambitions. Il projetait d'organiser une simulation de combat naval mais, dans une lettre datée du 24 juillet, le ministère de la marine lui signifie clairement qu'aucun bâtiment à voile ne pourra se rendre à Dieppe le jour demandé.

Enfin, il est nécessaire de prévoir le transport des invités, du public et des professionnels chargés d'animer les festivités. Pour affirmer la position de Dieppe à mi-chemin entre Paris et Londres, le maire tente d'attirer du public anglais en sollicitant la compagnie des bateaux à vapeurs basée à Londres. Mais le service de transport ne se met pas en place, la compagnie ayant d'ailleurs suspendu ses liaisons avec la station normande depuis le début des troubles révolutionnaires. Côté français, le voyage s'effectue plus simplement, en train. Quatre convois partent de la capitale. Un premier, le 28 au soir, emporte le célèbre maître d'hôtel M. Chevet et son personnel, chargés du banquet. Un deuxième, le lendemain à sept heures, conduit les artistes de l'Opéra. Un troisième, à neuf heures, transporte les voyageurs payants qui, pour 25 F en première classe et 20 F en seconde, bénéficient d'un aller-retour Paris-Dieppe ; la promotion de ce voyage spécial s'est faite dans la presse. Le quatrième convoi, considéré comme *le* convoi d'inauguration, quitte Paris le 29 à dix heures du matin ; il fait un arrêt à Rouen pour le déjeuner. À son bord se trouvent notamment le ministre des travaux publics M. Recurt, le ministre des affaires étrangères M. Bastide, des représentants du peuple de Seine-Inférieure, le préfet du département, M. Dussard, des membres des conseils d'administration des chemins de fer de Rouen, Le Havre et Dieppe… Pour les Rouennais, trois allers-retours sont prévus durant les deux jours. Raison d'être de la fête et moyen de transport clé de son organisation, le train est aussi une expérience nouvelle proposée à quelques privilégiés.

AU CŒUR DES FESTIVITÉS : LE TRAIN

La fête commence gare Saint-Lazare, ouverte en 1837 et en cours de réaménagement depuis 1842, avec le départ en fanfare du convoi des invités officiels. Les comptes rendus des célébrations accordent une large place au voyage en train. L'inauguration d'une ligne de chemin de fer constitue en effet un prétexte pour vanter les charmes de la campagne française, contrastant avec les imposants travaux réalisés :

> Les ouvrages d'art et les tranchées, les tremblais et les tunnels sur ce chemin sont prodigieux. Les ponts sont au nombre de 60 à 80, dont plusieurs forment tunnels, les terrassemens [*sic*] ont été d'environ cinq millions de mètres cubes de terre. […] Tous les travaux sont, dit-on, d'une bonne et consciencieuse exécution.
>
> (*Le Moniteur industriel*, 3 août 1848).

Le récit du voyage relève de l'hypotypose. Celle-ci traduit la rapidité du trajet, faisant passer successivement les passagers (et, surtout, les lecteurs de journaux) d'un paysage à un autre :

> Les vallées de Malaunay et de Monville, encaissées au milieu de coteaux à la riche végétation, ont d'abord attiré les regards des voyageurs, qui voyaient fuir avec vitesse les charmantes maisons, les frais jardins, les usines […] Mais ce n'était pas, en vérité, le moment de se livrer à d'austères préoccupations. Monville et Malaunay sont déjà loin ; la station de Saint-Victor est franchie.
>
> (*Journal de Rouen*, 30 juillet 1848, repris par *Le Moniteur universel*, 1er août 1848).

L'expérience du train devient ainsi une attraction, procurant des émotions et donnant à voir à la manière d'un diorama une nature mise en scène. Après le passage dans l'obscurité du dernier tunnel, l'arrivée à Dieppe, face à la mer, apparaît comme le clou du spectacle :

> [L]e souterrain est fini, ses murs disparaissent, le sifflet de la locomotive a fait mieux que le sifflet de l'Opéra [à savoir : celui des machinistes du théâtre] ; le changement à vue est plus prompt, plus complet que dans la plus magnifique féerie. Voici de nouveau l'espace, voici la lumière, la riche végétation, puis voici Dieppe, voici la mer.
>
> (*Journal de Rouen*, 30 juillet 1848)

Ville de Dunkerque, *Inauguration du chemin de fer, Dunkerque*, Impr. de C. Drouillard, 1849. BnF, Gallica.

Décorée pour l'occasion, la gare de Dieppe devient un théâtre de la modernité. Le train y entre sous les acclamations de la foule pour recevoir la bénédiction du curé doyen de l'arrondissement – cette pratique, courante depuis 1841, se perpétuera tout au long du siècle. Puis, le maire de Dieppe et le ministre des travaux publics y prennent la parole pour les discours introductifs.

L'INVITÉE PRINCIPALE DE LA FÊTE : LA POLITIQUE

« Paris port de mer ! Ç'a été l'objet des travaux des grands ministres dont s'honore la France » (*Journal de Rouen*, 30 juillet 1848). L'ouverture d'une voie de transport reliant Paris à Dieppe revêt une importance politique majeure, le chemin de fer étant de plus synonyme de développement industriel. Pour le gouvernement républicain, cet événement vise à prouver que l'ordre est rétabli et que le nouveau régime est capable de créer des conditions favorables à l'essor économique. À la veille des élections, l'enjeu est également de taille pour la municipalité dieppoise. Le conseil municipal parvient à achever un projet souhaité depuis longtemps, portant avec lui l'espoir d'un retour à la prospérité. Cette fête permet d'attirer de nouveau les regards sur Dieppe ; en effet, rendue célèbre par la duchesse de Berry, la station normande avait ensuite été boudée par la famille d'Orléans. En offrant des divertissements à leurs concitoyens, les autorités tentent de faire oublier les difficultés du moment.

La revue militaire fait partie des éléments traditionnels d'une fête accueillant des personnalités politiques. Cependant, au lendemain des Journées de Juin, la mise en valeur des gardes nationales de Rouen, Dieppe, Longueville et Grande-Vente célèbre aussi la victoire de la République de l'ordre contre la République démocratique et sociale, ainsi que le refus de la province de se plier aux volontés des « révolutionnaires » parisiens que Cavaignac vient d'écraser.

Malgré le désir de faire de ces deux jours un moment d'unité, des désaccords politiques se manifestent lors du banquet, qui réunit trois cents convives à l'hôtel de ville. Le différend s'articule autour de la définition de la République, ce dont rend compte *La Liberté électorale* du 5 août 1848 : « L'ancien maire de Rouen [M. Barbet – également administrateur du chemin de fer] n'ayant parlé que de la nécessité de l'ordre et M. Recurt, ministre, ayant répondu qu'il ne voulait pas de l'ordre sans la liberté, un débat orageux s'est élevé à ce sujet. » Selon les orientations politiques des journaux et les enjeux associés au compte rendu de la fête, le traitement de cet incident diffère. *Le Constitutionnel* (2 août 1848) vise à évacuer l'altercation en ne la mentionnant que laconiquement, sans nommer les protagonistes ni transcrire les propos échangés, tandis que *La Gazette de France* (30 juillet 1848) ne relate la fête que par le biais du banquet, en dramatisant son déroulé. Le *Journal des Débats* (3 août 1848) raille le ministre et prend clairement parti en faveur de l'ordre, alors que *Le Spectateur républicain* (2 août 1848) reproche vigoureusement à M. Barbet sa stupidité et son attachement à la monarchie de Juillet. *La Vigie de Dieppe* (1er

Voyage en chemin de fer de Paris à Boulogne et à la frontière du nord. Le Débarcadère de Paris. Amiens, 1847. BnF, Gallica.

août 1848) et le *Journal de Rouen* (30 juillet et 2 août 1848), enfin, jouent la carte de l'apaisement. La première rapporte en détails les paroles échangées mais transforme le premier toast de l'ancien maire de Rouen, afin de l'atténuer et de faire croire à un malentendu entre les convives. Le second commence par passer sous silence les tensions avant de rectifier les récits enflammés proposés par d'autres journaux ; il insiste notamment sur la réconciliation rapide et sans rancune survenue entre les acteurs. Après cette fausse note dans le concert de joie officiellement affiché, le spectacle de l'Opéra de Paris rétablit l'harmonie.

SPECTACLES ET MUSIQUE EN DIVERTISSEMENTS

Démonstration d'un pouvoir politique et industriel, cette fête est aussi la démonstration d'un pouvoir culturel grâce à la venue des artistes du Théâtre de la Nation. Celle-ci promeut de plus l'efficacité du nouveau chemin de fer : danseurs et chanteurs peuvent faire un aller-retour pour une simple représentation ; Dieppe devient ainsi « un faubourg de Paris » (*La Vigie de Dieppe*, 1er août 1848). Une soixantaine d'artistes, en plus des musiciens d'orchestre, investissent le théâtre municipal pour présenter deux œuvres a priori inédites sur la scène dieppoise : le quatrième acte de *La Favorite* de Donizetti, interprété par Mlle Masson, M. Poultier et M. Brémond, et le deuxième acte de *Giselle* d'Adam, Coralli et Perrot, dansé par Mlle Plunkett, M. Petipa, Mlle Emarot et M. E. Coralli. Particulièrement appréciées du public, ces deux pièces sont en outre apolitiques. Le succès escompté est au rendez-vous, mais les commentaires dans la presse sont très succincts.

Le lendemain, le spectacle *gratis* prévu n'a manifestement pas lieu. Mentionnée seulement dans les programmes publiés en amont de la fête, cette représentation n'est pas évoquée dans les comptes rendus postérieurs ni dans les archives. Pourtant, la troupe d'arrondissement a fait relâche les jours précédents la cérémonie, en vue justement de s'y préparer.

Le spectacle sportif est également au rendez-vous fait lui aussi partie des réjouissances, avec des régates organisées le dimanche à midi. Une première joute oppose six péniches à six rames et une seconde six canots à quatre rames ; les vainqueurs de chaque session sont récompensés. Ce divertissement, proposé pour la première fois à Dieppe, est apprécié du journal local, qui espère que ces régates « rivaliseront dans l'avenir avec celles des ports voisins » (1er août 1848), dans une logique de concurrence entre les stations balnéaires.

Enfin, la musique est fortement présente. La musique militaire accueille l'arrivée du train en gare et accompagne les courses de bateaux. Après la bénédiction de la locomotive, un chœur de citoyens dieppois interprète un chant patriotique composé pour l'occasion. Néanmoins, cette prestation retient peu l'attention du public qui se précipite vers la plage, une fois les discours de bienvenue prononcés. Pour finir, un concert d'harmonies était prévu le 30 juillet à trois heures, dans le salon des bains froids, mais les récits de l'événement n'en font pas mention.

Ces différents spectacles ne s'adressent pas aux mêmes publics. En effet, si l'inauguration du chemin de fer rassemble bien dans un même lieu, autour d'un but commun, différentes catégories de la population (Parisiens, Dieppois, étrangers venus aux bains de mer, militaires, hommes politiques, ingénieurs, notables…), l'expérience de la fête est en réalité plurielle.

UNE EXPÉRIENCE PLURIELLE DE LA FÊTE

L'identité des participants définit la place qu'ils occupent dans l'espace et les divertissements auxquels ils ont droit. L'arrivée du train apparaît comme le moment de liesse collective. Mais le rassemblement des publics dans un espace réduit est déjà très structuré. Considérés comme de simples curieux, les habitants de Dieppe et des villages voisins se pressent aux abords de l'embarcadère. Par leur nombre et par leurs cris, ils participent au succès de la fête ; ils donnent un sentiment d'adhésion massive à la nouveauté technologique ainsi qu'au régime politique, mais ils demeurent éloignés du spectacle de la machine. Rangés derrière leur bannière et vêtus de leur costume officiel, les membres des différentes corporations de métiers sont également présents, et les hommes de troupe s'alignent le long des voies ferrées. À l'intérieur de la gare se regroupent des publics choisis, munis de cartons d'invitation. Au premier rang se trouvent les autorités civiles, militaires et religieuses. Les femmes de la ville sont quant à elles installées au fond, sur des gradins ornés de fleurs ; par leurs « riches et fraîches toilettes » (*La Vigie de Dieppe*, 1er août 1848), elles contribuent au décor de la gare.

En effet, la segmentation des publics se fait aussi en termes de genre. Tandis que les hommes assistent au banquet et à ses discussions politiques, les femmes sont reléguées du côté du divertissement : elles se parent pour le bal lors duquel elles semblent briller seules. Alors qu'au sein de la gent masculine on distingue des personnalités ayant leurs propres discours, la gent féminine apparaît comme une entité, les comptes rendus journalistiques différenciant seulement les Parisiennes, les baigneuses et les Dieppoises. Silencieuses, ces femmes se résument à leurs charmes donnant à la fête une dimension élégante et raffinée, destinée à apaiser les tensions. Exclus du bal du salon des bains, les gardes nationaux de Dieppe organisent leur propre bal par souscription au profit des pauvres, dans l'enceinte du théâtre municipal.

Le dimanche, lui, est ensuite consacré aux activités plus populaires. D'ailleurs, si cette seconde journée est comprise dans le billet des Parisiens (leur train retour ne part de Dieppe qu'à six heures du soir), la plupart des officiels quitte la ville dans la matinée. Le jour de fête digne d'être vécu et relaté est bien le samedi. Tous les moyens ayant été mis au service du prestige de cette première journée, il semblerait qu'une partie du programme destinée aux plus modestes ait été annulée ou, du moins, négligée. Au milieu des discours élogieux, quelques déceptions s'expriment. « Dieppe est très pauvre, et il y a paru à son maigre feu d'artifice », lit-on par exemple dans *Le Siècle* (3 août 1848). Même *La Vigie de Dieppe* admet que les attentes ont été trompées.

Soulignons enfin une dernière expérience de la fête : celle des lecteurs de journaux, qui vivent l'événement par procuration, tant dans la presse parisienne que provinciale, de Normandie et d'ailleurs (la fête est par exemple signalée dans le *Courrier de Marseille* et dans *L'Indépendant des Pyrénées-Orientales*). Après la cérémonie, le service normal des trains pour les personnes et les marchandises démarre le 6 août. Dieppe devient ainsi la troisième station balnéaire reliée à Paris, après Le Havre et Boulogne. Dès juillet 1849, des trains de plaisir desservent Dieppe et le nombre de baigneurs s'accroît d'années en années.

La fête d'inauguration du chemin de fer relève à la fois du public et du privé, par son organisation bicéphale et par les intérêts politiques et économiques qu'elle sert. Dans son déroulement concret, le succès de la fête est en demi-teinte. Mais est-ce là le plus important ? L'essentiel ne réside-t-il pas dans les récits à caractère promotionnel donnés ultérieurement ? Dieppe y apparaît comme un point de passage clé dans le commerce franco-anglais, et comme une destination touristique grâce à son patrimoine, à ses paysages et à ses multiples divertissements. Afin de lutter contre les défiances et de rentabiliser l'entreprise du chemin de fer, le voyage en train est présenté comme rapide et sensationnel. Sur le plan politique, il est indispensable d'associer le gouvernement républicain à la prospérité économique. Ces célébrations du génie industriel offrent de belles occasions pour glorifier un régime le régime en place. Les princes d'Orléans avaient déjà eu recours à ce genre de cérémonies ; sous le Second Empire, Napoléon III fera de ces pratiques festives un véritable outil de propagande.

L'arrivée du nouveau mode de transport marque l'historiographie dieppoise et plusieurs articles lui sont consacrés dans des revues

Edmond Lhuillier, *Train de plaisir à la mer : grande scène comique*, Paris, Feuchot, 1879. BnF, Gallica.

locales. En 1948, dans la veine des multiples commémorations de l'avènement de la IIe République, la municipalité de Dieppe souhaitera associer à ce centenaire celui du chemin de fer. Politique et économie se rejoignent à nouveau dans la fête projetée, que la SNCF doit co-organiser avec les autorités de la ville. Cependant, pour des raisons financières, les Dieppois renonceront à cette célébration. En juin 1998, le 150e anniversaire du chemin de fer sera plus heureux, marqué alors par une volonté de transmission des connaissances plutôt que par un désir de divertissements : plusieurs expositions et une conférence se tiendront dans le hall de la gare, tandis qu'un nouvel autorail TER sera inauguré en présence du député-maire de la ville et du dirigeant régional de la SNCF.

À LIRE

AGULHON, Maurice, *1848 ou l'apprentissage de la République*, Paris, éd. du Seuil, 2002.

ANGELIER, Maryse, « Trains et bains de mer », *La Vie du rail*, n° 1795, mai 1981, p. 13-14 et 39-41.

CARON, François, *Histoire des chemins de fer en France, 1 : 1740-1883*, Paris, Fayard, 1997.

DROULERS, Paul, « Christianisme et évolution technologique : les premiers chemins de fer », *Histoire, économie et société*, vol. 2, n° 1, 1983, p. 119-132.

FERON, Claude, « Après le 150e anniversaire de la ligne Dieppe-Rouen », *Connaissance de Dieppe et de sa région*, n° 167, 1998, p. 7-14.

GUEST, Ivor, *The Romantic Ballet in Paris*, Londres, Dance books, 2008.

GUIBON, Georges, « Le Centenaire du chemin de fer de Dieppe à Rouen », *Les Amys du vieux Dieppe*, n° 2, LIIe fascicule, 1949, p. 7-13.

LACOMBE, Hervé (dir.), *Histoire de l'opéra français, vol. 2 : Du Consulat aux débuts de la IIIe République*, Paris, Fayard, 2020.

LEVY-GUENOT, Roger, « Rouen et Le Havre au secours de Paris en juin 1848 », *La Révolution de 1848 et les révolutions du XIXe siècle*, t. 15, n° 75, 1918, p. 10-18.

LEBAS, Georges, *Histoire de la ville de Dieppe de 1830 à 1875*, Dieppe, impr. centrale et Delevoye, 1900.

POISSON, Jacques, « Le voyage aux eaux. Histoire de la desserte ferroviaire des stations thermales », *Revue d'histoire des chemins de fer*, 31/2004, p. 201-234.

Honoré Daumier, "Train de plaisir, grande vitesse", lithographie de la série *Fariboles*, entre 1847 et 1851. BnF Gallica.

Les fêtes révolutionnaires en France : 1848 et 1871

Jacqueline Lalouette

En 1848 et en 1871 (presque exclusivement à Paris et brièvement pour 1871), la vie de la France fut marquée par de considérables bouleversements, rythmée par des événements dramatiques, mais aussi par un ensemble de fêtes officielles ou populaires dont l'inspiration fut souvent puisée dans les fêtes de la Grande Révolution, à laquelle on emprunta les vertus (la Fraternité, la Concorde), les rites (l'autel de la Patrie, les immenses cortèges funéraires) et les symboles (le drapeau tricolore, la Marseillaise, les arbres de la Liberté, le bonnet phrygien). Malgré les solutions de continuité correspondant aux deux Monarchies constitutionnelles et aux deux Empires, les fêtes des trois moments emblématiques de l'histoire révolutionnaire et républicaine de la France sont ainsi nettement apparentées.

Affiche, *République française. 1848. L'Arbre de la Liberté.* Estampe. BnF, Gallica.

1848 - PARIS

Certaines fêtes célébrées à Paris présentèrent un caractère national, soit parce qu'elles furent « dupliquées » en province, soit parce que l'envoi de délégations provinciales dans la capitale ou l'écho qu'elles eurent dans la presse régionale les fit connaître de toute la Nation. Les autres, organisées à l'échelle des communes, le furent pour certaines à l'initiative des pouvoirs publics, pour d'autres sur un mode spontané. Les fêtes officielles célébrées au niveau national peuvent elles-mêmes être classées en diverses catégories, selon qu'elles se rapportèrent aux arbres de la Liberté, aux institutions de la République – ce sont des fêtes de régime – et aux grandes vertus républicaines ou qu'elles rendirent hommage aux citoyens morts en combattant pour la République.

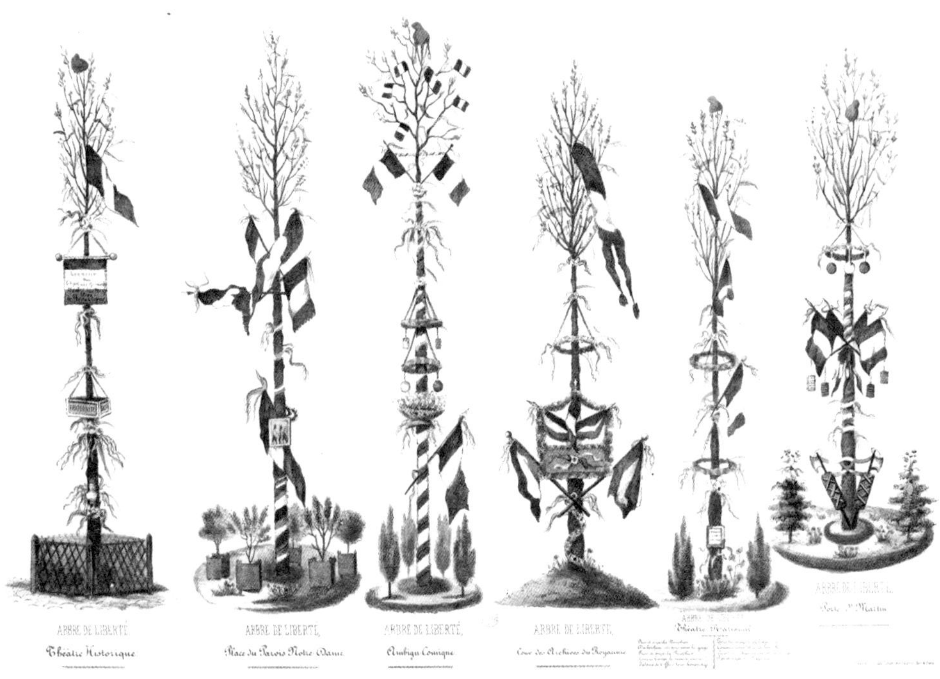

Modèles de six arbres de la Liberté. Paris , Imp. Cordier, 1848. BnF, Gallica.

Arbres de la Liberté et fêtes de régime

Entre le 22 et le 30 mars, les pouvoirs publics organisèrent, avec le concours du clergé, de grandes plantations d'Arbres de la Liberté (au Champ-de-Mars, devant l'hôtel de ville, au Luxembourg, place de la Concorde et sur la place du Carrousel). La première des fêtes du régime, la fête de la proclamation de la République (la proclamation effective ayant eu lieu le 25 février) fut célébrée le 27 février. Un long cortège composé de la Garde nationale, des élèves des École polytechnique et Saint-Cyr, du Gouvernement provisoire, des corps constitués ainsi que d'une foule immense, partit de l'hôtel de ville en direction de la Bastille. Au pied de la colonne de Juillet, Arago et Dupont de l'Eure prononcèrent un discours, les drapeaux s'inclinèrent, *La Marseillaise* fut interprétée, les *Chœur des Girondins* chanté ; enthousiaste, le peuple ne cessait de crier « Vive la République ! ».

Une seconde fête de ce type se déroula huit mois après, dans un contexte de désenchantement, car les journées de juin avaient tué les illusions. Une fois la Constitution du 4 novembre achevée, il fut décidé d'en célébrer la promulgation dans toute la France, tout d'abord dans la capitale, le 12 novembre, puis en province le 19. Selon les directives officielles, cette solennité devait se dérouler « en plein air, à la face du ciel [...] sans aucune considération de saison et d'intempéries » et comporter trois parties : la lecture de la Constitution (comptant un long préambule et 116 articles !), la célébration d'un *Te Deum* et la distribution de secours aux indigents, donnés en argent ou en nature, sous forme de pain ou de viande.

La cérémonie parisienne se déroula place de la Concorde, occupée par « une forêt de mâts vénitiens portant des oriflammes tricolores » et une plate-forme sur laquelle était dressé un autel ; outre les membres du gouvernement et de l'Assemblée, étaient présents tous les grands corps de l'État, des personnalités étrangères du corps diplomatique, ainsi que l'archevêque de Paris, trois évêques, le préfet apostolique de Madagascar et huit cents prêtres et séminaristes. La Constitution ayant été intégralement lue par Armand Marrast, président de l'Assemblée nationale, les élèves du Conservatoire et des militaires chantèrent le *Te Deum*, puis l'archevêque de Paris célébra une messe basse, suivie d'une bénédiction solennelle et du chant du *Domine, salvam fac Rempublicam*, le tout sous la neige qui ne cessa de tomber. Suivit le défilé des légions des gardes nationales de la province, de la banlieue et de Paris. Au moment même de la lecture de la Constitution, 149 insurgés de Juin détenus dans les prisons parisiennes furent libérés. Bien que les deux cultes protestants et le culte israélite bénéficiant du statut de cultes reconnus eussent été priés de s'associer à la fête, à Paris celle-ci fut purement catholique. La semaine suivante, le 19 novembre, un grand feu d'artifice fut tiré à l'Arc de triomphe pour célébrer l'entrée en vigueur de la Constitution.

Deux fêtes sous le patronage de vertus républicaines

Le printemps vit se dérouler deux fêtes inspirées de la Grande Révolution. Célébrée le 20 avril, la fête de la Fraternité fut marquée par l'importance de l'élément militaire. Installés sur une estrade placée sous la voûte de l'arc de triomphe, les membres du gouvernement provisoire remirent leurs drapeaux aux colonels et chefs de bataillons des troupes et de la garde nationale mobile, de la garde nationale et de la garde civique en leur disant : « Au nom de Dieu et du peuple, vous jurez de défendre à toujours le drapeau que la République vous confie. » Commença ensuite le défilé de 400 000 soldats et gardes nationaux massés tout au long des boulevards, qui s'avancèrent progressivement en direction de l'Arc de triomphe. Selon le *Moniteur universel*, « des flots de baïonnettes se succédaient sans interruption, et aussi loin que la vue pouvait s'étendre de l'Étoile aux Tuileries, on ne découvrait que des fusils et des hommes armés ». Lorsqu'arrivèrent les blessés de Février, le Gouvernement provisoire se leva et le peuple cria : « Vivent les blessés ! vivent les braves de Février ! » Puis, continue le *Moniteur*, la revue militaire se transforma en « revue de la population tout entière » car des citoyens sans armes, des femmes, des enfants se mêlèrent aux troupes et fraternisèrent avec elles aux cris de « Vive la République ! » Le soir, Ledru-Rollin fut reconduit en cortège au ministère de l'Intérieur où il prononça une allocution. La fête venant de se dérouler, dit-il, devait être considérée comme « l'événement le plus immense qui ait peut-être jamais été inscrit dans les fastes de l'humanité » ; suivirent des propos sur le peuple « qui avait faim peut-être », mais qui le supportait avec patriotisme parce que « ses nobles aspirations vers l'avenir, l'ont, pour ainsi dire, placé au-dessus des besoins matériels de l'humanité ! », mots lourds d'une forme d'inconscience sociale qui résonnent étrangement si l'on pense à l'insurrection qui éclata dans Paris deux mois plus tard.

Initialement prévue pour le 14 mai, la fête de la Concorde, dite aussi fête de la Nature, fut célébrée le 21. Comme la précédente, elle comporta une partie dynamique, un cortège en marche depuis la Bastille jusqu'au Champ-de-Mars, aménagé en un vaste cirque ouvert en deux points, où se déroula une partie statique. Un long défilé composé des membres de l'Assemblée et du Gouvernement, de l'état-major de la Garde nationale, des membres du corps diplomatique, des députations des blessés de Février, des condamnés politiques, des députations de l'Institut, de l'Assemblée du Luxembourg, de la Presse, des esclaves affranchis, des délégations des corps de métiers etc., quitta la Bastille et augmenta tout au long de sa marche, car, au fur et à mesure, les gardes nationales et les troupes échelonnées le long des boulevards lui emboîtaient le pas.

Place de la Madeleine, il fut rejoint par un énorme char, attelé de seize chevaux de labour, portant trois arbres, un chêne, un laurier et un olivier, symbolisant respectivement la force, l'honneur et l'abondance, ainsi qu'une charrue recouvert d'épis et de fleurs. Du char, précédé et suivi par des orphéonistes et des jeunes filles élèves du Conservatoire chantant des hymnes

Fête de la Concorde. Le char de l'Agriculture. Paris, 1848. BnF, Gallica.

patriotiques, partaient des cordons tenus par des laboureurs, des agronomes et des horticulteurs. À l'entrée du pont d'Iéna, se dressaient deux statues représentant l'Agriculture et le Commerce et deux pyramides surmontées des « drapeaux nationaux des peuples révolutionnaires » ; au pied de l'une, trois figures féminines symbolisaient la France, l'Italie et l'Allemagne se donnant la main et au pied de l'autre, se dressaient les effigies de la Liberté, l'Égalité et la Fraternité. L'entrée ouvrant sur l'École militaire était encadrée par les statues de l'Armée et de la Marine. Le centre du cirque était occupé par une immense statue de la République coiffée d'un bonnet phrygien, œuvre de Clésinger, posée sur une base circulaire où trônaient quatre lions sculptés par Barye. Autour du cirque, étaient disposés trente-deux piédestaux entourés de jeunes filles vêtues de blanc, destinés à recevoir les chefs-d'œuvre apportés par les délégations des corps de métier. Aucune dimension religieuse n'ayant été prévue pour cette fête, le clergé la considéra comme une cérémonie païenne.

Deux fêtes funéraires

Enfin, deux fêtes funéraires se déroulèrent le 4 mars et le 6 juillet. La première rendit hommage aux morts de Février. Après le service religieux solennel célébré à La Madeleine, extérieurement et intérieurement tendue de noir, un immense cortège précédant le colossal char funéraire surmonté d'une main de Justice (comme lors des anciennes funérailles royales) s'étira au son de *La Marseillaise* et du *Chant des Girondins* le long des boulevards jusqu'à la place de la Bastille ; l'un des correspondants de Frédéric Bastiat lui écrivit : « Il me semble que tout l'univers était sur les boulevards. Je n'ai jamais vu tant de monde. » Les corps furent descendus dans les caveaux creusés sous la colonne de Juillet pour les morts des Trois Glorieuses ; le refrain de l'hymne composé pour la circonstance proclame ainsi : « Aux palmes de Juillet, héros de Février / Allez sous la colonne ajouter un laurier. ».

Le 6 juillet, ce furent les funérailles des militaires, des gardes nationaux de Paris et de la province et des civils morts en combattant les ouvriers insurgés. Leurs corps devaient rejoindre les morts de Février, car il semblait « juste et profondément moral d'honorer par le même tombeau ceux qui ont également combattu et succombé pour la liberté, ceux qui l'ont conquise et ceux qui l'ont défendue », mais ils furent provisoirement déposés dans les caveaux de La Madeleine, en attendant la mise en état de ceux de la colonne de Juillet selon *L'Illustration*, par crainte d'un attentat devant être commis place de la Bastille, dont le bruit avait couru, d'après Gabriel Vauthier.

1848 - LA PROVINCE

Certaines fêtes provinciales officielles, comme les fêtes funèbres, furent l'écho obligé des cérémonies parisiennes. À Dijon, celle du 6 juillet se déroula à la cathédrale, dans le recueillement le plus profond, en présence des autorités civiles et militaires, de nombreux gardes nationaux et d'une assistance occupant tout l'édifice. Il est difficile, faute de rapports – dont l'absence est probablement due à une défaillance administrative des maires –, de connaître le déroulement de la fête de la promulgation de la Constitution dans les départements ; ainsi, pour un ensemble de 1 280 communes, les Archives départementales de l'Allier, du Cantal, de la Haute-Loire et du Puy-de-Dôme ne comptent que 133 rapports.

Bien qu'insuffisantes, les informations recueillies permettent de savoir qu'en Auvergne la loi fondamentale fut lue, parfois seulement le 26 novembre, devant une population grelottant sous la pluie ou la neige et que, s'il y eut des cris « Vive la République ! », « Vive la Constitution ! », il y eut aussi des murmures provoqués par la modicité des secours. En certains lieux, semble-t-il, le maire s'en tint au préambule de la Constitution, mais, à Dijon la Constitution fut lue intégralement par le maire et un adjoint ; puis l'assistance se rendit de la Place d'Armes jusqu'à la cathédrale Saint-Bénigne où le *Te Deum* fut chanté sur fond de sonneries de cloches. À Toulouse, des cris et des sifflets furent poussés « par une foule impatientée de stationner sous un orage de novembre ». En quelques endroits, le clergé fit preuve de mauvais vouloir ; le desservant de Chaudes-Aigues refusa ainsi de célébrer le *Te Deum*.

D'autres fêtes eurent leur identité propre. Ainsi, le 9 avril, à Bordeaux, sur la place des Quinconces, la plantation de « l'Arbre de la Liberté » réunit l'archevêque, Mgr Donnet, le président du Consistoire de l'Église réformée de Bordeaux, le pasteur Maillard, et le grand rabbin de Bordeaux, David Marx. Le 30 avril, le maire d'Annonay (Ardèche) organisa « la Plantation de l'Arbre de la Liberté » ; annoncée par des salves d'artillerie, elle associa le clergé et les corporations d'ouvriers et se termina par un défilé général des gardes nationaux et des corporations. On ne compte plus les plantations d'arbres – dont on ne sait pas toujours si elles furent officielles ou spontanées – qui ne cessèrent de mars à mai, généralement accompagnées d'une bénédiction religieuse ; parfois, un bonnet phrygien coiffant l'arbre montrait que la République attendue devait être « démocratique et sociale ».

Dans diverses communes, les pouvoirs publics organisèrent des fêtes de bienfaisance. À Dijon, le 11 mars, un concert fut donné en faveur des victimes de Février. À Lyon, le 27 août, une « grande fête extraordinaire » bénéficia, différence notoire, aux « ouvriers sans travail de Lyon et des communes suburbaines » suivie, le 18 novembre, d'une « grande fête militaire » au bénéfice des pauvres.

Ici ou là, surgirent des fêtes spontanées, relevant de « la fête », colorée par la joie populaire, parfois facétieuse, que Maurice Agulhon distinguait soigneusement des « fêtes » officielles codifiées. À Altkirch (Haut-Rhin), dès le 26 février, « une foule d'hommes », au milieu desquels se trouvaient douze ou quinze gardes nationaux, plantèrent un arbre de la liberté sur la place de la Halle aux Blés, en chantant *La Marseillaise*. Dans la soirée du 22 avril, au surlendemain de la Fête de la Fraternité, à Dijon les membres du Club des Clubs organisèrent une promenade aux flambeaux à travers la ville ; les spectateurs sortant du théâtre s'étant joints à eux, un cortège de 3 000 personnes arriva à la préfecture. James Demontry, commissaire du Gouvernement, se montra et la foule cria « Vive la République ! Vive Ledru-Rollin ! Vive James Demontry ! ». Le 8 mai, de retour de Paris, les gardes nationaux d'Auxonne traversant la préfecture côte d'orienne, les artilleurs dijonnais fraternisèrent avec eux et leur offrirent un banquet improvisé. À Pouilly-sur-Saône (Côte d'Or), le 15 mai, un grand banquet patriotique organisé par « souscriptions spontanées » réunit les 206 habitants du village. De tels exemples sont innombrables entre la fin du février et les mois de mai et juin.

1871

Dans un contexte bien différent, quelques fêtes du printemps 1871 présentèrent des traits comparables à celles de 1848, par leur nature comme par leur déroulement. Le 28 mars, au surlendemain des élections organisées par le

Comité central de la Garde nationale, eut lieu la fête de la proclamation de la Commune. Jules Vallès parla avec lyrisme du soleil dorant la gueule des canons, du « murmure de cette révolution qui passe tranquille et belle comme une rivière bleue », de tout ce qui pouvait « griser d'orgueil et de joie l'armée victorieuse des républicains ! » Dans son *Histoire de la Commune de 1871*, Lissagaray décrit le buste de la République, écharpe rouge en sautoir, posé sur l'estrade dressée devant l'hôtel de ville, et les « immenses banderoles rouges » accrochées au fronton et au beffroi du bâtiment qui claquaient dans le vent comme « des langues de feu » et envoyaient à toute la France « la bonne nouvelle » de la Commune. Comme les témoins du 20 avril 1848, Lissagaray vit les baïonnettes de cent bataillons étinceler au soleil et entendit retentir *La Marseillaise*. Tout en étant très loin d'atteindre à la solennité des fêtes funèbres de 1848, certains convois funéraires de Fédérés rassemblèrent des foules importantes et recueillies. Le 6 avril, trois immenses catafalques pavoisés de drapeaux rouges portèrent au Père-Lachaise les corps de 105 victimes des Versaillais ; derrière les six membres de la Commune conduisant le deuil, marchaient des milliers d'hommes, de femmes et d'enfants ; devant la fosse commune, Delescluze s'écria : « Ne pleurons pas nos frères tombés héroïquement, mais jurons de continuer leur œuvre et de sauver la Liberté, la Commune, la République. ».

Des fêtes de bienfaisance furent organisées. Le dimanche 14 mai, à l'initiative de la municipalité du XIe arrondissement, cinq grandes voitures ornées de tentures rouges et de drapeaux emmenèrent plusieurs dizaines d'orphelines et d'orphelins au bois de Vincennes où un repas champêtre leur fut servi ; sur tout le parcours, à leur passage, s'élevaient « les cris mille fois répétés de "Vive la Commune" ». Durant le mois de mai, six concerts-spectacles se déroulèrent aux Tuileries, au bénéfice des veuves et des orphelins ; les spectateurs purent y entendre aussi bien l'*Hymne à la Liberté de Gossec* que des « chansons de circonstance », comme *La Canaille* que l'assistance exigeait « avec frénésie ».

Le renversement de la colonne Vendôme ne peut se comparer à aucun événement de 1848, et certainement pas au brûlement du trône de Louis-Philippe, à cause de la différence matérielle entre ces deux symboles, du caractère technique de l'opération, mais aussi parce que la « foule compacte » qui y assista était « sérieuse et réfléchie » selon le *JO de la Commune de Paris*, *Journal officiel de la Commune de Paris*, et non mutine et irrévérencieuse comme celle du 24 février 1848 ; néanmoins, lorsque « ce monument odieux » s'abattit, les assistants poussèrent « une immense acclamation » et se ruèrent sur ses débris.

Il y eut aussi, au quotidien, toutes les fêtes improvisées, par exemple celle qui se déroula à Grenelle à la fin du mois de mars lorsque le 45e bataillon (régénéré) planta un arbre de la Liberté pavoisé de rouge et de tricolore sur la place du Commerce et que, venus en masse, tous les habitants du quartier chantèrent des hymnes patriotiques. On peut aussi penser à des scènes qui, sans relever de la fête à proprement parler, participaient d'un esprit festif à cause du spectacle qu'elles offraient, comme celui que donnèrent les 1 200 ou 1 500 ouvriers boulangers porteurs de drapeaux rouges et de bannières qui, à la mi-mai, se rendirent à l'hôtel de ville pour remercier la Commune d'avoir pris un décret interdisant leur travail de nuit.

L'anticléricalisme ambiant inspira des comportements parodiques générateurs de gaîté ; *Le Vengeur* du 22 mai relate comment des fédérés subvertirent la fête religieuse des Rogations : un fédéré habillé en évêque et deux compères portant « sa tiare » [*sic*] et sa crosse processionnèrent dans les rues de Levallois-Perret, généreusement encensés par des enfants.

Les fêtes de 1848 et de 1871 offrent, du moins pour certaines d'entre elles, une parenté tenant à des éléments visuels et sonores semblables, à un même amour envers la Liberté et la République, à une commune mise en pratique de la Fraternité ; mais la tonalité religieuse, essentiellement catholique, qui colora

Anonyme, *Les ruines de Paris. Colonne Vendôme (démolie le 18 Mai 1871).* Imprimeur-lithographe A. Marotte. Vers 1871.
Paris Musées / Musée Carnavalet - Histoire de Paris.

la plupart des fêtes officielles de 1848 les différencie radicalement de celle de la Commune (qui décréta la Séparation des Églises et de l'État et laïcisa les écoles). Si les fêtes de 1848 et 1871 rappellent celles de la Grande Révolution, à l'inverse certaines d'entre elles semblent préfigurer des événements futurs. Ainsi, la remise des drapeaux à la Garde nationale en 1848 n'est pas sans évoquer la cérémonie du 14 juillet 1880, célébrée sur l'hippodrome de Longchamp, au cours de laquelle le président Jules Grévy remit les nouveaux drapeaux à l'armée.

À LIRE

AGULHON, Maurice, « Fêtes spontanée et fêtes organisées à Paris en 1848 », in *Les Fêtes de la Révolution*, sous la direction de Jean Ehrard et Paul Viallaneix, Paris, Société des Études robespierristes, 1977, p. 243-271.

DALISSON, Rémi, « Fête publique et citoyenneté : 1848, une tentative de régénération civique par la fête », *Revue d'Histoire du XIXe siècle*, n° 18, 1999-1, p. 49-72.

LALOUETTE, Jacqueline, « Célébrer la constitution : la fête du 19 novembre », *Fidélité républicaine et monde rural. 1848-1851.* Actes du Colloque d'Aurillac 27-28 août 1999 rassemblés par Jean-Éric Iung, Aurillac, Société des lettres, sciences, et arts La Haute Auvergne, 2001, p. 111-141.

LEFEBVRE, Henri, *La Proclamation de la Commune. 26 mars 1871*, Paris, Gallimard, 1965 ; rééd. La Fabrique éditions, 2018.

VAUTHIER, Gabriel, « Cérémonies et fêtes nationales sous la Seconde République », *Revue d'histoire du XIXe siècle-1848*, n °88, 1921, p. 51-63.

Fête of the Emperor. Illumination and balloon ascent in the Champs-Elysées (La fête de l'Empereur, Illumination et ascension du ballon lumineux aux Champs Élysées). Gravure sur bois publiée dans *The Illustrated London*, 20 août 1853. BnF, Gallica.

La « fête impériale », entre réalité historique et construction mémorielle

Stella Rollet

« Mil huit cent soixante... Paris est plein du sourire des fées. Les affaires abondent, l'argent circule, les théâtres prospèrent. [...] On s'enrichit, on rit, on s'amuse, la satisfaction est partout : que pourrait-on souhaiter de plus et de meilleur ? » C'est sur ces mots que s'ouvre le premier chapitre de *La Fête impériale* de Frédéric Loliée, ouvrage de 1912 qui, au cœur de la Belle Époque, consacre cette expression comme la définition même de l'ensemble du Second Empire, avec tout ce qu'elle peut comporter de stéréotypes et de construction mémorielle.

Nul ne songerait à nier l'atmosphère de fête qui règne sous le Second Empire, pas plus que le fait que cette fête impériale ne réponde à des préoccupations d'ordre politiques et dynastiques. La volonté d'assurer le rayonnement du régime ou encore le souci de légitimation par le faste sont une réalité. Pour autant, il y a loin de ce constat à la légende noire construite *a posteriori*, avec l'intention politique évidente de jeter le discrédit sur un régime déchu. Notre propos consiste donc, après un nécessaire rappel des composantes de cette fête impériale, à questionner les enjeux politiques qu'elle comporte, pour le régime d'abord, pour ses contempteurs ensuite.

LES FASTES DU SECOND EMPIRE : UN RAPIDE PANORAMA

Les composantes de la « fête impériale » forment un ensemble très divers, voire disparate, qui n'est pas pour autant dépourvu d'une certaine cohérence. Reprenant à son compte la longue tradition des fastes de la monarchie française – en particulier louis-quatorzienne – ainsi que ceux de l'époque napoléonienne, dont le protocole et l'étiquette sont remis au goût du jour, Napoléon III n'hésite pas à se mettre en scène. Le grandiose, ou pour mieux dire, le « spectaculaire » (M. Truesdell), est partout. La magnificence de la cour – la dernière que la France ait connue, en tout cas officiellement – se traduit par une atmosphère de fête perpétuelle, qu'il s'agisse des « séries » de Compiègne, des « lundis » de l'impératrice, des grands dîners ou des bals de cour, plus ou moins protocolaires selon qu'ils sont grands, petits ou encore travestis, un cas spécifique qui autorise même à tutoyer des souverains qu'il est de bon ton de ne pas reconnaître. Ces réceptions périodiques, souvent accompagnées de feux d'artifices, sont autant d'opérations de relations publiques, particulièrement lorsqu'il s'agit d'honorer des souverains étrangers. Le Second Empire déploie alors tous ses fastes, pour la reine Victoria, à Versailles, le 25 août 1855 – une grande soirée de gala qui scelle une

Perronet, *Bal au palais des Tuileries*. Estampe. 1858. BnF, Gallica.

nouvelle Entente cordiale franco-britannique – ou pour Guillaume Ier de Prusse et Alexandre II de Russie, le 10 juin 1867 aux Tuileries. Cette dernière réception, organisée au cœur d'une Exposition universelle qui attire à Paris toutes les têtes couronnées d'Europe, arrache à Flaubert ce commentaire : « sans blague aucune, c'était splendide ».

Les moments-clés de la vie dynastique sont eux aussi mis à profit au travers de célébrations officielles grandioses, qu'il s'agisse du mariage entre Napoléon III et Eugénie de Montijo (29-30 janvier 1853) ou du baptême du prince impérial (16 juin 1856), destiné à rappeler le cérémonial mis au point en 1811 pour le roi de Rome, un autre héritier longtemps espéré. Les objets associés à l'enfant, le berceau monumental que lui offre Paris en particulier, sont soigneusement étudiés et mis en scène : exposé dans la capitale à la veille de la naissance (mars 1856), il l'est de nouveau pour l'Exposition de 1867, dont le prince impérial – alors âgé de 11 ans – est nommé président d'honneur. Lors du mariage comme du baptême, les décors éblouissent les élites conviées mais leur somptuosité touche aussi l'ensemble du peuple, au travers de l'iconographie que génèrent ces cérémonies. Dans le contexte d'une nouvelle « économie de l'image » (X. Mauduit), les représentations de la famille impériale se multiplient, sous des formes variées, des peintures – dont certaines sont exposées au Salon (*L'Impératrice Eugénie et ses dames d'honneur* de Frantz-Xaver Winterhalter en 1855 ou *Napoléon III en uniforme de général de division* d'Hippolyte Flandrin en 1863) –, mais aussi des gravures (notamment les images d'Épinal), ou encore des photographies, en particulier les clichés de Nadar, que le public peut acquérir et collectionner, selon la mode du temps. Lors de ses déplacements, Napoléon III n'hésite pas, par ailleurs, à s'entourer de journalistes, qui voyagent à ses frais et remplissent les fonctions de « reporters officiels ».

Toute cette magnificence exige des moyens colossaux. Financièrement, la liste civile (dotation annuelle de 25 millions) permet de grandes extravagances. D'ailleurs, sauf en 1852-1853, le budget alloué n'est jamais dépassé (dépense annuelle moyenne estimée à un peu plus de 18 millions par C. Granger entre 1853 et 1868). Quant aux moyens humains, ils sont fournis par la Maison de l'Empereur, dont le personnel – environ 1 600 individus – inclut une importante domesticité et tout un personnel de prestige nécessaire aux fastes de la Couronne.

La cour n'est cependant pas le cadre exclusif de la fête impériale. Comme il est de tradition, elle donne le ton à ses hauts dignitaires, qui rivalisent d'originalité pour offrir à leurs convives les réceptions les plus mémorables. Celles du comte – puis du duc – de Morny ou du baron Haussmann sont les plus courues, de même que les bals du comte Walewski ou de la princesse de Metternich. Il faut y ajouter une multitude de bals publics donnés à l'occasion du carnaval – en tout premier lieu celui de l'Opéra, le plus réputé et le plus recherché de tous – ainsi que des bals populaires, nombreux dans cette période mais également lors de la Saint-Napoléon (15 août), réinstaurée dès 1852. L'Exposition universelle de 1867 est à elle seule révélatrice de cet engouement pour les bals puisqu'alors le Tout-Paris n'en organise pas moins de 400.

Jules Gaildrau, *Baptême de S. A. le Prince Impérial Napoléon-Eugène-Louis-Jean-Joseph, en l'église de Notre-Dame-de-Paris le 14 Juin 1856.* BnF Gallica.

Les deux grandes expositions parisiennes sont particulièrement propices au déploiement de tous les fastes dont la France est capable, Celle de 1867 en particulier fait figure de vitrine et cela pour plusieurs raisons. D'abord par le nombre de visiteurs qu'elle attire, un nombre estimé entre 11 et 15 millions, contre « seulement » 5 millions en 1855. Ensuite, parce qu'elle dévoile au monde un Paris moderne et totalement métamorphosé par Haussmann, signe tangible et éclatant de la prospérité économique de l'Empire. C'est cette occasion que le régime choisit, le 15 août 1867, pour dévoiler la façade d'un Palais Garnier pourtant bien loin d'être achevé. Au-delà de ce seul exemple, il est à noter que la mise en scène des cérémonies de dévoilement des nouveaux espaces est soigneusement pensée (arcs éphémères, oriflammes aux couleurs de l'Empire, perspectives dissimulées pour ménager l'effet de surprise...) et qu'elles sont exploitées à des fins politiques. Le projet haussmannien, destiné à moderniser Paris, doit aussi renforcer sa position en tant que grande capitale européenne et confirmer son hégémonie culturelle, à une époque au cours de laquelle, paradoxalement, la culture est très malmenée par le zèle de la censure. Si Offenbach est devenu un symbole – presque une incarnation – de la fête impériale, il n'était, dans les faits, nullement au service du pouvoir, comme l'a montré Jean-Claude Yon. Le prolixe compositeur de *La Vie parisienne* (1866) et de *La Grande Duchesse de Gérolstein* (1867) n'est ni le protégé de l'empereur ni celui d'un régime au crédit duquel il faut malgré tout porter une décision majeure en matière de spectacles : la loi qui, en 1864, marque la fin du système du privilège et établit du même coup la liberté de l'industrie théâtrale.

LA FÊTE AU SERVICE DE LA POLITIQUE

Affirmer que la fête impériale sert un projet politique ne suppose pas pour autant une stratégie machiavélique de domination ou de contrôle des esprits. Il s'agit bien plus sûrement – comme souvent avec Napoléon III – d'un plan bâti de manière empirique et fondé sur le constat simple de l'importance croissante de l'image – au propre comme au figuré – dans tous les domaines de la vie publique.

L'un des objectifs majeurs de Napoléon III est de « produire de la légitimité par le faste » (X. Mauduit). Cela implique que, tout en se considérant lui-même comme parfaitement légitime – une légitimité reposant sur l'héritage napoléonien, sur ses succès électoraux ou plébiscitaires, ou encore diplomatiques, en particulier en Crimée –, il comprend la nécessité à la fois de rallier les élites et de susciter l'adhésion du peuple – notamment par la fascination –, une adhésion indispensable étant donnée la nature du régime. Il s'agit également pour lui de compenser d'une part la confiscation des libertés publiques, d'autre part, certains handicaps. Notons, parmi eux, le « crime originel » du coup d'État, le fait de ne pas être – contrairement au premier Napoléon – un véritable chef de guerre ou encore l'absence d'un réseau parisien préalablement constitué, du fait de son passé d'exilé.

Grâce aux fastes de la cour, et aussi en leur offrant des postes honorifiques, Napoléon III parvient non seulement à s'attacher la noblesse du Premier Empire et la bourgeoisie d'affaires mais il obtient aussi le soutien – certes partiel et discontinu – des légitimistes du Faubourg-Saint-Germain. Comme Louis-Philippe avant lui, il envisage son régime comme la synthèse des expériences politiques françaises antérieures (discours aux corps constitués, 1er décembre 1852), tout en exploitant parfois différemment certains symboles, Versailles notamment. Alors que le roi-bourgeois en avait fait un musée dédié à « toutes les gloires de

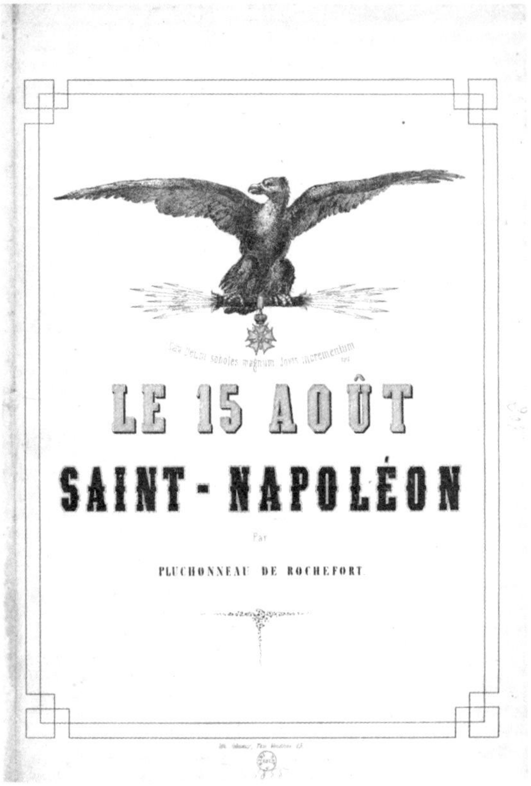

Pluchonneau de Rochefort, *Le 15 Août Saint-Napoléon*, lithographie. BnF, Gallica.

France », il choisit d'y faire revivre les fastes de la monarchie. Le souvenir napoléonien est lui aussi convoqué au travers de la création en 1857 de la médaille de Sainte-Hélène, nouvelle décoration exaltant la fierté patriotique, et surtout par le retour aux célébrations de la Saint-Napoléon, qui est ce qu'on appelle alors la « fête impériale ». Un peu partout en France, le 15 août, des festivités sont organisées, grâce au relais des maires ou des associations locales, et l'enthousiasme populaire se déploie, un enthousiasme qui, en tout cas dans la France rurale, se maintient jusqu'à la fin de l'Empire. De façon plus globale, Napoléon III cherche le contact avec la nation et cultive sa popularité par tous les moyens à sa disposition (voyages en province, diffusion de photographies...), autant de stratégies qui créent une illusion de

Jules Arnout et Guérard, *Inauguration de l'Exposition universelle par S. M. l'empereur Napoléon III. Mai 1855.* BnF, Gallica.

proximité voire d'intimité avec le souverain.

Les Expositions universelles, nous l'avons dit, constituent un pan essentiel de cette politique destinée à rassembler, à fasciner et à rayonner, bien au-delà du cadre national. Il ne s'agit plus seulement d'éveiller la fierté des Français mais aussi d'éblouir des souverains étrangers devant lesquels tous les fastes de la capitale sont déployés, dans ce Paris qui se réinvente et qui, selon Flaubert, « tourne au colossal ».

Au-delà même de ces moments-clés que sont 1855 et 1867, célébrer le progrès et la prospérité français est une des priorités du règne. Pour promouvoir le train et le développement du réseau ferré national, Napoléon III privilégie ce moyen de transport lors de ses déplacements. C'est dans le « train impérial » qu'il se rend à Biarritz en 1856 ou encore à Sedan en 1870 et qu'il effectue nombre de ses voyages officiels en province. Le pluriel – trains impériaux – serait d'ailleurs plus approprié puisque l'empereur se voit offrir, par plusieurs des grandes compagnies ferroviaires du temps, des équipements plus luxueux les uns que les autres : un train complet pour les compagnies Paris-Orléans et de l'Est ou plusieurs wagons pour la compagnie du Nord et la Paris-Lyon-Méditerranée. Leur stratégie est claire : diffuser, par cette politique de prestige, une image positive du train dans la mémoire collective. C'est là d'ailleurs une autre caractéristique des fastes de la fête impériale : l'économie qu'ils génèrent et le soutien qu'ils apportent à l'industrie du luxe. Pensons aux toilettes dessinées par Charles-Frédéric Worth, aux parfums de Pierre-François Guerlain ou encore aux créations de l'orfèvre Charles Christofle ou du joaillier Louis-François Cartier. Chacun de ces entrepreneurs, et bien d'autres encore, acquiert le statut enviable de « fournisseur officiel » de la Couronne, source d'une extraordinaire publicité. Leurs activités sont également autant de moyens de valoriser l'« excellence à la française » avant la lettre, une excellence dont les souverains n'hésitent pas à se faire les ambassadeurs auprès des grandes cours européennes.

QUAND LA « FÊTE IMPÉRIALE » SE RETOURNE CONTRE LE SECOND EMPIRE

Le Second Empire veut incontestablement faire de la fête impériale un signe de sa réussite mais aussi un gage de sa popularité. Cela n'implique pas nécessairement qu'il y ait réussi : la participation aux festivités, notamment, n'implique pas automatiquement l'adhésion (A. Corbin), même si la part respective de l'une et de l'autre est difficilement quantifiable. Il n'en est pas de même cependant lorsque l'opposition exploite la fête impériale pour manifester son hostilité au pouvoir en place ou lorsque certains, *a posteriori* et de manière durable, en usent afin de discréditer le Second Empire.

Sous le règne de Napoléon III, l'opposition la plus marquée et la plus constante – la plus dangereuse politiquement aussi – est celle des républicains. Rien d'étonnant à cela puisque leur rejet repose sur un double reproche de trahison à l'encontre du souverain : trahison envers la République qu'il a renversée et envers ses représentants, qui subissent durement la répression consécutive au coup d'État. Outre leurs propres manifestations politiques (réunions et banquets privés, actions commémoratives lors de certains enterrements, comme celui de Victor Noir), ils n'hésitent pas à exploiter les festivités de l'Empire afin de les retourner contre le régime, tout en prouvant ainsi leur survie en tant que communauté politique. C'est le cas des fêtes du 15 août, étudiées par S. Hazareesingh. Dans le contexte de l'Empire autoritaire, l'opposition y est d'abord avant tout passive (refus, par exemple, de porter des vêtements de fête ou d'illuminer sa maison et, par là même, de rendre hommage à l'empereur) et se traduit également par des manœuvres destinées à modérer les manifestations d'adhésion de la population ou consistant à lancer des rumeurs d'insurrections ou d'attentats propres à entretenir, parmi les élites bonapartistes locales, un climat d'anxiété, voire de paranoïa. Avec la libéralisation du régime, l'opposition se fait plus active. Les républicains parviennent à intégrer des structures locales et la parole se libère. S. Hazareesingh cite ainsi, en 1869, le cas d'un conseiller municipal provocateur de Villers-le-Sec s'écriant « Vive les Cons ! » en lieu et place du traditionnel « Vive l'Empereur ! ». Le renforcement de l'opposition complique grandement la tâche des autorités et, vers la fin du Second Empire, les fêtes du 15 août deviennent régulièrement des sources de débordements, en particulier dans certains quartiers des grandes villes.

Après 1870, le désastre de Sedan et la proclamation de la République, les adversaires du Second Empire n'ont plus à le renverser. Néanmoins, certaines stratégies déjà mises en œuvre par les républicains dans les dernières années du règne demeurent efficaces. Il s'agit notamment de dénoncer un pouvoir supposément accaparé par un clan de profiteurs, à la fois soucieux d'assurer son propre confort – notamment par la fête impériale – et totalement indifférent au bien-être de la population. Les dépenses somptuaires de Napoléon III, dénoncées par Jules Ferry en 1868, dans *Les Comptes fantastiques d'Haussmann* – référence évidente à l'opéra d'Offenbach –, sont encore un thème largement exploité par la suite, afin de fausser la mémoire collective d'un pouvoir qui, au-delà de la catastrophe finale, est encore souvent associé à la prospérité de la France et dont on craint, en tout cas jusqu'à la mort du prince impérial en 1879, qu'il puisse être restauré. Cette inquiétude est d'autant plus marquée que la république fondée le 4 septembre 1870 est déjà menacée par les monarchistes et que l'idée républicaine ne s'est encore jamais durablement imposée en France.

Dénigrer le régime précédent et sa débauche – au sens moral mais aussi financier – permet, par contraste, d'imposer l'image d'une IIIe République vertueuse voire rigoriste, objectif que les républicains partagent cette fois avec les monarchistes, tenants d'un « Ordre moral » dont la construction de la Basilique du Sacré-Cœur, monument expiatoire, apparaît comme un symbole majeur. La fête impériale – avant même que l'expression elle-même ne soit exploitée dans son sens actuel – incarne, par contraste, la frivolité d'un monde dédié aux plaisirs et où règne la demi-mondaine. Dès la chute de l'Empire, nombreuses sont les publications qui se mettent au service de cette propagande : par exemple *Les Courtisanes du Second Empire* – ouvrage dans lequel chaque page est une attaque contre Napoléon III – paru en 1871 ou encore les pages que Pierre Larousse consacre à Paris dans son dictionnaire en 1874, évoquant la « soif de jouissances effrénées, [la] passion du luxe et [la] dépravation » de la cour impériale.

Cette frivolité et cette absence de sens moral sont désignées comme des symptômes de la décadence nationale et la cause de l'amollissement de la « race » française. Elle permet ainsi de faire porter à l'Empire tout le poids de la défaite de 1870-1871 et de ses suites, qu'il s'agisse des conditions de paix imposées par le vainqueur prussien ou de l'insurrection de la Commune, au cours de laquelle, une fois encore, le pouvoir « républicain » a fait tirer sur le peuple (Semaine sanglante, 21-28 mai 1871). Dans ce contexte, la construction du mythe liant Offenbach et le Second Empire est particulièrement avantageuse. Le personnage peut en effet faire office de repoussoir à double titre ; d'abord en tant que personnification d'une « vie parisienne » dépravée, ensuite en raison de ses origines germaniques, qui le font désormais rejeter et considérer comme un espion. Les monarchistes, de même que certains républicains (Jules Ferry ou Jules Favre notamment), exploitent le contraste entre une IIIe République presque puritaine et un monde où l'« on nage dans toutes les abondances et dans toutes les ivresses » (Victor Hugo), Il s'agit de mettre l'accent sur les errances et les échecs du Second Empire afin de mieux masquer ses succès économiques et diplomatiques. Malgré tout, le Second Empire et la fête impériale ont aussi leurs nostalgiques, et cela pas uniquement parmi les bonapartistes. Après la chute de Mac-Mahon en 1879, le phénomène touche d'autres élites – aristocratiques et cléricales – qui regrettent ses splendeurs mais qui voient également dans le fait de saluer le régime précédent une façon de marquer leur hostilité à une république dont ils ont perdu le contrôle.

Que ce soit par le régime qui la met en œuvre, par ses partisans ou par ses détracteurs, la fête impériale est finalement toujours affaire d'interprétation et d'exploitations politiques. Ainsi, la République, tout en forgeant la légende noire du Second Empire afin de faire oublier qu'il a été, comme le démontre D. Kalifa, une première « Belle Époque », sait aussi s'approprier les réussites du régime impérial et la stratégie de communication développée sous son règne par Napoléon III. Les « ors de la République » doivent également beaucoup à la fête impériale et l'ancrage républicain de la France à l'apprentissage du suffrage universel (même altéré par la candidature officielle) que les Français ont fait dans le cadre du « césarisme démocratique ».

À LIRE

CORBIN, Alain, GÉRÔME, Noëlle et TARTAKOWSKY, Danielle (dir.), *Les Usages politiques des fêtes aux XIXe-XXe siècles*, Paris, Publications de la Sorbonne, 1994.

GESLOT, Jean-Charles, « La vie parisienne entre culture et politique : l'exemple de l'Exposition universelle de 1867 », in *La Vie parisienne, une langue, un mythe, un style*, IIIe Congrès de la SERD, juin 2007, Paris (actes en ligne).

GOGEVAL, Guy, BADETZ, Yves, PERRIN, Paul et VIAL, Marie-Paule (dir.), *Spectaculaire Second Empire*, Paris, Musée d'Orsay, Skira, 2016.

GRANGER, Catherine, *L'Empereur et les arts. La liste civile de Napoléon III*, Paris, École des Chartes, 2005.

HAZAREESINGH, Sudhir, *La Saint-Napoléon. Quand le 14 Juillet se fêtait le 15 Août*, Paris, Tallandier, 2007.

KALIFA, Dominique, « Le Second Empire, une « Belle Époque » ? », in *Histoire, Économie et Société*, 36e année, 2017, n°3, p. 61-71.

MAUDUIT, Xavier, *Le Ministère du faste : la Maison de l'Empereur Napoléon III*, Paris, Fayard, 2016.

TRUESDELL, Matthew, *Spectacular Politics. Louis-Napoléon Bonaparte and the fête impériale 1849-1870*, New York, Oxford, Oxford UP, 1997.

VIAL, Charles-Éloi, *Les Derniers Feux de la monarchie, la cour au siècle des révolutions, 1789-1870*, Paris, Perrin, 2016.

YON, Jean-Claude, « Les dessous de la fête impériale », in *Dossier de l'Art*, octobre 2016, n° 243, p. 12-17.

Grisettes en fête : une histoire politique

Judith Lyon-Caen

En septembre 1910, une série de grèves éclate dans le secteur de la confection parisienne. Les ouvrières de la couture descendent sur le pavé et défilent rue Réaumur devant les grands magasins de confection. Les cortèges sont accompagnés de frictions avec la police dénoncées par *L'Humanité*. La majeure partie de la presse voit toutefois d'un œil critique la grève de ces « midinettes », ainsi surnommées depuis la fin du XIXe siècle pour leurs sorties des ateliers à la pause méridienne. « Leurs réclamations sont peut-être justes », concède le journaliste du *Temps*, mais les « midinettes ne sont pas faites pour la rue ». Il faut lire la suite *in extenso* :

> Quand le cortège joyeux déambule, au jour de la Sainte-Catherine, à travers les rues et les carrefours de Paris, les Parisiens applaudissent heureux à cette promenade « de bouches en cœur et de jolis sourires » ; mais que ces mêmes visages espiègles et mutins deviennent de méchantes et maussades figures, que les lèvres marivaudeuses profèrent de grossières injures, que les petites mains gentiment et loyalement ouvertes se ferment en poings menaçants, voilà qui gâte le paysage et défraichit le souvenir. Les « midinettes » ne sauraient avoir l'attitude des émeutières féroces de *Germinal* ; elles n'ont rien de commun d'autre part avec ces femmes qui, dans Paris, on fait du boulevard leur domicile et que le vice a rendues « l'âme mauvaise de la rue ». Les « midinettes » sont au contraire l'âme charmante de la rue. Elles doivent plaider leur cause en restant sur ce terrain qui leur est propre ; leur malice et leur ingéniosité leur suggèreront sûrement des procédés plus habiles.
>
> (6 septembre 1910)

En opposant aux grévistes les silhouettes charmantes des ouvrières fêtant leur sainte patronne le 25 novembre, le journaliste ne compare pas seulement le désordre gréviste à l'ordre rituel de la tradition, mais deux imaginaires et deux époques de la mise en littérature du monde social : l'émeutière naturaliste – qui fait aussi écho aux pétroleuses de la Commune – et la midinette, petite sœur de la grisette de 1830, figure souriante, espiègle, mutine, malicieuse, d'une féminité qui sait « rester sur le terrain qui lui est propre » – entendons : sans subvertir le répertoire des rôles de genre.

LA GRISETTE EST-ELLE MORTE ?

La triste nouvelle de la mort de la grisette a hanté la presse des dernières décennies du XIXe siècle. « Les grisettes sont finies, il n'y a plus de grisettes », déplore Jules Claretie en rendant compte en 1885 pour *Le Temps* de l'affaire Julie Nicard, une ouvrière qui a assassiné son amant : « Mimi était plus agréable autrefois »,

Midinettes en grève, mai 1923. Agence Rol. BnF, Gallica.

remarque-t-il, mi chagrin, mi cynique :

> Il n'y a plus de ces pauvres filles qu'on aime en passant, qu'on quitte en courant, dont on parle en riant et qui meurent à l'hôpital, derrière les rideaux blancs, ou asphyxiées dans les mansardes closes. Il n'y a plus les rieuses de la légende et les amoureuses de romance.
> (17 avril 1885)

C'est donc que le type construit par la littérature et la presse de 1830, la grisette de Louis Huard et de Gavarni, la Mimi de Musset, la Rigolette d'Eugène Sue, la Musette de Murger, - l'ouvrière insouciante et bonne fille, sexuellement disponible à peu de frais et sans engagement, figure centrale des fêtes de la bohème estudiantine du XIXe siècle - n'aurait plus sa pertinence dans un monde où l'industrialisation a durci les rapports sociaux, où les luttes sociales ont imposé un nouveau langage.

Pour d'autres observateurs, la grisette survit, mais il faut savoir en traquer les métamorphoses. Auguste Germain dans *Le Voltaire* en 1886 affirme que l'éternelle grisette, « la personnification de la Parisienne pauvre, mais gaie, amusante, pleine de drôleries, qui prend la vie comme elle vient » n'a pas disparu :

> C'est toute la foule des petites ouvrières, des petits modèles, des petites filles qui, après le travail, ne songent qu'à un divertissement (si minime soit-il) ; qui ont le cœur sur la main et n'ont pas les yeux dans les poches – et rient de se voir embrassées, – et rient en rendant les baisers !
> (9 juillet 1886)

Qu'on se rassure donc, la fête n'est pas finie, même si les formes du travail féminin et les modes de consommation changent : les grisettes sont descendues de leurs mansardes pour travailler en atelier collectif, dans les grands magasins ou pour la compagnie du téléphone. Salariées, elles achètent désormais des vêtements de confection et apparaissent, selon Jules Lemaître, « plus discrète[s], plus

M. Radiguet, « Les Midinettes révolutionnaires », *L'Assiette au beurre*, 17 septembre 1910. BnF Gallica.

emboureoisée[s] », mais non moins aimables (*Annales politiques et littéraires*, 8 mai 1892). La grisette est devenue midinette. Ce sont désormais les rythmes du travail collectif – la pause de midi – qui caractérisent l'ouvrière, et non plus l'étoffe modeste de sa robe qui contrastait si joliment avec la fraîcheur de son teint. Mais l'hypothèse galante d'une romance facile ne disparaît pas, et le charme opère toujours, se souvient le narrateur d'*À la recherche du temps perdu* dans *La Prisonnière* :

> Et avec ces mots de midinettes, de petites ouvrières [...], avec l'image d'un corsage blanc, d'une jupe courte, parce que derrière cela je mettais une personne inconnue et qui pourrait m'aimer, je fabriquais tout seul des femmes désirables.

En 1902, l'inspection du travail dénombre à Paris 170 000 ouvrières, dont 85 000 en chambre, travailleuses du textile à la pièce et à domicile attachées à des « entrepreneuses » qui « marchandent », c'est-à-dire les mettent en concurrence pour faire baisser les tarifs. En chambre ou en atelier, toutes ces ouvrières sont renvoyées sans paie à la morte saison, exposées alors à la prostitution ou à l'usine. Ce travail féminin est l'objet de la scrutation inquiète des républicains réformistes qui cherchent à limiter le *sweating system* ; il donne lieu à de premières formes d'organisation syndicale et à de premières grèves, dans le sillage du mouvement de 1908 pour la journée du huit heures. Ainsi celles de septembre 1910, qui avivent la mélancolie conservatrice : l'âme charmante de la rue virerait-elle au rouge ? *L'Assiette au beurre* ne manque pas de renvoyer la gréviste en attente du « Grand soir » au sort fatal de l'ouvrière pauvre, « aller coucher avec un bourgeois »

1912 : LA GRISETTE CIVIQUE

C'est dans cette perspective inquiète qu'il faut comprendre l'inauguration, en mars 1912, de la statue, toujours visible, de « la grisette de 1830 » en bas de la rue du Faubourg du Temple, sur une partie du canal Saint-Martin alors récemment recouverte et baptisée boulevard Jules Ferry. En campagne pour sa réélection en mai, le conseiller municipal du quartier de la Folie-Méricourt, Miniot, radical dissident proche du bloc conservateur, a obtenu l'œuvre de Jean Descomps présentée au Salon de 1909 et acquise par l'État ; il organise une fête pour son inauguration, assortie de la promesse d'un bal et de discours en l'honneur de Jules Ferry puis de la grisette :

> Notre vieux faubourg, tel un fleuve tumultueux et grondant, ne roule-t-il pas quotidiennement, soir et matin, entre les deux haies des maisons qui sont ses rives, le flot pressé de cette foule innombrable de travailleurs qui se hâtent vers leur labeur ou qui en reviennent et au milieu desquels

Inauguration de la statue de la grisette. Excelsior, 25 mars 1912. BnF Gallica.

> se glissent prestes, gaies et pimpantes, nos gentilles petites ouvrières dont l'aimable babil abrège pour les uns la longueur de la route, est pour les autres un allègement aux fatigues de la journée. Elles continuent, nos midinettes jolies, la tradition de leur aînée, la grisette de 1830, la grisette chantée par Béranger, Paul de Kock et Musset qui ont à l'envi célébré son âme sensible et tendre, sa bonne humeur inaltérable, sa rieuse insouciance et son profond désintéressement. (Applaudissements)
>
> (*Bulletin municipal officiel*, 23 avril 1912)

La grisette revit bien dans la midinette, « motif narratif attrayant qui donne du piment à ces discours officiels habituellement formels », souvenir propre à émouvoir quelques notables nostalgiques de leur vie d'étudiants, note l'historienne Michelle Perrot. La grisette, continue Miniot, est le « souvenir d'une époque déjà lointaine », mais en elle peuvent se retrouver « la Parisienne de jadis » et le « charme et la bonté de Parisienne d'aujourd'hui ». Va-t-on bientôt ériger un « culte civique » à la Grisette ? ironise un journaliste du *Temps*. La question n'est peut-être pas si futile. « Le charme » de la grisette ne flatte pas seulement la nostalgie de quelques messieurs férus des *Scènes de la vie de bohème*, elle promeut pour l'ouvrière d'aujourd'hui un modèle de féminité dépolitisée. Située à la convergence des grands itinéraires ouvriers de la capitale, entre les quartiers d'habitation de Belleville/Ménilmontant et les quartiers de la confection (République/Sentier), la statue de Descomps campe en bas du « vieux faubourg », et pour tous les travailleurs, hommes et femmes, une sentinelle du « charmant », une figure du labeur invisibilisé sous un « babil » aimable et d'une disponibilité sexuelle habillée en érotisme *soft*, gracieux et pimpant, avec bouquet de roses et cheveux sagement roulés en macarons.

En cette soirée du 24 mars 1912, la fête de la grisette tourne court : la retraite en musique, nous apprend *Le Petit Parisien*, est coupée par les adversaires socialistes du conseiller municipal, qui décommande le bal prévu. On chante

24 avril 1923, Grève des midinettes [couturières manifestant dans la rue]. Agence Rol. BnF Gallica.

L'Internationale ; « sur le point d'être débordés, les agents chargèrent vigoureusement les manifestants. À onze heures, le calme était rétabli ».

1923 : MIMI PINSON FAIT LA GRÈVE

On sait que l'année 1917 puis le printemps 1923 furent marqués par d'importantes grèves dans le secteur de l'habillement parisien. En 1923, les mobilisations démarrent dans les ateliers de tailleurs pour homme, touchent l'ensemble de la couture parisienne, haute couture comprise, et sont désormais soutenues par la nouvelle CGT unitaire, communiste. Les femmes sont à nouveau dans la rue mais, cette fois, c'est la presse de gauche qui rappelle le souvenir de la grisette pour désigner l'événement : « Mimi Pinson n'a pas boudé la grève » (*L'Humanité* du 25 avril) ; « Mimi Pinson a déserté l'atelier, toujours gracieuse mais décidée à triompher de la résistance du patron » (*Le Populaire*, 14 avril) ; « Le poing du flic s'abat sans pitié sur le corps frêle de Mimi Pinson » (*Le Populaire*, 19 avril). L'âme charmante de la rue semble bien avoir viré au rouge : des « chants révolutionnaires » sortent « des lèvres de Mimi Pinson », s'offusque *La République française* (16 avril). Le 20 avril, *Le Gaulois*, journal de « la défense nationale et de la réconciliation sociale », souligne dans une « requête à Mimi Pinson » que la grève met en péril la couture parisienne à l'époque de l'année où les acheteuses étrangères reviennent. On craint un premier mai « théâtral » où les filles du peuple seraient livrées aux « acrobates de l'anarchie » : « Mimi Pinson », conclut l'article, « n'a rien à gagner à troquer son bouquet de muguet contre l'églantine sanglante des anarchistes ».

Le premier mai sanglant n'aura pas lieu. Alors que la grève s'épuise, la mairie du XIe relance la grisette et organise le 10 mai une cavalcade 1830 avec défilé et robes à crinolines. L'événement est suivi par les photographes de l'agence Rol. Mlle Suzanne Gret, dactylo-

Cavalcade de la grisette, 10 mai 1923. Agence Rol. BnF Gallica.

graphe élue reine des Grisettes, trône sur un char en robe rose ornée de cerises, escortée des « reines » d'arrondissements et de quatre individus représentant Hugo, Balzac, Gautier et Musset. En dépit d'une pluie insistante qui force les demoiselles en crinolines à s'abriter sous leurs blanches ombrelles, *Le Temps* se réjouit d'une fête qui relève heureusement le niveau de la mode féminine en cette époque de « perpétuel flottement dans le bizarre, l'extravagant et le flou », même s'il faut regretter les libertés prises avec le costume par Mlle Gret, que le journaliste juge peu convaincante : « Gavarni ou Henri Monnier lui auraient reproché [...] surtout l'absence de ce corsage ajusté sur le buste, qu'il moulait, épousant la gorge pleine et la taille fille de Mademoiselle Musette » (12 mai 1923). Mlle Gret n'a pas le physique idéal des vignettes romantiques, mais elle vaut mieux que les élégantes ouvrières grévistes de la couture que l'on voit également photographiées par l'agence Rol, habillées dernier cri en robe taille basse, chapeau cloche et talons bobine.

1935 : « PARIS DÉFEND SON SOURIRE »

Le dernier épisode de cette histoire appartient à la presse communiste quand, après le 6 février 1934, le parti communiste s'engage dans l'union des gauches qui prélude au Front populaire. On sait que la stratégie de front antifasciste avait un pendant culturel qui conduisit les intellectuels et journalistes communistes à investir les thèmes patriotiques et le patrimoine culturel français, de Victor Hugo à la Sainte-Catherine. C'est ainsi qu'au printemps 1935, en pleine grève des ouvrières de la couture, Mimi Pinson prend ses quartiers dans la presse communiste : « les midinettes sont en grève » pour défendre leur salaire et obtenir l'abolition du travail aux pièces ; et « le peuple de Paris est aux côtés de ses midinettes. Paris défend son sourire » (*Regards*, 30 juin 1935). Le journaliste de *Regards* dénonce pour la première fois les fonctions dépolitisantes du type. Si artistes et écrivains « ne se font point faute de proclamer que la midinette, l'heureuse midinette, se contente de peu » – et l'on pense au déjeuner de pain et de lait de Rigolette dans *Les Mystères de Paris* – le journaliste, lui, rapproche ce déjeuner de misère de la « poignée de riz » qui donne une indigestion au « coolie indochinois ». Mimi Pinson est ainsi intronisée dans l'internationale des prolétaires.

En novembre 1935, à l'occasion de la Sainte-Catherine, l'hebdomadaire communiste procède à une déconstruction de l'image de la midinette vivant d'amour et d'eau fraîche dans sa « petite chambrette dont la fenêtre s'orne d'une cage et d'un pot de fleurs » – c'est toujours Rigolette – pour faire apparaître « le vrai visage de la femme travailleuse » débarrassée de son « auréole en toc » : « dès qu'on nous parle des femmes qui travaillent, les bobards qu'on nous sert sont innombrables et variés. L'essentiel

Joseph-Désiré Court : *Rigolette cherchant à se distraire de l'absence de Germain*, 1844. Musée des Beaux Arts de Rouen.

n'est-il pas, en fin de compte, de dorer la pilule pour faire oublier qu'elle est amère ? » (28 novembre)

Mais comme il faut aussi investir un terrain dominé par le syndicalisme chrétien, la Maison de la culture du Parti communiste organise à l'Hôtel Continental, rue de Rivoli, en face des Tuileries où déjeunent chaque jour tant d'ouvrières de la couture, une grande fête pour les midinettes. Tony Gabriel mime « la mort de Gavroche », Gaby Morlay chante pour les ouvrières, on lit des saynètes et le traditionnel concours de bonnets de la Sainte Catherine se tient devant un jury composé de Jean Cassou – fin connaisseur de la littérature romantique –, de Paul et Henriette Nizan, de Jean Effel, de Claude Aveline et du rédacteur en chef de *L'Humanité*, Paul Vaillant-Couturier. Le prix est attribué à un bonnet surmonté d'une colombe de la Paix. Et avant l'ouverture du bal, c'est encore Paul Vaillant-Couturier que l'on voit lire, sous les lambris de l'Hôtel Continental et entouré d'élégantes ouvrières de la couture en capelines et robes fleuries, un poème d'Alfred de Musset… Mimi Pinson n'est pas tout à fait morte.

En septembre 1938, Walter Benjamin adresse à Max Horkheimer et à l'*Institut für Sozialforschung* réfugié à Genève le texte intitulé *Le Paris du Second Empire chez Charles Baudelaire*. Dans la partie consacrée au flâneur, il expose ses réflexions sur les grands recueils de la « littérature panoramique » des années 1840 (*Livre des Cent-et-Un, Français peints par eux-mêmes, Diable à Paris*) et leurs pendants populaires, les physiologies de types sociaux. « L'important était que ce fût inoffensif », souligne-t-il : une telle littérature n'avait pour fonction que de présenter un monde social placide, pacifié, souriant. Les « nombreux caractères inoffensifs ou simplets, avenants ou sévères que les physiologies offraient à leur lecteur présentaient un trait commun : ils étaient anodins, d'une parfaite bonhomie ». Benjamin en déchiffrait « l'arrière-pensée politique » : « la vie dans toute sa diversité, avec ses variations inépuisables, ne peut prospérer qu'entre les pavés et sur le fond gris du despotisme ».

On sait combien le Paris du XIXe siècle était familier à l'inépuisable promeneur érudit qu'était Walter Benjamin. On s'est toutefois peu interrogé sur les contextes immédiats de l'élaboration de sa vision critique du Paris de 1830 et 1840. Benjamin a bien été le témoin du fait que, dans le Paris des années 1930, les grisettes, devenues midinettes, n'avaient pas tout à fait disparu, et que leurs usages « apaisants », d'apparence inoffensive, faisaient partie du répertoire politique conservateur… Benjamin a aussi théorisé ces moments de conflagration où le présent rencontre le passé, quand l'autrefois rencontre le présent « dans un éclair » et qu'une image du passé parvient subitement à la lisibilité. La Mimi Pinson gréviste de 1935, libérée de son « auréole de toc », aura peut-être ainsi éveillé – et rendue politiquement lisible – la grisette de 1830.

À LIRE

AUDOUX, Marguerite, *L'Atelier de Marie-Claire,* Eugène Flasquelle,1920

BENJAMIN, Walter, « Le Paris du Second Empire chez Charles Baudelaire », *Baudelaire*, traduit de l'allemand par Patrick Charbonneau, Paris, La Fabrique éditions, 2013, p. 709-794.

—, *Paris, capitale du XIXe siècle. Le livre des passages*, traduit de l'allemand par Jean Lacoste, Paris, Editions du Cerf, 1989.

BEST, Janice, *Les Monuments de Paris sous la Troisième République : Contestation et commémoration du passé,* Paris, L'Harmattan, coll. « Histoire de Paris », 2010.

DIDRY, Claude, « Les midinettes. Avant-garde oubliée du prolétariat », *L'Homme et la société,* 2013/8, 189-190, p. 63-86.

DU MAROUSSEM, Pierre, *La Petite Industrie (salaire et durée du travail), tome II. L'industrie du vêtement*, Paris, Office du Travail, Imprimerie Nationale, 1896.

MONJARET, Anne, « À l'ombre des jeunes filles en pierre. Des ouvrières dans les jardins parisiens », *Ethnologie française*, vol. 42, n° 3, 2012, p. 503-515.

— *et al.*, *Le Paris des « midinettes ». Mises en culture de figures féminines, 19e-20e siècles*, rapport pour la Mairie de Paris, disponible en ligne.

PERROT, Michelle, « De la vieille fille à la garçonne : la femme célibataire au XIXe siècle », *Célibataires*, Paris, Éditions Autrement, 1981, p. 222-231.

Commémorations des parties de campagne de Paul de Kock en banlieue dans les années 1930.

Quel usage de la littérature ?

Constance Barbaresco

En 1930, le centenaire du Romantisme donne lieu à des commémorations prenant différentes formes en France : une grande exposition organisée à la Bibliothèque nationale, mais aussi des fêtes qui s'étendent sur plusieurs jours tel que l'hommage à George Sand à Nohant durant l'été, proposant visites dans le Berry, concerts et repas rustiques. La localisation de ces festivités nous semble évidente tant les intérieurs et paysages parisiens et provinciaux ont occupé la littérature de la première moitié du XIXe siècle. En marge des commémorations plus officielles et attendues, un autre espace, souvent oublié dans la géographie littéraire, prend pourtant part à ces événements : la banlieue, que l'on appelle aussi, au XIXe siècle, les « environs de Paris » ou la « campagne ». Ce ne sont pas les grandes voix du romantisme qui y sont commémorées, mais celle de Paul de Kock : l'œuvre de cet écrivain populaire, extrêmement prolifique et protéiforme, lui aussi minoré dans l'histoire de la littérature malgré son considérable succès en librairie à l'époque, survit jusque dans l'entre-deux-guerres, lui offrant ainsi une seconde vie en tant que créateur d'une banlieue joyeuse, la banlieue verte du bonheur, celle des loisirs du dimanche dans des sites champêtres au-delà des barrières d'octroi.

Quelques communes banlieusardes se remémorent ainsi leur propre romantisme, à rebours de l'imaginaire construit sur la sublimation d'une Nature avec laquelle l'individu entre en communion. Au contraire, la banlieue de Kock est une campagne proche de la ville, une nature qui n'est destinée ni à la rêverie, ni à la méditation poético-philosophique mais à la consommation des bourgeois et des grisettes en parties de campagne, à l'encanaillement, à l'ivresse en plein air, aux jeux et aux danses : une nature apprivoisée et trivialisée, en quelque sorte. Elle n'est pas propice à la lenteur et au lamento des promenades dans les bois et sur l'eau. Elle est remplie de rires, de cris de joie, du son dissonant des chansons grivoises et des orchestres villageois. C'est ce souvenir qui reprend vie à Gournay-sur-Marne en juin 1930, à Montfermeil, lieu de l'intrigue des *Misérables*, en juillet 1930, et à Romainville en juillet 1933. Ce dernier cas nous apparaît comme un terrain de recherche singulier pour questionner les rapports entre un récit romanesque, la partie de campagne, et les pratiques récréatives en banlieue, mais aussi la mémoire littéraire d'un lieu et ses usages politiques et culturels.

Une de *La Lune : paraissant toutes les nouvelles lunes*. Portrait de Paul de Kock par André Gill]. Paris le 18 août 1867. BnF, Gallica.

LA FOLKLORISATION DU ROMANTISME, L'ÂGE D'OR DE LA FÊTE EN BANLIEUE

La commémoration du Romantisme à Romainville exalte la survivance d'un récit construit par Paul de Kock au fil de ses romans (*Monsieur Dupont*, 1823 ; *La Laitière de Montfermeil*, 1827 ; *La Pucelle de Belleville*, 1834) et devenu emblématique du bonheur en banlieue verte : la partie de campagne. Dans ses écrits, Kock s'empare d'une pratique festive de son époque qui incarne le loisir exemplaire d'une classe moyenne composée de boutiquiers du quartier du Temple et de jeunes rentiers sans titre de noblesse, accompagnés de grisettes, type représentatif de l'ouvrière. Dans le monde du texte ses versions littéraires comme dans les pratiques sociales de ce temps, la partie de campagne se déroule les dimanches et jours de fêtes dès le printemps, entre amis ou en famille, dans un cadre recherché pour son caractère pittoresque censé procurer une sensation de dépaysement. Kock prend pour décor de prédilection le bois de Romainville, véritable lieu en vogue selon les guides parus au début du XIXe siècle, pour sa proximité avec la capitale, son bal villageois et son restaurant. Dans ses romans et ses tableaux de mœurs, l'excursion se caractérise par un ensemble de scènes qui représentent chacune un plaisir spécifique de cette journée de bonheur : la course à pieds dans les champs et les bois pour la joie de la vitesse libère les corps des carcans de la grande ville ; le déjeuner sur l'herbe incite au délassement et à l'ivresse ; le bal villageois promet l'encanaillement, surtout celui des hommes, au son de l'orchestre et au contact des paysannes ; mais l'agrément principal est celui des plaisirs sensuels dans les endroits cachés du bois. En faisant de la sortie à Romainville un espace-temps de la transgression, Kock façonne ainsi une image de la banlieue « 1830 » comme un paradis terrestre festif propice à toutes sortes de licences.

La commémoration de Kock en 1933 reconstitue sa partie de campagne romanesque. Elle suit un programme précis qui démarre par la grande procession costumée de différents « types » littéraires des années 1830-1840 : des poètes, artistes, grisettes et étudiants, cavaliers, gendarmes, gardes nationaux, fantassins et paysans, mêlés à des héros de romans de Paul de Kock comme la laitière de Montfermeil. Un char transporte un moulin, rappelant le caractère rural du Romainville de 1830. Ces personnes déguisées sont des habitants et la fanfare est proposée par une société de musique de Romainville. Le défilé est suivi d'un bal pour enfants, d'un bal champêtre le soir puis d'une représentation de l'opéra-comique *Véronique* (1898) d'André Messager interprété par des comédiens de la Gaîté lyrique, du Trianon lyrique et de l'Opéra-Comique. Cette noce champêtre de l'époque romantique fait revivre la gaîté, la légèreté, la séduction, les jeux amoureux et érotiques propres à l'univers du romancier. Elle contribue à fabriquer aussi bien un folklore de la banlieue « 1830 » qu'un folklore du romantisme en tant qu'âge d'or de la fête en banlieue.

La signification de cet événement ne va pourtant pas de soi. Il est difficile de déterminer ce qui s'y joue réellement et de saisir l'objet de la nostalgie. Il n'est pas seulement question de la mémoire de scènes littéraires emblématiques du bonheur citadin aux environs de Paris. À travers elles, la commune est-elle en train de célébrer le souvenir du passé champêtre de Romainville ou bien le souvenir d'une image déformée et idéalisée de ce passé, fabriquée et figée par cette littérature populaire ? Deux hypothèses se dessinent pour affronter cette confusion, ou cette tension, entre célébration du passé et célébration de fictions du passé au sein de ce geste mémoriel.

UN USAGE POLITIQUE DE LA FÊTE À LA PAUL DE KOCK ?

Cette fête romantique peut d'abord s'interpréter en termes de tactique politique, en mobilisant des savoirs sur l'histoire politique locale et en questionnant le lien entre la littérature et le monde social : à quoi sert de convoquer 1830 en 1930, dans un contexte local spécifique ? Les romans de Kock apportent aux lecteurs de son temps divertissement ou attendrissement. L'auteur dépeint un quotidien sans héroïsme ni angoisse, sans crimes ni sublimation du vice. En cela, son univers est proche de celui des tableaux de mœurs, de la littérature dite panoramique et des « physiologies » sociales dont il est l'un des contributeurs. Walter Benjamin qualifie ces textes d'inoffensifs. Ils ne sont pour lui que des « petits sédatifs » qui visent à apaiser le lecteur en lui masquant les aspects menaçants de la grande ville. La littérature des « physiologies » donne « une image sympathique de son congénère », gardant le silence sur l'exploitation capitaliste et la violence sociale. Paul de Kock pratique effectivement une littérature qui se contente de donner une image de la société sans rien de dérangeant pour l'ordre moral, social et politique. Alors qu'en 1836, Alexandre Parent-Duchâtelet publie son enquête sur la prostitution parisienne et que les grandes enquêtes sociales de Villermé, Buret et Frégier sur la pauvreté des classes laborieuses paraissent en 1840, faisant du paupérisme un objet d'observation sociale, Kock ne montre jamais rien de la misère ouvrière et la prostitution n'a jamais chez lui que les allures aguichantes d'une grisette au cœur tendre. Il n'évoque pas les luttes sociales, les révoltes et les barricades, les révolutions de 1830 et 1848. Il ne met en texte qu'un monde sans grande Histoire, qu'un peuple qui a désappris le conflit révolutionnaire, et ne regarde jamais vers les marges ou l'envers de la société contemporaine. Kock est le romancier des histoires anodines et de la « parfaite bonhomie » pour reprendre à nouveau Benjamin. Les scènes de sa partie de campagne peuvent se lire à l'aune de cette volonté de détourner le regard des aspects les plus inquiétants qui traversent le monde social.

Un siècle plus tard, sa littérature assure la même fonction, mais dans un autre contexte. La reconstitution est une façon de faire resurgir l'ancien village de Romainville, mais elle interroge l'état présent de Romainville en 1933 et les préoccupations des dirigeants municipaux. Il faut donc se tourner vers les questions politiques qui se jouent localement dans les années 1930. Le maire qui lance la fête et défile lui-même, Louis-Victor Dargent, est élu depuis 1909 et issu d'une famille bourgeoise locale installée depuis plusieurs générations. Il représente le parti républicain radical et fait alliance avec les socialistes à partir de 1925 par anticommunisme. La menace du Parti communiste repose sur le problème du logement à Romainville, lié

Excelsior, « Le Centenaire romantique de Romainville », 3 juillet 1933.

à l'essor d'installations pavillonnaires incontrôlées. Entre la fin du XIXe siècle et le début des années 1920, des familles d'ouvriers investissent le territoire de manière anarchique. Les habitations édifiées sont modestes, souvent de simples cabanons de planches. Des spéculateurs voient une opportunité dans cet afflux d'habitants et créent des lotissements de qualité médiocre dépourvus de plan d'urbanisme. Le nombre de ces mal-logés que l'on surnomme à l'époque les « mal-lotis » explose. Selon l'historienne Annie Fourcaut, ils sont 48 à 55% de la population dans quatre communes à lotissements dont Romainville en 1926. Ce phénomène des lotissements défectueux touche une grande partie de la banlieue parisienne dans les années 1920 et est considéré comme une crise urbaine sans précédent par les pouvoirs publics, les partis politiques et la presse. Le maire de Romainville est donc confronté à un manque de logements et d'aménagements décents pour la population ouvrière. Dans ces groupements pavillonnaires, il faudrait pouvoir réaliser des travaux d'assainissement et de viabilisation. Or, tout cela prend du temps et de l'argent, dans un contexte de lacunes de législation en matière d'urbanisme. Au début des années 1930, le problème n'est pas réglé à Romainville. Les mal-lotis mécontents représentent ainsi une cible pour le PC qui s'implante en banlieue depuis les années 1920, notamment à Bobigny et Saint-Denis. Un article de *L'Intransigeant* paru le 29 septembre 1930 s'inquiète de lotissements clandestins qui continuent de se former et relaie les plaintes des habitants sur l'insuffisance d'équipements publics. Afin d'améliorer le sort de ces familles, Louis-Victor Dargent annonce un plan d'aménagement qui promet de nouvelles écoles, un dispensaire, la création d'habitats bon marché, davantage de canalisations et d'éclairages publics. On peut comprendre la décision municipale de fêter Kock comme un moyen de détourner la population des problèmes d'aménagement du territoire, dans un contexte de lutte électorale tendue. La célébration d'une belle image de l'ancien village, eldorado de citadins en goguette, peut être vue comme une sorte de cache-misère du quotidien

Le Petit Journal, « La Célébration du centenaire historique et romantique de Romainville », 3 juillet 1933.

et une façon de choyer son électorat (l'ironie de l'histoire étant que le maire perd malgré tout les élections l'année suivante). Dans cet usage politique, la partie (la fête ?) de Kock est commémorée aussi bien pour sa représentation enchantée du passé de Romainville que pour sa capacité à dépolitiser le réel, à rendre le monde social rassurant, à dissimuler les dysfonctionnements du présent. Le pittoresque de la figuration de la banlieue est autant remémoré que les effets que les scènes kockiennes sont censées produire sur les lecteurs – le rire et l'invisibilisation des problèmes politiques et sociaux.

LA LITTÉRATURE, ÉTAI DU PATRIMOINE CULTUREL DE LA BANLIEUE ?

Mais cette commémoration d'un moment de l'histoire peut aussi faire l'objet d'une analyse culturelle. La réactivation de la mémoire de l'univers romanesque de Kock apparaît comme une façon de se construire un passé face aux mutations continues de la commune depuis les années 1820-1830. Nous avons déjà évoqué le changement urbain complexe auquel Romainville est confronté avec l'essor incontrôlé de lotissements défectueux. Le territoire se trouve divisé entre les quartiers anciens et ceux qui émergent de façon désordonnée. Mais dès la seconde moitié du XIXe siècle, Romainville connaît déjà de profondes transformations qui contribuent à amoindrir son caractère champêtre. En effet, le bois typique des parties de campagne kockiennes est progressivement détruit, sa superficie s'amenuisant après l'édification d'un fort en 1848, dans le cadre de la politique de fortification de Paris initiée par Adolphe Tiers en 1841. Il est ensuite amputé par le développement de l'urbanisation, car des lotissements destinés à une clientèle parisienne aisée sont construits à partir de 1848. Enfin, la commune fait partie des villages fortifiés des environs de Paris pendant la guerre franco-prussienne en 1870 qui subissent des bombardements, pillages, incendies et destructions. Kock est alors célébré en 1933 pour la valeur documentaire et testimoniale de ses parties

Miroir, « Centenaire historique et romantique à Romainville », 8 juillet 1933.

de campagne, pour avoir gardé la trace d'un Romainville dans son état campagnard, de son bois encore intact dans les années 1820-1830, des loisirs qu'il proposait (restaurant, promenades, location d'ânes et de chevaux) et des usages dont il faisait l'objet auprès de la petite et moyenne bourgeoisie parisienne (promenades, jeux érotiques, repaire pour amoureux).

Cette possible lecture testimoniale se justifie au regard d'autres usages des romans du XIXe siècle dans ces temps d'urbanisation accélérée. La « fin des terroirs » a nourri les mouvements régionalistes depuis la fin du XIXe siècle. Ils se fondent sur des inquiétudes face aux changements profonds dans les campagnes tels que l'uniformisation des modes de vie, l'effacement des coutumes, des parlers, des cultures rurales et régionales. Le lent déclin de la France rurale suscite et entretient l'attention pour un monde qui se meurt, la nostalgie d'un passé campagnard proche, perçu comme un âge d'or. Cet amour du « pays » se manifeste par l'apparition d'écrivains et d'érudits locaux qui mettent en valeur l'histoire, l'identité et le folklore de leur région, ainsi que par la création de revues, associations artistiques et maisons d'éditions locales.

La commémoration de Paul de Kock dans cet ancien village se rapproche de ce type de phénomène, par sa mobilisation du souvenir de la vie rurale et des paysages boisés qui disparaissent dans les banlieues, Romainville n'étant pas la seule commune touchée. D'autres municipalités banlieusardes sont à la recherche d'une mémoire des environs paysans de Paris. C'est le cas de Montfermeil qui organise en 1930 une grande cavalcade en hommage à un roman de Kock, *La Laitière de Montfermeil*. Cet ancien canton couvert de bois et spécialisé dans la culture de céréales, de fruits et de légumes dans les années 1830, s'est urbanisé également au moyen de lotissements en mauvais état. Le journal local *Le Cri de Montfermeil*, à cette période, alerte régulièrement sur les problèmes d'hygiène publique liés à un manque d'assainissement et d'aménagement de la part de la municipalité. Ces éléments d'histoire locale nous permettent de penser que Kock est choisi parce qu'il est le seul écrivain de l'époque romantique à avoir tant écrit sur Romainville, à avoir façonné une image charmante de son passé, un paradis perdu qui était dédié à la gaieté, la légèreté et l'amour. Ainsi, les parties de campagne kockiennes sont-elles mises à l'honneur comme une forme de patrimoine culturel, susceptible de contribuer à la construction d'une identité locale positive.

Ces reconstitutions de parties de campagne lors d'une commémoration du centenaire du romantisme n'ont jamais été étudiées : elles nous apparaissent comme un terrain riche pour réfléchir à la mémoire de récits d'un écrivain et d'une période historico-littéraire dans un lieu, dans une perspective qui rejoint l'étude des maisons d'écrivains et des pèlerinages littéraires, ainsi que l'étude de la patrimonialisation de la littérature. Ces événements furtifs, peu médiatisés sinon localement, nous révèlent l'intérêt d'interroger la mémoire littéraire à partir d'éléments plus ordinaires, comme les pratiques festives de la vie quotidienne, et cela à l'échelle locale de communes de banlieue et non plus seulement à l'échelle nationale des célébrations d'écrivains canonisés. Enfin, ces fêtes nous invitent aussi à explorer les effets d'imaginaire que la littérature produit sur des lieux, auxquels les études littéraires ne prêtent guère d'attention, mis à part lorsqu'il s'agit de la version sombre qu'un Céline donne des banlieues.

À LIRE

Le Cri de Montfermeil, journal local, années consultées : 1930-1932.

Le Romantisme : catalogue de l'exposition, 22 janvier - 10 mars 1930, préface par P. R. Roland Marcel, Paris, Bibliothèque nationale, 1930.

AMOSSY, Ruth, *Les Idées reçues : sémiologie du stéréotype*, Paris, Nathan, 1991.

— et Annie HERSCHBERG-PIERROT, *Stéréotypes et clichés : langue, discours, société*, Paris, Nathan, 1997.

BARBARESCO, Constance, Gérard-Gabriel KAHN, Judith LYON-CAEN, Luce ROUDIER, Rafael SOUZA BARBOSA, « La Petite vie de tous les jours. Paul de Kock, le roman du quotidien », in *Autour de Vallès*, « Écrire le quotidien », n° 48, sous la direction de Marie-Astrid Charlier, 2018, p. 37-48.

BENJAMIN, Walter, « Le Paris du Second Empire chez Charles Baudelaire », in *Baudelaire*, édition par Giorgio Agamben, Barbara Chitussi et Clemens-Karl Härle, traduit de l'allemand par Patrick Charbonneau, Paris, La Fabrique, 2013, p. 731-735.

BRUNET, Jean-Paul, *Saint-Denis, la ville rouge : socialisme et communisme en banlieue ouvrière, 1890-1939*, Paris, Hachette, 1980.

BURET, Eugène, *De la misère des classes laborieuses en Angleterre et en France : de la nature de la misère, de son existence, de ses effets, de ses causes, et de l'insuffisance des remèdes qu'on lui a opposés jusqu'ici, avec les moyens propres à en affranchir les sociétés*, Paris, Paulin, 1840, 2 volumes.

CSERGO, Julia, « Extension et mutation du loisir citadin, Paris XIXe – début XXe siècle », in *L'Avènement des loisirs (1850-1960)*, Corbin Alain (dir.), Paris, Aubier, 1995, p. 119-168.

—, « Parties de campagne. Loisirs périurbains et représentations de la banlieue parisienne, fin XVIII-XIXe siècles », *Sociétés et représentations*, « Imaginaires parisiens », n° 17 sous la direction de Jean-Louis Robert et Myriam Tsikounas, 1/2004, p. 15-50.

FABRE, Daniel, « Maison d'écrivain. L'auteur et ses lieux », *Le Débat*, n° 115, 2001/3, p.172-177.

FIX, Florence et Marie-Ange FOUGÈRE (dir.), *Lectures de Paul de Kock*, Éditions Universitaires de Dijon, coll. « Écritures », 2017.

FOURCAUT, Annie, *La Banlieue en morceaux : la crise des logements défectueux en France dans l'entre-deux-guerres*, Grâne, Créaphis, 2000.

—, « Du lotissement au quartier. Le cas de la banlieue parisienne dans l'entre-deux-guerres », *Mélanges de l'École française de Rome. Italie et Méditerranée*, tome 105, n° 2, 1993, p. 441-457.

FREGIER, Charles, *Des classes dangereuses de la population des grandes villes et des moyens de les rendre meilleures*, Bruxelles, Méline, Cans et Cie, 1840, 2 volumes.

KOCK, Paul de, *Monsieur Dupont, ou la jeune fille et sa bonne*, Paris, J.-N. Barba, 1824, 4 vol.

—, *La Laitière de Montfermeil*, Paris, A. Dupont, 1827, 5 vol.

—, *La Pucelle de Belleville*, Paris, G. Barba, 1834, 2 vol.

LABBÉ, Mathilde (dir.), « Ancrages territoriaux de la littérature », *Recherche et travaux*, n° 96, juin 2020.

LEBLANC DE FERRIERE, Alexandre, *Paris et*

ses environs, Paris, Maison Audin, 1838.

LYON-CAEN, Judith, « Saisir, décrire, déchiffrer : les mises en texte du social sous la monarchie de Juillet », *Revue historique*, 2004/2, n° 630, p. 303-331.

PREISS, Nathalie et Claire SCAMARONI, *Elle coud, elle court, la grisette !*, Paris, Éditions Paris-Musée, 2011.

SCIBIORSKA, Marcela, Mathilde LABBÉ et David MARTENS (dir.), *Patrimonialisations de la littérature*, dossier du n° 38 de la revue *Culture & Musées*, automne 2021.

L'Invention du XIXe siècle. II, Le XIXe siècle au miroir du XXe, textes rassemblés par Alain CORBIN, José-Luis DIAZ, Stéphane MICHAUD, Paris, Presses de la Sorbonne nouvelle, coll. « Bibliothèque du XIXe siècle », 2002.

STIÉNON, Valérie, *La Littérature des physiologie : sociopoétique d'un genre panoramique, 1830-1845*, Classiques Garnier, coll. « Études romantiques et dix-neuviémistes », 2021.

TAILLARD, Constant, *Le Nouveau conducteur ou guide de l'étranger aux environs de Paris*, Paris, Terry, 1826.

THIESSE, Anne-Marie, *Écrire la France : le mouvement littéraire régionaliste de langue française entre la Belle-Époque et la Libération*, Paris, Presses universitaires de France, coll. « Ethnologies », 1991.

VILLERMÉ, Louis, *Tableau de l'état physique et moral des ouvriers*, Paris, J. Renouard, 1840, 2 volumes.

WESTPHAL, Bertrand, *La Géocritique. Réel, fiction, espace*, Paris, Éditions de Minuit, coll. « Paradoxe », 2007.

Florilège en fête

José-Luis Diaz

1801

Remarques sur les fêtes publiques et proposition de nouveaux jeux.

Jusqu'à présent, il faut l'avouer, nos réjouissances publiques n'ont été telles qu'en apparence, ou rarement ont-elles été prononcées. L'amusement qu'elles ont pu procurer n'a été, ni pour le peuple à qui elles étoient destinées, ni pour le Gouvernement qui les a instituées. Le cérémonial y a été souvent remplacé par la cohue, et le bon ordre par la licence. Des décorations invraisemblables, des emblèmes inintelligibles, des illuminations et des feux d'artifice souvent aussi tristes que monotones ; presque point d'instrumens gymnastiques, et très peu d'athlètes : voilà le tableau fidèle de ces réjouissances, si improprement appelées réjouissances publiques ; de sorte qu'il n'y avoit véritablement que les écuyers, les quadriges, les maîtres charpentiers et illuminateurs qui eussent de vrais motifs de se réjouir [...].

1803

[Pierre-Jean-Baptiste Chaussard], *Fêtes et courtisanes de la Grèce. Supplément aux voyages d'Anacharsis et d'Anténor*, Paris, Buisson, an IX-1801, Barba, t. I, p. lxxx.

Les fêtes ont été, dans tous les temps et dans tous les lieux, le besoin de la multitude passionnée.

Ce besoin prend sa source d'abord dans celui des sensations, et dans cet instinct précieux de la sociabilité, qui porte les hommes à se réunir, à se communiquer leurs craintes ou leurs espérances, leurs peines ou leurs plaisirs ; ensuite dans cette curiosité mobile et inquiète, à laquelle il faut sans cesse de nouveaux éléments ; enfin dans ce principe d'imitation, qui nous porte à réfléchir toutes les impressions.

Depuis le sauvage qui danse en poussant des hurlemens autour des victimes de son abominable barbarie, jusqu'à l'homme civilisé qui va pleurer ou sourire au théâtre, tout obéit à ces irrésistibles impressions : une seule loi, semblable à celle de l'attraction, meut tous les individus ; c'est le besoin de sensations, et de sensations communiquées.

1807

Germaine de Staël, *Corinne ou l'Italie.*

C'était le jour de la fête la plus bruyante de l'année, à la fin du carnaval, lorsqu'il prend au peuple romain comme une fièvre de joie, comme une fureur d'amusement, dont on ne trouve point d'exemple ailleurs. Toute la ville se déguise, à peine reste-t-il aux fenêtres des spectateurs sans masque pour regarder ceux qui en ont [...].

Il n'y a ni luxe ni bon goût dans la fête du carnaval, une sorte de pétulance universelle la fait ressembler aux bacchanales de l'imagination, mais de l'imagination seulement : car les romains sont en général très sobres et même assez sérieux, les derniers jours de carnaval exceptés.

Mais cependant cette immobile imitation de la vie, ces visages de cire ambulants, quelque jolis qu'ils soient, font une sorte de peur. Les grands seigneurs montrent un assez grand luxe de voitures les derniers jours du carnaval ; mais le plaisir de cette fête, c'est la foule et la confusion : c'est comme un souvenir des saturnales ; toutes les classes de Rome sont mêlées ensemble ; lcs plus graves magistrats se promènent assidûment, et presqu'officiellement, dans leur carrosse au milieu des masques ; toutes les fenêtres sont décorées : toute la ville est dans les rues : c'est véritablement une fête populaire.

1808

Charles Fourier, *Théorie des quatre mouvemens et des destinées générales*, Leipzig, 1808, p. 412.

Dans les cérémonies et *festivités*, chaque dieu ou déesse figure à la tête de son groupe, de sa division, de sa secte, et prend le pas sur tout autre officier ; (je dis dans les *festivités* et non pas au travail) par exemple :

une secte de sylvains ou bucherons, composée de quinze groupes, paraîtra le jour de sa fête avec un corps de divinités disposées comme il suit :

> 15 *Hamadryades*, dont une à la tête de chaque groupe de Sylvains.
>
> 5 *Dryades*, à la tête des cinq divisions principales de la secte.
>
> 1 *Fée*, à la tête de la secte.
>
> 1 *Iris* ou *Messagère*.
>
> 1 *Sybille*.
>
> Puis quelques *Chérubins* et *Séraphins*, pris parmi les enfans, pour le service des dieux ou déesses.

Les Hamadryades seront choisies parmi les jeunes femmes. Les Dryades parmi les dames de moyen âge.

1812

Étienne de Jouy, « Le Carnaval et le bal de l'Opéra », *L'Hermite de la Chaussée d'Antin, ou Observations sur les mœurs et les usages parisiens au commencement du XIXe siècle*, n° XXXII, 15 février 1812, t. II, 1812, p. 66-67.

La nuit venue, je sortis de cette guinguette, je pris un fiacre, et je me fis conduire successivement au *Prado*, à la *Rotonde*, au *Retiro*, *à l'Hermitage* et au *Tivoli d'hiver*. Je me contentai de jeter un coup d'œil sur ces réunions *bourgeoises* où l'on ne trouve ni l'élégance des mœurs du grand monde, ni cette grosse et franche gaîté du peuple dont le vrai théâtre est le *Grand-Salon* ; il était près de onze heures lorsque j'y arrivai. C'est un spectacle toujours nouveau, même pour qui l'a vu vingt fois, que cette folle et tumultueuse bacchanale, où tant de déguisemens ridicules se trouvent si burlesquement confondus : le chiffonnier y donne le bras à une dame de cour, le Grand Turc y jette le mouchoir à une ravaudeuse : là, plus de *Gavotte,* plus de *Boléro*, plus de contredanse même ; mais au lieu de cela un *branle* immense où tout monde est admis à figurer, jusqu'au moment où le Vestris du bal (presque toujours un fort de la Halle sous l'habit d'un batelier) se présente avec sa partenaire pour danser la *Fricassée* au milieu des acclamations d'une assemblée aussi bruyante et presqu'aussi bien composée que le parterre de nos grands théâtres un jour de première représentation.

1825

***Projet de fêtes et monuments, à l'occasion du sacre de S. M. Charles X, et observations sur les réjouissances publiques en France*, Paris, Chez l'auteur, p. 4.**

Il a régné dans nos fêtes depuis cinquante ans une uniformité peu digne du génie inventif de la nation ; et tout annonce que le peu de soin, je dirai même le défaut de goût, qu'on met dans leur ordonnance, doit se prolonger encore longtemps si l'administration ne s'occupe bientôt d'adopter quelques idées nouvelles, que le génie de nos artistes s'empresserait de lui fournir, dès que l'on pourrait espérer qu'il y serait

1827

Aperçu historique de la Révolution française, par Mme ***, **Paris, P. Dupont, p. 281.**

Partout le goût des artistes était consulté ; les fêtes publiques, les fêtes particulières, le théâtre, les salons, tout offrait l'image du style antique. Les femmes se coiffaient et s'habillaient à la grecque. Les jeunes gens coupaient leurs cheveux à la Titus. Le Directoire avait, dans les fêtes nationales, dont le Champ-de-Mars était le vaste théâtre, tenté avec succès une imitation des jeux olympiques : des courses à pied, à cheval, en chars, des prix d'honneur décernés aux vainqueurs ; des chants et des discours patriotiques ; des emblèmes allégoriques, dirigés avec goût ; le cortège des magistrats qui traversait l'enceinte pour aller occuper l'autel de la patrie ; le bruit des fanfares, celui de l'artillerie ; tel était le spectacle simple, mais majestueux, dont jouissait assez fréquemment la nombreuse population de Paris. Tout tendait à un but moral et patriotique ; ceux qui étaient à la tête des affaires alors croyaient que les mœurs et l'esprit public d'un peuple ne dépendent que des sentimens inculqués par les gouvernemens.

1828

Le Gastronome français, ou L'Art de bien vivre, par les anciens auteurs du Journal des gourmands, MM. G. D. L. R, D. D***, Gastermann, G***, Clytophon, Charles Sartrouville C. L. C***, C***, Marie de Saint-Ursin, B*** etc. Ouvrage mis en ordre, accompagné de notes, de dissertations et d'observations par M. C******, **Paris, Charles Béchet, p. 95-97.**

Le carnaval est le temps de l'année où la gourmandise règne le plus universellement dans le monde ; c'est la fête des fêtes, la solennelle majeure, la grande époque de la gueule. Les gens sobres cessent de l'être quand elle arrive ; le vulgaire des mangeurs prétend au titre de gourmand, et le gourmand s'élève au-dessus de lui-même.

Nous invitons le lecteur à chercher dans Catulle la description pittoresque qu'il fait des Bacchanales. Tacite en parle un peu moins gaiement ; mais il nous reste une foule de bas-reliefs qui en reproduisent les danses et les jeux.

Bacchus avait encore d'autres fêtes appelées Lupercales et Dionysiaques. Les premières duraient un mois ; les autres seulement trois jours, et toutes étaient consacrées au plaisir. C'étaient des mascarades en forme de processions, à peu près semblables à nos travestissemens. On y faisait beaucoup de choses que nous conseillons de faire plus discrètement. [...]

Nous sommes un peu déchus de cette aptitude héroïque au plaisir, et de cet appétit invincible dont ces fêtes offraient des exemples prodigieux. Il semble que nous soyons une espèce dégénérée. Nous avons ouï raconter des merveilles du carnaval de Venise. Ne sommes-nous pas faits pour les surpasser ?

Gourmands du septentrion et du midi, beautés orientales et occidentales, amis de la joie, qui grillez vos jambons au soleil, ou qui faites l'amour sur la neige, venez des quatre points cardinaux participer au triomphe de Gargantua, roi de Cocagne ! Voici les solennités gourmandes, les jours d'indigestion, les fêtes de la panse, le temps des saturnales, des bacchanales, des folies salutaires et des excès héroïques ! [...] Le carnaval doit dévorer tout ce qu'épargna la rigueur de l'hiver ; et ce qui échappe à la voracité du carnaval doit tomber sous la dent du mardi-gras, qui fait lui-même place au carême. Tel est, sans doute, le vœu de la nature qui se régénère ; tel est l'esprit de la vénérable et antique institution des jours gras.

1831

Victor Hugo, *Notre-Dame de Paris*.

Le 6 janvier, ce qui *mettait en émotion tout le populaire de Paris*, comme dit Jean de Troyes, c'était la double solennité, réunie depuis un temps immémorial, du jour des Rois et de la Fête des Fous.

1833

« Le Bal d'artistes », *La Mode*, 20 avril 1833, p. 13-14.

Le bal que vient de donner M. Alexandre Dumas est une de ces spécialités, un de ces spectacles piquans et pittoresques, dont un homme d'art et d'imagination peut seul concevoir et exécuter l'idée. Quand on a assisté à une pareille réunion, qu'on a été associé à ces joyeux plaisirs, à ces vives émotions des enfans de la peinture et de la poésie, on prend en pitié ces hétérogènes réunions d'épiciers et de Pairs de France, de bonnetiers et de généraux, de courtauds de boutique et d'écornifleurs de budgets, formées à grands renforts de lettres d'invitation, choisies dans l'*Almanach des 25 000 adresses*, et entassées dans les salons dorés des Tuileries. On regarde avec dédain ces assommans raouts de la haute finance, de l'aristocratie de la bourse, des notabilités du parquet ; tous ces bals des privilégiés de la banque et de l'escompte, qui occupent l'intervalle d'une valse à une contredanse, avec les variations du trois pour cent, la valeur des métalliques et la baisse de l'emprunt d'Haïti. Rien de tout cela ne ressemble à un bal d'artistes, à cette gaieté franche, spirituelle, communicative, qui s'y reproduit sous toutes les formes et sous tous les caractères, à ces bals costumés, où l'on retrouve les compagnons d'armes de Thibaud et de Baudouin et les seigneurs de la cour de François Ier et de Henri IV ; le gondolier de Venise avec ses barcaroles, et les élèves de Michel-Ange avec leur imagination du seizième siècle [...] Ici le noble châtelain féodal se laisse coudoyer, sans humeur, par l'Arabe du grand désert ; Quasimodo se promène, bras dessus bras dessous, avec un démon de la tentation ; un général vendéen figure au même quadrille qu'un montagnard de la Convention ; le héros de *l'Auberge des Adrets* cause sans façon avec un ancien membre du Parlement ; partout des contrastes piquans, des oppositions plaisantes, des affinités comiques ou sérieuses, et partout du plaisir et de l'aisance : voilà le bal de Dumas tel que nous l'avons vu, bal original s'il en fut, où se retrouvaient tout l'éclat et le merveilleux du moyen âge, et toute la satyre joyeuse de Rabelais, et qui à lui seul caractériserait une époque, et fournirait un chapitre au spirituel auteur de *l'Époque sans nom*. [...]

Vienne à présent le bal de M. Gisquet, en contraste avec cette fête d'honneur, d'esprit et de talent ; ce bal de police, donné pour l'amusement des sergens de ville et des mouchards ; ce bal où danseront Vidocq et mademoiselle Boury, sous les voûtes de la salle Saint-Martin, et où figureront, sous leurs déguisemens officiels, les émeutiers du procès des ministres, les démolisseurs de l'archevêché, les héros du pont d'Arcole et les témoins de l'horrible attentat !

1833

« Les Fêtes de juillet », *La Mode*, 3 août 1833, p. 101-102.

Accourez, accourez, citoyens et citoyennes ; voici venir les grandes sans-culottides de juillet ! Juste ciel ! quelle brillante cohue d'étrangers s'élance simultanément dans les voitures grandes et petites de la banlieue, à la voix du mirifique programme ! C'est à vous, badauds, patauds et libéraux, d'orner de votre présence la grande fête de juillet ; hâtez-vous, accourez en foule ; la révolution vous convie à ses pompeux spectacles de patriotisme, de suif et de poussière. [...] Âmes sensibles et révolutionnaires, le 27 juillet se recommande à vos prières ; c'est le jour consacré aux sanglots patriotiques. [...]

En avant, la mascarade guerrière ! il est convenu avec la révolution et la liberté qu'en ces jours de solennité nationale, le bon bourgeois de Paris doit se donner en spectacle sur les boulevarts pendant douze heures consécutives. Or donc, à droite alignement, mon camarade ! fixe ! Prends courage et patience ; madame ton épouse est là avec ses enfans, perchée sur un échafaudage, tout exprès pour admirer l'attitude martiale de ton bonnet à poil. Gare ! gare ! voici monsieur le roi-citoyen, avec son état-major de comptoir et son cortège de mouches. Ô mes chers camarades, que vous êtes beaux sous les armes — Ô roi délectable, que tu es grand sur ton cheval de bataille !

1833

« Revue de la Semaine. Sympathies des fêtes de juillet », ***La Mode*****, 3 août 1833, p. 106.**

Il n'est resté exactement à Paris que le personnel obligé du programme officiel, et cette masse curieuse et oisive, pour qui tout est spectacle, une émeute ou une revue, un concert ou une barricade, un feu d'artifice ou une exécution ; masse compacte et mouvante, qui se porte tout d'une pièce partout où il y a quelque chose à voir, et qui a assisté de génération en génération, avec la même badauderie et le même flegme, à tous les événemens de la révolution, à la prise de la Bastille comme aux travaux des forts détachés, à l'exécution de Louis XVI comme à l'intronisation de Louis-Philippe, à l'entrée des alliés et aux barricades de juillet, au renversement de la statue de Bonaparte et à la nouvelle érection de la statue de Napoléon. À cette masse près, tout ce qu'il y avait d'un peu comme il faut dans Paris s'est abstenu des fêtes. À l'exception des omnibus et des fiacres, on n'a pas vu une seule voiture, pas un équipage sur les boulevarts [*sic*], pas une livrée aux Champs-Élysées. Déplorable effet des fêtes révolutionnaires ! elles ont une puissance répulsive.

1833

George Sand, ***Lélia*****.**

Rien n'est plus éloigné de réaliser la prétention du beau qu'une fête mal ordonnée. Il faut tant de choses difficiles à réunir, qu'il ne s'en donne peut-être pas, dans tout un siècle, deux qui soient satisfaisantes pour l'artiste. Il faut le climat, le local, la décoration, la musique, les mets et les costumes. Il faut une nuit d'Espagne ou d'Italie, une nuit sombre et sans lune [...] Il faut une nuit fraîche et bien aérée, avec des étoiles qui brillent faiblement au travers des nuages, et qui ne semblent pas se moquer des illuminations. Il faut de vastes jardins dont les parfums enivrants pénètrent par flots dans les appartements. La senteur de l'oranger et de la rose de Constantinople sont surtout propres à développer l'exaltation du cœur et du cerveau. Il faut des mets légers, des vins savoureux, des fruits de tous les climats et des fleurs de toutes les saisons. Il faut à profusion des choses rares et difficiles à posséder. Car une fête doit être la réalisation des désirs les plus capricieux, le résumé des imaginations les plus avides. Il faut, avant de donner une fête, se pénétrer d'une chose : c'est que l'homme riche et civilisé ne trouve plus de plaisir que dans l'espoir de l'impossible. Alors il faut approcher de l'impossible autant qu'il est permis à l'homme de le faire.

1835

Le Carnaval, histoire des bals de l'opéra, tableau des fêtes, travestissemens, mascarades et carrousels qui ont lieu chez toutes les nations depuis leur origine jusqu'à nos jours**, Paris, Imprimerie de Ducessois, p. 3.**

Eh bien ! nous serons partout, observant, étudiant, recueillant, décrivant, dessinant toutes les joies, toutes les fêtes, tous les déguisemens, toutes les ivresses ; le cabaret et le salon, l'antichambre et le palais, la mansarde et le Colysée, le fort de la halle et la duchesse, tout ce qui danse, tout ce qui s'amuse, tout ce qui se dévoue au carnaval, voilà notre monde, voilà notre domaine, voilà le sujet de notre histoire. Donc plus on dansera, plus nous serons variés, intéressans et sans doute amusans. Surtout il est un bel endroit de bals masqués et de fêtes joyeuses que nous ne perdrons pas de vue un seul instant, cette belle fête perpétuelle, c'est l'Opéra ; toujours chant ou danse, luxe ou fête, voilà l'Opéra, il est à la tête des vices innocens de la nation.

1835

« Préparatifs de la fête », ***Figaro*****, 27 juillet 1835.**

Les fêtes furent d'abord des bienfaits, car au temps où elles furent instituées la société était mi-partie soldats (seigneurs, barons, écuyers, ou hommes d'armes) et esclaves (les serfs). Aux uns les fêtes jetaient des jours de halte, de paix et de trêve de Dieu, pendant lesquels on prenait au moins le temps d'étancher le sang et de panser les blessures ; aux autres à l'abri de la prière et des solennités du temple, elles accordaient quelques heures de liberté et de repos. Ne blâmons pas trop les fêtes qui polissaient ces mœurs si rudes, toutes bardées de fer, d'acier et d'esclavage.

À mesure que la société se civilisa par le travail et par l'industrie, les fêtes lui devinrent onéreuses [...].

1835

Jules-Antoine David, *Lucien Spalma*, Paris, Lecointe et Pougin, t. I, p. 10-11.

Dans notre époque de transition, où les mœurs ne sont pas faites, où le peuple se débat sous le souvenir de ses vieilles lois renversées, de ses vieilles habitudes détruites, et plus encore sous l'impuissance d'en créer de nouvelles, un bal n'est pas un spectacle indigne d'intérêt. Là, toutes les aristocraties se touchent et se coudoient, tous les orgueils se heurtent et se froissent. C'est un étrange conflit entre les mille éléments divers de l'ordre social, déplacés par les vives et profondes secousses qui ont marqué nos cinquante dernières années. Mais le choc qui les a mêlées n'a pu les confondre ; les caractères primitifs n'ont pas changé : seulement les rôles sont devenus plus difficiles et les personnages plus actifs. À voir cette foule compacte où l'artiste semble l'égal de l'avocat, où l'homme de bourse marche de pair avec l'héritier d'un grand nom, on pourrait croire un instant à cette fusion des partis dont Napoléon voulut faire un système : mais il n'y a qu'un empereur ou un observateur inattentif qui puissent s'y tromper. Les contrastes offrent peut-être des nuances plus délicates à saisir, mais ils n'en sont que plus nombreux et plus piquans ; car il ne faut pas s'imaginer que l'aristocratie ancienne ait abdiqué sa puissance. Elle forme encore une sorte de franc-maçonnerie.

1836

P.-L. Jacob, bibliophile, « Le bœuf gras », *Mon grand fauteuil*, Paris, Renduel, t. II, p. 139-146.

La religion chrétienne n'a pas si bien détruit le paganisme, qu'il n'en soit resté des traces dans nos mœurs et dans nos usages ; les fêtes populaires surtout n'ont fait que changer de nom et d'objet, car il faut toujours que le peuple s'amuse, et les plus graves législateurs n'ont pas dédaigné de tolérer ses plaisirs les plus fous. Ainsi, les Parisiens consentiraient à perdre quelqu'un de leurs droits civiques plutôt que la procession du bœuf gras. Cette coutume singulière, qui mêle pour ainsi dire la mascarade de la brute avec celle de l'homme, est susceptible d'une foule d'explications également probables ou ingénieuses. [...]

Le bœuf gras me paraît figurer le carnaval, où l'on mange de la chair, et qui est, si je puis m'exprimer ainsi, le triomphe de la boucherie. La mort de ce bœuf, qu'on tue la veille du mercredi des Cendres, se rapporte bien à la fin des jours gras, auxquels va succéder le carême, qui était autrefois si rigoureux, que les boucheries étaient fermées. [...]

La révolution de 93 ne respecta pas plus le bœuf gras qu'elle ne fit le trône et l'autel : avec le carnaval disparurent le bœuf gras, la musique et la gaîté ; tout était déguisé en deuil, et l'on égorgeait des victimes humaines.

Napoléon, qui avait à cœur d'occuper le peuple pour que le peuple ne s'occupât pas de lui, rétablit par ordonnance le carnaval et le bœuf gras ; mais longtemps la police seule fit les frais de ces bacchanales des rues et des places : le roi des bouchers s'était changé en amour, et avait quitté sceptre et épée pour un carquois, pour un flambeau. [...]

Depuis cette rénovation d'une coutume nationale, le bœuf se promène tous les jours, le dimanche, le lundi et le mardi gras, visitant, dans sa tournée, les fonctionnaires publics, les pairs, les députés et le roi ; entouré de la cour de Jupiter, sale et crottée, à cheval et en voiture. Les Égyptiens, les Chinois, les Gaulois, reconnaîtraient-ils dans cette parade misérable l'emblème commémoratif de la fécondation de la terre ?

1836

Léon Gozlan, *Le Notaire de Chantilly*, Paris, Dumont, t. I, p. 327.

Les fêtes de province ont le malheur de ressembler à la cohue d'un baptême, et les belles dames qui en sont l'ornement ont l'air d'autant de nouvelles mariées. La province en est encore au bouquet de fleurs d'orange.

1839

Joseph-Marie de Gérando, *De la bienfaisance publique*, Paris, Raynouard, t. III, p. 395.

Les fêtes populaires dont l'intérêt était si bien compris des législateurs de l'antiquité, sont beaucoup trop négligées de nos jours. [...] Pourquoi n'y reproduit-on pas le souvenir des plus mémorables événements de l'histoire nationale, de ceux qui peuvent nourrir un vrai et sage patriotisme ! Pourquoi n'y fait-on pas revivre l'image des grands hommes ? Pourquoi ne saisit-on pas cette occasion, pour distribuer de hautes récompenses ! Pourquoi ne célèbre-t-on pas mieux les présens que le ciel verse sur la terre ? Pourquoi laisse-t-on aux seuls bateleurs le soin de faire les frais de ces réunions populaires ? Que le pouvoir ne nous en est-il donné un jour, un seul jour ! Que d'occasions favorables nous saisirions pour instituer des fêtes semblables ! Que de moyens de les animer et de les embellir ! Nous voudrions, dans chaque village, leur donner un caractère tout nouveau, qui exciterait l'admiration et les transports, sans entraîner de grandes dépenses. On sèmerait des vertus, en répandant le contentement. Il ne faut pas que la vie du pauvre reste trop monotone et trop terne ; l'ennui le dégoûterait du travail, ou le pousserait à la recherche des émotions désordonnées. Ne négligeons rien pour faire descendre sur sa destinée quelques rayons de bonheur.

1839

Paul de Kock, « Une fête aux environs de Paris », *Mœurs parisiennes, nouvelles. Première partie*, Paris, Barba, p. 232-233.

On arrive à Belleville. Le cocher arrête devant l'île d'Amour. La société descend, renvoie le fiacre, et se promène quelques instants dans la grande rue du village en y cherchant quelque chose qui annonce une fête. Mais tout est fort tranquille, il n'y a pas une boutique de pain d'épice ni de mirlitons. La maman se promène gravement en tenant le bras de sa fille ; le petit garçon marche au milieu du ruisseau et tâche de se crotter pour faire au moins quelque chose ; le peintre cherche en vain un site champêtre dans la grande rue de Belleville, et Grigou regarde de tous côtés d'un air de mauvaise humeur, en murmurant : — Est-ce que c'est ça qu'ils appellent la campagne ?

Tout à coup M. Barbeau s'arrête devant la société en disant : —Ah çà, nous nous promenons depuis un quart d'heure comme des imbéciles : est-ce que vous vous amusez ici ?

— Non, pas du tout. —Ni moi. — Ni moi. Le cocher est une bête, il n'y a pas de fête ici ; mais nous ne sommes pas obligés d'y rester. Montons le village, et allons au bois de Romainville, c'est peut-être là qu'est la fête.

1841

Gabriel Laviron, *Le Salon de 1841*, Paris, Levavasseur, 1842, p. 67.

Que si vous tenez tant à l'emportement, à la fougue, à l'exubérance de la vie, à la violence des mouvements, à la turbulence des attitudes, voici le tableau de M. Muller, une aventureuse peinture de jeune homme, une peinture effrénée, capricieuse, puissante et accentuée, intelligente surtout, et consistante sous le regard comme une chose réelle. C'est une promenade triomphale, une promenade de l'empereur Héliogabale à travers les rues de la ville éternelle ; c'est la fête du soleil, la fête d'Héla-Gabal, le dieu formateur, le dieu plastique, le premier, le plus grand de tous les dieux. L'empereur a voulu que la divinité emblématique dont le temple a protégé son enfance fût honorée dans Rome d'un culte particulier, et voilà la fête qui commence. Voici les danseurs et les musiciens, les buccinateurs et les cymbaliers ; voici les danseuses extravagantes, bacchantes échevelées, qui bondissent comme des panthères, jetant au vent leurs bras nus, étalant au soleil leur croupe rebondie et leur poitrine palpitante.

1842

L. Vivien, *Histoire générale de la révolution française, de l'Empire, de la Restauration, de la monarchie de 1830, jusques et compris 1840*, Paris, Pourrat frères, 1842-1844, t. III, p. 63.

Le 10, dès le lever du jour, la célébration commença. Le peintre David, l'ami de Marat, en avait été l'ordonnateur. Le détail de semblables fêtes serait indigne de la gravité de l'histoire, si les scènes où viennent se refléter les mœurs factices et l'esprit d'une époque déjà si loin de nous, moins par le nombre des années que par le nombre et la grandeur des événements, n'en étaient elles-mêmes un intéressant épisode. [...]

Telle fut cette solennité mémorable, qui résume en elle le double caractère qu'offrent à un plus ou moins haut degré toutes les fêtes révolutionnaires, le grandiose dans la conception et dans l'ensemble, et dans les détails une imitation futile de formes de langage, de décorations extérieures, de cérémonies et de rites empruntés à d'autres peuples, à d'autres mœurs et à un autre culte ; une froide recherche de l'allégorie et de l'emblème ; enfin, une affectation continuelle du style élégiaque ou dithyrambique, un enthousiasme forcé et une exaltation à froid, qui tombent perpétuellement dans le faux et touchent parfois au burlesque.

1842

Honoré de Balzac, *Autre étude de femme*.

Le raout, cette froide revue du luxe, ce défilé d'amours-propres en grand costume, est une de ces inventions anglaises qui tendent à *mécanifier* les autres nations. L'Angleterre semble tenir à ce que le monde entier s'ennuie comme elle et autant qu'elle.

1842

Arthur Dinaux, « Entrée joyeuse de l'empereur Charles-Quint en sa ville de Valenciennes, avec les fils du roi de France, François Ier du nom (1540) », *Archives historiques et littéraire du Nord de la France*, 1842, p. 366.

À une époque où les villes de nos anciennes provinces fondent à l'envi des *fêtes historiques* et des représentations de joyeuses entrées dans un but de bienfaisance, il peut être utile de remettre sous les yeux ce qui se faisait en pareil cas dans les siècles passés, afin de présenter aux ordonnateurs de nos fêtes modernes des données historiques certaines, sur les solennités populaires et antiques qui émouvèrent [*sic*] nos aïeux.

1846

Alexandre Dumas père, *Le Comte de Monte-Christo*, Paris, Pétion, t. V, p. 294.

Le mardi, tout ce qui, faute de temps, d'argent ou d'enthousiasme, n'a pas pris part encore aux fêtes précédentes, se mêle à la bacchanale, se laisse entraîner par l'orgie, et apporte sa part de bruit et de mouvement au mouvement et au bruit général.

1847

Eugène Scribe, *Haydée ou le Secret, opéra-comique en trois actes, musique de M. Auber*, Opéra-Comique, 28 décembre 1847.

Acte I, Scène XII.

Barcarolle, à deux voix. Haydée, tenant une mandoline, et Rafaëla.

C'est la fête au Lido.
Afin d'avoir jupe élégante
Et des perles de Murano,
Au Rialto j'ai mis en vente
Jusqu'à mon anneau d'or... l'anneau
Que m'avait donné Zanetto !
Mais, mais... C'est la fête au Lido,
C'est la fête en bateau,
Dont Venise raffole !
Glissez donc, ma gondole,

Glissez vite sur l'eau...
C'est la fête au Lido.

1848

Paul Justus, *Fêtes publiques, appel à tous les artistes.*

Artistes de toutes les spécialités, dans ces circonstances, comprenez bien que s'il faut, par une grande puissance d'initiation, improviser de somptueuses fêtes dans lesquelles vous ayez à décorer places publiques, monuments et temples religieux, à élever arcs de triomphe, théâtres où cirques, vous aurez une sainte et glorieuse tâche à remplir en construisant, décorant, poétisant et chantant pour le peuple français.

1848

Auguste Comte, *Discours sur l'ensemble du positivisme, ou Exposition sommaire de la doctrine philosophique et sociale propre à la grande république occidentale*, Paris, À la librairie scientifique-industrielle de L. Mathias, juillet 1848, p. 337.

Enfin, la mission sacerdotale de l'art régénéré se développera sous une troisième forme générale, en présidant au système de fêtes, publiques ou privées, qui constituera la majeure partie du culte proprement dit. Pour un tel office, les prêtres de l'Humanité devront, en effet, appliquer davantage leur aptitude esthétique que leur talent scientifique. Car, cette immense fonction doit, au fond, consister à mieux manifester la nature, statique et dynamique, du grand organisme, par la représentation concrète de ses divers caractères.

Il faudra donc instituer deux sortes de fêtes, relatives aux deux attributs nécessaires de l'être fondamental, en y célébrant, tantôt l'existence, tantôt l'activité, de manière à développer les deux éléments indispensables du vrai sentiment social. Les fêtes statiques manifesteront l'ordre, et stimuleront l'instinct de solidarité ; les fêtes dynamiques caractériseront le progrès, pour faire mieux sentir la continuité. [...]

Quant aux fêtes dynamiques, destinées à célébrer le progrès, leur ensemble doit représenter l'histoire comme l'autre la morale. Le culte esthétique de l'Humanité y devient plus concret et plus animé, consistant surtout à glorifier les meilleurs types individuels des diverses phases de la grande évolution. [...] En y consacrant les deux mois restés étrangers au culte statique, quatre fêtes équidistantes glorifieraient les trois grandes phases du passé, fétichique, polythéique, et monothéique, pour aboutir à la fête de l'avenir, ainsi placée à l'anniversaire de l'inauguration décisive de notre immortelle Convention. La chaîne générale des temps étant alors constituée, chaque mois serait consacré à l'un des principaux représentants des diverses évolutions du Grand-Être.

1849

***Histoire de la révolution de 1848, du gouvernement provisoire et de la république, du 9 mai au 23 juin*, Bordeaux, Prosper Faye, 1849, p. 274-275.**

La fête de la Concorde qui avait été primitivement annoncée pour le 14 mai, a été célébrée au Champ-de-Mars, le 21. [...] Le Champ-de-Mars était entouré de faisceaux ornés de couleurs nationales. Au centre, on avait placé une statue colossale de la République et quatre autres figures symboliques. En tête du pont d'Iéna étaient deux pyramides qui portaient des drapeaux tricolores, et à leur sommet flottaient deux bannières sur lesquelles étaient écrites les dates des 24 et 25 février. Le canon des Invalides et des salves de l'artillerie de la garde nationale annoncèrent le commencement de la cérémonie ; ce fut alors que plus de trois cent mille personnes défilèrent devant les Représentants de l'Assemblée nationale. [...]

Le soir toute la ville fut illuminée ; un superbe feu d'artifice fut tiré sur la place de la Bastille où on avait figuré en toiles peintes l'ancienne forteresse dont la démolition fut le premier acte d'émancipation du peuple.

1850

M. Marchal, *Le Livre de la famille*, Paris, À la librairie rue Richepanse, 1850, p. 21.

La mort n'est point un mal, c'est la fête du chrétien.

1850

Jules Du Camp, *Histoire de la révolution de Février jusques et y compris le siège de Rome*, Paris, Barbier, 1850, p. 203.

Et, comme la manie des fêtes est à l'ordre du jour sous la jeune République, après celle dite des victimes, la fête du Champ-de-Mars, et enfin celle de la Concorde, on annonce une fête des travailleurs. Celle-ci doit consister en un banquet à cinquante centimes par tête. Les commissaires de ce banquet avaient d'abord décidé qu'on ne paierait que la moitié de cette somme ; mais la difficulté de bien dîner à pareil prix, porta l'écot au chiffre dit, et 100 000 citoyens s'inscrivirent. Le programme ostensible de cette fête était celui-ci : Se rendre le dimanche suivant à onze heures, place Dauphine, à la Madeleine et à la Bastille ; de là marcher sur quatre rangs, suivant les musiques militaires jouant *le Réveil du peuple*, *les Girondins* et *la Marseillaise* ; se trouver réunis à deux heures autour des 980 tables du banquet, lequel banquet serait formé de veau rôti, de salade et de fromage, mets arrosés d'un verre de vin et d'un verre d'eau-de-vie pour chaque convive, chacun devant apporter son couvert et son pain. 12 marchands de vins traiteurs de diverses barrières se chargeaient de fournir cet immense festin sans précédent dans les temps modernes. Pour toast unique, l'immense assistance, à un signal donné, entonnerait *la Marseillaise*. Le repas fini, des danses commenceraient et dureraient jusqu'au soir.

1851

Henry Murger, *Scènes de la Bohème*, Paris, Michel Lévy, p. 78.

À 8 heures 1/2, M. Alexandre Schaunard, virtuose distingué, exécutera sur le piano : l'*Influence du bleu dans les Arts*, symphonie imitative.

À 9 heures, première lecture du mémoire sur l'abolition de la peine de la tragédie.

À 9 heures 1/2, M. Gustave Colline, philosophe hyperphysique, et M. Schaunard entameront une discussion de philosophie et de métapolitique comparées. — Afin d'éviter toute collision entre les deux antagonistes, ils seront attachés l'un et l'autre.

À 10 heures, M. Tristan, homme de lettres, racontera ses premières amours. — M. Alexandre Schaunard l'accompagnera sur le piano.

1852

« Rapport sur le concours de philosophie morale, par M. Blanc », *Séance publique de l'Académie des sciences, belles-lettres et arts de Besançon*, 1852, p. 29.

Les fêtes sont tombées dans notre pays avec le grand siècle, ou plutôt elles ont déserté en face des scandales de la régence, avec la foi, source de l'enthousiasme, et l'honnêteté, source du plaisir. [...]

De nos jours, il y a encore des solennités, des cérémonies officielles, mais il n'y a plus de fêtes ; le peuple raisonne, il ne s'amuse plus. Semblables à ces enfants qui, à peine entrés dans l'adolescence, rougissent de s'abandonner aux jeux de la jeunesse, et prennent le langage et les habitudes d'un autre âge, les populations croiraient s'amoindrir en prenant part aux divertissements d'autrefois, en s'abandonnant à ces joies dont l'innocence fait le charme, dont la simplicité fait le prix. Un grand écrivain disait, il n'y a pas un siècle : Plantez au milieu d'une place un piquet couronné de fleurs, rassemblez-y le peuple, et vous aurez une fête ! (Rousseau, *Lettre sur les spectacles*). Ce temps est bien passé ! on veut aujourd'hui des représentations qui étonnent, des spectacles qui éblouissent ; on a rendu le plaisir si difficile qu'il a disparu !

1858

Mac Vernoll, « La Foire de la Pentecôte, à Nîmes », *Le Monde illustré*, 26 juin 1858, p. 406.

"La foire de la Pentecôte à Nîmes", *Le Monde illustré*, 26 juin 1858, p. 205. BnF, Gallica.

Chaque contrée a ses fêtes publiques, ses centres mobiles de réunion, ses rendez-vous populaires. [...] Celle de la Pentecôte, dont le siège est la ville de Nîmes, a eu, cette année, un éclat tout particulier. Favorisée par une sérénité splendide, elle a vu un concours exceptionnel de visiteurs affluer dans les hôtels et circuler à flots pressés sur les places et dans les rues de l'antique cité provençale, où il répandait la gaieté et la vie. Nous donnons la vue de l'une de ces places dans un de ces jours d'animation et de plaisir.

1861

Frédéric Mistral, *Les Fêtes de la Tarasque en 1861*, traduit du récit provençal de F. Mistral par Anthony Berthier, Marseille, Moullot, p. 5.

Nous allons vous raconter les péripéties de la fête la plus charmante, la plus joyeuse, la plus populaire, la plus mouvementée d'ici à bien loin : une fête semi-antique, où les places et les rues tiennent lieu de scène et d'arène ; une fête grandiose, où le peuple tout entier devient acteur ; une fête symbolique, qui a eu lieu cette année pour la plus grande joie du peuple félibréen.

1862

Victor Hugo, *Les Misérables*, Paris, Pagnerre, t. V, p. 90.

Tout peut être parodié, même la parodie. La saturnale, cette grimace de la beauté antique, arrive, de grossissement en grossissement, au mardi gras ; et la bacchanale, jadis couronnée de pampres, inondée de soleil, montrant des seins de marbre dans une demi-nudité divine, aujourd'hui avachie sous la guenille mouillée du nord, a fini par s'appeler la chie-en-lit.

1864

Edmond et Jules de Goncourt, *Histoire de la société française pendant la Révolution*, Paris, Bibliothèque-Charpentier, p. 276.

Ces mois de trente jours laissaient pour la fin de l'année cinq jours : les prosodistes les appelèrent *sans-culottides*. [...] Le premier de ces cinq jours devait être une *fête du génie*, le second *la fête du travail*, le troisième *la fête des actions*, le quatrième *la fête des récompenses* ; le cinquième, *la fête de l'opinion*, ressouvenir des saturnales, devait permettre un jour la caricature, la chanson, la liberté française, et traduire le magistrat même à ce tribunal railleur, à ces dénonciations de l'épigramme. Si l'année était bissextile, le sixième jour était une grande *fête à la révolution*. Et de l'autre côté de la Manche, *le Morning-Chronicle* trouvait « que les *sans-culottides* avaient l'avantage de présenter à l'esprit de grandes idées » !

1866

Louis Blanc, *Lettres sur l'Angleterre*, Paris, Librairie internationale, t. II, p. 368.

Christmas est une fête essentiellement anglaise et ce qui la rend telle, c'est que c'est la fête de la « bombance ». Le matin de Christmas, il n'est pas un Anglais qui ne soit en belle humeur ; et s'il vous plaît de savoir au juste pourquoi, parcourez Londres, la veille. Tout ce qui s'adresse à l'estomac par l'intermédiaire des yeux est étalé le long des rues avec une complaisance vraiment nationale, depuis l'oignon d'Espagne couleur de feu jusqu'à ces énormes quartiers de viande qui ne se voient qu'en Angleterre et semblent offerts à l'appétit de Gargantua. De fait, le dîner par excellence ici, c'est le dîner de Christmas, celui où figurent sur la table ces mets traditionnels et vénérés le dindon, le mince-pie, et le plum pudding.

1867

Alexandre Dumas, *Impressions de voyage. Une année à Florence*, nouvelle édition, Paris, Michel Lévy, p. 168.

Nous étions arrivés dans le commencement du mois de juin, et l'on préparait tout pour les fêtes de la Saint-Jean.

À part cette circonstance, où il est tout simple que la ville tienne à faire honneur à son patron, les fêtes sont la grande affaire de Florence. C'est toujours fête, demi-fête ou quart de fête ; dans le moins de juin, par exemple, grâce à l'heureux accouchement de la grande-duchesse, qui eut lieu le 10 ou le 12, et qui par conséquent se trouva placé entre les fêtes de la Pentecôte et de la Saint-Jean, il n'y eut que cinq jours ouvrables. Nous étions donc arrivés au bon moment pour voir les habitans, mais au mauvais pour visiter les édifices, attendu que, les jours de fête, tout se ferme à midi.

1867

Charles Baudelaire, *Poèmes en prose*.

Ô nuit ! ô rafraîchissantes ténèbres ! vous êtes pour moi le signal d'une fête intérieure.

1868

Paris désert, lamentations d'un Jérémie haussmannisé.

Les fêtes sont devenues perpétuelles. Tous les hommes sont vêtus comme s'ils étaient riches et ils sont pauvres. Toutes les femmes portent des tuniques d'or.

Du pain ! du pain ! demandait-on autrefois. Des spectacles et des drôlesses ! crie-t-on aujourd'hui.

1869

Gustave Flaubert, *L'Éducation sentimentale*, Paris, Michel Lévy, p. 126.

« Nous devrions organiser une petite fête chez toi, un raout oriental ? Tâche d'herboriser quelques-unes de tes amies pour ces chevaliers français ! Eh bien, qu'est-ce qui te gêne ? Attendrais-tu ton hidalgo ? »

L'Andalouse baissait la tête sachant les

habitudes peu luxueuses de son ami, elle avait peur d'en être pour ses rafraîchissements.

1870

Jules Michelet, « L'Éducation par les fêtes », *Nos fils*, 5e éd., Paris, Librairie internationale, p. 345.

La vie grecque, si terrible d'action, de lutte, de péril, de guerres, eut cela d'admirable et qui compensait tout : *elle était une fête*. Du berceau, par les fêtes, on allait au tombeau. Elles égayaient le mort même. Fêtes de la nature et de l'humanité. Fêtes de fictions dramatiques et d'histoire nationale. Fêtes des exercices et de gymnastique, charmantes de force et de beauté, qui créaient l'homme même, faisaient les dieux vivants qu'imita Phidias. Comment, avec une existence si radieuse, n'être pas gai ? Peut-être on mourait tôt ? n'importe. La vie n'avait été qu'un sourire héroïque.

Cela reviendra-t-il ? Nulle raison d'en douter. [...]

« Comment fait-on des fêtes ? » Quelle vaine question ! Mais on ne les fait pas. Cela naît de soi-même. Un matin, on s'éveille... Tout a jailli du cœur. C'est fait. Hier, qui s'en serait douté ? [...]

Sans que l'on institue des fêtes, elles se feront, surtout aux jours émus, et le lendemain des grands événements. D'elle-même se fit cette fête des fêtes, la plus belle qui fut jamais, la Fédération de 90 (que j'ai eu le bonheur de conter tout au long), cette sublime agape où l'Europe assista, où tous (de près, de loin) communièrent avec la France.

1873

« Institut de France. Séance publique annuelle des cinq académies. M. Baudrillart, *Les Fêtes publiques* », *La Revue politique et littéraire, revue des cours littéraires*, 15 novembre 1873, p. 464-467.

Aujourd'hui la vie privée l'emporte sur la vie publique ; la famille a ses fêtes, la société ses plaisirs, ses réunions, ses bals, la ville ses curiosités de tout genre, ses magasins remplis d'objets d'art et des produits les plus divers, ses cafés étincelants, ses théâtres, en nombre pour ainsi dire illimité, offrant chaque soir des spectacles qui réunissent tout, la musique, la danse, le décor, l'expression de la passion, la folle gaieté, tout ce qui peut attirer et satisfaire un public de toutes les classes. Quand on possède tous ces moyens de distractions, d'émotions, comment serait-on aussi pressé d'aller les demander à des solennités exceptionnelles, aussi disposé à donner à celles-ci une extension extraordinaire ? Le voulût-on, ne viendrait-on pas se heurter à des causes permanentes et profondes qui empêcheront toujours les solennités publiques d'atteindre chez nous à l'éclat et à la puissance morale qu'elles eurent à d'autres époques ?

1874

Jean-Baptiste Wekerlin, *Opuscules sur la chanson populaire et sur la musique*, Paris, J. Baur, p. 2.

Les anciennes fêtes populaires avaient une expansion qu'on ne retrouve plus et qu'on chercherait en vain dans nos restes de fêtes de village, dont le déclin est tel, même depuis vingt ou trente ans seulement, que notre génération tant soit peu sceptique, les verra probablement s'éteindre complètement.

Aussi, que d'érudits se hâtent depuis quelques années de faire paraître leurs opuscules sur tel ou tel usage populaire, de crainte que dans quelque temps le souvenir même ne soit totalement effacé.

1878

Germain Nouveau, « La Fête chez Toto », *Valentines et autres vers*, Paris, Albert Messein, 1922.

À la fête qu'après-demain je donnerai,
Il y aura beaucoup de monde. Toi, curé,
J'exige que l'on vienne et le diable ait ton âme !
S'il y aura des gens de l'Olympe ? Oui, madame,
Quant à vous, je ne vous invite pas, Zari.

On entrera, dès que le maître aura souri,
À l'heure par exemple où se couchent les villes.

1880

Victor Hugo, « Deuxième discours pour l'amnistie. Séance du Sénat du 3 juillet », *Actes et paroles. IV. Depuis l'exil : 1876-1885*, Paris, Ollendorf, 1880-1926, p. 144.

J'appellerai seulement votre attention sur un fait. Messieurs, le 14 juillet est la grande fête ; votre vote aujourd'hui touche à cette fête.

Cette fête est une fête populaire ; voyez la joie qui rayonne sur tous les visages, écoutez la rumeur qui sort de toutes les bouches. C'est plus qu'une fête populaire, c'est une fête nationale ; regardez ces bannières, entendez ces acclamations. C'est plus qu'une fête nationale, c'est une fête universelle ; constatez sur tous les fronts, anglais, hongrois, espagnols, italiens, le même enthousiasme ; il n'y a plus d'étrangers.

Messieurs, le 14 juillet, c'est la fête humaine.

Cette gloire est donnée à la France, que la grande fête française, c'est la fête de toutes les nations.

Fête unique.

1882

Julien Vinson, *Les Basques et le Pays basque : mœurs, langage et histoire*, Paris, Léopold Cerf, 1882, p. 98.

Les Basques sont très empressés à saisir toutes les occasions possibles de divertissement. Ils s'abstiennent difficilement d'assister aux fêtes locales. Les fêtes sont habituellement l'occasion d'une grande partie de paume, souvent organisée longtemps à l'avance entre les plus forts joueurs des divers villages ; aussi, à l'heure fixée, une foule énorme se presse-t-elle autour de la place ; des paris, souvent très considérables, sont engagés depuis plusieurs jours, depuis que la partie a été annoncée par de grandes affiches rouges ou jaunes placardées dans tous les villages. Quelle que soit la durée d'une partie, personne ne songe à se retirer.

1883

Frédéric Bernard, *Les Fêtes célèbres, de l'antiquité, du moyen âge et des temps modernes*, 2e éd., ill. de 25 vignettes d'après les dessins de Goutzwiller, Paris, Hachette, « Bibliothèque des merveilles », 1883, p. 1.

Dans les temps les plus reculés, l'histoire nous fait assister à des solennités, à des fêtes instituées ou sanctionnées par les lois, ayant pour la plupart un caractère religieux, et montrant chez tous les peuples une tendance naturelle à se réunir pour faire trêve au labeur de chaque jour, et pour mettre en commun leurs joies et leurs douleurs, leurs prières ou leurs actions de grâces à la Divinité. On célébrait le retour des saisons, les souvenirs glorieux d'un peuple ou d'un héros ; on prenait le deuil en mémoire de désastres ou de calamités publiques. Les inégalités sociales s'effaçaient, ou du moins s'atténuaient pour quelques heures ; un même but, une même idée, rapprochaient les différentes classes de citoyens et développaient en elles le sentiment d'unité qui fait la force des nations.

1883

Minora, « Les Fêtes champêtres », *Le Gaulois*, 9 septembre 1883.

Les fêtes champêtres, ou villageoises, qui sont une spécialité des environs de Paris, ont, cette année encore, leur succès habituel, et la vogue dont elles jouissent depuis plus d'un demi-siècle ne paraît pas près de les abandonner. Le goût y est, on y va, on s'y précipite de tous côtés. Chaque dimanche, un grand nombre de Parisiens désœuvrés, qui n'ont ni le temps ni les moyens d'aller à la mer ou de se procurer une campagne sérieuse, prennent dans quelque gare un billet de banlieue et s'en vont chercher là un peu d'air, mêlé de beaucoup de poussière et de bruit. On en rencontre même tout le long des routes qui gagnent, à pied, ces lieux de plaisir, pour économiser le prix du voyage et mettre un peu plus d'argent aux réjouissances. Enfin, à tort ou à raison, les fêtes champêtres sont très courues, et ce qui le prouve, c'est que la plupart des journaux en donnent chaque semaine la nomenclature, avec l'itinéraire pour s'y rendre. Il est probable que, si ce régal n'était pas agréable aux lecteurs, on ne le leur servirait pas.

Il y a eu autrefois, il y a encore aujourd'hui des fêtes célèbres : Saint-Cloud, les Loges, Sceaux, Romainville, etc. Elles ont été souvent décrites par les romanciers, et même chantées par les poètes. Balzac a immortalisé le bal de Sceaux. Paul de Kock a emprunté à Montfermeil des Laitières, et à Belleville quelque chose de mieux. La mode est principalement, depuis quelques années, aux fêtes de la vallée de la Marne : Joinville, Nogent, etc. [...]

On aime les fêtes champêtres, puisqu'on s'y étouffe chaque année davantage [...] Le seul point qui me paraisse incontestable, c'est qu'elles baissent, comme tout le reste, et qu'en dépit de l'empressement qu'on leur témoigne elles sont aujourd'hui en pleine décadence. Elles ont subi une transformation qui en a complètement dénaturé le caractère et détruit le charme ; elles se sont horriblement démocratisées. Ce qu'on appelait autrefois la fête patronale ce que nos musiciens français appelaient « la fête du village voisin », n'existe plus. Et c'est tout simple, il n'y a plus m patron ni village voisin. Le patron a disparu, ou disparaît tous les jours, comme une vaine superstition cléricale. [...] Quant au village voisin, il n'y en a plus ; avec le chemin de fer tous les villages sont voisins, et Paris déborde. La fête champêtre, la fête du pays s'est élargie, étendue, ouverte et offerte à tout venant. Dans cette promiscuité, chère aux restaurateurs, elle s'est perdue, elle est morte !

Aujourd'hui nous avons, chaque dimanche, dans un certain nombre de communes (on ne dit même plus villages), jusqu'à huit et dix lieues autour de Paris, des réunions tapageuses, des cohues d'atroce compagnie. [...] Ces braillards, ces filles, ces citadins effrontés et envahissants, qui se croient tout permis, parce qu'ils sont en dehors des fortifications, inspirent une véritable terreur à tous ceux qui aiment la gaieté décente, le silence, et l'intimité. [...]

Partout où la civilisation robinsonienne s'est fait sentir, vous devinez le ton qu'ont pris les fêtes champêtres. Dans les endroits écartés qui échappent encore à son influence, elles ne valent pas beaucoup mieux. Elles se sont négligées, attardées, elles n'ont fait aucun progrès. Ce sont toujours les mêmes jeux, les mêmes spectacles forains, parmi lesquels les tirs à la poupée et le manège des chevaux de bois occupent le premier rang. [...]

Les fêtes sont abandonnées non pas à la démocratie, mais, les trois quarts du temps, à la voyoucratie triomphante.

1885

Petit de Julleville, *Les Comédiens en France au moyen âge*, Paris, L. Cerf, p. 33.

L'origine de la farce, l'origine de la moralité sont donc ailleurs que dans la Fête des Fous. Mais faut-il en conclure que rien (comme on l'a dit), rien dans notre théâtre comique ne vient de la Fête des Fous ? Ce serait aller trop loin, pensons-nous.

Quel était le principe, quelle était l'idée fondamentale de cette Fête et des fêtes analogues (comme celles *de l'Âne, des Innocents,* etc.) ? C'était de parodier la hiérarchie ecclésiastique ; c'était de renverser le monde sens dessus dessous ; c'était de mettre les grands en bas et les petits en haut : « Dieu a déposé les puissants de leur siège, et il a élevé les humbles. » *Deposuit potentes de sede et exaltavit humiles,* comme il est dit dans le *Magnificat,* et comme on chantait avec fureur et à satiété à la fin de la Fête, pendant qu'on se prélassait sur le trône de l'Évêque et dans les stalles des chanoines ?

Or cette idée de parodie universelle et de bouleversement de la hiérarchie établie, se retrouve précisément dans un genre particulier de comédie, au moyen âge : dans la sottie. La sottie était jouée par des sots ; et le sot, c'est le fou ; les deux noms désignent perpétuellement et indifféremment le même personnage ; qu'on le nomme *fou*, qu'on le nomme *sot*, il symbolise l'homme en général et les grands en particulier, abandonnés à la bêtise et au vice qui sont au fond de nos instincts.

1885

Jean Lorrain, « Les Montreurs. V. À la lutte », *Modernités*, Paris, Giraud et Cie, p. 7.

À Cythère, à Lesbos, c'est la fête des fêtes
Celle où d'un rêve impur les sens hallucinés
Mêlent aux bruns lutteurs les blonds efféminés
Et les jokeys d'un club au clan des bleus poètes.

1886

Edmond Neukomm, *Fêtes et spectacles du vieux Paris*, Paris, Dentu, p. 261.

Ruggieri, le grand artificier, a dit que le feu d'artifice est le complément indispensable de toute fête, quelque chose comme le couplet final de tout divertissement. Ce sera aussi le couplet final de ce livre, où il a été parlé de fêtes, exclusivement.

1889-1895

Aristide Bruant, « Paillasse », *Dans la rue, chansons et monologues, dessins de Steinlen [et de Poulbot]*, Paris, A. Bruant, p. 60.

Et quand c'est la fête à Joinville,
Au Parc, au Trône, à Gentilly,
Et à Montmartre et à Neuilly,
Et à Vincenn' et à Bell'ville,
A peut pus démarrer des planches ;
A jette l' gant aux amateurs,
A guinche, en tortillant ses hanches,
Su' l' tremplin... avec les lutteurs.

Illustration de Poulbot dans Aristide Bruant, *Dans la rue*, vol. 3, Paris, Flammarion, 1895, p. 61. BnF, Gallica.

1891

Eugène Gilbert, « Causerie littéraire », *Revue générale*, t. LIV, p. 113.

Il nous faudrait de longues pages pour analyser la plus récente œuvre de M. A. Giraud, les *Dernières Fêtes,* ces poèmes bizarres et maladifs, saturés d'une fine et savante sensualité, tout imprégnés d'une volupté effrénée et déviée, dont l'inspiration est sacrilège et réprouvée, mais dont la forme est splendide, la facture pour ainsi dire impeccable. [...]

Et ces fêtes étranges, ces fêtes bizarrement sadiques, déroulées tantôt en tableaux d'orgies byzantines, tantôt en effrayantes caresses initiatrices, passent sous nos yeux, évoquées par le poète, avec une tranquille et souveraine inconscience, avec une naïveté d'audace qui déroute plus que tout. Baudelaire tremble, et pleure son péché, et son péché l'attire ; il l'aime pour les frissons d'épouvante qu'il lui procure, et la *beauté des démons sensuels* vainc chez lui la faible résistance des *anges :* mais c'est avec des larmes, des frissons, ou de l'horreur qu'il chante son péché. Le poète des *Dernières Fêtes,* toujours calme, sans remords, promène, en ces débauches, une scandaleuse sérénité.

1894

Gustave Guillaumin, « La foire du grand mail à Rennes », *Heures de loisir, poésies intimes*, Rennes, Typographie Oberthur, p. 61.

La fête bat son plein ce soir dans le faubourg.

Tout un clan d'histrions et d'artistes nomades
Offre au public ravi de superbes parades.
L'hercule se raidit, choquant ses poids de fer,
Les fauves stimulés rugissent dans leur cage,
Pierrot en grimaçant se trémousse avec rage,
Et tous font, réunis, un vacarme d'enfer !

1895

Gabriel Tarde, *La Logique sociale*, Paris, Alcan, p. 325.

[...] partout et toujours, en se civilisant, les hommes ont éprouvé la passion croissante des *fêtes,* dont la passion des divertissements publics n'est qu'une importante variété. Et qu'est-ce que les fêtes ? C'est le procédé souverain par lequel la logique sociale des sentiments noie et résout tous leurs désaccords partiels, inimitiés privées, envies, mépris, oppositions morales de toutes sortes, dans une immense unisson formée [*sic*] par la convergence périodique de tous ces sentiments secondaires en un sentiment majeur et plus fort, en une haine ou un amour collectifs pour un grand objet, qui donne le ton aux cœurs et transfigure en accord supérieur leurs dissonances. En sorte que, plus une société, en se compliquant, multiplie celles-ci, plus elle a besoin de fêtes, de fêtes magnifiques et fréquentes. [...] Cette unisson des cœurs qu'elles produisent est nécessaire pour compléter l'harmonie des intérêts que les foires et les marchés travaillent à produire. [...]

1895

Gabriel Tarde, *Les Lois de l'imitation, étude sociologique*, 2e éd., Paris, Alcan, p. 54.

Comment, si ce n'est par imitation, ce grotesque usage qui consiste à faire promener sur un âne, assis au rebours, les maris battus par leurs femmes, a-t-il pu s'établir au moyen âge, où on le rencontre en tant de lieux différents ? Il est manifeste qu'une idée si saugrenue n'a pu spontanément jaillir à la fois en des cervelles distinctes. Cela n'empêche pas M. Baudrillart, entraîné par le préjugé courant, de se persuader que les fêtes populaires se sont faites toutes seules, sans nulle initiative individuelle, consciente et délibérée. « Ce qui a établi, dit-il, les fêtes de la *Tarasque* à Tarascon, de la *Graouilli* à Metz, du *Loup vert* à Jumièges, de la *Gargouille* à Rouen, et tant d'autres, ce n'est, selon toute vraisemblance, aucun décret délibéré en conseil (je l'accorde), aucune volonté préméditée (ici est l'erreur) ; ce qui les a rendues périodiques, c'est un assentiment unanime *et spontané*... » Se représente-t-on bien des milliers de gens à la fois concevant et réalisant *spontanément* des singularités pareilles !

En résumé, tout ce qui est social et non vital ou physique, dans les phénomènes des sociétés, aussi bien dans leurs similitudes que dans leurs différences, a l'imitation pour cause.

1895

Populus, « Causerie », *Journal du dimanche*, 21 juillet 1895.

Le moyen âge ne connut que les fêtes de l'Église, et la tradition en fut si fortement implantée qu'aujourd'hui encore, pour le librepenseur comme pour le croyant, Noël, Pâques, la Toussaint, sont restés des jours de fêtes incontestés.

C'est pour déraciner ces pieuses coutumes que la Révolution s'efforça, en vain, de multiplier les fêtes populaires, et jamais le peuple ne fut plus invité à s'amuser que pendant les jours les plus orageux et les plus sanglants de notre histoire. Après la fête de la Fédération, du 14 juillet 1790, née d'une admirable pensée de patriotisme, de concorde et de fraternité, et qui fut suivie d'un banquet de 24,000 convives, la Convention organisa à tout propos les incohérentes cohues, mélange ridicule de paganisme et de réminiscences grecques et romaines, qu'on appela fête de la Raison, représentée justement par une fille d'opéra, fête de l'Être suprême, où pontifia Robespierre, fêté de la Jeunesse, de l'Agriculture, de la Bienfaisance, des Bons Ménages, de la Souveraineté du Peuple, célébrée dans les derniers jours de décembre, et qu'on appela malicieusement la fête des saints Innocents [...].

Napoléon Ier balaya toutes ces hypocrites niaiseries, dont la Révolution de 1848 ne put parvenir à ressusciter même les moins grotesques souvenirs. L'empereur fit de sa fête à lui la fête populaire ; il inventa un saint Napoléon, l'inscrivit sur l'almanach au 15 août, et ordonna au peuple de se réjouir ce jour-là, et point d'autres, en son honneur.

La Restauration ne songea pas à s'appuyer sur la gaieté publique, mais les réjouissances officielles se donnèrent libre cours à la saint Louis, d'abord, puis à la saint Charles. L'enthousiasme de la foule fut encore plus discret sous Louis-Philippe, qui fixa au 1er mai, jour de la saint Philippe, la date des feux d'artifice ordinaires. La Révolution de 1848 organisa le suffrage universel, et trouva, à tort peut-être, qu'elle avait assez fait pour amuser le peuple. Enfin la Constitution impériale de 1852 rétablit au 15 août la Fête nationale, que la troisième République, dans le même esprit traditionnel, a reportée au 14 Juillet.

1897

Louis Morin, *Carnavals parisiens*, Paris, Montgredien et Cie, p. 6.

Et le bœuf gras ? La cavalcade des étudiants ? La mi-carême des blanchisseuses ? Tous ces cortèges bruyants et fous qui ont passé sous nos yeux, parmi la neige propice des confetti, vous ne nous en parlerez donc pas ? — Si fait, nous passerons ensemble la revue de toutes les mascarades parisiennes : ce sont des spectacles dans la donnée des carnavals anciens, des défilés pleins d'animation et de couleur, — principalement la toujours spirituelle cavalcade des étudiants, mais nous leur préférons la tendance du Carnaval des artistes, et surtout les défilés de la Vache enragée. Ce carnaval nouveau, symboliste au bon sens du mot, nous paraît supérieurement inspiré par l'Art de la Joie.

1898

Émile Zola, *La Fête à Coqueville*, Paris, Fasquelle, p. 58.

La fête avait fini par un mariage. Et M. Mouchel lui-même, plus tard, épousa la veuve Dufeu, qu'il battit comme plâtre. Parlez-en dans la basse Normandie, on vous dira avec des rires : « Ah ! oui, *la Fête à* Coqueville ! »

1900

G. Delaurier, « Chronique de Dieppe », *L'Écho de Rouen illustré, journal hebdomadaire, littéraire, satirique et théâtral*, 4 mars 1900.

N'était le parfum des carêmes-prenants, sollicitant le sens olfactif des passants et l'agglomération des promeneurs, l'après-midi du Mardi-Gras, — qui a vu la pluie de quatre à sept heures, — serait passé inaperçu. Mais le soir, la gaieté a régné tant en ville, où la fanfare bigotphoniste transwaalienne, composée de sept superbes clowns rouges, conduits par un chef au chapeau 1830, a été dans les principaux cafés jouer divers morceaux, avec jongleur équilibriste, hercule aux poids lourds et mandoliniste, lesquels ont eu la charitable pensée de faire des quêtes pour les pauvres, qu'au bal carnavalesque donné au Gymnase, où clownesse de soie rose, élégant bébé, superbe coquelicot de satin, dominos multicolores, pierrots, ballerines, etc., se sont trémoussés à « jambes que veux-tu ». — Et les confetti firent rage pour la plus grande joie de « moultes jeunesses », comme eût dit Rabelais. Vive donc Sa Majesté défunte Mardi-Gras 1900 !

1902

Gabriel Tarde, *Psychologie économique*, Paris, Alcan, t.i, p. 279.

L'institution des vacances (ainsi, d'ailleurs, que celle du repos dominical ou sabbatique, hebdomadaire) est très distincte de l'institution des fêtes : les fêtes ont une origine religieuse ou patriotique, elles sont une commémoration joyeuse, un rassemblement en l'honneur d'un saint, d'un héros, d'un événement heureux ou glorieux ; les vacances (comme le dimanche) ne commémorent rien, ne célèbrent rien, elles dispersent ou isolent les individus plutôt qu'elles les rassemblent, elles sont réputées un repos salutaire plutôt qu'une joie fortifiante et tonique.

Les fonctionnaires égyptiens, athéniens, romains, connaissaient-ils les vacances ? Il ne le semble pas. On ne saurait voir un embryon de vacances dans les saturnales des esclaves.

Louis Galice, affiche, *Bois de Boulogne. Fête des fleurs . Samedi 1, dimanche 2,* Paris, Affiches Américaines Ch. Levy. BnF, Gallica.

Eugène Atget, *Fête Foraine des Invalides, 7e arrondissement, Paris.* Paris Musées / Musée Carnavalet.

Orientations bibliographiques

Bérangère Chaumont et Victoire Feuillebois

BIBLIOGRAPHIE FONDAMENTALE

« Faire la fête ! Entre commémoration et transgression », *Didactica Historica*, n° 4, 2018.

« La Fête, cette hantise », *Autrement*, n° 7, 1976.

ARON, Jean-Paul, *Le Mangeur au XIXe siècle*, Paris, Laffont, 1973.

BERCÉ, Yves-Marie, *Fête et révolte : Des mentalités populaires du XVIe siècle au XVIIIe siècle*, Paris, Hachette, « Le temps et les hommes », 1976.

CAILLOIS, Roger, *L'Homme et le Sacré*, Paris, Gallimard, « Folio essais », 1988 (1950).

—, *Les Jeux et les hommes : Le masque et le vertige*, Paris, Gallimard, « Folio essais », 1967 (1958).

CAZENEUVE, Jean, *La Vie dans la société moderne*, Gallimard, « Idées », 1982.

CORBIN, Alain, *L'Avènement des loisirs, 1850-1960*, Paris, Aubier, 1995.

COX, Harvey, *La Fête des fous : Essai théologique sur les notions de fête et de fantaisie*, Paris, Éditions du Seuil, 1971 (Cambridge, Harvard University Press, 1969).

DELATTRE, Simone, *Les Douze heures noires : la nuit à Paris au XIXe siècle*, Paris, Albin Michel, « Bibliothèque de l'évolution de l'humanité », 2000, en particulier « 2. Noctambulismes ».

DURKHEIM, Émile, *Les Formes élémentaires de la vie religieuse : Le Système totémique en Australie*, Paris, Le Livre de poche, 1991 (1912).

DUVIGNAUD, Jean, *Fêtes et civilisations*, suivi de *La Fête aujourd'hui*, Paris, Actes Sud, 1991 (Weber, 1974).

— , *Le Don de rien : Essai d'anthropologie de la fête*, Paris, Tétraèdre, 2007 (1977).

ERHARD, Jean et VIALLANEIX, Paul (dir.), *Les Fêtes de la Révolution*, Paris, Société des Études Robespierristes, 1977.

FAUQUET, Joël-Marie, *Dictionnaire de la musique en France au XIXe siècle*, Paris, Fayard, 2003 : articles « bals publics », « bals de l'Opéra », « cabaret artistique », « café-concert », « Chat noir, Le », « danses de société », « danses populaires traditionnelles », « fête foraine », « galop », « goguette », « guinguette », « Musard, Philippe », « music-hall », « polka », « valse ».

GOFFMAN, Erving, *La Mise en scène de la vie quotidienne, 1. La présentation de soi, 2. Les relations en public*, Paris, Éditions de Minuit, 1973.

HUIZINGA, Johan, *Homo ludens : essai sur les fonctions sociales du jeu*, Paris, Gallimard, « Tel », 1988 (1951).

KALIFA, Dominique, *Paris : une histoire érotique d'Offenbach aux Sixties*, Paris, Payot, 2018.

KERLOUÉGAN, François, « Les Mille et une nuit urbaines », *Le Magasin du XIXe siècle*, n° 3 « Quand la ville dort », Paris, Champ Vallon, 2013, p. 23.

LALLEMENT, Emmanuelle (dir.), *Éclats de fête*, *Socio-anthropologie*, n° 38, 2018.

LE ROY LADURIE, Emmanuel, *Le Carnaval de Romans : de la chandeleur au mercredi des Cendres 1579-1580,* Paris, Gallimard, « Bibliothèque des histoires », 1979.

LEVI, Giovanni, et SCHMITT, Jean-Claude, *Histoire de la jeunesse en Occident*, Paris, Seuil, 1996.

MARIN, Louis, « Une mise en signification de l'espace social : manifestation, cortège, défilé, procession (notes sémiotiques) », *Sociologie du Sud-Est*, n° 37-38, juillet-décembre 1983, p. 13-27.

MILNER, Max, et CHATELAIN-COURTOIS, Martine (dir.), *L'Imaginaire du vin*, Paris, Jeanne Laffite, 1983.

MUCHEMBLED, Robert, *Culture populaire et culture des élites dans la France moderne (XVe-XVIIIe siècle)*, Paris, Flammarion, 1991 (1978).

OZOUF, Mona, *La Fête révolutionnaire 1789-1799*, Gallimard, « Bibliothèque des histoires », 1976.

—, « Peut-on commémorer la Révolution française ? », *Le Débat*, 1983/4 n° 26, p. 161-172.

ROWLEY, Anthony, *À table ! La fête gastronomique*, Paris, Gallimard, « Découvertes », 1994.

SCHINDLER, Norbert, *Histoire de la jeunesse*, Paris, Seuil, 1996.

STAROBINSKI, Jean, *Portrait de l'artiste en saltimbanque*, Genève, Skira, 1970.

TARDIF, Élisabeth, *La Fête*, Paris, Larousse, « Idéologies et sociétés », 1977.

VERNUS, Michel, *La Veillée*, Yens sur Morges, Cabédita, 2010.

VOVELLE, Michel, *Les Métamorphoses de la fête en Provence de 1750 à 1820*, Paris, Aubier/Flammarion, 1976.

MUTATIONS DU MONDE DE LA FÊTE

« Les Banquets », *Romantisme*, n° 137, 2007.

« Le Cabaret de la mère Saguet », *Le Gastronome : journal universel du goût*, première année, n° 18, 13 mai 1830, p. 5-6.

Sociabilité (La) en France et en Grande-Bretagne au siècle des Lumières : l'émergence d'un nouveau modèle de société, Paris, Éditions Le Manuscrit, 2012-2021, t. I à VII.

Les Anglais à Paris au XIXe siècle, exposition, 20 septembre-11 décembre 1994, Musée Carnavalet, Paris, Paris musées, 1994/

BEAUREPAIRE, Pierre-Yves, « La ville en jeu. L'évolution des jeux d'adresse à la fin de l'Ancien Régime : un processus de folklorisation et de marginalisation sociale ? », dans Philippe Guignet (dir.), *Le Peuple des villes dans l'Europe du Nord-Ouest (fin du Moyen Âge-1945), vol. II, Actes du colloque organisé par le CRHEN-O à Villeneuve d'Ascq les 22, 23 et 24 novembre 2001,* Villeneuve d'Ascq, CRHEN-O/Université Charles de Gaulle Lille 3, 2003, p. 141-154.

BEE, Michel, « Le spectacle d'exécution dans la France d'Ancien Régime », *Annales ESC*, n° 4, juillet-août 1983, p. 843-862.

BONAL, Gérard, *Des Américaines à Paris : 1850-1920*, Paris, Tallandier, 2017.

BOURILLON, Florence (dir.), « Les loisirs dans la ville », *Histoire urbaine*, n° 1, juin 2000.

CORBIN, Alain, « Temps des loisirs, espaces de la ville. Entretien accordé à Florence Bourrillon et Annie Fourcaut », *Histoire urbaine*, n° 1, juin 2000, p.163-168.

CUNNIGHAM, Hugh, « The metropolitan fairs: a case study in the social control leisure », dans A.P. Donajgorski (dir.), *Social Control in Nineteenth Century Britain*, London, Croom Helm, 1977, p. 163-184.

DE LA SELLE, Hélène, *Cafés et brasseries de Lyon, Architecture et décor des cafés et brasseries de Lyon des origines à 1914*, Paris, Jeanne Laffitte, 1986

DUBOIS, Claude, *La Bastoche : Bal-musette, plaisir et crime 1750-1939*, Paris, Éditions du Félin, 1997.

FAUCIGNY-LUCINGE, Jean-Louis de, *Fêtes mémorables, bals costumés (1922-1972)*, Paris, Herscher, 1986.

FREUNDLICH, Francis, *Le Monde du jeu à Paris (1715-1800)*, Paris, Albin Michel, 1995.

GANOFSKY, Marine, *Petits soupers libertins*, Paris, Société française d'étude du dix-huitième siècle, 2016.

GASCAR, Pierre, *Le Boulevard du Crime*,

Paris, Hachette/Massin, 1980.

GASNAULT, François, *Guinguettes et lorettes : Bals publics et danse sociale à Paris entre 1830 et 1870*, Aubier, « Collection historique », 1986.

GÉROME, Noëlle, Danielle TARTAKOVSKY et Claude WILLARD (dir.), *La Banlieue en fête, de la marginalité urbaine à l'identité culturelle*, Saint-Denis, Presses Universitaires de Vincennes, 1988.

GRANGER, Sylvie, *Danser dans la France des Lumières*, Rennes, PUR, 2019.

HESS, Rémi, *La Valse : un romantisme révolutionnaire*, Paris, Métailié, 2003.

JOANNIS-DEBERNE, Henri, *Danser en société : bals et danses d'hier et d'aujourd'hui*, Paris, Bonneton, 1999.

LANGLE, Henry-Melchior de, *Le Petit Monde des cafés et débits parisiens au XIXe siècle : évolution de la sociabilité citadine*, Paris, PUF, « Histoires », 2016.

LECOQ, Benoît, « Le café », dans Pierre Nora (dir.), *Les Lieux de mémoire, Les Frances*, Paris, Gallimard, 1997 (première édition 1992), t. 3, p. 3771-3799.

LEGENDRE, Pierre, *La Passion d'être un autre : étude pour la danse*, Paris, Seuil, 2000 (1978).

LUGAN, Anne-Marie, *Ces dames au salon : féminisme et fêtes galantes au XVIIIe siècle*, Paris, Odile Jacob, 2014.

MARTIN-FUGIER, Anne, *La Vie élégante ou la formation du Tout-Paris 1815-1848*, Paris, Perrin, « Tempus », 2011 (Fayard, 1990).

MONTANDON, Alain, *Sociopoétique de la danse*, Paris, Anthropos, 1998.

MOREAU, Christophe, et SAUVAGE, Christophe, *La Fête et les jeunes : espaces publics incertains*, Rennes, Apogée, 2006.

MUCHEMBLED, Robert, *La Société policée. Politique et politesse en France du XVIe au XXe siècle*, Paris, Éditions du Seuil, 1998.

NAHOUM-GRAPPE, Véronique, *La Culture de l'ivresse : Essai de phénoménologie historique*, Paris, Quai Voltaire, 1991.

NOURRISSON, Didier, *Le Buveur au XIXe siècle*, Paris, Albin Michel, 1990.

NUGUES-BOURCHAT, Alexandre, « L'exécution capitale : un spectacle sous le regard des élites (Lyon, XIXe siècle) », dans Philippe Guignet (dir.), *Le Peuple des villes dans l'Europe du Nord-Ouest (fin du Moyen-Age-1945), vol. II, Actes du colloque organisé par le CRHEN-O à Villeneuve d'Ascq les 22, 23 et 24 novembre 2001*, Villeneuve d'Ascq, CRHEN-O/Université Charles de Gaulle Lille 3, 2003, p. 411-425.

PELLETAN, Eugène, *Les Fêtes de l'intelligence*, Paris, Pagnerre, 1863.

—, *La Nouvelle Babylone*, Paris, Pagnerre, 1863.

PERARD, Jocelyne et Maryvonne PERROT (dir.), *Le Vin et les rites*, Dijon, Centre Georges Chevrier, 2008.

PILON, Edmond et SAISSET, Frédéric, *Les Fêtes en Europe au XVIIIe siècle*, Saint Gratien, Éditions du Soleil, 1925.

PITOU, Frédérique, « Jeunesse et désordre social : les coureurs de nuit à Laval au XVIIIe siècle », *Revue d'histoire moderne et contemporaine*, n° 47, janvier-mars 2000, p. 69-92.

—, « Les pratiques de divertissement à Laval au XVIIIe siècle », dans Florence Bourillon (dir.), « Les loisirs dans la ville », *Histoire urbaine*, n° 1, juin 2000, p. 87-104.

PORCIANI, Ilaria, « Fêtes et célébrations dans les trois capitales italiennes », dans Christophe Charle et Daniel Roche (dir.), *Capitales culturelles, capitales symboliques : Paris et les expériences européennes (XVIIIe- XXe siècles)*, Paris, Éditions de la Sorbonne, 2002.

RAUCH, André, « Des jeux aux sports. Pour une histoire des différences », *Cahiers d'Histoire*, n° 1, 1989, p. 41-54.

ROBERT, Vincent, « Temps, lieux, formes et enjeux des fêtes de quartier à Lyon (1830-1914) », dans Alain Lemenorel (dir.), *La Rue, lieu de sociabilité, Rencontres de la rue, Actes du colloque de Rouen des 16-19 novembre 1994*, Rouen, Publications de l'Université, n° 214, 1997, p. 369-375.

ROCHE, Daniel, « Le cabaret parisien et les manières de vivre du peuple », dans Maurice Garden et Yves Lequin, *Habiter la ville, XVe-XIXe siècles. Actes de la table ronde organisée avec l'aide de la D.G.R.S.T. et de la Mission de la Recherche Urbaine*, Lyon, P.U.L., 1985, p.233-251.

Rousier, Claire (dir.), *Scènes de bal, bals en scène*, catalogue de l'exposition du Centre national de la danse, 9 février-30 avril 2011, et du Théâtre national de Chaillot, 5 mai-10 juin 2011, Paris, Centre National de la danse, 2010.

Rosenzweig, Roy, *Eight hours for what we will: workers and leisure in an industrial city, 1870-1920*, Cambridge, Cambridge University Press, 1983.

Salmon, Xavier (dir.), *Dansez, embrassez qui vous voudrez : fêtes et plaisirs d'amour au siècle de Madame de Pompadour*, catalogue de l'exposition du musée du Louvre-Lens du 5 décembre 2015 au 29 février 2016, Lens, Musée du Louvre-Lens, 2015.

Schivelbusch, Wolfgang, *La Nuit désenchantée : À propos de l'éclairage artificiel au XIXe siècle*, trad. A. Weber, Paris, Le Promeneur, 1993 (Munich, 1983), en particulier « Digression : La vie nocturne », « Le salon », « La scène ».

Schott-Billmann, France, *Le Besoin de danser*, Paris, Odile Jacob, 2000.

FÊTES SACRÉES, FÊTES PROFANES

Apprill, Christophe, *Les Mondes du bal*, Nanterre, Presses Universitaires de Paris Nanterre, « Ethnographies plurielles », 2018.

Ayala, Pier Giovanni d', Boiteux, Martine [dir.], *Carnavals et mascarades*, Paris, Bordas, 1988.

Bakhtine, Mikhaïl, *L'Œuvre de François Rabelais et la culture populaire au Moyen Âge et sous la Renaissance*, Gallimard, « Tel », 1982 (1970).

Barruol, Agnès, Cranga, Yves, et Palouzié, Hélène [dir.], *Regards sur le patrimoine des fêtes et des spectacles*, Arles, Actes Sud, 2014.

Beck, Robert, *Histoire du dimanche : de 1700 à nos jours*, Paris, Éditions de l'Atelier-Éditions Ouvrières, 1997.

Bowman, Frank Paul, *Le Christ romantique*, Genève, Droz, 1973.

Burguière, André, « La fête au village », dans *Paysages et Paysans. Les campagnes européennes du Xe au XXe siècle*, Paris, Nathan, 1991, p. 146-187.

Cagneux, Yves, *Le Carnaval à Paris*, Paris, Paris-Musées, 2011.

Callard, Caroline et Stéphanie Sauget, « La hantise comme "œuvre du siècle" : un projet de maison hantée pour l'Exposition universelle de 1900 », *Revue d'histoire du XIXe siècle*, n° 54, 2017, p. 163-178.

Carruzzo-Frey, Sabine et Abbott, Fanny, *La Fête des Vignerons de 1797 à 2019*, Lausanne, Presses polytechniques et universitaires romandes, 2019.

Cretin, Nadine, *Fête des fous Saint-Jean et belle de mai. Une histoire de calendrier*, Paris, Éditions du Seuil, 2008.

Deacy, Christopher, *Christmas as Religion. Rethinking Santa, the Secular, and the Sacred*, Oxford, Oxford University Press, 2016.

Fabre, Daniel, *Carnaval ou la fête à l'envers*, Paris, Gallimard, coll. « Découverte », 1992.

Faure, Alain, *Paris Carême-prenant : Du carnaval à Paris au XIXe siècle 1800-1914*, Paris, Hachette, 1978.

Ferreira, Felipe, *L'Invention du carnaval au XIXe siècle : Paris, Nice, Rio de Janeiro*, Paris, L'Harmattan, 2014.

Gaignebet, Claude, *Le Carnaval : essais de mythologie populaire*, Paris, Payot, coll. « Regard de l'histoire », 1974.

Gasnault, François, *Un animateur des bals publics parisiens : Philippe Musard 1792-1859*, Paris, Librairie d'Argences, 1982.

—, « Bal, délinquance et mélodrame dans le Paris romantique : l'affaire de la *Tour de Nesle* (1844) », *Revue d'histoire moderne et contemporaine*, XXIX, janvier-mars 1982, p. 36-39.

—, « Les salles de bal du Paris romantique : décors et jeux des corps », *Romantisme*, n° 32, 1982, p. 7-18.

—, *Guinguettes et lorettes : Bals publics et danse sociale à Paris entre 1830 et 1870*, Aubier, « Collection historique », 1986.

Gourarier, Zeev, *Il était une fois la fête foraine : de 1850 à 1950*, Paris, Réunion des Musées Nationaux, 1995.

Heers, Jacques, *Fêtes des fous et carnavals*, Paris, Fayard, 1984.

Isambert, François-André, *Le Sens du sacré. Fête et religion populaire*, Paris, Éditions de Minuit, 1982.

Kilgor, Jessica, « Father Christmas and Thomas Malthus: Charity, Epistemology, and Political Economy in A Christmas Carol », *Dickens Studies Annual*, vol. 42, 2011, p. 143-158.

Lano, Pierre de, *Les Bals travestis et les tableaux vivants sous le Second Empire*, illustré de 25 aquarelles hors texte par Léon Lebègue, Paris, Simonis Empis, 1893.

Larmat, Jean, Roger Lasalle, Christian Loubet et Michel Pastoureau (dir.), « Le Corps masqué : les changements de l'apparence », *Cahier du centre d'études médiévales de Nice Nice*, n° 6, 1986.

Le Goff, Jacques et Jean-Claude Schmitt, *Le Charivari*, Paris, École des Hautes Études en Sciences Sociale, 1981.

Legoy, Corinne, « "Fugitive, insaisissable, protée, caméléon ", la vogue du travestissement festif de la Restauration aux années 1930 », *La Revue de la BnF*, n° 51, mars 2015, p. 64-73.

—, « Delphine Baron, la fée du travestissement en procès. Bals costumés et normes sociales sous le Second Empire », *Modes Pratiques. Revue d'Histoire du vêtement et de la mode*, n° 1, 2015, p. 46-69.

—, « Bals masqués et costumés au xixe siècle : pourquoi, et comment, en faire l'histoire ? », *Didactica Historica*, n° 4 « Faire la fête ! Entre commémoration et transgression », 2018, p. 35-42.

Maillard, Anne, *Dimanche et fêtes chrétiennes : histoire de leurs origines*, Aubonne, Édition du Moulin, 1984.

Manson, Michel, *Histoire(s) des jouets de Noël*, Paris, Tétraèdre, 2005

Monjaret, Anne, « La Sainte-Catherine dans la couture : une Fête au féminin », *Ethnologie Française*, vol. 16, n° 4, 1986, p. 361-78.

Montandon, Alain (dir.), *Le Livre de l'hospitalité*, Paris, Bayard, 2004.

Perrot, Martyne, *Le Cadeau de Noël : histoire d'une invention*, Paris, Autrement, 2013.

Rang, Florens Christian, *Psychologie historique du carnaval*, Toulouse, Ombres, 1990 (1909).

Rey-Flaud, Henri, *Le Charivari. Les rituels fondamentaux de la sexualité*, Paris, Payot, 1985.

Van Gennep, Arnold, *Les Rites de passage. Étude systématique des rites*, Paris, Éditions A.&J. Picard, 1981.

LITURGIES POLITIQUES

Quand Paris dansait avec Marianne, 1879-1889, Paris, Petit Palais, Musée des Beaux-Arts de la Ville de Paris, 1989.

Agulhon, Maurice, « Fête spontanée et fêtes organisées à Paris en 1848 », dans Jean Ehrard et Paul Viallaneix (dir.), *Les Fêtes de la Révolution*, Paris, Société des Études Robespierristes, 1977, p. 243-271

—, *Le Cercle dans la France bourgeoise (1810-1848) : étude d'une mutation de sociabilité*, Paris, Colin, 1977.

Amalvi, Christian, « Le 14 juillet, du *Dies irae* à *Jour de fête* », dans Pierre Nora (dir.), *Les Lieux de mémoire, t. 1, La République*, Paris, Gallimard, 1997 (première édition 1984), p. 383-423.

Arnaud, Pierre, « Fête, sport et éducation politique à Lyon sous la Troisième République », dans Alain Corbin, Noëlle Gérôme et Danielle Tartakowsky (dir.), *Les Usages politiques des fêtes aux xixe et xxe siècles*, Paris, Publications de la Sorbonne, 1994, p. 169-185.

Benoît, Bruno, « Les fêtes révolutionnaires à Lyon », *Cahiers d'Histoire*, n° 2, 1987, p. 101-121.

Bezucha, Robert, « Masks of Revolution : a study of popular culture during the Second French Republic », dans Roger Price (dir.), *Revolution and reaction*, London, Croom Helm, 1975, p. 236-253.

Bolduc, Benoît, *La Fête imprimée : Spectacles et cérémonies politiques (1549-1662)*, Paris, Classiques Garnier, 2016.

Casselle, Pierre, *Fêtes à l'Hôtel de ville de Paris 1804-1870*, Paris, Agence culturelle de Paris, 1996.

CLAVERIE, Michel, « La fête impériale », *Les Cahiers naturalistes*, n° 45, 1973, p. 31-49.

COGEVAL, Guy, Yves BADETZ, Paul PERRIN et Marie-Paule VIAL (dir.), *Spectaculaire Second Empire*, catalogue de l'exposition du Musée d'Orsay 27 septembre 2016-16 janvier 2017, Paris, Skira, Musée d'Orsay, 2016.

CORBIN, Alain, Noëlle GÉRÔME et Danielle TARTAKOWSKY (dir.), *Les Usages politiques des fêtes aux XIXe et XXe siècles*, Paris, Publications de la Sorbonne, 1994.

—, « Les fêtes de la souveraineté », dans Alain Corbin, Noëlle Gérôme et Danielle Tartakowsky (dir.), *Les Usages politiques des fêtes aux XIXe et XXe siècles*, Paris, Publications de la Sorbonne, 1994, p. 25-38.

—, « L'impossible présence du Roi. Fêtes politiques et mises enscène du pouvoir sous la monarchie de Juillet », dans Alain Corbin, Noëlle Gérôme et Danielle Tartakowsky (dir.), *Les Usages politiques des fêtes aux XIXe et XXe siècles*, Paris, Publications de la Sorbonne, 1994, p. 77-116.

— et Jean-Marie MAYEUR (dir.), *La Barricade*, actes du colloque organisé les 17, 18 et 19 mai 1995, Paris, Publications de la Sorbonne, 1997.

CSERGO, Julia, « Extension et mutations du loisir citadin : Paris XIXe - début XXe siècle », dans Alain Corbin (dir.), *L'Avènement des loisirs 1850-1960*, Paris, Flammarion, « Champs histoire », 2001 (Aubier, 1995), p. 119-169.

—, « Parties de campagne. Loisirs périurbains et représentations de la banlieue parisienne, fin XVIIIe- XIXe siècles », *Sociétés & Représentations*, vol. 1, n° 17, 2004, p. 15-50.

DALISSON, Rémi, « Fête publique et citoyenneté : 1848, une tentative de régénération civique par la fête », *Revue d'Histoire du XIXe siècle,* n° 18, 1999, p. 49-72.

—, *Les Trois couleurs, Marianne et l'Empereur. Fêtes libérales et politiques symboliques en France. 1815-1870*, Paris, La Boutique de l'Histoire, 2004.

—, *Célébrer la nation : les fêtes nationales en France de 1789 à nos jours*, Paris, Nouveau Monde, 2009.

DALÔTEL, Alain, Alain FAURE et Jean-Claude FREIERMUTH (dir.), *Aux origines de la Commune, le mouvement des réunions publiques à Paris 1868-1870*, Paris, Maspero, 1980.

DAUFRESNE, Jean-Claude, *Le Louvre et les Tuileries. Architectures de fêtes et d'apparat : architectures éphémères*, Paris, Mengès, 1994.

DECÎTRE, Monique, « Musiciens et maîtres à danser des bals de société et bals populaires au service et à la gloire du Consulat et de l'Empire », dans Alain Corbin, Noëlle Gérôme et Danielle Tartakowsky (dir.), *Les Usages politiques des fêtes aux XIXe et XXe siècles*, Paris, Publications de la Sorbonne, 1994, p. 63-75.

DUVIGNAUD, Jean, « La fête civique », dans Guy Dumur (dir.), *Histoire des spectacles*, Paris, Gallimard, 1965, p. 239.

EHRARD, Jean et Paul VIALLANEIX (dir.), *Les Fêtes de la Révolution*, Paris, Société des études robespierristes, 1977.

FARCY, Jean-Claude, « Le temps libre au village », dans Alain Corbin (dir.), *L'Avènement des loisirs 1850-1960*, Paris, Flammarion, 1995, p. 248-249.

FLÉJOU, Lucie, « Les livres de fête (XVIe-XIXe siècles) dans les collections Jacques-Doucet : représentations et artifices du pouvoir », *Artefact*, juillet 2017, § 1-4, en ligne.

FUREIX, Emmanuel, « Un rituel d'opposition sous la Restauration : les funérailles libérales à Paris (1820-1830) », *Genèses*, n° 46, mars 2002, p. 77-100.

HAZAREESINGH, Sudhir, « L'opposition républicaine aux fêtes civiques du Second Empire : fête, anti-fête, et souveraineté », *Revue d'histoire du XIXe siècle*, n° 26/27, 2003, p. 149-171.

—, *La Saint-Napoléon : quand le 14 juillet se fêtait le 15 août*, trad. G. Villeneuve, Paris, Taillandier, 2007 (Harvard University Press, 2004).

IHL, Olivier, *La Fête républicaine*, Paris, Gallimard, 1996.

KROEN, Sheryl, *Politics and theater. The crisis of legitimacy in Restoration France 1815-1830*, Berkeley, University of California Press, 2000.

LALOUETTE, Jacqueline, « Célébrer la constitution : la fête du 19 novembre », *Fidélité républi-*

caine et monde rural 1848-1851. Actes du Colloque d'Aurillac 27-28 août 1999, Aurillac, Société des lettres, sciences, et arts « La Haute Auvergne », 2001, p. 111-141.

LALOUETTE, Jeanne, « Les débits de boissons urbains entre 1880 et 1914 », *Ethnologie française*, n° 2, 1982, pp. 131-136.

LAMBERT, Fanny, « La collection de livres de fête de la Bibliothèque de l'INHA », in Dominique Morelon et Lucié Fléjou (dir.), *Chroniques de l'éphémère*, septembre 2010, § 1-9.

LANDAU, Bernard, Claire MONOD et Évelyne LOHR (dir.), *Les Grands boulevards : un parcours d'innovation et de modernité*, Paris, Action artistique de la Ville de Paris, 2000.

LOLIÉE, Frédéric, *La Fête impériale*, Paris, Jeanne Taillandier, 1926 (1906).

LEGOY, Corinne, *L'Enthousiasme désenchanté : éloge du pouvoir sous la Restauration*, Paris, Société des études robespierriestes, 2010.

—, « Poésie et fêtes de souveraineté sous la Restauration », *Francofonia*, n° 67 « Poésie et institution au XIXe siècle », 2014.

MAZEAU, Guillaume, « La Révolution, les fêtes et leurs images », *Images Re-vues*, hors-série n° 6, 2018 [en ligne].

PERROT, Michelle, *Jeunesse de la grève, 1871-1890*, Paris, Seuil, Paris, 1984.

PREVOSTO, Jacques, « La célébration du 14 juillet à Lyon (1880-1914) », *Revue du Lyonnais*, t. 1, n° 3, 1978.

RAILLAT, Landric, « Les manifestations à l'occasion du sacre de Charles X ou les ambiguïtés de la fête politique », dans Alain Corbin, Noëlle Gérôme et Danielle Tartakowsky (dir.), *Les Usages politiques des fêtes aux XIXe et XXe siècles*, Paris, Publications de la Sorbonne, 1994, p. 53-61.

RIVIÈRE, Claude, *Les Liturgies politiques*, Paris, Presses Universitaires de France, 1988.

ROUSSILLON, Marine, « Les aventures de la cour : courses, fêtes et divertissements », dans Pierre Ronzeaud et Michèle Rosellini (dir.), *L'Aventure au XVIIe siècle : itinéraire d'une notion*, Toulouse, Presses Universitaires du Midi, 2019.

SANSON, Rosemonde, *Les 14 juillet 1789-1975 : fête et conscience nationale*, Paris, Flammarion, 1976.

—, « La fête de Jeanne d'Arc en 1894 : controverse et célébration », *Revue d'histoire moderne et contemporaine*, t. 20, n° 3, juillet-septembre 1973, p. 444-463.

—, « Le 15 Août : Fête nationale du Second Empire », dans Alain Corbin, Noëlle Gérôme et Danielle Tartakowsky (dir.), *Les Usages politiques des fêtes aux XIXe et XXe siècles*, Paris, Publications de la Sorbonne, 1994, pp. 117-136.

TOBIA, Bruno, « Les itinéraires de la célébration : métamorphoses d'un modèle de l'Italie unitaire à l'Italie fasciste », dans Christophe Charle et Daniel Roche (dir.), *Capitales culturelles, capitales symboliques : Paris et les expériences européennes (XVIIIe- XXe siècles)*, Paris, Éditions de la Sorbonne, 2002, en ligne.

VALADE, Pauline, *Le Goût de la joie : réjouissances monarchiques et joie publique à Paris au XVIIIe siècle*, Ceyzérieu, Champ Vallon, 2021.

VOGEL, Jakob, « Paris et Berlin sous les armes. Fêtes militaires et festivités dans les capitales allemande et française (1871-1914) », dans Christophe Charle et Daniel Roche (dir.), *Capitales culturelles, capitales symboliques : Paris et les expériences européennes (XVIIIe- XXe siècles)*, Paris, Éditions de la Sorbonne, 2002, en ligne.

VOVELLE, Michel, *Les Métamorphoses de la fête en Provence de 1750 à 1820*, Paris, Aubier-Flammarion, 1976.

WAQUET, Françoise, *Les Fêtes royales sous la Restauration ou l'Ancien Régime retrouvé*, Paris, Droz et Arts et Métiers Graphiques, 1981.

VIES DE BOHÈME

Les Bohèmes (1840-1870), anthologie réalisée et annotée par Jean-Didier Wagneur et Françoise Cestor, Seyssel, Champ Vallon, 2012.

CASTERAS, Raymond de, *Avant le Chat noir : Les Hydropathes 1878-1880*, Paris, Messein, 1945.

CARADEC, François et WEILL, Alain, *Le Café-concert (1848-1914)*, Paris, Fayard, 2007 (Hachette/Massin, 1980).

CARON, Jean-Claude, *Générations romantiques : les étudiants de Paris et le quartier latin (1814-1851)*, Paris, Armand-Colin, 1991.

CHEVALIER, Louis, *Montmartre du plaisir et du crime*, Paris, Laffont, 1981.

CITRON, Pierre, *La Poésie de Paris dans la littérature française de Rousseau à Baudelaire*, Paris, Éditions de Minuit, 1961, 2 vol., en particulier « Les Noctambules de la bohème et Nerval ».

CONDEMI, Concetta, *Les Cafés-concerts : Histoire d'un divertissement, 1849-1914*, Paris, Quai Voltaire, 1992.

CRÉPIAT, Caroline, Denis SAINT-AMAND et Julien SCHUH (dir.), *Poétique du Chat Noir*, Paris, Presses Universitaires de Paris Nanterre, 2021.

DONNAY, Maurice, *Autour du Chat noir*, Paris, Grasset, 2017 (1926).

KHAITZINE, Richard, *Le Cabaret du Chat noir : histoire artistique, politique, alchimique et secrète de Montmartre*, Grenoble, Le Mercure Dauphinois, 2018.

LECLERCQ, Pierre-Robert, *Soixante-dix ans de café-concert : 1848-1918*, Paris, Les Belles Lettres, 2014.

MARTIN-FUGIER, Anne, *Les Romantiques : Figures de l'artiste 1820-1848*, Paris, Hachette, « Pluriel », 1998.

NOËL, Richard, *À l'aube du symbolisme : hydropathes, fumistes et décadents*, Paris, Nizet, 1961.

GOULEMOT, Jean et Daniel OSTER, *Gens de lettres, écrivains et bohèmes : l'imaginaire littéraire, 1630-1900*, Paris, Minerve, 1992.

PAILLET, Camille, *Déshabiller la danse : Les Scènes de café-concert et de music-hall (Paris, 1864-1908)*, thèse de doctorat en arts vivants, sous la direction de Martine Nordera, soutenue à l'Université Côte d'Azur, en 2019.

RAPAZZINI, Francesco, *Le Moulin Rouge en folies : quand le cabaret le plus célèbre du monde inspire les artistes*, Paris, Le Cherche Midi, 2016.

RICHARD, Lionel, *Cabarets, cabarets : Origine et Décadence*, Paris, L'Harmattan, 2019 (Plon, 1991).

SAINT-AMAND, Denis, *Le Style potache*, Lausanne, La Baconnière, 2019.

SANTE, Luc, *The Other Paris*, Londres, Faber & Faber, 2015.

SEIGEL, Jerrold, *Paris bohème : culture et politique aux marges de la vie bourgeoise 1830-1930*, trad. Odette Guitard, Paris, Gallimard, coll. « Bibliothèque des histoires », 1991 [1986].

VAILLANT, Alain (dir.), *Dictionnaire du romantisme*, Paris, Éditions du CNRS, 2012 : articles « Boulevard », « Bohème », « Bousingot », « Dandy », « Jeunes-France », « Jeunesse », « Petits romantiques », « Toxicomanies ».

—, VÉRILHAC, Yvan (dir.), *Vie de bohème et petite presse au XIXe siècle*, Paris, Presses universitaires de Paris Nanterre, 2018.

WEILL, Alain, *120 ans de Moulin Rouge*, Paris, Seven sept, 2010.

WISNIEWSKI, Marine, *Le Cabaret de l'Écluse (1951-1974) : expérience et poétique des variétés*, Lyon, PUL, 2016.

REPRÉSENTATIONS ARTISTIQUES

Carnets de bal. Les Grandes scènes de bal dans la littérature, anthologie de Bonneau, Renée, Paris, Larousse, 2000.

Histoires de bals : vivre, représenter, recréer le bal, Paris, Cité de la Musique : Centre de ressources musique et danse, 1998.

Ivresses : Alcool, sociabilité et création littéraire, *Revue de la BnF*, n°53, octobre 2016.

Le Spectacle et la fête au temps de Balzac, catalogue de l'exposition de la Maison de Balzac du 23 novembre 1978 au 25 février 1979, Paris, Les Presses artistiques, 1978.

Imaginaires du bal au XIXe siècle (Les), *Cahiers d'histoire culturelle*, dirigé par Marois, Édith, Université de Tours, décembre 2011.

ANDRÈS, Philippe, *La Fantaisie dans la littérature française du XIXe siècle*, Paris, L'Harmattan, 2000.

AURAIX-JONCHIÈRE, Pascale, « De la tradition au mythe : la danse comme figure-prétexte chez Gérard de Nerval », dans Alain Montandon (dir.), *Sociopoétique de la danse*, Paris, Anthropos, 1998, p. 225-235.

BARGUES-ROLLIN, Yvonne, « Usure d'un

cliché : la danse macabre au XIXe siècle », dans Alain Montandon (dir.), *Écrire la danse*, Clermont-Ferrand, PUBP, « Littératures », 1999, p. 137-165.

BELMONT, Nicole, « L'Académie celtique et George Sand. Les débuts des recherches folkloriques en France », *Romantisme*, n° 9, 1975, p. 29-38.

—, « Le Berry de George Sand », *Rivista di letterature moderne e comparate*, vol. LIX, fasc. 3, 2006, p. 327-341.

BRUNET, François, *Théophile Gautier et la danse*, Paris, Honoré Champion, 2010.

CHAUMONT, Bérangère, « Autour du sabbat : pour une sociopoétique des nuits agitées à l'époque romantique », *Sociopoétiques*, n° 5, 2020, en ligne.

—, « "Avec des cris, des chants, des soupirs et des abois" : arrangements poétiques et musicaux du sabbat romantique », dans Sylvain Ledda et et Alain Montandon (dir.), *Les Voix de la nuit*, Paris, Honoré Champion, 2021, p. 183-206.

—, « Le souper à outrance et les outrances du souper littéraire », dans Françoise Le Borgne et Alain Montandon (dir.), *Le Souper*, Clermont-Ferrand, PUBP, 2020, p. 345-369.

CABANÈS, Jean-Louis, et SAÏDAH, Jean-Pierre (dir.), *La Fantaisie post-romantique*, Toulouse, Presses universitaires du Mirail, 2003.

COOPER, Barbara, « Tavernes et auberges : éléments du spectacle romantique dans *Kean* et d'autres pièces de Dumas, Hugo et Musset », dans Georges Zaragoza (dir.), *Dramaturgies romantiques*, Dijon, Publication de l'Université de Bourgogne, 1999, p. 9-21.

DAHER, Claudia Helena, *Sous le signe de Terpsichore : scènes de bal dans les récits français, portugais et brésiliens du XIXe siècle*, Paraná, Universidade federal do Paraná (Brésil), 2016.

DIAZ, José-Luis, « L'ivresse des poètes », *Revue de la BNF*, n° 53 « Ivresses : Alcool, sociabilité et création littéraire », octobre 2016, p. 102-113.

FÉLIBIEN, André, *Les Fêtes de Versailles*, éd. M. Jeanneret, Paris, Le Promeneur, « Le Cabinet des lettrés, 2012.

FEUILLEBOIS, Victoire, *Portraits de l'écrivain romantique en conteur nocturne*, Paris, Classiques Garnier, 2021.

GÉLY-GHEDIRA, Véronique, « Le bal dans *Les Rougon-Macquart* : le paradigme de *La Curée* », dans Alain Montandon (dir.), *Sociopoétique de la danse*, Paris, Anthropos, 1998, p. 334-346.

GODFARD, Patrick, *Les Fêtes galantes ou les rêveries de Watteau et Verlaine : Essai suivi des* Fêtes galantes *de Verlaine*, Paris, Macenta, 2021.

HAMON, Philippe et Alexandrine VIBOUD (dir.), *Dictionnaire thématique du roman de mœurs 1850-1914*, Paris, Presses de la Sorbonne Nouvelle, 2008, 2 vol. : articles « Bal » et « Fête ».

KRIEF, Huguette et Sylvie REQUEMORA, *Fête et imagination dans la littérature du XVIe siècle au XVIIIe siècle*, Aix-en-Provence, Publications de l'Université de Provence, 2004.

JACQ-MIOCHE, Sylvie, « Le Bal dans l'*Histoire de la grandeur et de la décadence de César Birotteau* », dans Alain Montandon (dir.), *Sociopoétique de la danse*, Paris, Anthropos, 1998, p. 271-281.

LAFOND, Jean et Augustin REDONDO (dir.), *L'Image du monde renversé et ses représentations littéraires et paralittéraires de la fin du XVIe siècle au milieu du XVIIe siècle*, Paris, Vrin, 1979.

LAROQUE, François, *Shakespeare et la fête : Essai d'archéologie du spectacle dans l'Angleterre élisabéthaine*, Paris, PUF, 1998.

LE BORGNE, Françoise et Alain MONTANDON (dir.), *Le Souper*, Clermont-Ferrand, PUBP, 2020.

LEDDA, Sylvain, « Musset et le vin », dans Nicole Dejean (dir.), *Des Mets et des mots*, Montpellier, CRDP du Languedoc-Roussillon, 2002.

—, « Pharaon, passe-dix, cligne-musette… Poétique du jeu dans l'œuvre de Musset », dans Sylvain Ledda, Franck Lestringant, et Gisèle Séginger (dir.), *Poétique de Musset*, Rouen, PURH, 2013, p. 247-258.

—, « Marottes et grelots : le bouffon, un personnage historique ? », dans Ariane Ferry (dir.), *Le Personnage historique de théâtre de 1789 à nos jours*, Paris, Classiques Garnier, 2014, p. 131-143.

Lestringant, Frank, « Musset, une poétique de l'ébriété », dans Sylvain Ledda, Franck Lestringant, et Gisèle Séginger (dir.), *Poétique de Musset*, Rouen, PURH, 2013, p. 199-218.

Liatard, Antonin, « Les danses populaires et leurs représentations : l'exemple du livre et de l'album de fête du XIXe siècle », *Recherches en danse*, n° 9, 2020, en ligne.

Marois, Édith, *Danse et musique dans les romans champêtres de George Sand*, La Châtre, Imprimerie George Sand, 1995.

—, *La Danse comme objet discursif et scriptural dans la première moitié du XIXe siècle*, Service national de reproduction des thèses de l'Université de Lille III, Lille, 2005.

Montandon, Alain (dir.), *Écrire la danse*, Clermont-Ferrand, PUBP, « Littératures », 1999.

—, *Sociopoétique de la danse*, Paris, Anthropos, 1998.

—, « Pour une sociopoétique du chronotope : la scène de bal chez Théophile Gautier », *Littératures*, vol. 112, n° 4, 1998, p. 14-25.

Palacio, Jean de (dir.), *Sabbat*, *Cahiers de littérature française*, Paris, L'Harmattan, 2012.

Perrin-Saminadayar, Corinne et Eric (dir.), *Imaginaire et représentations des entrées royales au XIXe siècle : une sémiologie du pouvoir politique*, Saint-Etienne, Publications de l'Université de Saint-Étienne, 2006.

Peyrache-Leborgne, Dominique, *Grotesques et arabesques dans le récit romantique : De Jean Paul à Victor Hugo*, Paris, Honoré Champion, 2009.

Pézard, Émilie, « L'ivresse comme rêve frénétique dans *Ivre et mort* », *Revue Flaubert*, n° 6, 2006, en ligne.

Pierron, Agnès, *Le Grand Guignol : le théâtre des peurs de la Belle Époque*, Paris, Robert Laffont, 2016.

Poller, Jean-Jacques, « "Bal macabre" – Réflexions sur le fantastique grotesque "début de siècle" », dans Dominique Iehl (dir.), *Fantastique, grotesque et image de la société à la fin du XVIIIe siècle et au début du XXe siècle en Allemagne*, Toulouse, Université de Toulouse-Le Mirail, mai 1993, p. 45-54.

Preiss, Nathalie, *Pour de rire ! : La blague au XIXe siècle ou la représentation en question*, Paris, PUF, 2002.

Reverzy, Eléonore et Bertrand Marquer (dir.), *La Cuisine de l'œuvre au XIXe siècle : regards d'artistes et d'écrivains*, Strasbourg, Presses Universitaires de Strasbourg, 2013.

Roman, Myriam, « Danses hugoliennes : "Bal en Carnaval" et "Fête aux fantômes" », dans Alain Montandon (dir.), *Sociopoétique de la danse*, Paris, Anthropos, 1998, p. 283-296.

Sangsue, Daniel, *Le Récit excentrique : Gautier, de Maistre, Nerval, Nodier*, Paris, José Corti, 1987.

Starobinski, Jean, *Portrait de l'artiste en saltimbanque*, Genève, Skira, 1970.

Stoichita, Victor I., *Le Dernier carnaval : Goya, Sade et le monde à l'envers*, Vanves, Hazan, 2016.

Thorel-Cailleteau, Sylvie, « Dandys et orgies », *Romantisme*, n° 96, 1997, p. 71-81.

—, « Bals romantiques », dans Alain Montandon (dir.), *Écrire la danse*, Clermont-Ferrand, PUBP, « Littératures », 1999, p. 235-248.

Gustave Doré, Planche extraite de "Une fête de village", estampe. Gravé par Louis-Paul-Pierre Dumont,1849. BnF, Gallica.
< Vignette de Debraine dans *Physiologie de l'Opéra, du Carnaval, du Cancan et de la Cachucha*. Éd. Raymond-Bocquet. Paris, 1842. BnF, Gallica

LE XIXe SIÈCLE S'AFFICHE

Que cherchons-nous dans le XIXe siècle en 2022 ? Constamment exposé, filmé, commémoré, joué et réécrit, le XIXe siècle nous tend un miroir dans lequel se révèlent nos préoccupations et nos obsessions comme nos aveuglements. À la sortie de deux années de crise sanitaire, alors que la programmation culturelle commence seulement à reprendre son rythme habituel, le XIXe siècle semble fournir le répertoire idéal de manifestations à grand spectacle et le point de départ privilégié d'une critique du capitalisme contemporain, de son cynisme et de la société inégalitaire qu'il produit. Des romans de Stendhal, Balzac et Zola à la littérature de genre, sans oublier les grandes œuvres musicales, de nombreuses adaptations et mises en scène donnent à voir cette année des personnages aux prises avec des rapports de classe violents.

En retour, que peut le XXIe siècle pour le XIXe siècle ? Est-il à même de renouveler son regard et de le porter plus loin qu'un répertoire d'œuvres et de questions canoniques ? Les précieuses confrontations de lectures que cette année a offertes sur *La Cerisaie*, sur *Illusions perdues*, sur l'œuvre de Flaubert et celle de Baudelaire, ou sur l'impressionnisme, laissent-elles une place à des redécouvertes ? Tandis que certaines adaptations à l'écran naviguent entre modernisation inventive, anachronisme et pesanteur des costumes, la scène semble s'émanciper plus radicalement du risque mimétique. Les expositions consacrées à Jean-Jacques Henner et à Giovanni Boldini permettent également d'espérer dans notre capacité à relire et à revoir, tout comme le dessin de François Schuiten, qui met le XIXe siècle *à l'avant-garde* dès les premières pages du *Magasin*, en compagnie de Benoît Peeters.

Mathilde Labbé

Gaston Latouche, *St Cloud. Fête patronale, grandes eaux, cascades lumineuses*, affiche lithographie. Imp. Chaix. Paris, 1895. BnF, Gallica.

Gustave Doré, *Physionomie du Grand Salon carré à l'Exposition universelle des Beaux-Arts*, estampe, 1855. BnF, Gallica.

Le XIXe siècle en expositions

Les expositions de l'année 2022 nous invitent tout d'abord à repenser les imaginaires du XIXe siècle : *Héroïnes romantiques* envisage le romantisme littéraire et pictural au prisme du modèle féminin, tandis que les manifestations entourant le 700e anniversaire de la mort de Dante mettent en lumière le motif de l'enfer dans la culture visuelle romantique. Attentives aux aspects matériels de la culture visuelle du XIXe siècle, deux expositions explorent la façon dont le « siècle du progrès » a fait naître des dispositifs optiques afin de donner à voir le réel ou l'imaginaire : le cinématographe, bien entendu, mais également les trucages permettant de photographier le surnaturel, ainsi que les « panneaux décoratifs » impressionnistes qui ont transformé le regard en lui offrant de nouveaux formats et de nouveaux points de vue. En apparence plus traditionnelles, les expositions monographiques n'en ont pas moins contribué à renouveler nos conceptions de l'art du XIXe siècle en mettant à l'honneur des artistes peu connus – comme les expositions Jean-Jacques Henner – ou en valorisant des aspects moins familiers de l'œuvre d'un artiste – comme Boldini dont les portraits mondains ont été envisagés sous l'angle de la mode. Enfin, deux expositions font écho à la triste actualité internationale : alors qu'Ilya Répine (dont le compte rendu a été publié sur le site de la SERD) faisait la promotion de « l'âme russe », *La Collection Morozov* a pris le parti de resserrer les liens qui unissent l'art russe et l'art français.

Aude Jeannerod et Érika Wicky

REPENSER LES IMAGINAIRES COLLECTIFS D'UN MODÈLE FÉMININ SACRIFIÉ

***Héroïnes romantiques,* Paris, Musée de la vie romantique (avril-septembre 2022).**

Dans l'avant-propos du catalogue, Gaëlle Rio dit vouloir porter « un autre regard sur le romantisme » et « une autre manière d'en faire le récit ». C'est bien ce qui est en jeu dans le parcours proposé dans les salles du musée de la vie romantique – un autre rapport à l'histoire de l'art et de la littérature. L'exposition

Victorine Angélique Genève-Rumilly (1789-1849), *La Mort d'Antigone*, 2e quart XIXe, huile sur toile, 80 x 115 cm, Ville de Grenoble, Musée de Grenoble. Photo J.-L. Lacroix.

travaille à envisager un « imaginaire collectif » comme indiqué sur la couverture du catalogue. Ce faisant, elle valorise non seulement les grands noms, mais aussi les artistes moins connus qui ont participé à la diffusion de ces idées et images. Elle mêle littérature et culture visuelle pour nous aider à saisir les contours de ces héroïnes romantiques, les enjeux qu'elles révèlent et dont nous sommes aujourd'hui encore les héritiers et héritières.

La première salle de l'exposition explicite la tension entre le mythe, l'histoire et le regard masculin – parfois porté par des femmes – qui construisent les héroïnes du passé. L'œuvre qui ouvre l'exposition et le siècle est l'huile sur toile *Sapho à Lécate* (1801) d'Antoine-Jean Gros placée à côté d'un relief en plâtre (1834) de Marie d'Orléans. Au-dessus des deux œuvres, une citation extraite du poème *Sapho* (1815) d'Alphonse de Lamartine évoque un destin fatal et tragique. Sur le mur lui faisant face, une citation d'Hortense Allart tirée de *La Femme et la démocratie de nos temps* (1836) rappelle les luttes concomitantes pour l'égalité. Cette ouverture pose ainsi ce qui sera développé tout au long du parcours : la diversité des techniques convoquées, la mise en valeur d'artistes femmes, l'agentivité des femmes face à ces imaginaires.

En plus d'encarts retraçant la construction des héroïnes et leur histoire, des cartels développés quasi systématiques sont le signe de la richesse, de la précision et de l'ampleur du propos – ainsi celui sur *La Mort de Cléopâtre* (1851) de Jean Gigoux porte sur l'iconographie et le prétexte historique choisi pour déployer un nu et une érotisation de la douleur tandis que celui sur *La Mort d'Antigone* (deuxième quart du XIXe siècle) de Victorine Genève-Rumilly retrace la carrière d'une artiste méconnue. Dans les vitrines de la bibliothèque, des sculptures d'édition, ornant les cheminées des intérieurs bourgeois, ainsi que des exemplaires de livres illustrés ou non et une gravure sur bois coloriée de l'imprimerie Pellerin retraçant l'histoire d'Héloïse et Abailard montrent comment ces récits et images circulent au sein des différentes classes sociales, permettant véritablement d'identifier un imaginaire collectif.

Le second espace est l'occasion de remettre en cause l'essentialisme qui voudrait que les femmes soient naturellement et fatalement douces, aimantes et fragiles en s'intéressant à la violence de certaines héroïnes du passé lointain ou proche, révolutionnaire. Leur transgression des limites imposées à leur sexe fascine les artistes. Félicie de Fauveau, en accord avec ses idées contre-révolutionnaires, donne à voir le refus de grâce de Christine de Suède (1827), héroïne royale, œuvre dont s'inspire Alexandre Dumas pour sa pièce *Christine*.

Dans la salle basse du grand atelier d'Ary Scheffer, les héroïnes de fiction sont mises à l'honneur. Desdémone, Lady Macbeth, Juliette et Ophélie cèdent la place aux créations contemporaines de Virginie par Jacques-Henri Bernardin de Saint-Pierre, représentée morte par Edme Alexis Alfred Dehodencq en 1849, et d'Esmeralda par Victor Hugo, représentée sauvée par Quasimodo par Eugénie Henry en 1832. Elles sont toutes les femmes qui mènent à Emma Bovary, évoquée par une citation placée au-dessus d'un espace d'écoute de textes tant d'auteurs que d'autrices lus par Marie-Dominique Bayle.

Les héroïnes de Chateaubriand précèdent ensuite celles de George Sand. Ce dernier mur insiste visuellement sur l'importance des créatrices. L'huile sur toile *Mathilde et Malek-Adhel au tombeau de Montmorency* (1814) peinte par Rosalie Caron et inspirée de Sophie Cottin est placée au centre. La démonstration s'achève par *La Liseuse* (1829) de Charles Steuben, en diagonale de la mention d'Emma Bovary et nous guidant naturellement vers la vitrine centrale regroupant des ouvrages, en commençant par les œuvres complètes de Sophie Cottin, autrice prolifique et populaire. De l'autre côté se trouve le roman *Ourika* (1823) de Claire de Duras, « première grande héroïne noire de la littérature ». Aucune œuvre visuelle ne l'évoque, et on peut le regretter bien que le cartel mentionne la rareté de ces représentations. Le dernier livre ouvert, *Souvenirs du théâtre anglais à Paris* (1827) de François Jean-Moreau, porte sur les mises en scène des pièces de Shakespeare auxquelles se rendaient Berlioz, Dumas et Delacroix et annonce la dernière salle de l'exposition consacrée à l'incarnation des héroïnes.

Charles de Steuben (1788-1856), *La Liseuse*, 1829, huile sur toile, 61,3 x 50,8 cm, Musée d'arts de Nantes, France © Musée d'arts de Nantes, photo © RMN-Grand Palais / Gérard Blot.

Cette dernière partie nous projette sur la scène – le papier peint recouvrant l'un des murs représente le public d'un spectacle. La tragédienne Rachel, tantôt Phèdre, tantôt Cléopâtre, est portraiturée à l'huile, au crayon et en marbre. Son image est diffusée autant que celle des héroïnes qu'elle incarne, se confondant souvent avec elles. De même, par le regard de peintres, graveurs et sculpteurs, la danseuse Marie Taglioni devient la Sylphide qu'elle interprète. Quelques marches en bois créent une scène pour accueillir la reconstitution du costume conçu par Eugène Lami et porté par Gislaine Thesmar lorsqu'elle incarnait la Sylphide, nous plaçant au plus près de la matérialité de ces imaginaires incarnés. Nous sommes enfin invités à devenir spectateurs et spectatrices de ces héroïnes en mouvement par un espace de projection. Ghislaine Thesmar danse *La Sylphide* avec Michael Denard en 1980, Isabelle Huppert est Emma Bovary dans le fim de Claude Chabrol de 1991 et la mise en scène de *La Traviata* par Simon Stone en 2019 évoque l'inscription contemporaine de ces imaginaires : l'héroïne romantique porte un jogging gris et *scrolle* le fil Instagram de son amour perdu. L'exposition est prolongée par un riche catalogue dirigé par Gaëlle Rio et Élodie Khun, par une journée d'études organisée avec le CL 19 intitulée *Écrire l'héroïne romantique* et par un épisode du podcast *Vénus s'épilait-elle la chatte ?* de Julie Beauzac qui met en exergue des thèmes sous-entendus dans le parcours comme l'hétéronormativité de ces imaginaires. Cette dernière ressource nous fait prendre la mesure de la portée politique des imaginaires étudiés et de leur participation à la construction de notre réalité.

Mathilde Leïchlé

CATALOGUE

Héroïnes romantiques, Gaëlle Rio et Élodie Khun (dir.) Paris, Paris Musées / Musée de la vie romantique, 2022.

François Gabriel Guillaume Lepaulle (1804-1886), *Marie Taglioni et son frère Paul dans le ballet de la Sylphide*, 1834, huile sur toile 128,5 cm x 96,5 cm, Musée des Arts Décoratifs © Musée des Arts Décoratifs. Photo © RMN-Grand Palais / Agence Bulloz.

DANTE DANS LA CULTURE VISUELLE DU XIXe SIECLE : DES EXPOS D'ENFER

Inferno, *Roma, Scuderie del Quirinale (octobre 2021-janvier 2022).*

La mirabile visione. Dante e la Commedia nell'immaginario simbolista, *Florence, Museo Nazionale del Bargello (septembre 2021-janvier 2022).*

L'année culturelle 2021 a été marquée par les solennelles célébrations du 700e anniversaire de la mort de Dante. Parmi les nombreux colloques, conférences et manifestations scientifiques consacrées au *divino poeta*, en Italie et dans le monde entier, on a pu également recenser un grand nombre d'expositions dédiées à l'univers dantesque et à la création artistique. Au fil des siècles, la *Divine Comédie* a offert aux artistes un réservoir presque infini de visions, de personnages et de motifs à développer. L'exposition *Dante – la visione dell'arte* (Florence, Le Gallerie degli Uffizi/Forlì, Musei San Domenico, avril-juillet 2021), conçue par Antonio Paolucci et Fernando Mazzocca, a proposé ainsi un riche panorama de la réception artistique du poème dantesque. Par une approche complémentaire et rafraîchissante, l'exposition *Dante. Gli occhi e la mente. Un'epopea Pop* (Ravenna, MAR, septembre 2021-janvier 2022) a davantage reconstruit la fortune critique de Dante dans la culture visuelle et populaire, par l'apport du cinéma, de la bande dessinée, des chansons ou encore des objets-souvenirs.

En termes d'ambition du propos et d'importance des œuvres réunies, *Inferno,* présentée à Rome aux Scuderie del Quirinale, conçue et dirigée par Jean Clair, est néanmoins la plus spectaculaire des expositions dantesques ayant vu le jour en 2021. C'est aussi celle qui nous immerge davantage au cœur de la fructueuse rencontre entre l'art du XIXe siècle et l'univers de Dante. L'*Enfer* est ici le fil rouge d'une manifestation qui dépasse la simple célébration du poète de la *Divine Comédie* et invite le spectateur à réfléchir aux multiples formes et manifestations du mal, du cauchemar, du chaos dans l'art. L'imposant catalogue qui accompagne l'exposition, également dirigé par Jean Clair, fait écho à une même volonté de penser l'enfer et ses déclinaisons par une multiplicité de focales et de suggestions intellectuelles qui traversent le temps et les médiums artistiques. Au sein de l'exposition, c'est donc la structure des cercles infernaux dantesques, plus encore que leur représentation, que Jean Clair utilise

Photogramme du film *L'Inferno* de 1911, dirigé par Francesco Bertolini, Giuseppe De Ligouro et Adolfo Padovan.

comme point de départ et comme contenant d'une expérience plus vaste, d'un parcours intellectuel et spirituel autour des différents *enfers* qui ont inspiré la création, du Moyen Âge à nos jours.

À l'ouverture du parcours, les spectateurs sont accueillis par la projection du film *L'Inferno* (1911), qui introduit au cinéma des visions dantesques proches de la sensibilité symboliste de la fin du XIXe siècle. Une fois plongé dans les salles, on remarque que les œuvres sont avant tout mises en relation à travers des affinités thématiques ou des assonances formelles, dans une alternance réussie de médiums et de formats. C'est peut-être en cela que réside la principale qualité d'*Inferno* : en oubliant la chronologie, on se laisse surprendre par des œuvres inattendues, et on regarde autrement celles qu'on s'attendait à voir.

Dans les premières salles, c'est la dimension corporelle et physique de l'enfer qui est mise en valeur par l'iconographie des damnés, par des corps masculins en souffrance aux échos michelangelesques. Ici, la *Porte de l'Enfer* (1880) de Rodin dialogue admirablement avec les anges en chute sculptés par Francesco Bertos (*La Chute des anges rebelles*, 1725-1735) ou avec ceux peints par Andrea Commodi (*La Chute des anges rebelles,* 1612-1614). Le *Satan convoquant ses légions* de Sir Thomas Lawrence (1797) domine ensuite la section consacrée à l'iconographie de la bouche de l'enfer, où l'on retrouve les troublants fantasmes peints par Pieter Huys

Attribué à Francesco Bertos, auparavant attribué à Agostino Fasolato, *La Chute des anges rebelles*, 1725-1735, marbre, 168 x 80 x 81 cm, Vicenza, Banca Intesa San Paolo, Gallerie d'Italia.

ou par les épigones d'Hieronymus Bosch. Puis *Inferno* propose au spectateur une précieuse sélection de grands tableaux dantesques du XIXe siècle. On y retrouve avec plaisir des œuvres célèbres (*Paolo et Francesca* d'Ary Scheffer, *Dante et Virigile aux Enfers* de William-Adolphe Bouguereau) et des toiles moins connues (*Paolo et Francesca aux Enfers* d'Henry-Jean-Guillaume Martin, *Dante et Virgile aux enfers* de Gustave Courtois). Quelque peu étouffées par la densité de la scénographie, ces grandes machines narratives trouvent tout de même dans ce contexte une dimension théâtrale et spectaculaire qui leur convient parfaitement. Les œuvres graphiques de Federico Zuccari, de William Blake ou de Gustave Doré, qui les accompagnent, sont des contrepoints efficaces à leur monu-

Vue de l'exposition *La mirabile visione* au Museo Nazionale del Bargello © Sara Vitacca

mentalité académique.

La suite du parcours s'éloigne progressivement de la référence à Dante. Ce sont les enfers artificiels, ceux créés ou vécus par l'homme, qui sont mis en avant : l'enfer de la guerre, la pathologie mentale, l'industrialisation, l'holocauste. Cette deuxième partie risque cependant de perdre le spectateur, noyé par la quantité d'œuvres mobilisées et par la difficulté de digérer leur puissance émotionnelle. Des tranchées gravées par Otto Dix, on passe à celles de Parcy Delf Smith, on côtoie entre-temps les toiles au sujet industriel de Georges-Antoine Rochegrosse et les visions apocalyptiques de George Grosz, on frôle les hystériques dessinées par Paul Richer, pour conclure devant *Petit champ à Buchenwald*, peint par Boris Taslitzky en 1945. La toute dernière salle de l'exposition revient néanmoins à Dante avec une touche d'espoir. Le spectateur sort du parcours en revoyant, littéralement, les étoiles : celles de la Voie Lactée dessinées par Étienne-Léopold Trouvelot à la fin du XIXe siècle.

Dans ce tourbillon d'images qui viennent clore l'exposition, les œuvres symbolistes sont souvent réduites à leur signification la plus immédiate et désabusée. Le *Lucifer* (1890) et *Le Péché* (1893) de Franz Von Stuck, ou encore les lithographies de *La Tentation de saint Antoine* (1896) de Redon, pour n'en citer que quelques-unes, sont là pour convoquer l'idée du diable, de la femme fatale, de la perversion sexuelle. Elles servent essentiellement à évoquer vaguement les obscures rêveries de la fin du XIXe siècle.

Au musée national du Bargello à Florence, l'exposition *La mirabile visione. Dante e la Commedia nell'immaginario simbolista*, dirigée par Carlo Sisi et Ilaria Ciseri, propose en revanche une étude plus approfondie de la relation entre Dante et les artistes symbolistes. À travers une sélection d'œuvres restreinte mais cohérente, l'exposition s'intéresse au culte de Dante, à partir de 1865, l'année des célébrations italiennes pour le 600e anniversaire de sa naissance, et jusqu'au tournant du siècle, alors que Gabriele D'Annunzio contribue à alimenter le mythe du poète et son image de génie national italien. Tout en s'ouvrant à l'Europe, le parcours se focalise surtout sur les illustrations de l'édition de la *Divine Comédie* en trois volumes publiée par Vittorio Alinari entre 1902-1903, réalisées par Alberto Martini, Galileo Chini, Duilio Cambellotti, Adolfo De Carolis ou Aristide Sartorio, parmi d'autres. L'exposition présente les dessins originaux de ces artistes, souligne leur interdépendance avec les tendances symbolistes internationales, et met en lumière la place centrale de Dante et de son poème dans l'illustration et l'estampe de la fin du XIXe siècle. Le parcours se conclut par ailleurs là où *Inferno* de Jean Clair commençait :

avec la vision du film de 1911, dont on saisit mieux, après cette plongée dans l'univers symboliste, les références visuelles et culturelles. Le catalogue qui accompagne l'exposition, dirigé également par Carlo Sisi et Ilaria Ciseri, élargit davantage l'exploration du sujet et l'étude de sa dimension internationale. Il offre ainsi de précieuses contributions scientifiques autour de l'inspiration dantesque dans la gravure, la peinture, la littérature et le cinéma du tournant du XIXe siècle.

Sara Vitacca

CATALOGUES

Inferno, Jean Clair (dir.), Rome, Electa/Scuderie del Quirinale, 2021.

La mirabile visione. Dante e la Commedia nell'immaginario simbolista, Carlo Sisi et Ilaria Ciseri (dir.), Florence, Polistampa, 2021.

UN CINÉMA NOMMÉ DÉSIR

Enfin le cinéma ! Arts, images et spectacles en France (1833-1907), *Paris, musée d'Orsay (septembre 2021-janvier 2022).*

Ils y viennent tous… au cinéma ! L'essor d'un spectacle populaire (1908-1919), *Bordeaux, Archives départementales de la Gironde (novembre 2021-mars 2022).*

> « Qu'est-ce que l'invention, et qui peut prétendre avoir inventé telle ou telle chose ? »
> Vladimir Lichtenstadt, Goethe (1920)

L'exposition *Enfin le cinéma !* entendait mettre en scène, *via* le dispositif des cimaises, ce que les commissaires appellent un « rêve de cinéma ». *Le propos* s'incarnait non pas tant à travers des films qu'à travers une myriade d'autres médiums : peintures, sculptures, photographies, dioramas, affiches, paravents, appareils optiques, vitraux, céramiques… À l'origine du projet : l'hypothèse audacieuse selon laquelle la société du XIXe siècle aurait engendré tout autant que nourri un *besoin* de cinéma, qu'auraient ensuite permis d'assouvir les innovations et bricolages techniques de différents inventeurs tels que les frères Lumière. En somme, *du* cinéma était déjà dans l'air avant que ne naisse le cinématographe, pendant toute une période de gestation prédisposant le *quidam* urbain, de par son appareil perceptif transformé par la modernisation de son environnement, à devenir un spectateur de cinéma. Une « idée de cinéma » – de même que François Brunet parle d'une « idée de photographie » – aurait ainsi imprégné et modelé la culture visuelle du XIXe siècle, dans tous ses déclinaisons et supports, induisant de nombreux bouleversements d'ordre anthropologique. D'où, au sein de l'exposition, le parti pris de mettre l'accent sur des productions visuelles très variées qui témoigneraient d'une telle *Weltanschauung* cinématographique, offrant là l'occasion de montrer des productions surprenantes et parfois peu connues : peintures de Louis Anquetin, de Gabriel Biessy, un fascinant polyorama panoptique de Pierre Henri Armand Lefort, un somptueux *Plat décoratif à lustre métallique inspiré de Loïe Fuller* de Lucien Lévy-Dhurmer et Clément Massier, d'éblouissants vitraux de Toulouse-Lautrec, la troublante photographie changeante *Les Yeux trompeurs* d'Eugène Pierre Estanave, épreuves de Nadar prises pour réaliser des photosculptures, etc.

Le postulat excède donc une approche archéologique *stricto sensu* du cinéma et porte ainsi sur un « pré-cinéma » élargi. On pense ici au « cinématisme » d'Eisenstein, qui considérait que *« tous les arts [ont], à travers les siècles, tendu vers le cinéma »*. Le réalisateur soviétique décelait dans de très nombreuses œuvres et manifestations humaines au fil des siècles et de par le monde du cinéma avant l'heure : elles auraient ainsi fait état d'une manière spécifiquement cinématographique d'appréhender le réel. Mais là où Eisenstein fait remonter son

Deux vues de l'exposition *Enfin le cinéma !* au musée d'Orsay © Ada Ackermann.

« cinématisme » aux débuts de l'histoire de l'art et de la culture, repérant du proto-montage cinématographique par exemple dans l'Acropole d'Athènes, pour les commissaires d'*Enfin le cinéma !*, et c'est une différence de taille, une telle approche du cinéma avant le cinéma n'a pas de pertinence avant le XIXe siècle, ainsi que la périodisation de l'exposition le souligne. Car pour que du cinéma naisse, ou plus précisément pour qu'un spectateur de cinéma voie le jour, pour qu'une sensibilité cinématographique apparaisse, il aura fallu rassembler une série de facteurs qui dépassent de loin la seule question des inventions techniques et des progrès de l'image photographique : les bouleversements urbains – et les travaux menés par Haussmann dans la Ville Lumière au premier chef – qui transforment les métropoles en vastes spectacles aux mille vitrines et affiches, brillant de mille feux la nuit ; l'avènement de la vue d'en haut et de ses perspectives renouvelées ; l'accélération et le caractère aléatoire de la vie moderne ; l'exploration scientifique, *via* le visible, du vivant.

Loin donc de revenir sur la querelle des origines quant à l'invention du cinématographe, querelle impossible à clore et *in fine* peu productive, l'exposition se propose d'examiner selon une logique intermédiale ce que la modernité doit au cinéma et combien, en retour, celle-ci a modelé un rêve de cinéma, à l'instar de Pygmalion sculptant amoureusement Galatée, dont les représentations ouvrent le parcours. Soit de mettre en scène une histoire peu conventionnelle du cinéma, qui déroute les récits et les perspectives communément admises, tout en intégrant des considérations désormais incontournables dans la recherche en cinéma : comment ce spectacle cinématographique qui se met en place se nourrit des regards et des fantasmes essentiellement masculins qu'il contribue à véhiculer ; comment il traite du corps de l'Autre, volontiers abordé comme un corps désirable et fascinant, parce qu'étranger et exotique.

Enfin le cinéma ! se présente comme un curieux objet curatorial, n'allant pas de soi, qui oscille entre une démarche poétique, mue par la fulgurance et l'intuition, opérant par rapprochements inattendus et féconds à la Henri Langlois entre les œuvres exposées, et le geste théorique. Comme le précise Dominique Païni, l'un des commissaires, il s'agit là d'*éprouver* que l'exposition est une forme qui pense, suscitant de la pensée en mouvement, et ce à propos d'un objet en mouvement. En filigrane, l'exposition déplace ainsi de manière stimulante le questionnement relatif à l'invention du cinéma à la notion d'invention elle-même, ou pour le dire autrement, à l'invention de l'invention. Soit une vaste interrogation épistémologique, qui sous-tend l'ensemble des domaines créatifs, humains, artistiques comme scientifiques.

Vue de l'exposition *Enfin le cinéma !* au musée d'Orsay © Ada Ackermann.

D'où, dans le parcours, le refus d'une histoire linéaire, une tentative (plus ou moins convaincante selon les sections) d'*échapper au démon de la téléologie*. L'exposition était ainsi structurée selon un principe de foisonnement et selon une logique éclatée et centrifuge, pouvant donner lieu à plusieurs récits, à plusieurs *montages* possibles. Cette dimension disparate du propos traduisait probablement aussi le caractère tricéphale du commissariat de l'exposition (Dominique Païni, Paul Perrin, Marie Robert), dont chacun des membres nourrit des orientations scientifiques et des sensibilités hétérogènes. Ce caractère de mosaïque se retrouve dans le catalogue qui accompagne l'exposition, agencé comme un inventaire rédigé par plus d'une soixantaine de contributeurs, avec des entrées plus ou moins attendues, comme « Attractions », « Dioramas », « Écran », « Mouvement », « Spectateur », et d'autres plus insolites et intrigantes : « Aquarium », « Monde », « Prétexte », « Relief »... Certaines entrées du catalogue, résolument polyphonique, font d'ailleurs entendre des voix dissonantes par rapport au postulat même de l'exposition, comme celle d'André Gaudreault consacrée au « Cinéma des premiers temps », expression qu'il récuse en raison de la téléologie qu'elle implique, dans la lignée de ses travaux précédents. De même, si l'exposition se concentre, comme son titre l'indique, sur la France et plus particulièrement sur Paris comme « capitale du xixe siècle » – un parti pris discutable tant la genèse du cinéma procède d'une histoire croisée, internationale –, le catalogue quant à lui rappelle à raison combien le patriotisme et l'identité nationale ont joué dans l'écriture de l'histoire de l'invention du cinéma (entrée « National », par Christophe Gauthier).

Se proposant de partir du cinéma pour revisiter la culture visuelle du xixe siècle, une telle exposition ne pouvait rêver meilleur lieu que le musée d'Orsay, dont certaines pièces se retrouvaient dès lors, par effet de contagion, comme elles aussi nimbées de cinématographicité quand on ressortait de l'exposition – notamment les collections d'art académique et d'art dit pompier. Sans oublier la puissance symbolique du lieu même du musée en tant qu'ancienne gare, quand on sait l'importance du motif du train, de la gare, dans la constitution des mythes relatifs à la naissance du cinéma, ce que rappelait fort à propos une toile de projection monumentale installée en dehors du parcours de l'exposition, dans la nef centrale du musée. L'exposition venait aussi offrir

Vue de l'exposition *Enfin le cinéma !* au musée d'Orsay © Ada Ackermann.

un point de vue alternatif à celui du parcours permanent du musée, qui se clôt sur plusieurs sections dévolues au cinéma, conçues dès l'ouverture du musée en 1986 et organisées quant à elles de manière beaucoup plus historique – et téléologique. En outre, *Enfin le cinéma !* portait à son point d'apogée la politique interdisciplinaire d'expositions d'Orsay consistant à confronter le cinéma avec les médiums du XIXe siècle, initiée en 2003 avec *Aux origines de l'abstraction*. Avec comme paradoxe que le cinéma, sous sa forme filmique, n'y était, somme toute, que peu présent : il fallait en arriver à la fin du parcours pour que le visiteur rencontre – enfin – le cinéma en tant que spectacle donné dans une salle et pour que son horizon d'attente soit ainsi, *in extremis*, satisfait. Et, pour goûter à la suite de l'histoire, il fallait idéalement enchaîner avec l'exposition qui se tenait à la même période à Bordeaux, aux Archives départementales de la Gironde, intitulée *Ils y viennent tous... au cinéma ! L'essor d'un spectacle populaire (1908-1919)*.

Cette exposition comme son catalogue, réalisés dans le cadre du projet ANR Ciné08-19 porté par Laurent Véray, se consacrait à restituer les modalités de l'instauration d'une « cinématie aiguë » (Henri Diamant-Berger), d'une « folie du cinéma » (Jean Carrère), qui s'élaborent pendant une période charnière entre 1908 et 1919, durant laquelle le spectacle cinématographique évolue et se diversifie fortement. Or cette période, qui précède la mise en place progressive d'une conception classique du cinéma comme forme majoritairement au service d'un récit et s'appuyant sur la représentation d'un espace-temps continu, demeure encore trop peu étudiée. Le projet ANR Ciné08-19 se donne ainsi pour but d'éclairer à nouveaux frais ce moment de transition, en retraçant l'évolution des modalités du spectacle cinématographique qui s'opère alors, aussi bien dans leur versant industriel que commercial, institutionnel que culturel. Le phénomène cinématographique, qui cherche sa place dans le champ culturel d'alors, est ainsi examiné à tous ses stades : production, diffusion, réception, instrumentalisation.

L'exposition de Bordeaux se distingue de celle d'Orsay par son approche résolument historienne, nourrie par des matériaux archivistiques issus de nombreuses institutions patrimoniales françaises et explorés par un collectif de chercheurs dans le cadre de l'ANR Ciné08-19. En revanche, l'exposition bordelaise partage avec la parisienne une même visée interdisciplinaire, en restituant le cinéma au carrefour de plusieurs séries culturelles (mobilisant aussi bien le music-hall, le cirque, le théâtre, la poésie, la musique et le roman, entre autres), ce qui se traduit par une multitude de supports rares (affiches, programmes, invitations, machines optiques, photographies, correspondances, plans d'édifices, dessins, revues, rapports de police, procès-verbaux...) Là où l'exposition d'Orsay est entièrement tendue vers un cinéma à un stade encore potentiel, montrant des œuvres comme hantées par un désir de cinéma, l'exposition de Bordeaux s'articule autour d'une forme cinématographique déjà bien ancrée, source d'une fascination communicative et façonnant son temps. Soit deux propositions très différentes de placer le cinéma au centre d'un parcours d'exposition pour en explorer le rôle catalysant sur l'ensemble des productions culturelles et médiatiques d'une époque donnée. Et, par-delà la coïncidence de calendrier, ces deux expositions témoignent d'une convergence d'interrogations quant aux origines de l'irrésistible attrait exercé par le cinéma.

Ada Ackerman

CATALOGUES

Enfin le cinéma !, Dominique Païni, Paul Perrin, Marie Robert (dir.), Paris, RMN, 2021.

Ils y viennent tous... au cinéma ! L'essor d'un spectacle populaire (1908-1919), Laurent Véray (dir.), Paris, Le Passage, 2021.

SPECTRES POSITIFS

Fantographies. Images et traces de l'invisible (1850-1950), *Paris, Maison Auguste Comte (novembre 2021-janvier 2022).*

> « *Les morts gouvernent les vivants* »
> (Auguste Comte)

La Maison d'Auguste Comte est de ces lieux où le temps semble suspendu, arrêté quelque part au milieu du XIXe siècle germanopratin, à l'époque des tables tournantes, des expérimentations sur le magnétisme animal et des cercles spirites. Si l'illustre occupant des lieux, bien que possédant force guéridons, méprisait, en bon positiviste, les pratiques spectrales de son temps, ce sont bien l'ameublement et la décoration de l'appartement, restés les mêmes qu'en 1857, qui ont déterminé le curateur, la curatrice et le directeur du musée à créer l'exposition *Fantographies* dans cet espace si évocateur.

Philippe Baudoin, maître de conférences associé en sciences de l'information et en design, est spécialiste des pratiques occultes et Emmanuelle Fructus, iconographe et plasticienne, situe son travail à mi-chemin entre glaneries photographiques et collages d'archives dans de grandes compositions de corps découpés dans des images anciennes récoltées çà et là. Ensemble, le chercheur et l'artiste ont fait entrer dans le grand appartement de la rue Monsieur-le-Prince une part de la mémoire du quartier de l'Odéon, connu pour avoir abrité les médiums les plus courus de Paris dans la seconde moitié du XIXe siècle.

Sur les murs de la Maison d'Auguste Comte, à la manière d'un tableau d'Emmanuelle Fructus dont le travail repose sur des découpages de photographies de famille juxtaposées sur de grandes toiles blanches, les cadres habituels sont remplacés par des photographies de séances, d'apparitions et d'expériences, issues de collections privées et prêtées pour l'occasion. Exposées dans leurs formats

Vue de l'exposition *Fantographies* à la Maison Auguste Comte © Occitane Lacurie.

originaux (entre cinq et six centimètres de largeur), les images en nuances de gris, parfois un peu passées et enchâssées dans de grandes feuilles de papier blanc cassé, poussent les visiteurs à s'approcher pour distinguer ce qui s'y joue. À quelques centimètres de la vitre, la nature véritable de ces archives apparaît : la scène bourgeoise d'une photographie familiale laisse la place à un mystérieux phénomène d'apparition spectrale, entretenant le doute sur l'intention réelle ayant présidé à la réalisation de l'image. Certaines, davantage mises en scène, font poser des comédiens ou des comédiennes aux côtés d'esprits surimprimés, avec lesquels ils ou elles jouent aux cartes, simulent l'effroi, imitent les attitudes de saint Antoine ou de Saül face à l'ombre de Samuel. D'autres, moins figuratives et mises en regard avec les notes de Camille Flammarion qui enquêtait sur ces pratiques dans les années 1870, paraissent avoir eu pour but de documenter des séances de spiritisme – bien que le temps de pose des appareils de l'époque rende peu probable le cliché pris « sur le vif » de la manifestation spectrale. Les médiums, souvent des femmes, sont photographiées en pleine démonstration de leurs pouvoirs psychiques, figurés par l'apparition d'une vive lumière entre leurs mains ou d'une substance ectoplasmique s'écoulant de leurs doigts ou de leur bouche. Précurseur des effets spéciaux visuels, ces genres photographiques simulaient les phénomènes surnaturels tantôt par la surimpression ou le dessin sur pellicule, tantôt par la fabrication de petits amas de tissus, cheveux et coton, imitant l'ectoplasme médiumnique.

Disséminés dans l'appartement, sur les murs, dans les bibliothèques, sur les tables ou les cheminées, ces clichés fantasmagoriques sont à dénicher par les visiteurs au gré de leur visite, comme des indices d'une vie secrète des lieux (à ce titre, le petit cabinet noir, habité par un mannequin à taille humaine en habit d'époque, souffre quelque peu de sa littéralité). Le revers de cette scénographie de la hantise est peut-être le (trop grand ?) mystère qui entoure ces photographies issues d'archives privées : quelle est leur histoire ? Pour les scènes de famille visitées par un fantôme, de quelle commande sont-elles le fruit ? Les mises en scène de séances ont-elles une vocation publicitaire, visant à accroître la clientèle du médium ? Ainsi, peut-être faut-il comprendre cette exposition comme le troisième tome d'une trilogie qu'elle formerait aux côtés des deux livres publiés récemment par Philippe Baudoin : *Apparitions. Les archives de la France hantée* et *Surnaturelles. Une histoire visuelle des femmes médiums.* Ces deux livres d'art reposent, comme l'exposition, sur un corpus d'archives très riche – reproductions d'écrits manuscrits, de photographies, de pages de livres rares – accompagnant une compilation de grandes affaires d'apparitions pour l'un et de figures de médiums pour l'autre. Les visiteurs de l'exposition pourront d'ailleurs retrouver certaines photographies croisées dans l'appartement d'Auguste Comte, entre les pages des deux ouvrages aux ambitions encyclopédiques. En effet, outre le récit circonstancié des phénomènes surnaturels qu'ils rassemblent, les deux livres portent une attention particulière aux méthodes d'enquête mises en œuvre par les autorités (civiles ou spirituelles) et les scienti-

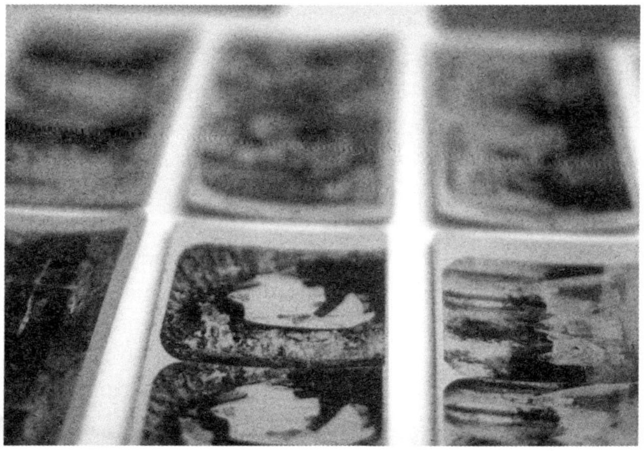

Deux vues de l'exposition *Fantographies* à la Maison Auguste Comte © Occitane Lacurie.

fiques de l'époque, afin de comprendre ou démystifier ces apparitions. *Surnaturelles* adopte à ce propos une perspective critique quant aux expérimentations menées sur les femmes médiums dont le corps était volontiers réduit à l'état d'appareil de communication avec l'invisible. Or, hormis un cône magnétique servant à traquer les manifestations soniques d'éventuels esprits trônant sur un guéridon dans l'un des deux séjours, et deux films anciens projetés dans une chambre obscure, les machines spectrales et les dispositifs élaborés afin de formaliser scientifiquement les techniques spirites en les photographiant sont plutôt absents de l'exposition. Pourtant, de telles expérimentations auraient pu tracer un lien intéressant entre le positivisme rationaliste comtien et le post-positivisme mystique d'un Allan Kardec, précurseur du courant spiritualiste français. Car si l'appartement fournit un cadre historique indéniablement idéal à *Fantographies*, le lien entre Comte et l'exposition n'est matérialisé que par une passionnante vitrine composée des quelques curiosités occultes que possédait le penseur et le verbatim d'une séance visant à entrer en communication avec son esprit.

Mais la force de l'exposition *Fantographies* réside surtout dans la concordance des temps qu'elle parvient à réaliser entre son sujet et l'architecture du lieu qu'elle investit, celle des rues environnantes sur lesquelles ouvrent les grandes fenêtres de l'appartement. Entre les tapisseries aux couleurs sombres et les meubles style Louis-Philippe, les pièces sont disséminées avec grande minutie. Dès lors, la déambulation dans la Maison Auguste Comte entre les images de ces fantômes discrets se révèle plus une chasse aux trésors qu'une chasse aux fantômes.

Occitane Lacurie

À LIRE

BAUDOIN, Philippe *Apparitions. Les archives de la France hantée*, Paris, Gallimard / Hoëbeke, 2021.

—, *Surnaturelles. Une histoire visuelle des femmes médiums*, Paris, Pyramyd, 2021.

PAROT, Françoise, « Honorer l'incertain : la science positive du XIXe siècle enfante le spiritisme », *Revue d'histoire des sciences*, Paris, n° 57, 2004, p. 33-63.

À CONSULTER :

Site internet d'Emmanuelle Fructus, iconographe et plasticienne : http://cargocollective.com/emmanuellefructus

DE QUOI LES FRÈRES MOROZOV SONT-ILS L'ICÔNE ?

La Collection Morozov. Icônes de l'art moderne, *Paris, Fondation Louis Vuitton (septembre 2021-avril 2022).*

Tout comme Sergueï Chtchoukine, les frères Morozov, Mikhaïl (1870-1903) et Ivan (1871-1921), sont venus à Paris et ont acheté ce qu'il y avait de plus moderne, de moins reconnu dans la peinture française : les plus beaux Cézanne, Gauguin, les meilleurs Matisse, les premiers Picasso. Emportés à Moscou, accrochés aux murs de leurs salons, montrés aux proches et aux artistes, puis, après 1917, nationalisés par les Soviets, ces tableaux n'ont jamais voyagé. C'est donc la première fois que le public français les voit hors les murs et s'extasie devant leur qualité et le goût des Morozov, aussi sûr qu'audacieux.

L'exposition *La Collection Morozov : icônes de l'art moderne* a été organisée par la fondation Louis Vuitton en partenariat avec le Musée de l'Ermitage (Saint-Pétersbourg), le Musée des beaux-arts Pouchkine (Moscou) et la Galerie Trétiakov (Moscou). Elle a été ouverte dans le spectaculaire bâtiment de Frank Gehry de septembre 2021 à février 2022. L'exposition aurait donc dû fermer deux jours avant le début de la guerre que la Russie inflige à l'Ukraine. Mais elle a été prolongée jusqu'au 3 avril.

Le directeur de l'Ermitage, Mikhaïl Piotrovsky, dans son interview du 22 juin 2022 à la *Rossijskaïa Gazeta*, expliquait que cette exposition (peut-être du fait de sa prolongation) faisait partie de l'*opération spéciale*, de la guerre sainte que la Russie mène contre l'Occident. La Russie, expliquait Piotrovsky, a su intégrer et conserver les valeurs occidentales, ce pour quoi l'Europe la hait. Car l'Europe d'aujourd'hui n'est plus du tout l'Europe. Fort de cette grossièreté, digne de la propagande la plus acharnée, Piotrovsky a promis aux Russes leur propre exposition de la collection Morozov. Elle s'est ouverte, en effet, le 28 juin, au Musée des beaux-arts Pouchkine, intitulée : *Frère Ivan, les collections de Mikhaïl et Ivan Morozov.* Ce frère *Ivan* fait aussitôt penser à l'un des frères Karamazov : référence qui n'a rien à voir avec le contenu de l'exposition, mais qui y ajoute clandestinement l'autorité de Dostoïevski. Cette exposition, qui se déplacera ensuite à l'Ermitage de Saint-Pétersbourg, est financée par la VTB (Banque du commerce extérieur), aujourd'hui sous sanctions européennes. Pour toutes ces raisons, il nous est difficile de voir cette exposition d'un œil complètement neutre. Nous essayerons de le faire néanmoins.

Ce fut le deuxième volet d'un diptyque : la première exposition, celle de la collection Serge Chtchoukine, a eu lieu en 2016-2017. Elle portait le même sous-titre : *Icônes de l'art moderne.* Ce titre générique a été sans doute choisi par des spécialistes en matière de communication. Ils ont utilisé le mot icône dans le sens figuré, qui est devenu principal : « personne qui incarne une communauté, un courant, une mode » (Larousse). Mais dans ce cas précis, comment devons-nous le comprendre ? Qui sont ces *icônes de l'art moderne* : les collectionneurs ou les artistes qu'ils ont collectionnés ? Ou encore les tableaux ? Nous pourrions ne pas nous attarder sur les mots, s'ils n'étaient pas, en l'occurrence, symptomatiques. Car l'*icône*, dans sa première signification, est une œuvre d'art sacré, une image qui obéit à des règles de représentation strictes et qui est exposée et vénérée d'une manière spécifique : les spécialistes évoquent le *culte des icônes.* Or, les frères Morozov ont aussi été collectionneurs de ces « vraies » icônes. Ils furent ce qu'en Russie on nomme les *vieux croyants.* Les gens ayant appartenu à ce courant religieux, réfractaires à la réforme de l'Église russe des années 1650-1680, réunissaient chez eux les icônes anciennes. Ils furent connaisseurs et restaurateurs de ces icônes non corrompues par les réformateurs. D'où sans doute leur extrême sensibilité aux formes d'art moderne non mimétiques. Or, c'est justement cet aspect de leur personnalité, allant de pair avec leur statut (les vieux croyants n'obtinrent la plénitude des droits civils qu'après la révolution de 1905) et avec leur activité d'industriels (due en partie à l'impôt sur leur culte), qui a été escamoté lors de l'exposition parisienne. Sa commissaire, Anne Baldassari, a choisi de parler d'*icônes* au sens figuré sans évoquer leur sens propre.

Certes, l'essentiel de l'exposition ne parlait que de chefs-d'œuvre de l'art français de la fin du XIXe siècle. Certes, les informations sur les Morozov et leur collection ont été établies, d'après les archives, par de bons historiens (en premier lieu Natalia Semenova). Mais dans l'exposition, cette histoire était très peu présente. Anne Baldassari a pris le parti, non d'expliquer les raisons d'être de cette collection, mais d'évoquer plutôt ses conséquences, à savoir l'influence de l'art français, de l'Impressionnisme jusqu'au Cubisme, sur les artistes russes, notamment sur ceux qui ont formé en 1911 le groupe *Le Valet de carreau*. Cette thèse a été développée par un historien de l'art russe, Gleb Pospelov, dans son ouvrage paru en 1990. Sa théorie de l'influence française marchait bien dans ces années-là, qui plus est dans un livre : les mauvaises illustrations, toutes réduites à la même taille, se ressemblaient entre elles. Mais elle ne fonctionne plus aujourd'hui, surtout quand les originaux se rencontrent. Un Kontchalovsky, qui a déjà vu les Futuristes, n'a rien à faire à côté d'un Picasso de 1905-1906.

Mais comme souvent, quand il s'agit de la Russie, le flou ne gêne personne. Les Russes en profitent aujourd'hui afin de brandir leur nationalisme agressif. Quand allons-nous, enfin, nous pencher sérieusement sur cette histoire ?

Olga Medvedkova

CATALOGUE

La Collection Morozov. Icônes de l'art moderne, Anne Baldassari (dir.), Paris, Gallimard/Fondation Louis Vuitton, 2021.

À LIRE

SEMENOVA, Natalia, *Les Frères Morozov*, Arles, Actes Sud, 2021.

DES PORTRAITS ET DES RÉSEAUX ARTISTIQUES. BOLDINI ET WHISTLER

Boldini. Les Plaisirs et les Jours, ***Paris, Petit Palais, Musée des Beaux-Arts de la ville de Paris (mars-juillet 2022).***

James McNeill Whistler (1834-1903). Chefs-d'œuvre de la Frick Collection, ***New York, Paris, musée d'Orsay (février-mai 2022).***

Si l'art du portrait connaît un déclin à la fin du XIXe siècle, c'est sans nul doute le fait de certains artistes qui n'ont pas su différencier leur peinture des images mondaines de l'époque. Les expositions consacrées aux artistes d'origine italienne Giovanni Boldini (1842-1931) et américaine James McNeill Whistler (1834-1903), respectivement au Petit Palais et au musée d'Orsay à Paris, corrigent cette impression. On y retrouve les figures féminines qui ont marqué les chroniques parisiennes, mais surtout la recherche de deux artistes qui se sont positionnés au cœur de nouveaux réseaux artistiques et commerciaux. La contextualisation immersive voulue par ces expositions en rend compte avec justesse.

La tenue de ces événements s'explique d'abord par des agendas contraints. Le musée d'Orsay accueille les portraits du peintre américain venus de la Frick collection de New York, en travaux jusqu'en 2023, tandis que le Petit Palais présente les chefs-d'œuvre du musée Boldini de Ferrare, en pleine rénovation pour une durée indéterminée. L'équipe d'Orsay a recréé pour l'occasion une salle en boiseries et murs gris pour ressembler à la Frick collection, afin d'évoquer les liens entre Whistler et son principal mécène Henry Clay Frick (1849-1919). La mise en scène très dense de l'œuvre de Boldini rappelle de son côté le Paris de la Belle Époque. Ces mises en correspondance soulignent le dialogue au quotidien entre les arts

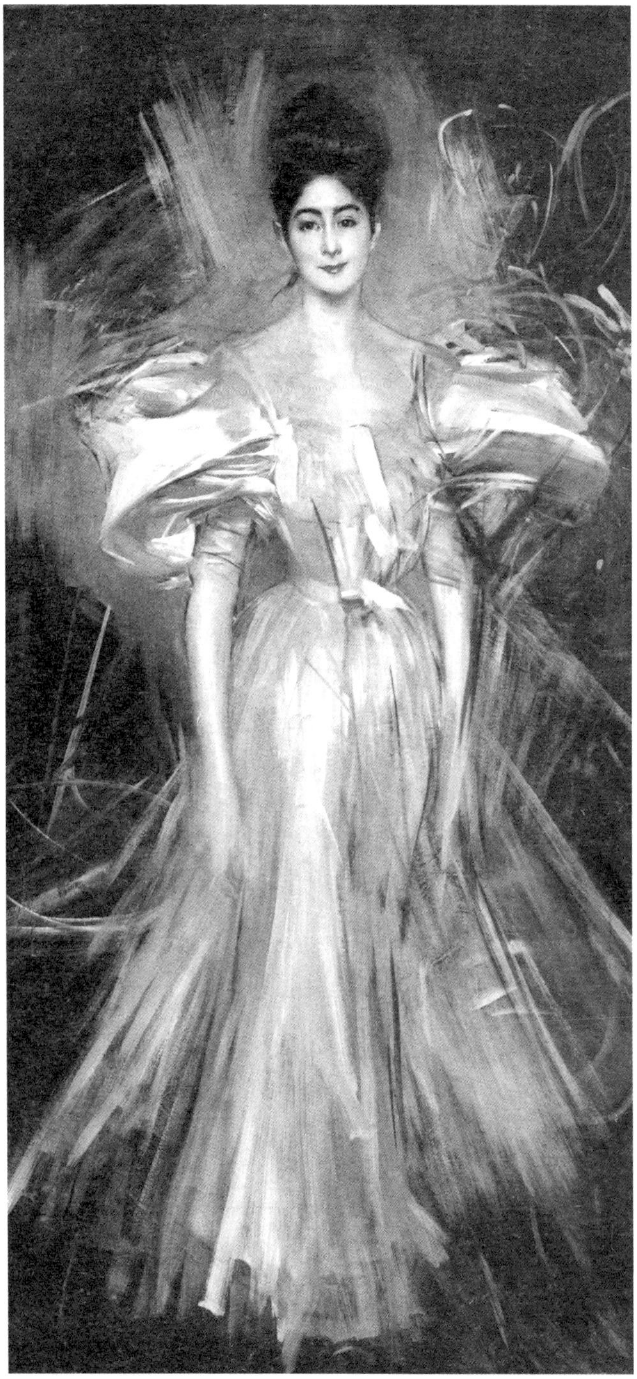

Giovanni Boldini, *Feu d'artifice*, 1892-1895, huile sur toile, Ferrare, Museo Giovanni Boldini © Ferrare, Museo Giovanni Boldini

et les plaisirs, que les artistes ont exprimé dans leurs portraits.

Il faut dire que Boldini se fait très tôt le témoin de son temps. Formé à Florence à partir de 1864, il adapte sa peinture de paysage et de scènes de rue, héritée du groupe des artistes *macchiaioli*, au contexte d'effervescence qui succède à la Commune, dès son arrivée à Paris en 1871. L'artiste italien se rapproche du marchand Adolphe Goupil et produit avec succès une peinture conforme « à l'art à la mode ». Sa maîtresse et muse du moment, Berthe, est peinte dans des mises en scène intimes qui orchestrent savamment les accessoires de mode et les objets du quotidien. La touche vibrante et lumineuse associe sa peinture à un réalisme proche des impressionnistes comme Degas, à travers des instants de la vie moderne, dans la rue ou au café. Dans *Scène de fête au Moulin-Rouge* (vers 1889), le visiteur est saisi par le bouillonnement très libre du pinceau qui capture la danse sociale entre hommes et femmes, laissant au second plan la reconstitution policée des univers bourgeois. La présentation des croquis et des esquisses préparatoires accentue cette vision d'une culture qui fascine.

Il en va tout autrement des portraits plus hiératiques de Whistler. Cet Américain, formé à Paris entre 1855 et 1859, exposé au Salon des Refusés de 1863, proche des réalistes comme Fantin-Latour et Courbet, réalise plusieurs portraits à succès qui illustrent l'ascendant de ses commanditaires. La fameuse *Peacock Room*, créée pour le riche collectionneur Frederick Leyland entre 1876 et 1877, connaîtra plusieurs propriétaires avant son installation à la Freer Gallery of Art de Washington ouverte au public en 1923. Whistler a envisagé un écrin esthétique où convergent les techniques du décor, les objets d'art asiatiques et les portraits de femmes préraphaélites. Cette veine artistique associée à l'*aesthetic movement* se retrouve dans l'exposition du portrait de sa mère (*Arrangement en gris et noir n°1*, 1871) et du modèle anglais Rosa Corder (*Arrangement en brun et noir*, 1876-1878), dont les camaïeux sombres de gris associent la recherche d'une harmonie quasi musicale à la composition japonisante.

C'est bien la rénovation du portrait par le vêtement qui fait diverger la vision des deux artistes. Si Whistler adopte le credo de l'esthétisme, en construisant son sujet à partir d'un idéal de beauté, Boldini devient le peintre de la vie moderne lorsqu'il capture la beauté éphémère des Parisiennes, non sans humour. L'influence anglaise se retrouve dans la suspension narrative que Whistler adopte dans le portrait de Frances Leyland, la femme du collectionneur (*Arrangement en couleur chair et rose, 1871-1874)*. La robe est imaginée par l'artiste à partir d'une tea gown, ces robes portées en intérieur de manière plus relâchée. La transparence de la mousseline de soie est maintenue par un effet de laçage de rubans aux manches qui suggère une pose de soumission, les bras dans le dos. Des touches florales flottent à la surface, en écho aux mosaïques au sol et aux fleurs de prunus qui s'immiscent sur les murs. L'impression d'évanescence est nuancée par l'atmosphère sombre de l'exposition, liée sûrement à la conservation de la série d'eau-forte et pointe-sèche des *Suites vénitiennes* (1880).

Boldini devient à la fin des années 1880 le portraitiste officiel de la mondanité, grâce à la comtesse Gabrielle de Rasty, sa muse, amante et protectrice. Comme Whistler, il regarde les portraits du Gréco, Velasquez, Rembrandt et Van Dyck. À sa différence, il cède à une forme d'expressionnisme gestuel, ne réduisant sa palette que pour accentuer les contrastes colorés, faire chatoyer les étoffes et mettre en valeur les visages mutins de ces femmes, amincies jusqu'à l'excès. Boldini n'adopte pas l'esthétique épurée du japonisme qui cherche l'équilibre des pleins et des vides. Dès lors, s'il suffit au public de contempler les seuls portraits de Whistler pour saisir son idéal esthétique, force est de constater l'emphase scénique déployée par les commissaires de l'exposition Boldini. Face aux croquis de l'artiste, aux caricatures de presse de son ami Sem, aux ouvrages érudits de l'époque et surtout, à l'exposition des robes du soir de la couture parisienne, les portraits de Boldini semblent rejouer la même partition à un siècle d'intervalle. On retrouve en effet dans une vitrine la photographie de l'exposition de l'Hôtel des modes, publiée en 1907 dans la revue *Les Modes*, où les arts décoratifs et les beaux-arts étaient réunis dans un dialogue artificiel, les tenues de la maison Dœuillet ou Doucet faisant écho aux peintures de Boldini. Dans la même revue, le comte Robert de Montesquiou avait scellé en 1901 ce surnom de « peintre de la femme », enfermant Boldini dans ce qu'il convient d'appeler un excès d'esthétisme que l'exposition reconduit, par souci d'historicisme.

Car la reconstitution d'une époque différencie ces deux expositions. Montrer que Boldini a produit « tous les genres » d'art (catalogue, p. 168), moins par éclectisme que par stratégie – les marines et natures mortes demeurées cachées dans l'atelier ont aussi eu une vie commerciale –, en fait un artiste de son temps. Réunir les *Arrangements* de Whistler, sans interroger le contexte de commande qui les a vus naître, rend ces portraits inaccessibles. À quand la présentation des croquis préparatoires de la robe de Frances Leyland ? Ces écueils se cristallisent dans les portraits de Montesquiou, peint par Whistler en 1891-1892 et Boldini en 1897. Deux styles s'opposent et se complètent, l'un en prise avec un idéal fin-de-siècle figé, l'autre, pré-futuriste, enlisé dans la coquetterie. Si Orsay choisit la sobriété, le Petit Palais fait le pari de la confrontation avec d'autres portraits très étonnants représentant Sem ou l'artiste Lawrence A. Harrison. À coup sûr, c'est autant l'artiste que le modèle qui rend ces portraits vivants. Nul mieux que Proust ne comprit ce risque de la mondanité, dépeignant en 1896 l'aristocratie en déclin dans *Les Plaisirs et les Jours* : « D'objet d'art elle devint objet de luxe par cette naturelle inclinaison des choses d'ici-bas à descendre au pire quand un noble effort ne maintient pas leur centre de gravité comme au-dessus d'elles-mêmes » (Gallimard, 1993, p. 76).

Damien Delille

CATALOGUES

Boldini. Les plaisirs et les jours, Barbara Guidi et Servane Dargnies-de Vitry (dir.), Paris, Paris musées, 2022.

James McNeill Whistler (1834-1903). Chefs-d'œuvre de la Frick Collection, New York, Paris, musée d'Orsay, 2022.

LE JARDIN SECRET DES IMPRESSIONNISTES

Le décor impressionniste. Aux sources des Nymphéas, *Paris, musée de l'Orangerie (mars-juillet 2022).*

« Fraîche » : c'est peut-être l'adjectif le plus approprié pour caractériser l'exposition qui se tient actuellement au musée de l'Orangerie. Et c'est un beau compliment car il n'est vraiment pas aisé de surprendre encore aujourd'hui avec un sujet aussi rebattu que l'impressionnisme. Pour notre plus grand plaisir, les deux commissaires, Sylvie Patry et Anne Robbins – respectivement directrice de la conservation et des collections et conservatrice des peintures au musée d'Orsay – y sont parvenues en s'attaquant à un pan méconnu, voire carrément dédaigné de la production des artistes impressionnistes, à savoir la décoration.

Steven Z. Levine dans les années 1970 et Robert L. Herbert un quart de siècle plus tard furent sans doute les premiers historiens à s'y intéresser. Récemment, Marine Kisiel y a consacré une thèse remarquée, qu'elle vient d'ailleurs de publier aux éditions du Passage (*La Peinture impressionniste et la décoration*, 2021). Quoique rares, les travaux académiques sur la dimension décorative de l'impressionnisme existent donc, mais le public, sans même qu'il soit nécessaire de le qualifier de « grand », n'avait pu jusqu'alors bénéficier de leurs recherches.

Marie Bracquemond, Haviland & Cie, Barluet & Cie (Montereau), Service à fleurs et rubans : *La Lecture*, 1879, faïence fine, 27 x 2,2 cm, collection particulière.

L'exposition se déploie sur le temps long de l'impressionnisme, depuis la décennie 1860, soit plusieurs années avant la naissance même du mouvement, jusqu'à 1927, date de l'installation des *Nymphéas* de Monet à l'Orangerie. Cet ensemble mondialement célèbre, décrit par André Masson comme la « Sixtine de l'impressionnisme », constitue sinon le fil directeur du parcours, son aboutissement. Le visiteur, descendu au sous-sol, est invité, à la fin de l'exposition, à rejoindre les deux salles du rez-de-chaussée où sont accrochées les immenses toiles de Giverny. On pourra regretter que l'œuvre commandée pour l'occasion au vidéaste Ange Leccia ne soit pas présentée au même niveau, mais au sous-sol, ce qui implique un va-et-vient peu pratique dans les espaces du musée. À ce détail près, la visite se déroule avec une grande fluidité dans des pièces aux volumes agréables, scandée en six sections.

La première, « Peintures idiotes », qui s'ouvre avec *Le Clown musical* (1868) de Renoir – probablement conçu pour un café voisin du Cirque d'Hiver –, emprunte son titre au poème « Alchimie du verbe » (1872), dans lequel Rimbaud célèbre les « peintures idiotes, dessus-de-porte, décors, toiles de saltimbanques, enseignes, enluminures populaires ». Les commissaires le rappellent en effet d'emblée : la réputation de la décoration a toujours été ambiguë, particulièrement à l'époque des impressionnistes dont la peinture de chevalet avait été comparée par l'un de leurs plus célèbres détracteurs, le journaliste Louis Leroy, à un « papier peint embryonnaire ». Les artistes eux-mêmes ne s'entendaient d'ailleurs pas toujours sur la place à accorder dans leur art à la dimension décorative. Si Degas confia que « le rêve de toute [s]a vie » fut de « peindre des murs », il ne s'en indigna pas moins devant les nombreuses commandes décoratives acceptées par Renoir, estimant qu'il trahissait ainsi l'esprit d'indépendance de leur mouvement. De même, Pissarro reprocha à Monet de n'avoir « jamais peint autre chose que de belles décorations ». Il figure pourtant lui aussi en bonne place dans cette exposition, notamment avec deux fort jolis tableaux de 1875, conservés à Tokyo, *Vaches s'abreuvant dans l'étang de Montfoucault*, automne et *L'Étang de Montfoucault en hiver, effet de neige.*

La plupart des membres du groupe sont d'ailleurs représentés dans les différentes salles, et cette variété corrobore de manière probante le propos développé. Après les essais de jeunesse, telles les *Quatre Saisons* que Cézanne réalisa pour le Jas de Bouffan en les signant parodiquement du nom d'Ingres, se met en place « Le décor de la vie moderne ». C'est l'occasion de voir le triptyque de Caillebotte des bords de l'Yerres (1878), dont les tableaux explicitement intitulés « panneaux décoratifs » évoquent les loisirs contemporains. Leur font face deux portraits de femme par Manet qui sont autant d'allégories des saisons : *Jeanne*, dit *Le Printemps* (1881) et *L'Automne (Méry Laurent)* (1882). De courtes vidéos aident à mieux imaginer certaines œuvres dans leur emplacement originel, comme les *Dindons* (1877) que Monet exécuta pour le château d'Ernest Hoschedé à Montgeron, ou encore la grande décoration *Modern Woman*, détruite depuis, que Mary Cassatt peignit pour l'Exposition universelle de Chicago en 1893 – obtenant là, de tous les impressionnistes, la seule commande officielle.

Gustave Caillebotte, *Périssoires*. Panneau décoratif, 1878, huile sur toile, 155,5 x 108,5 cm, Rennes, musée des Beaux-Arts.

En effet, les pouvoirs publics n'accordèrent jamais leur confiance aux indépendants et Manet puis Monet tentèrent en vain d'obtenir quelques murs ou plafonds à peindre à l'Hôtel de Ville de Paris. La décoration des impressionnistes resta donc dans le cercle privé des collectionneurs et mécènes, qui pouvaient également leur acheter divers objets, au cœur d'une courte troisième section : éventails de Degas ou de Pissarro, assiettes de Félix et de Marie Bracquemond, encadrement de miroir en ciment par Renoir… Mais les *Grandes Baigneuses* (1884-1887) de ce dernier, sous-titrée « essai de peinture décorative », rappellent que l'objectif premier demeure bien de mettre « un peu de

Claude Monet, *Massif de chrysanthèmes*, 1897, huile sur toile, 81,7 x 100,5 cm, Bâle, Kunstmuseum Basel (dépôt de la Dr. h. c. Emile Dreyfus-Stiftung).

gaieté sur un mur ». Son amie Berthe Morisot, qui partage son goût pour l'esthétique rococo, n'est pas en reste, ainsi qu'en témoignent sa copie d'un carton de tapisserie de Boucher (*Vénus va demander ses armes à Vulcain*, 1883-1884) mais aussi, par sa facture et ses couleurs, sa *Bergère couchée* (1891), deux toiles destinées à orner son propre appartement.

L'avant-dernière section est peut-être la plus séduisante de toutes en ce qu'elle fait surgir le jardin dans l'espace muséal. Outre les magnifiques *Chrysanthèmes* (1897) de Monet qui font écho à ceux que lui avaient donnés Caillebotte, les très rares décors de porte réalisés par les deux artistes confirment que les impressionnistes excellèrent dans la peinture de fleurs. Si le premier répondit à une commande de Paul Durand-Ruel, peignant dahlias et azalées pour le grand salon du marchand, le second réalisa ses panneaux d'orchidées et de cattleyas à son seul bénéfice, pour sa maison du Petit-Gennevilliers.

L'exposition s'achève avec les premières esquisses de nymphéas par Monet, qui deviendront dans les années 1910 ses « grandes décorations ». Il n'est d'ailleurs pas le seul à saisir le potentiel artistique de cette fleur puisqu'elle constitue un motif également très apprécié par les céramistes ou les maîtres verriers de l'Art nouveau, tels Edmond Lachenal ou Émile Gallé. Un exemple de tapis, tissé à la laine par la manufacture de la Savonnerie (1911-1913) d'après une de ses compositions, atteste bien enfin la dimension décorative qui va obséder Monet jusqu'à la fin de sa vie et dont le visiteur peut constater, une fois remonté au rez-de-chaussée dans les salles des *Nymphéas*, combien elle fut féconde et lui permit de s'accomplir de la plus magistrale des manières.

Pour parachever ce parcours, comme nous l'avons dit, une création d'Ange Leccia, intitulée *(D')Après Monet*, est présentée au sous-sol, dans une petite pièce qui fait face aux collections permanentes. Invité par Cécile Debray, alors directrice du musée de l'Orangerie, à s'inspirer du jardin de l'impressionniste, l'artiste a filmé le bassin des nymphéas à Giverny en fin de journée, jusqu'à la tombée de la nuit, et au petit matin, soucieux d'« aller au plus près de la respiration des fleurs, de la végétation », afin de « comprendre ce que Monet avait eu envie de peindre ». De tous ces rushes, il a tiré une boucle d'une demi-heure qu'il déploie sur trois murs et six écrans (deux par mur), enveloppant le spectateur dans un paysage aqueux et onirique. Parti de l'endroit le plus éloigné de la maison de Monet pour finir dans la chambre où il s'est éteint, Ange Leccia y raconte, selon ses propres termes, « une histoire qui ne se voit pas » : un hommage sincère et tout en discrétion au peintre qui hante l'exposition.

Brice Ameille

CATALOGUE

Le Décor impressionniste. Aux sources des Nymphéas, Sylvie Patry et Anne Robbins (dir.), Vanves, Hazan, 2022.

Berthe Morisot, *Bergère couchée*, 1891, huile sur toile, 63 x 114 cm, Paris, musée Marmottan-Monet.

HENNER, PEINTRE ET DESSINATEUR LIBRE EN QUÊTE D'IDÉAL

Alsace ! Rêver la province perdue (1871-1914), *Paris, Musée national Jean-Jacques Henner (octobre 2021-février 2022).*

Jean-Jacques Henner (1829-1905). La Chair et l'Idéal, *Strasbourg, Musée des Beaux-Arts (octobre 2021-janvier 2022).*

Jean-Jacques Henner dessinateur (1829-1905), *Mulhouse, Musée des Beaux-Arts (octobre 2021-janvier 2022).*

Après plusieurs décennies d'oubli, Jean-Jacques Henner bénéficie d'un regain d'intérêt amorcé à la fin des années 1980, avec l'exposition *J.-J. Henner, la jeunesse d'un peintre* présentée en 1989 au musée des Beaux-Arts de Mulhouse sous la supervision scientifique d'Isabelle de Lannoy. À Paris, la rénovation du musée Henner, menée entre 2008 et 2015, et le dynamisme de sa programmation ont permis de dépoussiérer l'œuvre d'un peintre trop souvent méprisée. Les trois expositions organisées en parallèle à Paris, Strasbourg et Mulhouse à l'automne 2021 poursuivent cette ambition de redécouverte et de réhabilitation. Chacune en donne ainsi à voir une facette originale autant que méconnue.

Peintre célébré de son vivant, recherché pour ses portraits, ses paysages et ses nus, Jean-Jacques Henner fut aussi un dessinateur hors pair. L'exposition de Mulhouse permet de réévaluer l'art graphique d'Henner, dont les carnets de croquis et les crayonnés témoignent d'une évolution intéressante. Comme la plupart des peintres de son temps, Henner reçut une formation académique. Le jeune élève des Beaux-Arts, devenu Prix de Rome en 1858 après deux échecs, copia les classiques, et son séjour à la Villa Médicis lui permit de conforter son goût pour la peinture italienne. Néanmoins, il sut trouver sa voie propre, et les dessins de la maturité montrent un Henner soucieux de s'affranchir de la routine des conventions par des recherches constantes. La mise en parallèle de plusieurs dessins préparatoires avec le tableau définitif est à cet égard

Jean-Jacques Henner, *Tête de femme de face*, 2e moitié du XIXe siècle, fusain sur page de livre, 18,1 x 14,5 cm, Musée national J.-J. Henner (JJHD 601), Paris © RMN

éclairante. Chloé Tubœuf relève ainsi qu'une dizaine d'esquisses ont précédé la réalisation de *La Magdeleine*, l'une de ses plus fameuses toiles à sujet religieux (catalogue, p. 10).

L'exposition proposée par le musée de Strasbourg se concentre quant à elle sur les tableaux de Henner, et présente quatre-vingt-dix d'entre eux en proposant un parcours mêlant des aspects chronologiques et thématiques. On propose ainsi au spectateur d'entrer dans l'œuvre du peintre par ses productions de jeunesse, mises en relation avec sa formation. Soutenu par sa famille après la mort précoce de son père, Henner suivit à douze ans les cours de dessin de Charles Goutzwiller à Altkirch, capitale culturelle de son Sundgau natal, puis ceux de Gabriel Guérin à Strasbourg. Son goût pour l'antique put s'y épanouir. En 1846, il entra dans l'atelier de Michel-Martin Drölling à Paris. Pendant une douzaine d'années, il connut des périodes de profond découragement et revint à plusieurs reprises en Alsace, peignant des scènes de genre et des portraits de ses proches pour assurer sa subsistance. Sa copie du *Christ sur la croix* d'après Prud'hon, exposée dans l'église d'Altkirch à partir de 1855, lui permit d'acquérir un commencement de notoriété. L'année suivante, son tableau *La Mère de l'artiste priant le corps de sa fille Madeleine* fut remarqué par la critique pour son intensité réaliste et dramatique. C'est à cette époque qu'Henner découvrit le *Christ mort* d'Holbein au musée de Bâle, toile dont l'influence fut grande sur sa production ultérieure. La récurrence des figures allongées y est frappante.

Dans la salle suivante, le cheminement artistique du jeune Henner est précisé. Admis à l'École des Beaux-Arts, il bénéficia des conseils de professeurs aussi illustres que James Pradier, David d'Angers, Horace Vernet et Ingres. La leçon de ce dernier, qui préconisait de regarder longtemps le motif avant de le dessiner, fut retenue par Henner. Son succès au Prix de Rome, obtenu en 1858 pour *Adam et Ève trouvant le corps d'Abel mort*, lui ouvrit les portes de l'Italie. La lumière et la beauté luxuriante des paysages romains suscitèrent son admiration dès son arrivée en janvier 1859, comme en témoigne l'une de ses lettres : « Nous sommes ici dans de si belles conditions que réellement, tous eux qui n'en profitent pas, sont bien coupables. Être ici, n'avoir besoin que de voir de belles choses, n'avoir pas besoin de s'occuper de son lendemain et devoir tout cela à soi-même ! » (lettre à Goutzwiller, 31 mars 1859). Ses copies soignées de la *Vénus d'Urbin* de Titien, de *La Descente de Croix* du Corrège ou encore du *Péché originel* du Tintoret traduisent son enthousiasme artistique. Des traces de cette imprégnation picturale se retrouvent sans surprise dans ses envois de Rome : *Le Christ en prison* (1861), *Jeune Baigneur endormi* (1862) et *La Chaste Suzanne* (1864), à laquelle l'exposition consacre toute une salle. L'œuvre est entourée de différentes esquisses et tableaux préparatoires, ce qui permet de mieux mesurer le processus d'élaboration picturale. Inspiré par l'étude de la *Suzanne au bain* du Guerchin (Rome, Galerie Colonna) et *L'Amour sacré et l'Amour profane* du Titien (Rome, Galleria Borghese), Henner livre un beau nu qui relègue la référence biblique au second plan. Au Salon de 1865, l'œuvre eut cependant un succès mitigé. Seul Théophile Gautier s'enthousiasma : « Les chairs sont d'un ton très-fin, très-vrai, très-nature, comme disent les peintres. Ce n'est pas une statue qui se baigne, mais bien une femme, une femme d'un modelé gras, libre et souple, capable de se mouvoir » (*Moniteur universel*, 9 juillet 1865). Mais son goût pour l'Italie transparaît peut-être encore mieux dans des toiles plus personnelles, telles que ses portraits de jeunes Italiennes ou ses paysages campagnards. Les carnets de dessins exposés montrent un Henner attentif à l'originalité de chacun des sites qu'il découvre, mais aussi habile à saisir une attitude, un geste ou un visage entrevu, au point qu'il n'hésite pas à remplir ses lettres mêmes de croquis, avec une fécondité dont l'exposition de Mulhouse a documenté l'ampleur.

Les nus de Henner firent beaucoup pour la réputation du peintre, qui exposa tous les ans au Salon de Paris de 1864 à 1903. Henner multiplie les *Idylles* et *Églogues* à cadre champêtre, inspirées des peintres italiens qu'il avait pu admirer plus jeune, et dont il reprenait la technique du *sfumato*, ce modelé vaporeux qui estompe les contours et plonge ses toiles dans une sorte d'onirisme mélancolique. Sa *Liseuse*, peinte en 1883, reçut les louanges de la critique, mais inspira aussi les poètes et les caricaturistes, dont Stop, qui en dessina une savoureuse version parodique intitulée « Femme-poisson étudiant la pisciculture ».

Henner pratiqua également la peinture religieuse. Ses Christs allongés et les multiples versions de sa Madeleine éplorée lui donnent de belles occasions de poursuivre ses recherches sur la touche et le rendu des matières et des couleurs, avec un soin particulier accordé à la carnation. Dans sa production plus tardive, ses Salomé et ses Saint Jean-Baptiste décapités entrent pour leur part en relation avec un thème abondamment traité par les artistes symbolistes et fin-de-siècle, Salomé étant l'archétype de la femme fatale.

Sa *Fabiola*, martyre chrétienne inspirée par le roman du cardinal Wiseman, a droit à un traitement particulier au sein de l'exposition. Il est vrai qu'elle eut une immense popularité du vivant de Henner, au point d'être reproduite sur de multiples supports : cartes postales, photographies, lithographies, gravures, mais aussi émaux, dessins, bas-reliefs… sans oublier de nombreuses copies peintes. Elle apparaît en quelque sorte comme la Joconde d'Henner, de façon d'autant plus paradoxale que le tableau original a disparu ! L'exposition en propose des eaux-fortes et des estampes contemporaines, ainsi qu'un exemplaire du cliché pris par Braun en 1889, permettant aux visiteurs de se faire une idée plus précise de ce tableau mythique dont Isabelle de Lannoy retrace minutieusement la genèse dans le catalogue.

Les nombreux portraits qui jalonnent les dernières salles rappellent le grand savoir-faire du peintre, qui excellait dans ce genre. Dès son retour à Paris en 1864, les commandes de personnalités de la haute société se multiplient et assurent sa réputation en France, mais aussi à l'étranger. Henner les honore avec un brio qui n'exclut pas la personnalité, comme en témoigne son *Portrait de Mme Paul Duchesne-Fournet*, épouse d'un politicien normand, propriétaire d'une filature de laine. Maëva Abillard rapproche à juste titre la composition austère de cet imposant portrait en pied des tableaux grandeur nature d'Antoine Van Dyck et Goya (catalogue, p. 132). S'inscrivant dans une tradition qui va de Holbein à Ingres en passant par les maîtres espagnols, Henner manifeste son talent dans le rendu de la chair. En dehors de cet univers mondain, Henner peint aussi les membres de son cercle familial, et prend également comme sujets plusieurs des élèves de l'« Atelier des dames » qu'il anima entre 1874 et 1889 avec le concours de son confrère Carolus-Duran. Ce lieu de formation artistique joua un rôle important à une époque où les femmes n'étaient pas admises aux Beaux-Arts. Henner fut aussi lié à Gustave Moreau et à Degas, qu'il rencontra à Rome et qui l'estimait.

Une autre toile du peintre, fort célèbre en son temps, *L'Alsace. Elle attend*, fait l'objet d'une contextualisation très fouillée. Ce portrait allégorique d'une jeune Alsacienne en deuil, au regard mélancolique, peint en 1871, est une commande d'épouses d'industriels originaires de Thann, dans la région mulhousienne. Offert peu après à Gambetta, le tableau symbolise le sort de l'Alsace annexée, sans grandiloquence, mais avec pudeur et sobriété.

Profondément attaché à sa région natale, Henner reste meurtri par la défaite de 1870 et l'annexion de l'Alsace. Le troisième volet de la rétrospective Henner, permet de mieux saisir l'ampleur de la catastrophe, aussi bien à l'échelle nationale que du point de vue intime du peintre. Maëva Abillard a élaboré un parcours d'exposition qui utilise au mieux les salles du Musée Henner, lieu superbe niché au cœur de la plaine Monceau. Conjuguant les approches historiques, culturelles et artistiques, *Alsace ! Rêver la province perdue* est organisée selon six axes. Le premier aborde les représentations pittoresques de l'Alsace développées à partir des années 1850, et amplifiées après 1870 : le costume traditionnel, les cigognes, la choucroute, la bière, la cathédrale de Strasbourg, les maisons à colombage, les coiffes féminines, autant d'ingrédients emblématiques qui structurent encore la vision stéréotypée de l'Alsace de nos jours, et qui sont représentés ici par des affiches, des lithographies, des dessins et une multitude d'objets divers. En dépit de son annexion allemande, l'Alsace devient plus familière aux Français grâce à la diffusion de cette imagerie idéalisée. L'exposition montre aussi l'essor d'une véritable école alsacienne de peinture au cours du XIXe siècle, illustrée entre autres par Henri Loux, Louis-Frédéric Schützenberger, Camille Alfred Pabst, ou encore Gustave Brion, dont les tableaux célèbrent les us et coutumes locaux, comme son Cortège nuptial, qui dépasse le charme de l'exotisme pour offrir une « iconographie mémorielle » (catalogue, p. 99). La vision intime de l'Alsace exprimée par Henner est quant à elle représentée par des paysages et de délicats portraits de proches, telle *Eugénie Henner en Alsacienne tenant un panier de pommes*. La deuxième section de l'exposition se penche sur l'élaboration de l'image de la province perdue à partir du tableau spectaculaire d'Édouard Detaille, *La Charge de Reichshoffen*. Les batailles de la guerre franco-prussienne et leurs conséquences suscitent une intense production picturale et statuaire, dont l'un des exemples les plus saisissants est le tableau d'Adolphe Martial Potémont intitulé *Lettres d'Alsace-Lorraine*, qui attire l'œil par sa composition sobre et moderne. Le peintre a fidèlement respecté dans sa toile le double affranchissement prussien et français en vigueur en Alsace et en Moselle entre septembre 1870 et mai 1871. Ce douloureux détail postal, familier aux spectateurs contemporains, ajoute une dimension poignante à cette toile, renforcée par les deux fleurs choisies, symboles de l'absence et de la perte.

Les deux salles suivantes retracent les réseaux de sociabilité des Alsaciens établis à Paris et posent la question de la Revanche. Les personnalités des milieux économiques, politiques, financiers et artistiques originaires de l'Est de la France vont jouer un rôle accru au cours de la IIIe République : Scheurer-Kestner, About, Bartholdi, Doré, Mélanie de Pourtalès, Erckmann et Chatrian, vont, chacun dans son domaine, accroître le renom de leur région d'origine. L'esprit revanchard, quant à lui, n'est pas uniforme : il a varié selon les soubresauts de l'actualité nationale et internationale, et les prises de position les plus agressives n'émanent pas nécessairement des Alsaciens ou des Mosellans. Articles de presse, affiches, chansons et illustrations ne manifestent pas toujours une haine aveugle pour l'ennemi « prussien », car beaucoup mettent plutôt l'accent sur le sort douloureux des habitants de ces territoires qui ont changé de nationalité du jour au lendemain. Les albums de Hansi célèbrent ainsi une Alsace digne et fidèle à la France malgré l'annexion, avec l'humour bon enfant qui fera sa renommée. L'exposition rappelle aussi qu'un courant pacifiste, porté en France par Jaurès, souhaitait une réconciliation entre la France et l'Allemagne, l'Alsace pouvant servir de terrain d'entente entre les deux nations ennemies.

La cinquième section examine la diffusion de l'image de l'Alsace comme province perdue dans la culture populaire au travers d'une émouvante sélection d'objets du quotidien, allant de la carte postale à l'assiette en faïence, en passant par les jouets et les ouvrages scolaires. Des livres comme *Le Tour de la France par deux enfants* d'Augustine Fouillée, publié en 1877 et maintes fois réédité des décennies durant, ou les romans régionalistes d'Erckmann-Chatrian, déjà en vogue sous le Second Empire, vont accompagner cette tendance, que l'on retrouve aussi dans des nouvelles comme « La Dernière Classe » d'Alphonse Daudet (*Contes du lundi*, 1873).

L'ultime salle permet de retrouver Henner, peintre resté fidèle à sa région d'origine. Malgré l'annexion allemande, Henner continue de se rendre en Alsace pour revoir les siens à Bernwiller. Les paysages qu'il en tire s'éloignent de tout pittoresque touristique. Contrairement à Théodore Lix, Gustave Brion ou Camille Pabst, qui se sont consacrés à l'Alsace traditionnelle, Henner envisage les lieux qu'il a arpentés comme une Arcadie rêvée. Sillonnant l'Alsace muni de ses inséparables carnets de dessins, il s'inspire de ses croquis pris sur le vif pour élaborer dans son atelier parisien des tableaux qui reflètent son penchant pour les scènes contemplatives. Certaines toiles pourraient être rapprochées des tableaux de Courbet représentant les abords de la Loue, à l'image de sa *Vallée de Munster, effet noté après l'orage*, dont le titre traduit bien la constante volonté d'expérimenter à l'écart des conventions.

Jean-Jacques Henner, *Évanouissement de la Vierge. Descente de Croix*, d'après Daniel de Volterra, entre 1859 et 1864, graphite sur papier vergé, 29,4 x 35,6 cm, Musée national J.-J. Henner (JJHD31), © RMN

La triple exposition Henner remplit parfaitement son rôle en permettant de faire redécouvrir au grand public un artiste attachant qui mérite de sortir de son long purgatoire. Les travaux pionniers d'Isabelle de Lannoy, suivis par ceux de Claire Bessède, Maëva Abillard et Chloé Tubœuf, ont renouvelé en profondeur l'image d'un peintre trop souvent cantonné au rôle ingrat de second couteau de l'académisme. Le pinceau d'Henner défie les classifications : l'exposition organisée en 2007 au musée Henner le qualifiait de « dernier des romantiques » se situant « face à l'impressionnisme » – et non pas contre. Son cheminement esthétique le rapproche parfois de confrères réalistes ou naturalistes, sans que l'on puisse lui assigner une école particulière. L'atmosphère onirique et nostalgique qui émane de ses toiles les plus personnelles autorise toutefois un rapprochement avec une certaine forme de symbolisme. Tel est le charme précieux d'Henner, qui associe son admiration pour l'art ancien à des recherches picturales personnelles, tout en transportant le spectateur de ses toiles dans un univers apaisant fait de rêves et de douce nostalgie.

Olivier Sauvage

CATALOGUES

Alsace ! Rêver la province perdue (1871-1914), Maëva Abillard-Viaud et Marie Pottecher (dir.), Paris, Musée national Jean-Jacques Henner, Musée alsacien et Liénart Éditions, 2021.

Jean-Jacques Henner (1829-1905). La Chair et l'Idéal, Céline Marcle (dir.), Strasbourg, Musées de la Ville de Strasbourg, 2021.

Jean-Jacques Henner dessinateur (1829-1905), Maëva Abillard, Claire Bessèdc, Michaël Guggenbuhl et Chloé Tubœuf, Bernardswiller, I. D. l'Édition, 2021.

À LIRE

Jean-Jacques Henner. Un maître alsacien, Strasbourg, Dernières Nouvelles d'Alsace/ L'Alsace, « Les Saisons d'Alsace », hors-série n° 89, octobre 2021.

Musée national Jean-Jacques Henner : de la maison d'artiste au musée, Paris, Somogy, 2016.

Bessède, Claire, *Le Musée national Jean-Jacques Henner. Guide des collections*, Paris, Éditions ArtLys, 2016.

Bessède, Claire, et Rodolphe Rapetti, *Musée national Jean-Jacques Henner : guide de visite*, Versailles, Art + musées et monuments, 2009.

Lannoy, Isabelle de (dir.), *Henner. La jeunesse d'un peintre de 1847 à 1864*, Mulhouse, Éditions du Rhin, 1989.

—, Isabelle de, *Musée national Jean-Jacques Henner. Catalogue des peintures*, Paris, Réunion des musées nationaux, 1990, 2e éd. 2003.

—, Isabelle de, et Pierre Raboisson, *Jean-Jacques Henner au musée sundgauvien d'Altkirch*, Altkirch, Musée sundgauvien, 2019.

Rapetti, Rodolphe, Claire Bessède et Daniel Marchesseau, *Face à l'Impressionnisme. Jean-Jacques Henner (1829-1905) le dernier des romantiques*, Paris, Paris musées/RMN, 2007.

Jean-Jacques Henner, *Portrait de Mademoiselle Madeleine Smith en Alsacienne*, 1904. BnF, Gallica.

Le XIXe siècle à l'écran

Marc Dugain, *Eugénie Grandet* ©Highsea Production Tribus P. Films 2020.

LE *GERMINAL* DE FRANCE 2

David Hourrègue,* Germinal, *France-Italie, France 2, 2021, 6 épisodes de 52 mn.

Les six épisodes produits sous l'égide de France Télévisions, en partenariat avec la RAI italienne et la ZDF allemande, respectent la trame narrative du roman de Zola. On y retrouve tous les éléments du drame élaboré par le romancier : le cadre social d'une mine située dans le nord de la France, dans un univers dominé par la misère et l'exploitation des travailleurs ; le déclenchement d'une grève provoquée par une baisse des salaires imposée par la direction de la mine ; un conflit qui dure, bientôt sans issue, poussant les grévistes à une violence aveugle ; la répression finale du mouvement, avec l'intervention de soldats qui tirent dans la foule des mineurs, en faisant plusieurs morts ; et enfin un dernier épisode qui ajoute à l'échec de la grève l'histoire d'une catastrophe dans

Carte postale représentant la Fosse Thiers à Bruay © Collection particulière.

le puits de la mine brutalement envahi par des eaux souterraines. Au milieu de cette succession d'événements dramatiques, la rivalité entre Étienne et Chaval, tous les deux amoureux de Catherine, constitue le fil directeur de l'intrigue. Pour la mise en scène de cette histoire complexe, d'importants moyens ont été déployés. Les articles de presse consacrés à cette adaptation de *Germinal* les ont énumérés en citant des chiffres impressionnants : un budget de 12 millions d'euros, 6 mois de tournage, 2 400 figurants, 22 tonnes de charbon qu'il a fallu faire venir de Pologne…

La prestation des acteurs a été saluée d'une manière unanime. Thierry Godard et Alix Poisson, comédiens rendus célèbres par des séries télévisées antérieures (on se souvient, par exemple, de Thierry Godard en « Gilou » dans *Engrenages*), ont prouvé avec ce *Germinal* qu'ils étaient à la hauteur du rôle qu'ils devaient jouer. Ils se sont montrés capables de rivaliser avec Gérard Depardieu et Miou-Miou, vedettes de la précédente adaptation du roman, réalisée par Claude Berri en 1993. À leurs côtés, de jeunes acteurs, inconnus du grand public, Louis Peres, dans le rôle d'Étienne, et Rose-Marie Perreault, dans celui de Catherine, ont trouvé dans cette circonstance la possibilité de manifester leur talent et de parvenir à la notoriété.

Tout en conservant le cadre historique du XIXe siècle, la production de France Télévisions souhaitait « dépoussiérer » le roman, inscrire l'histoire de *Germinal* dans le contexte des luttes sociales de l'époque moderne. Par rapport au roman, les modifications sont importantes. Elles sont d'ordre narratif, psychologique et linguistique. Le récit de la grève est alourdi par l'apparition d'un personnage étranger à l'univers de Zola, nommé Bressan, chef d'une milice patronale qui s'oppose violemment à l'action des mineurs. La présence des personnages féminins est renforcée : Catherine et Cécile accèdent à un statut d'héroïnes fortes, capables de s'imposer face aux hommes. Quant au langage employé par les personnages, il est celui de l'époque contemporaine, avec ses facilités et son lot de stéréotypes.

Les auteurs de cette adaptation, David Hourrègue et Julien Lilti, qui ont travaillé en duo, assument pleinement leurs choix de mise en scène. Ils se souviennent de l'époque où, encore lycéens, ils ont découvert au cinéma le film

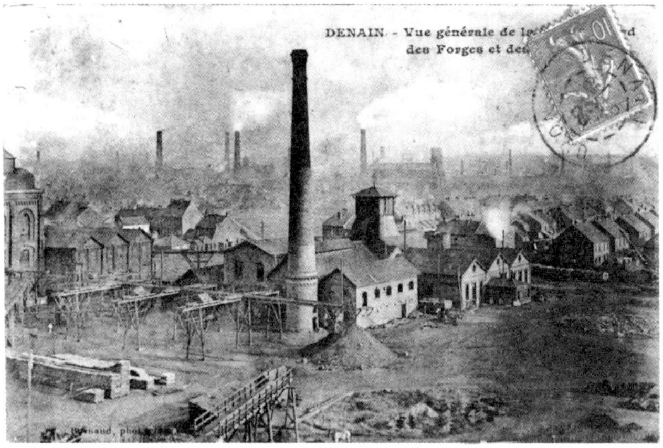

Carte postale représentant la Fosse Renard à Denain © Collection particulière.

de Claude Berri, tandis que leurs professeurs de lettres les invitaient à lire le roman de Zola. Répondant à la commande que leur adressait France Télévisions, ils ont voulu mettre à distance l'œuvre qu'ils avaient en face d'eux : non seulement « dépoussiérer » le texte de Zola, mais également écarter le scénario construit par Claude Berri (dont le grand mérite, rappelons-le, avait été de respecter scrupuleusement l'esprit du roman, dans le choix des épisodes, comme dans l'écriture des dialogues, très fidèles au texte originel). Ils se sont lancés avec détermination dans une relecture de *Germinal* dont l'objectif était de rendre l'histoire accessible aux spectateurs d'aujourd'hui. C'est pourquoi, peu soucieux des anachronismes, ils ont opté pour une actualisation du langage des dialogues où l'on ne retrouve plus aucune trace du texte littéraire initial. Cette modernisation du langage donne même l'impression d'être forcée. Elle s'inscrit résolument dans l'époque contemporaine, comme s'il fallait, à toute force, accentuer le trait. Que dire, par exemple, de cette réplique prononcée par l'un des mineurs, au cours du 4e épisode : « On est des mineurs, pas des professeurs des écoles ! »

Lorsqu'il a présenté son travail en donnant différentes interviews, Julien Lilti a revendiqué ce parti pris de modernité : « Je voulais en faire un "western minier", en reprenant certains codes du genre, plus qu'un récit social pur et dur comme celui de Zola. » Il précise : « Je voulais un récit très tendu, trépidant et riche. Mais il ne fallait pas que ce soit plombant. On sait tous qu'il s'agit d'une tragédie. [...] On voulait faire de *Germinal* un grand spectacle, un récit haletant, une fresque sociale aux airs de western et aussi faire entrer le spectateur en vérité profonde avec les personnages ».

Ce *Germinal* s'inscrit donc dans un genre particulier, celui du « western social ». Les réalisateurs songent au modèle culturel de la BBC, devenue une référence dans l'art du « dépoussiérage » des œuvres classiques. Ils ont été influencés par la liberté de ton des productions anglo-saxonnes qui s'attachent à repousser continuellement les limites du film historique, en combinant librement événements et personnages, sans se soucier de l'authenticité des dialogues. Pour le rythme de la narration, pour le mouvement des acteurs et l'enchaînement des épisodes, ils se sont inspirés de la série télévisée britannique *Peaky Blinders*, lauréate de multiples récompenses cinématographiques, dont la cinquième saison a été diffusée en 2019.

Quelques critiques de cinéma ont émis des réserves. Certains regrettent une réalisation trop mélodramatique : c'est un « coup de grisou miné par le mélo », s'exclame Constance Jamet (*Le Figaro*, 27 octobre 2021). Benoît Franquebalme parle du « lifting lourdingue de France 2 »

« L'explosion de grisou », dans Louis-Laurent Simonin, *La Vie souterraine ou Les Mines et les mineurs*, Paris, Hachette, 1867, p. 173. BnF, Gallica.

« L'éboulement », dans Louis-Laurent Simonin, *La Vie souterraine ou Les Mines et les mineurs*, Paris, Hachette, 1867, p. 203. BnF, Gallica.

(*Marianne*, 27 octobre 2021), trouvant que cette adaptation souffre d'un « excès de didactisme » et qu'elle sacrifie trop à l'esprit du temps, à l'époque des « Gilets jaunes » et de « # MeToo ». Mais, dans l'ensemble, les éloges ont dominé. On souligne l'importance des moyens utilisés ; on parle d'une « véritable réussite », portée par « un casting quatre étoiles » ; on célèbre une « œuvre magistrale ». Dans *Le Monde* du 28 octobre 2021, Thomas Sotinel considère que cette adaptation transporte « le souffle noir de Zola » dans l'atmosphère des luttes du XXIe siècle : « L'horizontalité de la plaine brisée par les terrils devient alors décor épique et la série trouve un souffle noir digne de la mémoire qu'elle veut célébrer. »

David Hourrègue et Julien Lilti peuvent se réjouir, en considérant qu'ils ont atteint leurs objectifs. La série a remporté le prix du public lors du festival Séries Mania de Lille, en septembre 2021. Lors de leur diffusion sur France 2, les deux premiers épisodes ont été regardés par plus de quatre millions de téléspectateurs : la chaîne du service public a pu, à cette occasion, se féliciter d'avoir obtenu 20% des parts d'audiences.

Le lecteur de l'œuvre de Zola — celui qui garde en mémoire la force émotionnelle du roman — peut, à juste titre, se sentir exclu de ce qui lui est offert par cette série télévisée. Certes, une adaptation n'est jamais une reprise à l'identique. Devant un texte littéraire, le cinéma pratique un art de la synthèse qui le conduit à opérer une recomposition des éléments d'origine.

La relecture qui nous est ici proposée entretient une relation créatrice avec le texte du roman quand elle s'interroge sur la place des figures féminines — lorsqu'elle modifie, par exemple, les personnages de Catherine, de la Maheude, ou même de la Mouquette, pour leur conférer une nouvelle dimension psychologique. On appréciera, de la même façon, la transformation du personnage de Cécile en jeune femme lucide, soucieuse de maîtriser son destin, consciente du sort des ouvriers, et capable d'en imposer à un Négrel devenu bien falot à ses côtés. Pour prendre un autre exemple, la scène de la mise aux enchères des chantiers de la mine, dans le 2e épisode, apparaît assez convaincante. Traitée en quelques lignes dans le roman (III, 1), elle est ici longuement développée : elle montre des mineurs soumis à une féroce concurrence interne qui leur interdit toute solidarité, comme s'ils étaient victimes, déjà, d'un processus d'ubérisation des tâches.

Mais cette relecture manque son but quand elle puise dans des éléments externes. Fallait-il introduire le personnage de Bressan, incarnation du mal absolu, chevauchant, armé de pistolets, à la tête de sa bande ? Était-il nécessaire d'inventer l'histoire de l'enlèvement d'Étienne, torturé par les sbires de Bressan, jeté dans un étang glacial, avant d'être sauvé par La Mouquette ? Ces péripéties gratuites donnent l'impression d'un collage maladroit qui brouille la logique profonde du récit. À quoi bon, à la fin du 4e épisode, ces longues scènes de négociations avec les mineurs dans l'église du coron, où se retrouvent Hennebeau et Bressan ? Étrangères au roman, elles paraissent artificielles, alors que les moments les plus réussis de cette adaptation (comme, par exemple, la remontée des mineurs enfermés dans le puits de Jean-Bart) tirent leur force, précisément, de leur fidélité à l'œuvre de Zola.

Il reste à espérer que ce *Germinal* en habits de western n'empêchera pas les spectateurs de la série télévisée de revenir au roman publié en 1885 pour en commencer la lecture, afin d'entendre ce qui a été effacé dans cette adaptation — la voix d'un grand écrivain : « Dans la plaine rase, sous la nuit sans étoiles, d'une obscurité et d'une épaisseur d'encre, un homme suivait seul la grande route de Marchiennes à Montsou, dix kilomètres de pavé coupant tout droit, à travers les champs de betteraves... »

Alain Pagès

À VOIR

ALLÉGRET, Yves, *Germinal*, scénario de Charles Spaak, 1963, 110 mn. Interprétation : Jean Sorel (Étienne Lantier), Berthe Granval (Catherine), Claude Brasseur (Chaval), Sanzor Pecsi (Maheu), Lea Padovani (la Maheude), Bernard Blier (Hennebeau).

BERRI, Claude, *Germinal*, scénario de Claude Berri, 1993, 160 mn. Interprétation : Renaud (Étienne Lantier), Gérard Depardieu (Maheu), Miou-Miou (La Maheude), Judith Henry (Catherine), Jean-Roger Milo (Chaval), Jean Carmet (Bonnemort), Laurent Terzieff (Souvarine), Jean-Pierre Bisson (Rasseneur), Jacques Dacqmine (Hennebeau), Anny Duperey (Mme Hennebeau), Frédéric Van Den Driessche (Négrel).

CAPELLANI, Albert, *Germinal*, 1913, 140 mn. Interprétation : Henry Krauss (Étienne Lantier), Sylvie (Catherine), Auguste Mévisto (Maheu).

HOURRÈGUE, David, *Germinal*, scénario de Julien Lilti France-Italie, France 2, 2021, 6 épisodes de 52 mn. Interprétation : Étienne Lantier (Louis Peres), Thierry Godard (Maheu), Alix Poisson (la Maheude), Rose-Marie Perreault (Catherine), Jonas Bloquet (Chaval), Guillaume de Tonquédec (Hennebeau), Natacha Lindinger (Mme Hennebeau), Samir Bouajila (Deneulin), Aliocha Schneider (Négrel), Marie-Lou Aussiloux (Cécile Grégoire), Steve Tientcheu (Rasseneur), Jean-Marie Frin (Bonnemort), Anna Mihalcea (La Mouquette).

« TOUCHEZ VOTRE POITRINE, LOUISE ». L'ART DE LA GUERRE ET CELUI DE LA NUANCE.

Mélanie Laurent, **Le Bal des folles***, Prime Video, 2021, 161 mn.*

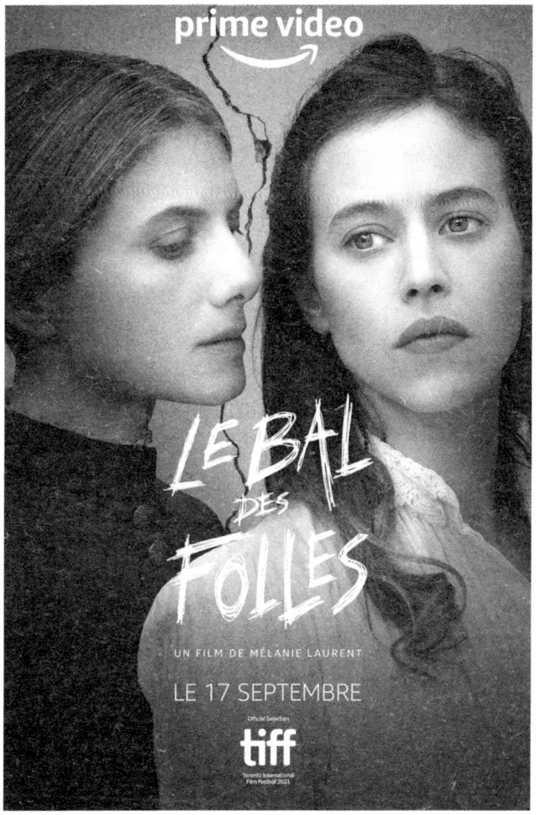

Affiche pour Mélanie Laurent, *Le Bal des folles*, 2021.

« Dépose-moi au café sur le chemin. Il faut que je prenne l'air, il faut que je lise, il faut que je fume ! », s'exclame Eugénie Cléry dans l'adaptation cinématographique du roman multi-primé de Victoria Mas (2019). Il faut en effet que le corps (féminin) exulte, pour Mélanie Laurent, qui fait de la société patriarcale oppressive le sujet central de son film, au prix de quelques écarts avec le livre, mais surtout avec son esprit – qui était précisément de restituer celui d'une époque dans laquelle on peut, souvent pour le pire, continuer de se reconnaître, sans qu'il soit pour autant nécessaire d'écraser artificiellement l'écart temporel et culturel qui nous en sépare.

Les choix opérés pour l'adaptation peuvent par conséquent parfois surprendre, voire décevoir, en dépit de très beaux décors, d'actrices convaincantes et attachantes, et d'effets de mise en scène réussis lorsqu'il s'agit de faire ressentir le poids qui pesait sur les « folles » de la Salpêtrière, représentantes douloureuses d'une condition féminine toujours sous contrainte. Pourquoi, par exemple, l'Eugénie du film ne se procure-t-elle plus chez Leymarie, proche d'Allan Kardec, *Le Livre des esprits* qui lui permettra de comprendre que ses visions ne font pas d'elle une folle ? Mélanie Laurent préfère situer la scène « au café », à Montmartre, entre une buveuse d'absinthe et un jeune premier (rapin, apprenti journaliste, ou Poulbot monté en graine, on ne sait trop), qui « prête » à Eugénie le livre qu'il est en train de lire, non sans avoir inscrit au préalable son nom (ou son numéro de téléphone, on ne sait trop). Car effectivement, comme le concède le photogénique Ernest (joué par César Domboy), « ce n'est pas courant, ici, une femme qui lit de la poésie, et qui pose ses yeux sur un homme qui lit aussi ». Cela permet néanmoins de rappeler que l'Eugénie de Mélanie Laurent n'aime pas que le café et la cigarette, mais aussi la poésie de Victor Hugo, aux funérailles duquel elle assiste en ouverture du film (quand le roman débutait par une « leçon » à la Salpêtrière). Mais cette très belle scène, où le glas résonnant au-dessus du Panthéon annonce l'austérité oppressante d'un *milieu*, et fait ressentir le poids proprement monumental du patriarcat, est comme contredite par la bluette *so cliché* à Montmartre, où le rapin-joli cœur récite « Demain dès l'aube… » à une jeune Bourgeoise en recherche d'encanaillement : doit-on en conclure que le poète patriarche (et des tables tournantes) marche toujours avec les filles ?

Heureusement ou malheureusement, c'est selon, Eugénie, enfermée à la Salpêtrière, ne pourra pas honorer son rendez-vous, et le film renoue vite avec la ligne qui lui donne sa force et sa cohérence : dénoncer, quitte à accentuer la charge que le roman rendait plus subtile, l'oppression et l'instrumentalisation dont les femmes sont les victimes. L'Eugénie de 2021 (jouée par Lou de Laâge) a en effet beaucoup moins de chance que celle de 2019, et semble parfois vouloir évoquer le spectre du Randall Patrick McMurphy de *Vol au-dessus d'un nid de coucou*. Qu'on en juge : mise « à l'isolement » pour avoir tenu tête à Charcot (« C'est vous qui nous rendez folles ! »), Eugénie se retrouve aux mains de la sadique Jeanne (jouée par Emmanuelle Bercot), personnage inventé par Mélanie Laurent (ou tiré d'Ann Radcliffe) : « Les vieilles cellules de la Salpêtrière, c'est historique, Eugénie, tu as beaucoup de chance, tu sais », lui susurre-t-elle, sourire en coin, avant de s'amuser à obstruer la seule lucarne de son cachot (« Tu connais le jeu de l'éclipse ? Tu vas adorer. »)

La Salpêtrière « historique » que Victoria Mas évoquait dans son roman était beaucoup moins gothique, et beaucoup plus *multicolor* : le « pandémonium » où officiait Charcot y était bien décrit comme une cité de femmes soumise à un pouvoir masculin, mais l'idéal thérapeutique qui l'animait n'en était pas moins évoqué, et mis en perspective. C'était précisément, dans le roman, une des fonctions de Geneviève, l'infirmière en chef athée, que de rappeler que la Salpêtrière du « Maître » avait représenté un progrès considérable, auquel le personnage croit, avant de se rendre compte que les dogmes scientifiques peuvent être aussi dangereux que ceux de la religion, puisqu'ils en reprennent la structure patriarcale. C'était également le rôle de Thérèse, la plus ancienne des pensionnaires de la Salpêtrière, qui voyait dans l'hôpital un refuge contre un monde extérieur où les femmes ne peuvent avoir que la place de victime : à l'annonce de sa « guérison », qui supposait sa « libération », elle choisissait, dans le roman, de se couper les veines ; dans le film, c'est l'élan d'un caricatural carabin-violeur qu'elle a pour fonction de couper, dans une scène défouloir où triomphe une sororité matriarcale (« Ordure ! [...] Salopard ! », s'écrie-t-elle, tandis que le carabin, deux fois plus vigoureux qu'elle, appelle au secours).

Charcot, en réalité, n'est pas mieux traité, et le jeu de Grégoire Bonnet a pour fonction de le rendre uniment antipathique. Quand les recherches documentaires menées par la romancière permettaient de camper une figure distante et impassible, planant sur une cité féminine dont il pense naïvement comprendre et dominer tous les rouages, le passage à l'écran en fait un personnage de premier plan, cynique et manipulateur. Le crescendo douteux qu'il pratique avec Louise, premier sujet de ses leçons, est à cet égard révélateur : « Touchez votre poitrine, Louise », « Touchez votre gorge, Louise », « Ouvrez vos lèvres, Louise »... Le serpent Kaa n'aurait pas mieux fait, et la malheureuse tombe rapidement en crise sous le regard dédaigneux du « Maître », qui partage avec Jeanne l'art du sourire en coin : « À mardi prochain, messieurs », dit-il en claquant des talons, tandis que l'hystérique tape le sol de tous ses membres.

De même, le choix de recentrer le dénouement sur le seul dialogue épistolaire d'Eugénie, désormais libre, et de Geneviève, désormais enfermée pour lui avoir permis de l'être, appauvrit singulièrement le dispositif adopté dans le roman : *exit* Louise, qui était présentée comme une figure complexe de résistance, et l'héritière de Thérèse la tricoteuse de châles, dont elle reprend le métier toujours à recommencer ; *exit*, également, le dialogue mélancolique de Geneviève avec sa sœur morte, puisqu'Eugénie l'a remplacée. Mélanie Laurent choisit à la place de suivre Lou de Laâge déambulant sur une plage où l'on aperçoit quelques pins et deux jeunes Anglaises (Guernesey ou la côte landaise ?), pour s'arrêter face à la mer/l'océan, et délivrer un message ambigu : présentée comme un nouvel apôtre (« j'aide, je transmets, je témoigne, je réconforte, on vient à moi avec une confiance et un amour qui me bouleversent chaque jour... »), Eugénie appa-

José Belon, « Le Bal des folles à la Salpêtrière, Paris 1890 », *Le Monde Illustré*, 22 mars 1890, texte page 188. BnF, Gallica.

raît davantage comme le porte-parole de l'existence des spectres que de la cause des femmes, et son « message » consiste surtout à dire que le bonheur est un dans un autre monde (astral ?) quand, dans le roman, le spiritisme était le moyen de faire entendre un autre discours, et d'envisager une autre réalité que celle d'un monde patriarcal.

Il y a certes quelques ajouts dont la force visuelle est une réussite : l'ouverture sur les funérailles du poète national, déjà mentionnée, mais aussi cette scène où le personnage joué par Coralie Russier entame, avec des accents *soul*, la chanson d'Arno « Dans les yeux de ma mère », au terme de la messe de Noël célébrée dans la chapelle de la Salpêtrière (absente du roman). Le clin d'œil affectueux au chanteur (tout autant qu'à la chanteuse Soko, qui jouait Augustine dans le film d'Alice Winocour ?) impose une *pietà* à la fois transgressive et moderne, qui rappelle que l'objectif premier du film de Mélanie Laurent est d'actualiser l'univers représenté, tout comme le combat qu'il doit susciter. Le risque, non évité à l'échelle du film, est néanmoins de limiter la portée du message déjà présent dans le roman, voire de le dénaturer par excès d'actualisation. L'alternance des plans, durant cette scène de Noël, vise par exemple très clairement à mettre en parallèle l'univers bourgeois et conservateur des Cléry et celui de la Salpêtrière, unis par un même système de croyances bornées. Mais elle fait disparaître au passage la différence fondamentale entre ces deux univers, alors même que l'athéisme de Geneviève rappelait que l'hôpital de Charcot se fixait également pour mission de libérer la femme de l'Église. Qu'il en ait fait une hystérique montre une parenté des mentalités, non des croyances, et il n'est pas très habile, en ces temps (les nôtres) d'amalgame et de suspicion systématique, de verser dans la schématisation, en faisant de la science une nouvelle religion (surtout lorsqu'est parallèlement amoindrie la dimension allégorique du discours spirite).

Apparemment plus anecdotique, le changement d'orientation sexuelle du frère d'Eugénie met mal à l'aise, et non pour les raisons que l'on pourrait croire : le baiser qu'il échange, au début du film, avec le cocher (réminiscence proustienne ?) fait de lui d'emblée un marginal dans sa famille, un complice naturel de sa sœur, dont il est présenté comme très proche, alors que le roman faisait de lui un héritier progressivement gagné par un besoin d'agir, et de se révolter contre une oppression dont il ne veut plus être le bénéficiaire. Que sa sœur en soit la victime n'était finalement que le déclencheur d'une prise de conscience, puisque la romancière soulignait la distance qui séparait le frère et la sœur, éduqués pour ne pas s'identifier l'un à l'autre. Rien de tel, dans l'adaptation de Mélanie Laurent : il semble qu'il faille être victime pour comprendre les victimes, et le film donne la désagréable impression de ne s'adresser qu'à des convaincus en désignant, de manière un peu caricaturale, l'homme à abattre (sauf, évidemment, s'il peut réciter un poème de Victor Hugo).

Bertrand Marquer

EUGÉNIE GRANDET PAR MARC DUGAIN OU LA CHRYSALIDE FÉMINISTE D'UNE HÉROÏNE BALZACIENNE

Marc Dugain,* Eugénie Grandet*, France-Belgique, High Sea productions / Tribus P. Films, 2021, 105 mn.

L'année 2021 fut une année cinématographiquement balzacienne. Avec son adaptation d'*Eugénie Grandet*, Marc Dugain, réalisateur, mais aussi metteur en scène et romancier lui-même, ouvre le bal avant les glorieuses *Illusions perdues* de Xavier Giannioli. Le roman de Balzac avait déjà fait l'objet de l'intérêt du cinéma français dès 1910 dans une réalisation d'Émile Chautard et Victorin Jasset, mais c'était ensuite la télévision qui s'en était emparé en 1956, en 1968, puis en 1994. On connaît aussi au roman une adaptation américaine en 1921 par Rex Ingram, *The Conquering Power*, une adaptation italienne de Mario Soldati en 1946, et même une version soviétique par Sergueï Alexeiev en 1960. C'est dire combien *Eugénie Grandet* enflamme l'imagination des cinéastes.

Le film de Marc Dugain ne se revendique pour autant pas comme une adaptation, mais bien plutôt comme une libre inspiration du roman de Balzac. Cette liberté vient tout d'abord de la modernité du portrait d'Eugénie Grandet qui relève cependant parfois d'une trahison à l'égard du texte original, principalement en raison des accents féministes quelque peu anachroniques, mais surtout peu fidèles à la vérité du personnage balzacien. Car si l'Eugénie de Dugain sent, aime, souffre, se dévoue, et répond bien en cela au « texte de la vie des femmes » selon Balzac, elle se révolte aussi, s'insurgeant de ce que le dieu soit masculin, déplorant la destinée des femmes dans la société au cours d'un tête-à-tête avec son père et faisant l'apologie de l'émancipation féminine qu'elle conquiert finalement. Le lecteur balzacien peut donc se sentir déconcerté lorsqu'au terme du film, il entend Eugénie évoquer dans sa conversation avec le notaire ses projets de conclure une nouvelle harmonie avec le monde par le voyage, puis par le retour dans les paysages aimés de sa Touraine natale. Dugain exploite là la condition du personnage au service de problématiques sociales contemporaines, afin de répondre à l'éternelle préoccupation des réalisateurs qui choisissent d'adapter de grands classiques : par quels aspects de l'œuvre peut-on encore toucher les spectateurs d'aujourd'hui ? Pour Marc Dugain, c'est l'analyse balzacienne — révisée — de la condition des femmes qui peut offrir une résonance toute particulière avec notre société actuelle. Aussi a-t-il choisi d'accentuer la dénonciation du patriarcat dans son adaptation.

Que l'on s'accorde ou non avec cette lecture qui tient un peu de la récupération opportune, on saluera la mise en lumière exceptionnelle que le film offre au personnage d'Eugénie Grandet. Cette mise en lumière est à la fois symbolique et littérale puisque l'on voit l'image

Marc Dugain, *Eugénie Grandet* ©Highsea Production Tribus P. Films 2020.

de la jeune femme gagner, au fur et à mesure du film, en lumière et en netteté. Au contact des arbres et du vent, puis de son cousin, se déploient toute l'énergie vitale et la sensibilité passionnée du personnage. Eugénie Grandet est en effet sublime dans sa quête éperdue et silencieuse de l'amour, mais aussi dans son rapport contemplatif à la nature avec laquelle elle semble en si parfaite correspondance. Dugain en fait alors une véritable héroïne romantique, moderne dans sa recherche de la liberté vis-à-vis de la société, de la religion et de l'argent. Mais le personnage d'Eugénie ne ressort que mieux dans le contraste psychologique mis en valeur par le film entre les deux figures rendues radicalement antinomiques que sont la fille et le père Grandet. Eugénie est amoureuse de la nature et de l'amour parce qu'elle y entrevoit l'espérance de la liberté, alors que son père est obsédé par l'argent au point de s'enfermer dans cette religion comme dans une manie devenue coutumière, le personnage prêtant peut-être ici bien moins au comique qu'au tragique. L'acteur Olivier Gourmet réussit cependant à ne pas faire tomber son personnage dans la caricature en exploitant à la fois sa brutalité, mais aussi, à quelques moments, sa sensibilité dans l'amour qu'il a, malgré sa névrose, pour sa fille et sa femme, cette dernière très justement interprétée par Valérie Bonneton. Le film n'en montre pas moins le drame de l'avarice sans pour autant lui laisser le dernier mot, grâce à la lumière qu'apporte le personnage d'Eugénie, admirablement servi par Joséphine Japy qui laisse s'épanouir avec finesse son personnage de la passivité à la révolte.

Les libertés que prend le réalisateur Marc Dugain avec le roman sont loin d'être incompatibles avec la représentation fidèle de l'époque balzacienne. Le réalisateur, déjà familier avec l'exercice de la reconstitution historique dans *L'Échange des princesses* pour les cours de France et d'Espagne au XVIIIe siècle ou dans *Une exécution ordinaire* pour l'URSS stalinienne, témoigne d'une attention scrupuleuse vis-à-vis de la représentation réaliste de l'environnement, des vêtements et des mœurs de l'époque. C'est là la magie du cinéma de Marc

Marc Dugain, *Eugénie Grandet* ©Highsea Production Tribus P. Films 2020.

Dugain, et aussi une des vocations du réalisateur : faire voyager le spectateur dans le temps, et cela même si des échos à notre époque en rompent parfois le cours. L'atmosphère du roman est d'autant mieux retranscrite que le réalisateur s'attache à reproduire le rythme du temps tel qu'il s'écoulerait dans une province du XIXe siècle, le rythme lent d'Eugénie, celui d'une âme qui s'ennuie.

Ce qui séduit plus encore dans les choix cinématographiques du réalisateur, c'est la poésie des tableaux extérieurs et intérieurs. Pour les extérieurs, Dugain sublime les décors naturels et automnaux du Pays de la Loire. C'est donc à la nature qu'il laisse la voix pour faire contrepoids au dialogue capitaliste entre le père Grandet et Cruchot et c'est encore à elle qu'il laisse le soin de mettre en lumière Eugénie. Cette prédilection inédite accordée aux paysages n'est pas non plus sans faire écho à l'attrait qu'a le réalisateur lui-même pour la nature. Pour les intérieurs, Dugain joue sur le clair-obscur, en optant pour un éclairage à la bougie et pour une photographie qui n'est pas sans rappeler l'école hollandaise du XVIIe siècle ou des tableaux contemporains du siècle de Balzac. Il convient ici de louer tout particulièrement le travail sur les jeux d'ombre et de lumière du directeur de la photographie, Gilles Porte, qui parvient à métamorphoser l'austérité de l'atmosphère en intimité. Mais la restitution de l'époque balzacienne selon l'imaginaire de Marc Dugain ne passe pas seulement par un travail sur l'image, mais aussi par le choix d'une sobriété sonore : malgré un thème contemporain dominant, il semble que ce soient les sons naturels, comme ceux du vent, de la pluie ou du crépitement du feu, qui l'emportent.

Il restait enfin des décisions délicates à prendre, relatives à toute adaptation d'un roman, et plus particulièrement d'un roman de Balzac : doit-on faire entendre la voix du narrateur, doit-on rendre fidèlement la langue de l'auteur ? Le film s'efforce de trouver, là encore, un équilibre sur le plan linguistique, explique Marc Dugain dans le dossier de presse : conserver la langue mais en ôter — ou remplacer — ce qui pourrait paraître désuet au public contemporain. Quant au point de vue omniscient, le film renonce à la voix du narrateur balzacien pour laisser voir le monde à travers les conceptions contraires qu'en ont le père Grandet et sa fille : l'argent contre l'amour, le capitalisme contre la fusion avec la nature, l'enfermement contre l'émancipation. Ces oppositions ainsi montrées pourraient tendre au manichéisme ; pourtant, Marc Dugain évite cet écueil et conserve une qualité qui sauve toujours le film : la force de la nuance et de l'équilibre. C'est aussi cette force qui peut déconcerter parce qu'elle

Le temps des illusions. Xavier Gianolli, *Illusions perdues* © Gaumont/Curiosa, 2021.

suppose de la part du réalisateur le refus d'un parti pris énergique et tranché.

Samantha Caretti

ILLUSIONS PERDUES… ET ILLUSIONS RETROUVÉES

Xavier Giannoli,* Illusions perdues*, France, Gaumont/Curiosa, 2021, 149 minutes.

Balzac voyait dans *Illusions perdues* « l'œuvre capitale dans l'œuvre » que constitue *La Comédie humaine*. Peut-être en raison même de cette importance et de ses proportions intimidantes, la gageure de l'adapter au cinéma n'avait été relevée jusqu'ici que par Maurice Cazeneuve en 1966 (le délicieux *Illusions perdues* d'Ernst Lubitsch n'ayant aucun lien avec Balzac : son titre français est bien éloigné de l'original, *That Uncertain Feeling*). Cinquante-cinq ans plus tard, Xavier Giannoli s'attelle à cette lourde tâche avec un film salué lors de sa présentation officielle à la Mostra de Venise. Le casting est léché, comme souvent quand il s'agit d'adapter des œuvres du patrimoine national : Cécile de France et Jeanne Balibar interprètent respectivement Louise de Bargeton et la marquise d'Espard ; Gérard Depardieu incarne le truculent libraire Dauriat, faisant affaire avec Vincent Lacoste dans le rôle d'Étienne Lousteau ; enfin, Lucien de Rubempré est joué par Benjamin Voisin (repéré dans *Été 85* de François Ozon) qui compose un duo doux-amer avec Xavier Dolan, inattendu mais remarquable dans le rôle du poète Raoul Nathan – que Xavier Giannoli, peu à peu, transforme en double de Balzac lui-même.

On l'aura compris, le cinéaste s'est accordé quelques sacrifices de personnages dont le spectateur discernera à peine la silhouette : David Séchard, l'anti-Lucien ; Ève, la sœur aimante ; et Vautrin (Jacques Collin), qui n'apparaît pas du tout. Pour les deux premiers, l'explication est simple : Xavier Giannoli a sabré la première partie (« Les deux poètes ») et la troisième partie du roman (« Les souffrances de l'inventeur ») qui se passent à Angoulême, ville dont la mention est toujours objet de ricanements dans le film en raison de son inexistence pour les Parisiens, y compris de fraîche provenance – sauf pour Madame de Bargeton. Le film aurait donc pu s'appeler comme la deuxième partie du roman, « Un grand homme de

Conseil de guerre au journal. Xavier Gianolli, *Illusions perdues* © Gaumont/Curiosa, 2021.

province à Paris », d'ailleurs publiée à part et qui frappa le plus les premiers lecteurs de 1839. L'absence de Vautrin s'explique encore par la volonté de Xavier Giannoli de proposer un tout et un huis clos parisien, là où Balzac dessinait la porte de sortie menant d'*Illusions perdues* à *Splendeurs et misères des courtisanes*.

Pour le reste, à bien des égards, le réalisateur est fidèle à l'œuvre balzacienne dont il affirme volontiers, dans ses entretiens, à quel point elle l'a marqué et même obsédé depuis le début de sa carrière. Dans l'esthétique, d'abord : les décors et les costumes sont soignés, l'action spectaculaire, les mouvements de caméra nerveux. Si le film est de facture classique dans le montage, il sait aussi changer de style : lorsque les amis de Lucien le portent à bout de bras comme une star de concert, la caméra épouse ses mouvements pour rendre contagieuse l'euphorie d'un moment de grâce. Mais à rebours de ce que Balzac appelait « l'histoire menteuse », ses rêves d'ascension sociale le vouent à l'échec. C'est donc un film d'éducation, au même sens que le roman, et l'on verra physiquement sur le visage de Lucien les étapes de son intronisation (la première coiffure « à la parisienne », qui déplaît à Louise), puis de sa participation à la mascarade sociale (le maquillage) et de sa chute (le vieillissement prématuré de son visage, lorsqu'il se résout à retourner à Angoulême).

La plupart des thèmes centraux d'*Illusions perdues* sont aussi repris : la lutte factieuse entre royalistes et libéraux, dont la voix *off* rappelle au début que tous entendaient tourner définitivement la page de la Révolution et celle de l'Empire ; la façon dont Lucien, jeune ambitieux qui n'est pas sans rappeler Julien Sorel, se mêle à une altercation qu'il découvre en arrivant à Paris et qui le dépasse ; la relation de camaraderie entre Lucien et Étienne, qui s'échangent des saillies et rappellent que chez Balzac, comme le disait Taine dans ses *Essais de critique et d'histoire*, « les gens d'esprit ont son esprit » ; l'incapacité du jeune homme à faire oublier les épines de son patronyme Chardon sous le poétique Rubempré ; enfin, l'autre division du jeune homme entre les deux femmes de sa vie. Le réalisateur a eu la finesse de ne pas figer cette opposition : il donne une image profondément humaine de la jeune Coralie (Salomé Dewaels), actrice vendue par sa mère à l'âge de quinze ans, et que le milieu légitimiste refuse absolument de recevoir dans ses salons. La pauvre Parisienne apparaît alors moins comme l'opposé que comme le revers de la riche provinciale Louise, tout aussi égarée dans les salons, comme ne manque jamais de le lui faire sentir sa cousine, la marquise d'Espard. La rencontre secrète entre Coralie et Louise, alors que Lucien est criblé de dettes, est une scène exceptionnellement sobre et statique par rapport au reste du film, et à ce titre très réussie.

Néanmoins, la marque principale de Xavier Giannoli – et ce qu'il confie l'avoir le plus impressionné en relisant *Illusions perdues* –, c'est l'aisance avec laquelle on peut adapter à la société d'aujourd'hui les turpitudes, publiques ou secrètes, de la Restauration. Jamais peut-être Balzac ne s'y est autant révélé, pour reprendre le mot de Baudelaire en 1859, comme un « visionnaire passionné », trouvant dans les linéaments de la presse de son époque matière à composer le visage du microcosme politico-médiatique du XXIe siècle. On connaît le jeu des « applications » qui plaisait tant aux spec-

La comédie sociale, la tragédie humaine. Xavier Gianolli, *Illusions perdues* © Gaumont/Curiosa, 2021.

tateurs du théâtre de Hugo quand ils allaient voir *Hernani* ou *Le Roi s'amuse* : le spectateur du film goûtera le même plaisir à reconnaître son époque, sous le cynisme de l'industrie de la presse qui prétend forger l'opinion et lui faire croire un jour à Dieu, l'autre à Diable – industrie que Balzac dénonçait, dans sa préface à la deuxième partie d'*Illusions perdues*, comme le « cancer qui dévorera peut-être le pays ».

Dans cette ronde incessante des transpositions et des clins d'œil à laquelle se livre le cinéaste, on retiendra surtout la scène où, pour diffuser plus rapidement les « fausses nouvelles » de Londres à Paris, les journalistes du *Corsaire* ont recours à des pigeons voyageurs, allusion explicite au logo de Twitter. La « révolution » prêtée aux rotatives dans le roman correspondrait donc à celle des réseaux sociaux, tournant en boucle les mêmes informations *usque ad nauseam*. L'âme damnée de Singali (Braulard dans le roman), maître de la « claque » théâtrale changeant non pas l'eau en vin mais les roses en tomates, et ce en quelques secondes, préfigure ainsi la balance des « j'aime » et « je n'aime pas » de Facebook, Instagram ou YouTube – ou encore les changements de pied des chaînes d'information en continu. Ce n'est plus seulement le génie, mais la société entière qui paie la dénaturation du métier de journalisme. On comprend que l'acteur principal Benjamin Voisin, avouant en interview n'avoir « pas lu Balzac à l'école », se soit exclamé avec une naïveté touchante : « Tout est moderne ! C'est absolument fou, moi, il a fallu qu'on me dise que c'était en 1820 et pas en 2020. »

C'est pourquoi, bien plus qu'au *Barry Lyndon* de Stanley Kubrick ou à d'ambitieuses fresques socio-historiques à la française, l'œuvre de Xavier Giannoli fait songer à des films tels que *Le Loup de Wall Street* de Martin Scorsese (2013) ou même *The Social Network* de David Fincher (2010), c'est-à-dire des critiques acérées d'un monde capitaliste où l'individu-roi est ultimement dévoré par le système qui l'avait enfanté, dès lors que le rouage ne sert plus la machine. Aussi le poète Raoul, contemplant la chute de Lucien avec plus de dégoût que de délectation, en Commandeur venu annoncer que la comédie est finie, est-il fondé à soutenir devant Lucien qu'il reste jusqu'au bout, parmi toute cette belle société sans âme, son seul ami.

Romain Enriquez

Le XIXe siècle commémoré

Lucien Métivet, *En hommage au Grand Flau!... La suite des Homais, Bouvards et autres Pécuchets... spécimens des classes, ordres, genres, familles et variétés de la BETISE HUMAINE - (empaillés pour le Musée Flaubert).* Dessin, 1921. BnF, Gallica.

BICENTENAIRE 2021 : FLAUBERT A DEUX CENTS ANS

Admiré par Zola comme un prédécesseur du naturalisme, par Huysmans, à l'inverse pour son Antiquité aussi fabuleuse et étrange que celle de Gustave Moreau, puis par les surréalistes pour son goût du rêve, par les Nouveaux Romanciers pour ses architectures romanesques, auteur pour les uns de *Madame Bovary* et de *L'Éducation sentimentale* ou encore de *Bouvard et Pécuchet,* pour les autres de *Salammbô* et de *La Tentation de saint Antoine*, Flaubert a traversé les époques, en s'imposant toujours davantage comme une référence incontournable pour les écrivains et les critiques, en dépit des réticences du monde académique qui lui a longtemps préféré Balzac et Stendhal avant les années 1960.

Il passionne les critiques et le grand public, suscite des vocations. On connaît l'engouement des écrivains des années 1950-1970 qui ont consacré le « précurseur » (Nathalie Sarraute, Robbe-Grillet, Jean Ricardou). On s'est réclamé de son exemple pour justifier une autre conception du roman ou le primat de l'Écriture. Claude Simon, prix Nobel en 1985, évoque encore Flaubert dans son discours de Stockholm. La Nouvelle Critique, sous l'impulsion du structuralisme, puis la génétique littéraire se sont volontiers appuyées sur son œuvre pour théoriser de nouvelles approches de la littérature et faire du travail de l'écrivain un nouvel objet d'étude. Flaubert est encore au centre de l'un des derniers grands débats critiques, confrontant sociologie et génétique littéraire après la publication par Pierre Bourdieu des *Règles de l'art* (1992) : dans une approche aveugle à la spécificité d'une écriture, le sociologue trouve surtout dans *L'Éducation sentimentale* une caution pour sa théorie du champ littéraire, un témoignage sur la marchandisation de la littérature et de l'art.

Garant d'une méthode critique pour les uns, figure emblématique d'une modernité de l'écriture pour les autres, Flaubert est par ailleurs entraîné dans la fiction par des écrivains comme Julien Barnes (*Le Perroquet de Flaubert*, 1984), ou Posy Simmonds (*Gemma Bovery*, 1999) qui invente un lecteur fasciné par la vie d'Emma Bovary à tel point qu'il croit en retrouver les éléments chez ses voisines. Outre ses adaptations, le cinéma, grâce à Manuel de Oliveira a donné une seconde vie à Emma Bovary, au Portugal, à l'époque moderne (*Val Abraham*, 1993). À l'approche du bicentenaire, deux écrivains glissèrent même malicieusement leur fiction entre les lignes manquantes de la biographie de cet écrivain qui voulait qu'on l'oubliât en tant qu'homme. Dans *Un automne de Flaubert* (2020), un roman tout en suggestion, Alexandre Postel évoque un séjour à Concarneau, les visites à la station marine, au biologiste Georges Pouchet, et des amours ancillaires imaginées et évoquées par petites touches comme des soupçons incertains ou improbables. À partir d'allusions de Flaubert en Orient, Régis Jauffret, dans *Le Dernier Bain de Gustave Flaubert* (2021), imagine résolument l'homosexualité de l'écrivain.

Flaubert apparaît bien désormais comme l'un des écrivains les plus fascinants de son époque, l'un des plus influents dans la postérité, superbe revanche pour le « casseur de cailloux » (*Corr.*, III, 600) à la gloire d'abord incertaine, adulé par les uns, vilipendé par les autres. Accueilli dans les cercles les plus en vue

M. Flaubert, Atelier Nadar, 1890-1899. BnF, Gallica.

du Second Empire mais aussi dans les salons les plus brillants de la Troisième République, Flaubert était resté en effet suspect aux yeux de la critique bien-pensante et ses œuvres qui se dégageaient de plus en plus de la tradition romanesque n'étaient pas non plus toujours bien accueillies du public ou de son entourage, même de Sainte-Beuve qui, après avoir apprécié *Madame Bovary*, désapprouva *Salammbô*, tout en favorisant l'ascension mondaine de son auteur. Quant à *L'Éducation sentimentale*, elle enthousiasma peu les lecteurs, les ventes stagnèrent et les amis les plus lettrés et savants de Flaubert restèrent souvent pantois devant *La Tentation de saint Antoine*.

C'est l'écrivain enfin consacré par le temps que France Mémoire a célébré le 11 décembre 2021 sous la Coupole de l'Académie française, en lui pardonnant ses pointes nombreuses contre l'institution dans sa correspondance. « Académie. La dénigrer, mais tâcher d'en faire partie si on peut », écrivait Flaubert dans son *Dictionnaire des idées reçues*.

Frontispice de Georges Rochegrosse, Gustave Flaubert, *Salammbô. T. 1.* Éd. A. Ferroud. Paris, 1900. BnF, Gallica

On lui avait bien soufflé l'idée d'une candidature mais en vain : Maxime Du Camp après la parution de *Salammbô*, puis le savant Silvestre de Sacy et encore ses admirateurs naturalistes, Zola et Daudet, au milieu des années 1870. Par contre, le souci de la postérité est bien présent à l'esprit du romancier, même dans ses dénégations : il vaut mieux « ne penser qu'à écrire, et pas même pour la Postérité », dit-il en 1853. Mais c'est bien elle, la justicière qui rectifiera les réputations usurpées des chantres de l'humanité et de la liberté – Béranger et Lamartine – qui salissent leur plume en dérogeant au culte de l'art pur. Flaubert défend l'impersonnalité de l'écrivain – « L'artiste doit s'arranger de façon à faire croire à la postérité qu'il n'a pas vécu » (*Corr.*, II, 62) – car c'est ainsi qu'il gagnera son apothéose. Homère et Shakespeare – dont la biographie est ignorée et la gloire d'autant plus grande – sont les modèles d'un triomphe envié. Flaubert se projette dans cette dimension supérieure à celle des distinctions du présent : « Il n'y a jamais eu de grands hommes, vivants. C'est la postérité qui les fait. – Donc travaillons, si le cœur nous en dit, si nous sentons que la vocation nous entraîne » (*Corr.*, IV, 154).

Le XXe siècle a pleinement reconnu l'« homme-plume ». Les premiers spécialistes (René Descharmes et René Dumesnil), qui avaient encore accès, au début du siècle, à des témoignages directs et aux manuscrits (conservés à la villa Tanit d'Antibes par la nièce de l'écrivain, Caroline Franklin-Grout) ont lancé les premières recherches érudites ou biographiques. C'est aussi le temps des légendes sur les fantômes de Touville (Gérard Gailly, 1930) ou sur le bourg de Ry qui tient à se reconnaître en Yonville-l'Abbaye. Puis viennent les publications des années 1950-1960 de Marie-Jeanne Durry sur les projets inédits de Flaubert et de Geneviève Bollème sur son esthétique. Mais le tournant se situe dans les années 1970. Après le colloque historique *La Production du sens* (1974), qui livrait Flaubert tout entier à la critique moderne, d'inspiration structuraliste et interdisciplinaire, alliant sociologie, psychanalyse, linguistique, les travaux de la génétique littéraire prirent rapidement leur essor, soutenus par l'existence de l'Institut des Textes et Manuscrits Modernes (créé en 1968). Il n'était alors plus guère question de l'homme et de son siècle. Même si la critique thématique et la poétique des genres ne cédaient pas aux sirènes de la génétique, l'époque n'était plus guère tournée vers la biographie, l'histoire littéraire et l'étude des rapports entre l'œuvre et son époque. Textes, intertextes, manuscrits, c'étaient là les matériaux principaux d'études, aux visées positives, centrées sur la production du sens et du texte. L'extériorité de l'œuvre – historique, sociale – devait être appréhendée concrètement mais indirectement, dans l'écri-

Caricature de Sahib, Salammbô à l'Opéra. *La Vie parisienne*. Paris, 1892. BnF, Gallica.

ture, dans la structuration, dans la formation de sociogrammes. La sociocritique se développait comme une critique des textes, particulièrement efficace et convaincante dans ses travaux sur Flaubert, dont l'un des exemples les plus connus est l'article de Claude Duchet sur les objets dans *Madame Bovary*. C'est aussi en structuraliste, fin analyste du texte, mais délaissant à la fois l'expérience personnelle qu'avait Flaubert de l'hallucination et ses lectures médico-psychologiques (Brière de Boismont, Alfred Maury...), que l'archéologue des savoirs, Michel Foucault, avait décidé de rendre compte du traitement onirique de l'érudition dans *La Tentation de saint Antoine* et de la poétique subversive d'une œuvre atypique.

Dans le cas de Flaubert, qui conservait précieusement ses notes, ses plans, ses brouillons, parfois depuis le collège, le chantier qui s'ouvrait alors était vaste. Des entreprises d'envergure ont mis à disposition des lecteurs la transcription et le classement de nombreux dossiers manuscrits, avec des éditions papier en transcription linéaire ou diplomatique. La complexité du travail préparatoire de Flaubert et son acharnement à corriger ont encouragé, depuis deux décennies, la publication en ligne de gros dossiers préparatoires : ceux de *Madame Bovary* et de *Bouvard et Pécuchet*. La constitution de ressources complémentaires – dossiers de notes, articles de réception, informations chronologiques sur la vie et l'œuvre de Flaubert – donne aussi des aperçus sur la réception de l'œuvre, sur l'homme qui tient la plume, qui vit, qui écrit, qui voyage, qui échange. La publication de la correspondance dans la Bibliothèque de la Pléiade, initiée en 1973 et achevée en 2007, contribue très progressivement (le volume II paraît en 1980, et le volume III, dix-huit ans plus tard) à ramener l'homme et son siècle au centre de l'attention, à redonner chair à l'homme-plume. La pre-

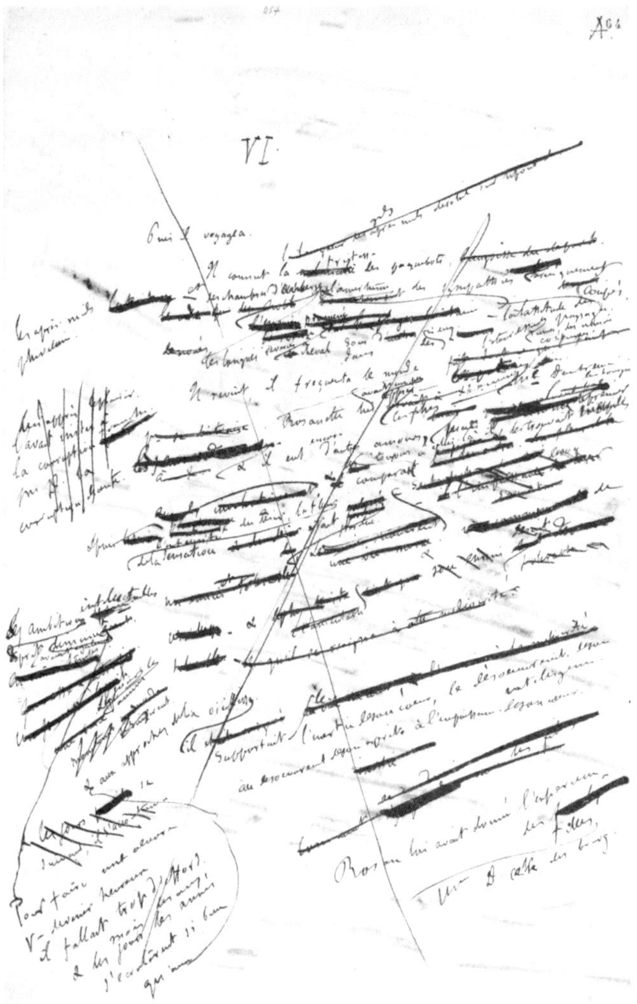

Gustave Flaubert. manuscrit de *L'Éducation sentimentale*, Chapitres VI. BnF, Gallica.

mière biographie bien documentée n'est parue qu'en 1989 et elle est due à un journaliste et historien américain, Herbert R. Lottman, qui suit la parution des œuvres et la formation de l'entourage amical, amoureux et intellectuel de Flaubert, en s'appuyant sur les correspondances disponibles.

Flaubert a franchi le seuil du nouveau millénaire dans un élan toujours plus dynamique de la recherche et des publications. La première revue en ligne voit le jour en 2001, à l'université de Rouen, suivie d'une seconde en 2009 à l'Institut des Textes et Manuscrits Modernes. La série *Gustave Flaubert* renaît de ses cendres en 2007 et en 2021 l'un de ses volumes met à l'honneur le théâtre de Flaubert, largement méconnu. La critique et la génétique ont toujours leur place, tandis que se multiplient les travaux qui ancrent davantage l'écrivain Flaubert dans les débats de son temps et dans l'histoire. C'est un Flaubert pluriel qui s'impose depuis vingt ans avec des travaux multiples sur les savoirs, les religions, la politique, et la publication de deux Dictionnaires. Dans le même temps, un mouvement de récapitulation et de bilan s'amorce : c'est le moment d'une critique de la critique, qui aboutit à la publication de *Flaubert et le « moment théorique »* en 2021.

Les deux décennies écoulées ont été marquées par un intense travail d'édition des textes, avec la publication de plusieurs éditions critiques, rendant accessibles au grand public les résultats d'investigations savantes dans les manuscrits et la préparation des *Œuvres complètes,* en cinq volumes, dans la Bibliothèque de la Pléiade, vaste chantier enfin clos avec la parution des deux derniers volumes et d'un nouvel album, à l'occasion du bicentenaire en 2021. Les volumes IV et V dévoilent un autre Flaubert, grand amateur de féeries, de farces, un homme fait de contradictions : il est à la fois saint Polycarpe, qui invective la bourgeoisie de Rouen dans les colonnes du *Temps,* en 1872 (*Œuvres complètes,* IV, p. 677-688), se rallie à la République (à condition qu'elle soit modérée), et le bon père Cruchard, révérend de son état, bon vivant, amateur de littérature et de bonne chère. Flaubert méprise la politique, mais il s'en occupe de plus en plus, revenant par deux fois sur les origines de la France contemporaine – 1848 – dans *L'Éducation sentimentale* et dans *Bouvard et Pécuchet,* projetant même d'écrire la suite, un roman intitulé *Sous Napoléon III.* Il considère les critiques comme des hannetons, refuse les préfaces mais il finit par en écrire une, en 1872, pour *Dernières Chansons* de Louis Bouilhet, qui est un art poétique. Anticlérical, comme son ami Louis Bouilhet, et toujours lié à Maxime Du Camp, parti faire le coup de feu avec Garibaldi en 1860, il contribue à la rédaction d'une étonnante farce sur le Risorgimento et le parti du pape, *La Queue de la poire de la boule de Monseigneur* ! Dans l'édition de *Bouvard et Pécuchet*, accompagnée des notes volumineuses qui devaient constituer le second volume du roman inachevé, on voit l'homme-plume se dédoublant en copiste, assisté par quelques-uns de ses amis, entraînés dans sa fascination pour la bêtise.

Le bicentenaire Flaubert a été célébré dans de multiples lieux, en particulier, bien sûr, en Normandie (depuis longtemps réconciliée avec l'enfant terrible du pays) par une série de manifestations destinées tant au grand public qu'aux chercheurs. La Tunisie (à l'université de Sfax), la Hongrie (à l'université de Budapest), le Japon ont fêté aussi l'écrivain, ce dernier par une nouvelle traduction de *Bouvard et Pécuchet* (publiée par Norioki Sugaya), qui a reçu le prestigieux prix Konishi. Et la presse qui a multiplié les dossiers spéciaux n'a pas été en reste. L'homme-plume était encore à l'honneur partout, en particulier à la Bibliothèque municipale de Rouen, avec une exposition de manuscrits et la publication d'un ouvrage collectif sur la fabrique de l'œuvre. Toutefois le bicentenaire confirme bien, par ailleurs, l'intérêt que suscitent désormais les relations de l'écrivain au siècle. Le Sénat a ouvert ses portes à un colloque sur Flaubert et la politique (15-16 octobre 2021), tandis que les Archives nationales, après le colloque de 2018 sur l'histoire et l'étude de mœurs, ont accueilli un colloque international : *Flaubert dans son siècle*. Le colloque *Genre et sexualité dans l'œuvre de Gustave Flaubert* (université de Rouen, 28-30 avril 2021) semblait, quant à lui, vouloir concilier tradition et modernité, en entrouvrant la porte aux *gender studies*.

Homme-plume, homme-siècle, Flaubert apparaît encore sous un autre jour à l'occasion de ce bicentenaire. Adrienne Tooke avait publié en 2001 une petite étude sur l'intérêt de Flaubert pour la peinture. Mais l'idée selon laquelle l'écrivain n'aurait été qu'un homme-

Caricature de Gustave Flaubert « disséquant » Madame Bovary par Achile Lemot, *La Parodie*, 5-12 décembre 1869, Paris. BnF, Gallica.

plume, peu intéressé par l'image et la peinture, a longtemps perduré, comme on le voit dans les *Métamorphoses du récit* de Raymonde Debray-Genette (1988). Pourtant, il avait souvent insisté sur l'importance du visuel dans son expérience du monde et de la littérature : l'écrivain doit se faire « prunelle », disait-il à son ami Alfred Le Poittevin (26 mai 1845). Les œuvres de jeunesse, les voyages, les lettres révèlent la prégnance des images, et leur rôle dans la genèse d'une œuvre fortement visuelle, qui sera abondamment illustrée après la mort de son auteur, et connaîtra une seconde vie dans les arts, de la peinture au cinéma et à la bande dessinée, surtout dans le domaine de l'orientalisme. On découvre d'ailleurs dans les notes de voyage et la correspondance qu'avant les années 1850 les commentaires sur les tableaux et les sculptures sont plus abondants et précis que les réflexions sur les livres. C'est l'écrivain-prunelle dont il sera question lors du colloque *Flaubert en images* de la Fondation Singer-Polignac du 12 au 14 décembre 2022. Dans un autre domaine – musical – l'intérêt de Flaubert est aussi bien apparu au Festival Berlioz 2021, dont l'écrivain, qui s'était reconnu des affinités avec le créateur de *Sardanapale* et des *Troyens*, était l'invité d'honneur. Des concerts, un colloque et la mise en scène par Jeanne Debost de la féerie *Le Château des cœurs*, célébrèrent l'écrivain conjointement au musicien.

2022 : Flaubert a deux-cent-un ans et toujours pas une ride. Le *Bulletin des Amis de Flaubert et Maupassant* continue à paraître et le Bulletin Flaubert (électronique) en est à son 234e numéro. La correspondance de Flaubert en ligne s'enrichit toujours des échanges avec les destinataires. De nouveaux sites d'information et de publication sont ouverts depuis 2021 (*Flaubert 2021-2031* et *Salammbô. Nouvelles recherches*). Le séminaire Flaubert de l'ITEM, lancé dans les années 1980, s'adapte lui aussi à l'évolution et continue en visio-conférence. Un nouveau chantier éditorial s'est ouvert pour les années 2021-2031 : la publication des œuvres complètes en douze volumes (aux Éditions Honoré Champion) dont l'objectif est d'allier l'édition du texte et d'un choix d'avant-textes à une étude critique accompagnée de documents. Flaubert numérique ou Flaubert papier ? Flaubert toujours.

Gisèle Séginger

À LIRE

Correspondance [*Corr.*], édition de Jean Bruneau et Yvan Leclerc (pour le tome V et l'index), Paris, Gallimard, Bibliothèque de la Pléiade, 1973-2007.

Œuvres complètes, Paris, Gallimard, Bibliothèque de la Pléiade, 5 vol. et un album (2001-2021) : tomes I à III, sous la direction de Guy Sagnes (t. I) et Claudine Gothot-Mersch, 2001-2013. Tome IV : Gisèle Séginger avec la collaboration de Philippe Dufour et Roxane Martin pour le théâtre, 2021. Tome V : Stéphanie Dord-Crouslé, Anne Herchberg Pierrot, Jacques Neefs et Pierre-Louis Rey, 2021. Album : Yvan Leclerc, 2021.

Œuvres complètes 2021-2031, 12 vol., Paris, Honoré Champion, sous la direction de Gisèle Séginger. *Madame Bovary*, édition établie par Philippe Dufour, 2021.

Dictionnaire Gustave Flaubert, sous la direction d'Éric Le Calvez, Paris, Classiques Garnier, 2017.

Dictionnaire Flaubert, sous la direction de Gisèle Séginger, Paris, Honoré Champion, 2017, 2 vol.

Dossiers spéciaux : *Lire Magazine littéraire* (« Bon anniversaire Monsieur Flaubert », janvier 2021) ; *Le Figaro* (« Flaubert. La fureur d'écrire », février 2021) ; *Le Point* (Flaubert. « La bêtise humaine est infinie », novembre 2021) ; *Le Monde* (« Gustave Flaubert. Un romantique enragé », décembre 2021).

Amic, Sylvain (dir.), *Salammbô : fureur ! passion ! éléphants*, catalogue de l'exposition organisée par le musée des Beaux-Arts de Rouen, le MUCEM et le Bardo de Tunis, Paris, Gallimard, 2021.

Azoulai, Juliette et Séginger, Gisèle, *Histoire et étude de mœurs,* textes réunis par Presses Universitaires de Strasbourg, coll. « Formes et Savoirs », 2019.

Bara, Olivier, *Le Théâtre de Flaubert*, *Série Gustave Flaubert* (dir. Gisèle Séginger), Lettres Modernes/Minard/Classiques Garnier, 2021.

Bem, Jeanne, Flaubert aux prises avec le

« genre ». De la famille queer à « la Nouvelle femme », Éditions Universitaires de Dijon, 2021.

De Biasi, Pierre-Marc et Herschberg Pierrot Anne, *Flaubert et le « moment théorique »*, Paris, Éditions du CNRS, 2021.

Dord-Crouslé, Stéphanie, *Itinéraire d'un écrivain normand*, Paris, Découvertes Gallimard, 2021.

Dufour, Philippe et Séginger, Gisèle, *Flaubert dans son siècle*, actes du colloque des Archives nationales (29-31 juin 2022), Paris, Hermann (à paraître).

Le Calvez, Éric, *La Méthode est trouvée. Madame Bovary,* Éditions Passage(s), 2021.

Leclerc, Yvan (dir.), *Gustave Flaubert : la fabrique de l'œuvre. Les manuscrits de Flaubert,* Éditions des falaises, 2021.

Leclerc, Yvan et Mollier, Jean-Yves, *Gustave Flaubert et Michel Lévy : un couple explosif,* Paris, Calmann-Levy, 2021.

Nakajima, Taro, *Entre croyance et savoir : les figures religieuses de Flaubert,* Presses Universitaires de Strasbourg, coll. « Formes et Savoirs », 2021.

Neefs, Jacques, *Madame Bovary* et *Salammbô,* deux éditions anniversaire au Livre de Poche, 2021.

Reynaud, Cécile et Gisèle Séginger, *Berlioz, Flaubert et l'Orient*, actes du colloque organisé dans le cadre du Festival Berlioz 2021 (à La Côte-Saint-André, 17-30 août 2021), Paris, Le Passage, 2022.

Robert, Joëlle, *Un rêve de Flaubert,* Passage(s), 2021.

Samson, Véronique, *Après la fin : Gustave Flaubert et le temps du roman*, Presses Universitaires de Vincennes, 2021.

Séginger, Gisèle, *L'Orient de Flaubert en images,* Paris, Citadelles et Mazenod, 2021.

—, édition de *La Tentation de saint Antoine* (version de 1874), Paris, Flammarion, « GF » 2021 et nouvelle édition de *Salammbô,* Flammarion, « GF »..

Winock, Michel, *Le Monde selon Flaubert : le style, c'est la vie, c'est le sang même de la pensée*, Paris, Tallandier, 2021.

À CONSULTER

France-Mémoire, Institut de France : dossier, liste de ressources, présentation de la cérémonie « Flaubert sous la Coupole » : https://www.france-memoire.fr/dossiers/naissance-de-gustave-flaubert/

Bicentenaire Flaubert, site de la région Normandie (sous la direction d'Yvan Leclerc) : Flaubert21.fr

Flaubert 2021-2031 (sous la direction de Gisèle Séginger) : https://flaubert2021.hypotheses.org/

Salammbô. Nouvelles recherches (sous la direction de Gisèle Séginger) : https://salammbo.hypotheses.org/

Séminaire Flaubert de l'ITEM, coordination Juliette Azoulai et Florence Pellegrini : http://www.item.ens.fr/flaubert/

Correspondance, édition électronique par Yvan Leclerc et Danielle Girard, sur le site du centre Flaubert de l'université de Rouen : https://flaubert.univ-rouen.fr/

Édition des manuscrits de *Madame Bovary,* Danielle Girard et Yvan Leclerc : https://www.bovary.fr/

Les dossiers de *Bouvard et Pécuchet*, coordination Stéphanie Dord-Crouslé : https://www.dossiers-flaubert.fr/

Iconothèque du programme ANR-DFG, « Flaubert et le pouvoir des images », coordonné par Anne Herschberg-Pierrot (ITEM) et Barbara Vinken (université de Munich), 2013-2016 : eman-archives.org/FLIM/

« Portrait de Baudelaire par lui-même », *L'Art vivant : revue bi-mensuelle des amateurs et des artistes*, Paris, 1er janvier 1926. BnF, Gallica.

RETOUR SUR LES CÉLÉBRATIONS DU BICENTENAIRE BAUDELAIRE (1821-2021)

Paru à la suite d'une journée d'étude, en amont du bicentenaire, le 9 novembre 2020, à l'université de Gênes, un volume organisé par Ida Merello et Andrea Schellino, *Baudelaire, due secoli di creazione / Baudelaire, deux siècles de création* a ouvert les festivités. Conçu en deux parties, bilingue, il présente d'une part des réflexions sur Baudelaire et ses illustrateurs : Méryon (Claire Chagniot), Redon (Ida Merello), Rodin (Julien Zanetta), Rassenfosse et Schwabe (Hélène Védrine), Beardsley (Aurélia Cervoni), Matisse (Beppe Manziti) ; d'autre part, des études consacrées à l'aura de Baudelaire et la façon dont sa figure autant que sa poésie ont durablement influencé les poètes et artistes qui l'ont suivi : Segalen (Andrea Schellino), Char (Corinne Bayle), Du Bouchet (Henri Scepi), Bonnefoy (Fabio Scotto), jusqu'à un poète contemporain, Fabio Pusterla, sans oublier la musique, Liszt (Filip Kekus), Debussy, Dutilleux (Nicola Ferrari) et le théâtre (Federica Locatelli, Marina Spreafico).

Le volume est en libre accès : http://www.accademialiguredisciemze...

De son côté, le Bandy Center de l'université Vanderbilt, fondé par Claude Pichois, à Nashville, a pris l'initiative d'une série d'échanges virtuels, « Collection conversations ». Des spécialistes de Baudelaire, et de la poésie du XIXe siècle, évoquent chacun librement un aspect de l'œuvre, dans une vidéo d'une heure environ. Il revenait à André Guyaux d'intervenir précisément le 9 avril 2021, jour anniversaire de la naissance du poète, pour parler des « fortunes, infortunes, malentendus » autour de Baudelaire. On pourra entendre de nombreux autres chercheurs, Kathryn Brown, Federica Locatelli, ou Paolo Tortonese, notamment.

https://bandy-collection.pubpub.org/

Le bicentenaire a été marqué par de nombreuses journées d'études et colloques, en France et à l'étranger.

Organisée par Aurélie Leclercq, une journée d'études à l'Université Paris-Diderot, le 25 juin 2021, interrogeait l'*Intempestivité de Baudelaire* pour explorer la pensée du poète à l'aune du « monde [qui] va finir » : le nihilisme, le mensonge, le gouffre (Matthieu Roger-Lacan, Mathilde Labbé), jusqu'à la décrépitude (Julien Zanetta) ont été évoqués, mais aussi les lecteurs de Baudelaire : T.S. Eliot (John Jackson), Pasolini (Aurélie Leclercq), tandis que Jacqueline Cerquiglini proposait une réflexion neuve sur le lien de Baudelaire avec François Villon.

https://u-paris.fr/cerilac/je-le-monde-va-finir-intempestivite-de-baudelaire/

Baudelaire en accusation (ITEM-ENS), journée d'étude organisée par Jean-Baptiste Amadieu, Aurélia Cervoni et Andrea Schellino, a eu lieu le 8 juillet 2021, en Sorbonne. Les communications sont revenues sur les motifs de condamnation des *Fleurs du Mal* et ont fait le point sur les exagérations qui entourent le procès. Seuls six poèmes ont été condamnés et l'« atteinte à la morale religieuse » n'a pas été relevée : Baudelaire a été condamné au motif vague d'« atteinte à la morale publique ». « Femmes damnées » ou « À celle qui est trop gai » offensaient le puritanisme d'une société, dont le poète dénonçait l'hypocrisie. Si la réhabilitation a attendu 1949, les poèmes censurés étaient repris par les éditions bien avant cette date officielle. Demeure une question : il n'est pas impossible qu'on mette bientôt Baudelaire en accusation pour ce qu'il dit des femmes ou pour d'autres boutades.... La publication des actes est prévue fin 2022, dans la *Romanic Review*.

À la mi-novembre 2021, s'est tenu le colloque *Baudelaire et les traditions poétiques* (ITEM-ENS, Sorbonne Université, BnF), trois journées à l'Hôtel de Lauzun (ancien Hôtel Pimodan), à la Sorbonne et à la BnF-François Mitterrand. La notion de tradition poétique n'était pas une façon d'opposer un Baudelaire classique à un Baudelaire moderne, mais de resituer sa poétique dans une dynamique créatrice, à partir de filiations et de modèles, en un héritage conçu comme un dialogue entre les œuvres et entre les arts. Les trois journées ont permis d'entendre de nombreux collègues français et étrangers (parmi lesquels Jean-Christiohe Abramovici, Corinne Bayle, Olivier Bivort, Barbara Bohac, Adrien Cavallaro, Jean-Michel Gouvard, John Jackson, Filip Kekus, François Lallier, Hugues Marchal, Esther Pinon, Laura Santone, Alain Vaillant, François Vanoosthuyse, Marisa Verna). La publication des actes est attendue pour 2024.

http://www.item.ens.fr/coll-baudelaire-nov2021/

Ce colloque parisien était associé à l'exposition de la BnF, préparée par Jean-Marc Chatelain, intitulée *Baudelaire, la modernité mélancolique* (hiver 2021-2022). L'itinéraire, sous le signe du spleen, mais aussi de l'amour et de la ferveur, était conçu en trois grandes parties, encadrées d'un prologue et d'un épilogue ; cette architecture était mise en scène à travers de nombreux documents, parmi lesquels le portrait de la mère du poète ; celui de son père, jamais exposé ; des manuscrits que conserve la BnF (*Mon cœur mis à nu* ; les épreuves corrigées des *Fleurs du mal*, annotées par Baudelaire) ; des raretés provenant de collections privées (le volume des *Fleurs* offert à Mme Sabatier sur lequel le poète a dessiné Jeanne Duval, ou une lettre envoyée à Théophile Gautier fin 1851, contenant douze poèmes du futur recueil).

Baudelaire, *portrait de Jeanne Duval* à la plume, 1865, Musée d'Orsay.

L'exposition a bénéficié d'un beau catalogue, où Jean-Marc Chatelain (Directeur de la réserve des livres rares, BnF) expose le projet et où l'on retrouvera des textes de Rémi Brague, Antoine Compagnon, André Guyaux, Andrea Schellino, ainsi que de conservateurs de la BnF évoquant le lien de Baudelaire à la photographie (Sylvie Aubenas) ou aux estampes (Valérie Sueur-Hermel). Le volume reprend la mise en scène de l'exposition (« Mélancolie du non-lieu » ; « L'image-fantôme » ; « La Déchirure du Moi »). On pourra également retrouver, sur le site de la BnF, une exposition virtuelle, qui comporte aussi des textes substantiels et une partie de la belle iconographie, à quoi s'ajoute la rubrique « pour aller plus loin », comportant diverses ressources de la BnF : on pourra ainsi (ré)entendre une conférence d'Yves Bonnefoy de 2001.

http ://expositions.bnf.fr/baudelaire/

Le lien essentiel de Baudelaire aux arts était aussi à l'honneur au colloque *Baudelaire et*

Delacroix, Lithographie pour *Hamlet* (V, 1), 1843.

l'image, à l'Université Rome III, organisé par le « Seminario di filologia francese », les 9 et 10 décembre 2021. On a pu y entendre André Guyaux, Jean-Marc Hovasse, Federica Locatelli, Alessandra Marangoni, Laura Santone, Andrea Schellino, Henri Scepi, Julien Zanetta, évoquer images picturales, images photographiques, portraits, paysages, sensations de la peinture, mais aussi retentissement imaginaire chez Mallarmé, ou critique, chez Benveniste. La publication des actes aura lieu en décembre 2022, dans la *Revue italienne d'études françaises.*

Baudelaire. La beauté du bizarre, organisé par Barbara Bohac, Aurélia Cervoni et Andrea Schellino (Université de Lille, ITEM-ENS), s'est tenu les 14 et 15 décembre 2021 à Lille ; ce colloque est revenu plus spécifiquement sur la curiosité de Baudelaire pour les contrastes violents, l'insaisissable, le paradoxe de l'informe et du difforme, l'étrange fascination pour la satire, le caprice qu'il a tant aimés sous la plume et le pinceau de Goya. À côté des chercheurs en littérature, des historiens d'art ont confronté leur point de vue (Marie-Hélène Girard, Stéphane Guégan, Anne Pingeot). La publication des actes est annoncée pour 2024.

En Italie encore, *Baudelaire, pour égayer l'ennui de nos prisons,* réunissait les chercheurs de l'Université du Val d'Aoste et de l'Université catholique de Milan, programmé par Federica Locatelli et Marisa Verna. S'y côtoyaient des Baudelairiens, Patrick Labarthe, Jean-Paul Avice, et des dix-neuviémistes, Andrea Del Lungo, Yves Laberge ou Jacques Dürrenmatt qui apportaient un éclairage sur la relation du poète avec les temps difficiles, le colloque ayant été pensé dans le sillage de la pandémie actuelle. La publication des actes est prévue en 2023, aux Classiques Garnier.

https://www.univda.it/wp-content/uploads/2021/11/Colloque-Baudelaire-Programme-1.pdf

Les colloques se sont poursuivis en 2022, souvent décalés à la suite de la situation sanitaire. À Münster, un colloque intitulé *Les Métamorphoses de Paris,* les 15-18 juin 2022, était organisé par les Professeurs Karin Westerwelle (Université de Münster) et Karl Philip Ellerbrock (Université de Constance). Ces journées ont fait retour sur l'importance symbolique de Paris dans l'œuvre baudelairienne et l'invention de la modernité, entre fascination et horreur du mal et de la laideur. Ce colloque international (Hermann Doetsch, Christian Jany ; Marit Grøtta ; Bernd Stiegel) donnait la parole à des spécialistes de Baudelaire (Robert Kopp, Andrea Schellino) et des arts (Ségolène le Men) ainsi qu'à des collègues d'autres spécialités : Michel Delon (sur Sade et Baudelaire) ou Olivier Millet (sur les emblèmes dans la poésie baudelairienne).

https://baudelaire2021.wordpress.com/

Quasi au même moment, se tenait le colloque *Baudelaire, la poésie et les arts,* organisé les 18 et 19 juin 2022 par le Professeur Nakaji, à la Maison franco-japonaise de Tokyo. Aux côtés de nombreux spécialistes japonais de Baudelaire, Ryusuké Ébiné (Université Shirayuri), Atsushi Miura (Université de Tokyo), Keiji Suzuki (Université de Tokyo), Noriko Yoshida (Université de Kobé), des baudelairiens européens, Aurélia Cervoni, Antoine Compagnon, André Guyaux, Henri Scepi, Andrea Schellino, Jean-Luc Steinmetz ont évoqué Baudelaire et la musique (Wagner), Baudelaire et la peinture (Manet), Baudelaire et les arts primitifs, et plus largement, la poétique de Baudelaire à travers son rayonnement à l'étranger.

Nombre de publications ont ponctué ce

bicentenaire. Du côté des revues, *Les Fleurs du mal* et *Madame Bovary* sont au sommaire du n° 22 de la revue portugaise *Carnets. Sous le signe de Baudelaire et Flaubert. Traductions, adaptations, transpositions*, paru en 2021. Sous la direction de Dominique Faria et Luis Pimenta Gonçalves, on pourra lire les contributions de Aurélia Cervoni, Mathilde Labbé, Yohann Loir, Raphaël Pittier, concernant Baudelaire.

https://journals.openedition.org/carnets/13022

Un numéro spécial de *L'Année Baudelaire* devrait paraître à la fin de 2022, ainsi qu'un numéro spécial de *Remate de Males*, revue brésilienne, consacré au *Dernier Baudelaire*, avec deux entretiens de Bertrand Marchal et d'André Guyaux, et plusieurs articles (Jean-Michel Gouvard, Patrick Thériault).

Mort en juillet 2021, Roberto Calasso (*La Folie Baudelaire*, 2008, Gallimard, 2011) avait eu le temps de remettre le manuscrit d'un dernier essai, publié sous le titre *Ce qu'il y a d'unique chez Baudelaire*, traduit de l'italien, aux Belles Lettres, en novembre 2021. Il y célèbre « les images, dans leur multiplicité bigarrée et enveloppante ». Il s'agissait d'une commande du Musée d'Orsay, dans le cadre d'une programmation consacrée à *L'Année Baudelaire*, l'hiver 2021-2022, avec des artistes contemporains.

https://www.musee-orsay.fr/fr/articles/lannee-baudelaire-au-musee-dorsay-199557

Paru au même moment chez Flammarion, l'ouvrage de Stéphane Guégan, *Baudelaire, l'art contre l'ennui*, se distingue par une iconographie soignée, servant une biographie de l'œuvre, faisant entrer dans l'imaginaire du poète par la puissance de ses admirations.

Parmi les contributions à la critique baudelairienne à l'étranger, remarquons, en 2022, l'essai de Seth Whidden, *Reading Baudelaire's "Spleen de Paris"*, Oxford University Press.

Du côté des éditions, signalons surtout celle des *Fleurs du mal* de 1868, « édition définitive » du recueil, procurée par Pierre Brunel, en 2021, chez Calmann-Lévy ; le texte de l'édition originale est suivi du *Complément* publié par Michel Lévy à Bruxelles, en 1869, et accompagné d'un important dossier critique. Un instrument de travail passionnant, que Pierre Brunel avait présenté, alors qu'il le préparait, au séminaire du groupe Baudelaire (ITEM/ENS), rue d'Ulm, le 6 juin 2019, puis, au séminaire doctoral de l'Université de Murcia et de Jaén, organisé par Incarnación Medina Arjona, en visioconférence, le 7 avril 2021 (avec Jean-Baptiste Amadieu, Corinne Bayle, Aurélia Cervoni, Giovanni Dotoli, Andrea Schellino...)

Placée pareillement sous le sceau de *La Passion des images*, l'édition d'Henri Scepi, dans la collection « Quarto », chez Gallimard, fin 2021, se présente comme *Œuvres choisies*, mais comporte l'essentiel de Baudelaire dans un gros volume compact (ont été exclues les traductions). Sous la couverture illustrée par *La Barque de Dante* de Delacroix, on naviguera à plaisir dans les eaux sombres et lumineuses de la critique d'art qui ouvre l'ensemble, avec la critique littéraire, orientant ainsi la lecture d'une poésie nourrie d'échos. Henri Scepi a fait paraître, en outre, en avril 2022, un essai à La Baconnière, *Baudelaire et le nuage*, qui s'attache à un motif essentiel du surnaturalisme pictural, pour en étudier les retentissements dans le poème et l'âme baudelairienne, « signe d'une déliaison », promettant « la vie désarrimée, légère et vagabonde ».

Enfin, André Guyaux et Andrea Schellino codirigent une nouvelle édition en deux volumes des *Œuvres complètes* dans la « Bibliothèque de la Pléiade », préfacée par Antoine Compagnon, avec de nombreux collaborateurs (Aurélia Cervoni, Henri Scepi, Jean-Luc Steinmetz, Matthieu Vernet, Julien Zanetta) ; la parution est prévue fin 2023.

Corinne Bayle

Le XIXe siècle à la scène

JUSTE LES FINS DU MONDE

Pour cette nouvelle saison, la joie du théâtre retrouvé après les confinements a pris la couleur des illusions perdues, des mondes qui s'effacent sur la scène en entraînant leur cohorte de mélancolie, de chocs physiques et esthétiques. Comme si la fin des restrictions représentait une parenthèse fragile et incertaine, suscitant des angoisses où se reflètent celles des auteurs du XIXe, qu'ils soient du début (Balzac) ou de la fin du siècle (Strindberg, Tchekhov). Les *Illusions perdues* adaptées par Pauline Bayle disent la mort des idéaux et la naissance du capitalisme triomphant dans une mise en scène épurée qui relie public et spectacle pour mieux faire entendre la vibrante actualité du texte balzacien. Les deux *Cerisaies* de Tiago Rodrigues et de Clément Hervieu-Léger (Avignon puis Odéon pour le premier, Comédie-Française pour le second) organisent chacune à leur manière un espace de gloire déchue dans lequel sombrent les certitudes anciennes. Délitement du passé contre violences du présent. Celles-ci retentissent à travers les affrontements des personnages de *Mademoiselle Julie* de Strindberg mis en scène par Élisabeth Chailloux, dans un corps à corps où s'opposent à la fois les classes et les sexes. La scène s'emploie ainsi à révéler, autrefois comme aujourd'hui, au XIXe siècle comme en 2022, la nostalgie des époques finissantes et la cruauté de temps actuels.

Sophie Mentzel

LE TEMPS DES *CERISAIES*

Anton Tchekhov,* La Cerisaie. *Mise en scène Tiago Rodrigues, Cour d'honneur du Palais des Papes, Avignon, 5-17 juillet 2021.

Anton Tchekhov,* La Cerisaie. *Mise en scène Clément Hervieu-Léger, Comédie-Française, Paris, 13 novembre 2021-6 février 2022.

Au-delà des célébrations du quadricentenaire de Molière, cette dernière saison théâtrale a été marquée par deux mises en scène de *la Cerisaie* de Tchekhov. La première était programmée en ouverture du festival d'Avignon, tandis que le public apprenait que le metteur en scène de la pièce, Tiago Rodrigues, était nommé à la tête de l'événement à partir de 2023 pour succéder à Olivier Py. La deuxième était proposée au cœur de l'hiver par le sociétaire et metteur en scène Clément Hervieu-Léger, dans la salle Richelieu de la Comédie-Française.

La Cerisaie de Tiago Rodrigues se lit comme une œuvre de début et de fin, à l'image de la pièce elle-même, ultime *opus* de Tchekhov. Le dramaturge russe y évoque le naufrage d'un monde en la personne de Lioubov Andreïevna, propriétaire terrienne désargentée interprétée par Isabelle Huppert, et l'avènement de la bourgeoisie d'argent à travers le personnage de Lopakhine, fils et petit-fils de serfs (comme Tchekhov lui-même), incarné par l'acteur sénégalais Adama Diop. Le travail de troupe de Tiago Rodrigues se prête tout particulièrement à l'immensité de la Cour d'Honneur, et les conditions monumentales de cette création ont sans nul doute contribué à son retentissement médiatique, éclipsant la mise en scène de Clément Hervieu-Léger. Cette deuxième proposition, au caractère plus suranné, a cependant teinté d'une note mélancolique la programmation de la Comédie-Française et ses débordements moliéresques. Avec Florence Viala dans le rôle de Lioubov et Loïc Corbery dans le rôle du moujik, cette mise en scène propose une lecture plus onirique de l'œuvre, et partant moins explicitement liée à notre présent que celle de Tiago Rodrigues.

Ces deux *Cerisaies* aux couleurs disparates se distinguent communément par la qualité de leur direction d'acteurs, et la capacité à faire entendre de manière égale chacune des voix de cette galerie de personnages en déréliction. Selon une constante du répertoire tchekhovien, la pièce exhibe la solitude d'âmes perdues qui tentent de cohabiter, et le délitement d'une communauté dépassée par le monde contemporain. Les valeurs de la famille de Lioubov, héritées d'un système ancien, se voient définitivement effacées avec la vente de la propriété qui les tenait ensemble : la fameuse Cerisaie. Désormais, les représentants de cet ancien monde vont s'éteindre un à un, faisant le constat qu'« *on a comme pas vécu* », derniers mots de la pièce. Les habitants fantômes de ce domaine se croisent, se parlent, sans véritablement entrer dans l'intimité ou les atermoiements des autres, sans jamais accéder les uns aux autres. Face au naufrage de cet ancien monde se dresse Lopakhine, qui finira par devenir acquéreur du domaine, rachetant simultanément l'humiliation de ses ancêtres. Dans la bouche d'Adama Diop, le discours final de Lopakhine sur l'esclavage prend ainsi une nouvelle résonnance, et c'est une autre histoire qui se superpose à celle du marchand.

Le spectacle de Tiago Rodrigues construit une scénographie du vide (conçue par Fernando Ribeiro), tachetée de costumes colorés. Des rails strient le sol de Cour à Jardin, et des rangées de chaises invitent les personnages à s'asseoir les uns près des autres, comme les passagers d'une gare, dans un face-à-face direct avec les spectateurs. Dans un geste symbolique, Tiago Rodrigues a choisi de récupérer les chaises qui garnissaient la Cour avant la réfection des gradins. La splendeur déchue de la Cerisaie est aussi figurée par de grands lustres suspendus, tombant en grappes comme d'un arbre, et éclairant ce grand hall où chacun attend l'heure de son départ. La scénographie suggère ainsi l'infinité sans bornes de cette Cerisaie dont les mille hectares vont bientôt être divisés, éparpillés, afin de créer les fameuses datchas pour les estivants, menace répétée telle une sentence tout au long de la pièce. Ces choix de mise en scène parviennent à évoquer les derniers instants d'une splendeur qui se croyait sans bornes, et qui finit divisée en lots. *A contrario,* la mise en scène de Clément Hervieu-Léger s'appuie sur les tableaux plus naturalistes et figuratifs conçus par Aurélie Maestre. Un seul espace, celui de la chambre des enfants, est montré au plateau, cerné de parois immenses qui laissent parfois entrevoir un salon ou un ailleurs fugace. Des tableaux sont accrochés au mur, qui viennent figurer les pièces manquantes de ce hors-scène imaginaire : des visages de défunts, des portraits d'enfants et une grande toile impressionniste figurant un champ de cerisiers. Ces

La Cerisaie, mise en scène Tiago Rodrigues, Festival d'Avignon, 2021 © Christophe Raynaud de Lage / Festival d'Avignon

murs, conçus comme un enclos protecteur, se dressent parfois à l'image d'une prison mentale aliénant chacun des protagonistes. Lioubov ne semble jamais entendre les avertissements de Liopakhine, comme si elle restait de l'autre côté du miroir, et que les deux protagonistes appartenaient finalement à deux mondes définitivement hermétiques en dépit de leurs liens affectifs. *La Cerisaie* reste une œuvre caractéristique de la crise du drame, montrant des personnages englués dans l'empêchement de faire advenir autre chose que leur résignation. Mais ce *fatum* n'exclut pas le rire et la dérision.

Afin de transcrire cette joie désabusée, les deux metteurs en scène ont également choisi de révéler la musique de ce texte. Chez Tiago Rodrigues, certains tableaux relèvent de la fantaisie burlesque, par la grâce des musiciens Manuela Azevedo et Hélder Gonçalves qui accompagnent son travail depuis des années. Le metteur en scène dit avoir eu un tempo précis en tête, l'*allegro vivace,* capable de figurer « l'inexorable puissance du changement » dans une forme de fatalité joyeuse. Le retour de Lioubov au début de la pièce est mis en scène comme un temps suspendu, autour d'une même phrase musicale reprise par chacun des protagonistes, « *Finalement, arrivés, ici et pour toujours, oh de retour de retour* ». Ces périodes musicales rythment la pièce, et la troupe se mue en fanfare, embarquée dans un carnaval sans retour. Dans la mise en scène de Clément Hervieu-Léger, la musique intervient de façon plus illustrative et mélancolique. Il prend même le parti de doubler le monologue final de Lioubov d'une chanson qui parasite son discours plus qu'il ne vient l'étoffer. Finalement, un plateau épuré aurait également suffi à cette mise en scène, à l'image du dernier tableau du spectacle, où Firs, le vieux domestique incarné par Michel Favory, s'éteint seul dans la demeure vide, habitant le théâtre de sa seule puissance tragique.

Les comédiens suffisent donc à porter ce texte. D'après les souvenirs rapportés par Evikhi Karpov, Tchekhov disait lui-même qu'il souhaitait être joué « *d'une façon toute simple, primitive… (…) Une chambre… sur l'avant-scène, un divan, des chaises… Et puis de bons acteurs qui jouent… C'est tout…* ». Isabelle Huppert est ainsi l'interprète idéale de cette diva brisée à l'hystérie douce-amère, aussi drôle et légère par endroits, que cruelle et méprisante à d'autres, comme si le rôle était cousu sur elle. Lui donner la réplique devenait une gageure, qu'Adama Diop relève avec force, incarnant un Lopakhine à la fois sensible et autoritaire. Clément Hervieu-Léger se repose, quant à lui, sur le talent de ses camarades. Florence Viala, en parfaite maîtrise de sa partition, joue Lioubov après avoir interprété le rôle de Charlotta dans *la Cerisaie* d'Alain Françon il y a vingt-cinq ans. L'actrice dit ainsi entendre les voix de ses anciens camarades se superposer à celles de ses partenaires d'aujourd'hui. Selon la logique de transmission des rôles propre à la Comédie-Française, Florence Viala rejoue, par sa mémoire d'actrice, cette tension subtile entre passé et présent caractéristique de la pièce elle-même. La Comédie-Française est aussi ce lieu que les sociétaires nomment la « Maison », une demeure protectrice, mais parfois aliénante et qu'il faut savoir quitter. C'est ainsi que Clément Hervieu-Léger a conçu sa mise en scène, à l'image du théâtre qui l'abrite. Cette lecture éclaire sans doute le caractère plus confidentiel de sa proposition au regard de celle de Tiago Rodrigues, qui parvient à faire dialoguer avec plus d'envergure les époques et les espaces. Sa fantaisie teintée de mélancolie se prête sans doute davantage à une reviviscence scénique de l'écriture tchekhovienne, là où l'ambiance plus surannée de la mise en scène d'Hervieu-Léger, en dépit de sa congruence dramaturgique, peine parfois à faire affleurer les fêlures et les brisures de ce répertoire. Brisures qui retiennent pourtant toute la tension dramatique de la pièce.

Quoi qu'il en soit, ces deux spectacles résonnent considérablement après les confinements, et les mois de théâtres désertés. Le retour de Lioubov, après cinq années passées en France, est comme un miroir tendu à la salle. Nous autres spectateurs, sommes aussi « de retour, encore et pour toujours ? » La *Cerisaie* reste la pièce du renoncement et de l'abandon, quels qu'en soient l'époque ou le lieu. Lioubov incarne notre inadaptation aux nouveaux mondes, notre difficulté à accepter la perte, et Lopakhine cette autre part de nous faite d'ambition dévorante et de besoin de réparation. *La Cerisaie* nous parle des lieux auxquels nous appartenons à jamais, même après les avoir quittés, et des fantômes de nous-mêmes, blancs cerisiers que nous laissons derrière nous avant même notre mort.

Florence Filippi

À LIRE

TCHEKHOV, Anton, *La Cerisaie*, traduit du russe par André Markowicz et Françoise Morvan, avec, en annexe, des extraits de la correspondance de Tchekhov, Éditions Babel, 2002, 210 p.

LE LION, L'ABEILLE ET TOUTES LES AUTRES

August Strindberg,* Mademoiselle Julie, *mise en scène d'Élisabeth Chailloux, Paris, Théâtre 14, 29 mars-2 avril 2022.

Il en est de certaines lectures comme d'un combat : on esquive les coups, on tape en retour, on est sonné. C'est là que le théâtre joue son rôle : on essaie de donner une forme et un sens à ce qui nous échappait, d'éprouver physiquement ce qui nous dérangeait pour lui donner une chance de nous parler encore, parfois mieux qu'à la lecture. C'est en Strindberg qu'Élisabeth Chailloux a trouvé son adversaire : « Depuis que j'ai décidé de monter *Mademoiselle Julie*, je me bats avec Strindberg. » Et avec les idées développées dans sa préface par lesquelles on résume bien souvent le trio de personnages : Julie « demi-femme », Jean « fondateur de race », Christine « personnage secondaire ». En refusant d'en faire des types, Élisabeth Chailloux, Anne Cressent (Christine), Pauline Huruguen (Julie) et Yannik Landrein (Jean) accordent du crédit à ces trois-là et font ressortir la complexité qu'on oublie parfois de donner au texte de Strindberg : ce n'est pas seulement un affrontement entre maître et valet, c'est aussi un duel entre l'homme et la femme.

Bien sûr, la lutte des classes est là de bout en bout sur la scène : Christine est au fourneau, prépare la commande de mademoiselle Julie pour sa chienne, Jean cire les bottes du maître absent et tressaille à la moindre sonnerie qui pourrait être un appel du maître. Tous deux sont en tenue de domestique : on ne sait pas trop à quelle époque on se trouve, on n'est pas en costumes d'époque mais « ça fait ancien », on y croit et l'on repère tout de suite à quel milieu les personnages appartiennent. Julie, quant à elle, étincelle dans sa robe décolletée et ses escarpins rouges. Cette fois, on est plutôt au XXIe siècle, comme si l'image du domestique, pour le spectateur, était d'abord celle d'un XIXe siècle plus ou moins éloigné mais immédiatement re-

Mademoiselle Julie, mise en scène Élisabeth Chailloux
Jean (Yannik Landrein) et Julie (Pauline Huruguen) © Alain Richard Bellamy.

pérable. Les deux camps sont très clairs : les riches d'un côté, les pauvres de l'autre.

Enfin, pas si clairs que ça : le combat se complique quand on comprend que ce qui intéresse Élisabeth Chailloux, c'est surtout l'opposition entre les hommes et les femmes (entre Jean et Julie mais aussi entre Jean et Christine) et peut-être, aussi, la lutte entre femmes (entre Julie et Christine). Si le valet (l'homme) reste impuni à la fin de la pièce, c'est peut-être moins, dans cette mise en scène, à cause d'un changement de paradigme social qu'en raison d'une domination de l'homme sur les femmes. Si Jean, valet soumis à son maître, reste touchant et suscite la pitié du spectateur, il nous inspire aussi un certain dégoût : rabaissant Christine, manipulant Julie, leur criant toutes deux au visage, les empoignant de force et leur donnant des ordres du haut de son mètre quatre-vingt-dix, il devient « l'aristocrate » à la « force virile » dont parle Strindberg dans sa préface. Celui qu'il surnomme le lion tue peu à peu l'abeille : Julie, au départ apprêtée, maquillée et d'une beauté assurée, perd peu à peu pied ; les talons ne claquent plus, le rouge à lèvres s'étale, le mascara trace le chemin des larmes et la voix fluette et enfantine laisse place aux cris de colère et de tristesse. Tout s'accélère lorsque Jean tue son canari, le seul être qui aurait pu la retenir dans la maison familiale : cette pantomime est le seul exemple dans lequel la violence physique est rendue visible sur scène (le reste du temps, elle est dans les mots, le trio d'acteurs entretenant un rythme tendu où chaque réplique est un *uppercut* envoyé au visage de son partenaire et du public). Jean saisit l'oiseau dans sa cage et lui tranche la gorge avec le couteau que Christine a laissé sur la cuisinière et dans lequel Julie, quelques minutes avant, sans se douter qu'elle préfigurait ainsi métaphoriquement l'issue tragique de la nuit, a ajusté son rouge à lèvres. De la même couleur que les lèvres de Julie, le sang du canari jaillit d'entre les mains de Jean. En cette image scénique se déploie le double sens sur lequel le spectacle insiste : le domestique est capable d'abattre un animal car il est habitué, contrairement à ses maîtres, aux basses tâches de l'humanité (nourrir, tuer, nettoyer) ; l'homme peut avoir tout ce qu'il veut d'une femme, jusqu'à rompre ses dernières amarres et la conduire à la mort.

Dans ce huis clos souligné par les néons géométrisant l'espace, Jean peut tout faire mais doit se méfier des dangers qui grondent à la porte de la cuisine : le retour du comte, la foule des paysans et sa future femme, Christine. Le hors-scène est rendu d'autant plus menaçant qu'il s'immisce parfois sur la scène : par le bruit assourdi de la musique provenant des coulisses, par les sonneries du smartphone de Jean qui annoncent le retour du père, par les panneaux de plexiglas poli laissant deviner la présence de Christine pendant toute la nuit d'amour de Jean et Julie. Cette présence donnée au personnage de la cuisinière est le grand mérite de la mise en scène d'Élisabeth Chailloux : quand, épuisée par sa journée de travail, elle s'endort dans la cuisine et marmonne dans son sommeil, elle quitte la rigidité qu'elle avait jusqu'alors et se met à danser, seule sur scène, exprimant son désir pour l'homme qui ne l'aime pas ; quand, partie se coucher, elle ignore que Julie a rejoint Jean, elle danse en fond de scène, derrière le panneau de plexiglas, le corps lourd et fatigué. Parfois, au milieu des répliques de Jean et de Julie, sans qu'ils ne l'aperçoivent et alors qu'ils

Mademoiselle Julie, mise en scène Élisabeth Chailloux
Jean (Yannik Landrein) et Julie (Pauline Huruguen) © Alain Richard Bellamy.

envisagent de fuir, le public voit une ombre se dessiner derrière les panneaux qui rétrécissent encore l'espace du huis clos : par ce jeu, Élisabeth Chailloux donne corps à celle qu'on oublie parfois dans la pièce, Christine, à la fois domestique et femme, c'est-à-dire doublement condamnée. Puis, quand celle-ci revient sur scène vers la fin de la pièce, elle reprend le rôle qu'elle devait jouer : celui de la cuisinière bien éduquée (croyante et polie, le corps droit et la tête haute), celui de toutes les autres que le lion a affaiblies. Christine, c'est aussi Julie, et inversement, toutes les deux se regardant dans l'image que leur renvoie Jean, vainqueur à la fin de la pièce, ayant réussi à faire partir les deux femmes : Julie pour se suicider, Christine pour prier.

Aux prises avec les hommes et avec leur temps, toutes deux incarnent la « demi-femme » dont parle Strindberg : celle qui « fait du bruit ». Mais, dans la mise en scène d'Élisabeth Chailloux, loin d'être « à moitié femme seulement », elles le sont tout entières, que ce soit en habits de soirée ou en tablier, et c'est cette complexité qui fait sortir la pièce de la vulgate scolaire : Julie est une femme avant d'être fille de comte ; et Christine, avant d'être domestique.

Agathe Giraud

ILLUSIONS OPTIQUES : BALZAC, MIROIR DU PRÉSENT

Honoré de Balzac, *Illusions perdues*. Adaptation et mise en scène de Pauline Bayle, Paris, Théâtre de la Bastille, septembre-octobre 2021.

« Ici, vraiment, tout est spectacle », écrit Lucien fraîchement arrivé à Paris à sa sœur Ève demeurée en province (Honoré de Balzac, *Illusions perdues*, éd. Patrick Berthier, Le Livre de Poche, coll. « Les Classiques de poche », Librairie générale française, 2006, p. 252). Des *Illusions perdues*, on connaît la fable : le trajet de Lucien Chardon/de Rubempré, fils d'apothicaire provincial qui quitte Angoulême pour les fastes parisiens en poursuivant de vains rêves d'amour et de gloire littéraire. De l'innocence à la corruption, de la sincérité au culte des apparences, le roman dans sa densité entrecroise vie de province et vie parisienne, salons de l'aristocratie restaurée, antres de journalistes et d'éditeurs cupides, théâtres où se monnayent triomphes et scandales. La peinture balzacienne est celle d'un monde où l'argent est roi, où l'art vit sous influence, où partout s'exerce le pouvoir impérieux des regards.

Et c'est précisément cette optique du roman que Pauline Bayle a choisi de souligner. Nouvellement nommée à la tête du CDN de Montreuil, la talentueuse metteuse en scène s'intéresse aux textes monstres, aux grandes épopées du patrimoine culturel dont elle sait éveiller la dimension spectaculaire. Après avoir adapté au théâtre *l'Iliade* et *l'Odyssée*, qui lui ont valu en 2018 le prix « Révélation théâtrale » du Syndicat de la critique, elle s'attaque à la clé de voûte de *La Comédie humaine* dont elle révèle tout à la fois le caractère théâtral et la profonde modernité.

Certes, pour transformer les 700 pages de l'œuvre en un spectacle de 2h30 il a fallu sélectionner, resserrer le texte balzacien. Du triptyque – *Les Deux Poètes*, *Un Grand Homme de province à Paris*, *Les Souffrances de l'inventeur* – Pauline Bayle a ainsi choisi de ne conserver que le cœur battant. C'est autour de la capitale lumineuse et démoniaque, de ses luttes de pouvoir, que la dramaturgie se construit dans un jeu où l'illusion théâtrale relie le passé au présent grâce au regard du spectateur.

Dans le dispositif mis en place, la scène fonctionne en effet comme un leurre par lequel la dramaturgie exhibe la singularité de l'espace parisien. Lors du rapide prologue angoumoisin où se jouent les amours de Madame de Bargeton et de Lucien, la scénographie est apparemment bi-frontale, mais dès l'arrivée du couple à Paris, un rideau se lève sur une scène quadri-frontale. Carré blanc recouvert d'une fine pellicule de craie, le théâtre est désormais un ring autour duquel se pressent les spectateurs comme pour un combat de boxe, une lutte panoptique à la vie à la mort. Comme dans ces théâtres parisiens où se retrouvaient vers 1820 aristocrates et demi-mondaines pour faire et défaire les réputations en fonction de la couleur d'un habit ou d'un geste maladroit, tout le monde est en position d'observateur. Sur scène et dans la salle, la porosité du spectacle est celle-là même qui caractérise la vie parisienne chez Balzac : le public est partie prenante de ces illusions/désillusions qui construisent les êtres en abattant les rêves.

Illusions perdues, mise en scène Pauline Bayle
Jenna Thiam (Lucien) © Simon Gosselin.

Au cœur de l'arène, s'affrontent six comédiennes et comédiens. Charlotte Van Bervesselès, Hélène Chevallier, Guillaume Compiano, Alex Fondja, Jenna Thiam, Viktoria Kozlova (en alternance avec Pauline Bayle) incarnent vingt personnages dans une partition virtuose qui souligne par la distribution le motif, prégnant dans l'œuvre, de la versatilité des apparences. Le libéral d'un soir est un royaliste du lendemain, le séide d'une pièce ou d'un roman devient en un clin d'œil son plus ardent détracteur. *Perpetuum mobile* qui évolue en fonction du sens du vent mondain, des intérêts personnels, de l'argent ou des réputations. C'est pourquoi un accessoire, un costume permettent aux acteurs de se glisser d'un rôle dans l'autre, avec toujours la même énergie vitale et la même sincérité. Alex Fondjat incarne ainsi tour à tour les deux pôles antagonistes de la scène littéraire : Daniel d'Arthez, l'écrivain intègre, et Dauriat, l'éditeur corrompu ; Hélène Chevallier quitte les habits de Madame de Bargeton pour ceux de Raoul Nathan ; Charlotte Van Bervesselès est tour à tour Ève, la sœur sacrificielle, la méprisante marquise d'Espard, et Coralie, la comédienne tragiquement emportée par la phtisie. Face à ce tourbillon des rôles et des apparences que soulignent les changements à vue, Lucien est le pôle qui aimante la scène. Joué par une seule et même comédienne, la formidable Jenna Thiam, il est un héros juvénile et attendrissant, dont la grâce innocente éclipse la veulerie. Le choix d'une distribution dégenrée révèle visuellement la réversibilité du protagoniste, autour de laquelle se construit le récit balzacien. Mi-homme mi-femme, mi-génie littéraire mi-journaliste opportuniste, mi-ange mi-démon, Lucien est un être hybride, versatile. Sa « funeste mobilité de caractère »

Illusions perdues, mise en scène Pauline Bayle © Simon Gosselin.

(Honoré de Balzac, *Illusions perdues*, éd. cit., p. 200) est ici suggérée à touches subtiles : des cheveux lâchés, une chemise blanche venue remplacer un haut noir, et Lucien quitte le monde des idées souveraines pour celui de la consommation. Il incarne les dangers et les dérives d'un monde capitaliste, pris en tension entre le miroir aux alouettes de la gloire et de l'argent faciles et les exigences du génie littéraire, dans lequel Balzac dessine déjà les contours du nôtre.

Sur le carré blanc du théâtre, les costumes sont contemporains, les accessoires et les praticables rares. Un podium figure une scène, quelques chaises éparses dessinent le cadre d'une conférence de rédaction. Sous une lumière crue, les dépouillements du spectacle fonctionnent comme un révélateur de modernité balzacienne : passé et présent se rejoignent. Pour souligner les dangers qui guettent la création, pour dénoncer la société du spectacle et ses dérives qui culminent dans la scène déchirante où Coralie, victime d'une cabale visant à déstabiliser Lucien, est couverte de boue par les autres personnages. Mais aussi pour proposer en acte un recours à l'individualisme triomphant : à l'image du Cénacle dans le récit, la troupe offre aux spectateurs une énergie collective dont la générosité constitue l'antidote souverain aux égoïsmes particuliers. Elle fait des créateurs (d'hier et d'aujourd'hui), les maîtres d'une illusion artistique qui souligne les désenchantements du monde pour mieux les transcender.

Sophie Mentzel

Le XIXe siècle en musique

L'année 2022 a marqué la reprise du spectacle vivant, et les mélomanes sont retournés, le cœur palpitant, au concert et à l'opéra. Les orchestres, salles de concert et maisons d'opéra ont été au rendez-vous, proposant des saisons ambitieuses, à l'image de celle de l'Opéra de Marseille, et souvent centrées – on le comprend – sur des valeurs sûres pour le public, en termes d'œuvres du répertoire, et de choix artistiques. La nécessité de limiter la prise de risque tout en se montrant à la hauteur des attentes du public a occasionné entre autres la création d'œuvres contemporaines revisitant le répertoire, comme les deux *Orphée et Eurydice* données respectivement aux Bouffes du Nord (*Où je vais la nuit*, libre adaptation de l'*Orphée* de Gluck, mise en scène de Jeanne Desoubeaux) et à l'Opéra de Lille (*Orphée et Eurydice*, Othman Louati/Gluck, mise en scène de Thomas Bouvet).

Les deux articles et l'entretien de notre rubrique se font en outre l'écho du désir du public de retrouver la dimension spectaculaire de l'opéra, à travers le choix de l'Opéra de Paris d'offrir à Massenet une place privilégiée dans la programmation. En effet, l'opéra *Cendrillon*, et le ballet *Le Rouge et le Noir* manifestent un même geste scénique, résolument spectaculaire, qui prend pour pierre de touche le plaisir de la féerie et du lyrisme romantique.

Marie Gaboriaud

CENDRILLON DE JULES MASSENET À L'OPÉRA DE PARIS

***Cendrillon**, opéra en quatre actes et en six tableaux de Jules Massenet, sur un livret d'Henri Cain d'après Charles Perrault, Paris, Opéra Bastille, 26 mars 2022.*

L'opéra *Cendrillon* de Jules Massenet est aujourd'hui beaucoup moins connu et moins joué que d'autres œuvres du musicien, comme *Manon* ou *Werther*. Pourtant, lorsqu'on a redécouvert le compositeur au début des années 1980, c'est une des premières œuvres à avoir été tirée de l'oubli. Et c'est celle que présente l'Opéra de Paris à Bastille du 23 mars au 28 avril, la faisant du même coup entrer à son répertoire.

Ce n'est pas la première fois que le conte de Perrault est mis en musique. En 1810, Nicolas Isouard crée *Cendrillon* à l'Opéra-Comique, puis, sept ans plus tard, c'est au tour de Rossini de présenter *La Cenerentola* au Teatro Valle de Rome. Jules Massenet, quant à lui, commence à travailler à sa *Cendrillon* dès 1894, mais elle n'est créée que le 24 mai 1899 à l'Opéra-Comique.

Le librettiste Henri Cain, qui a déjà collaboré avec Jules Massenet pour *Sapho et La Navarraise*, propose une relecture originale du conte de Perrault. On y retrouve bien sûr les principaux ingrédients du conte : la marâtre, appelée ici Madame de la Haltière, les belles-filles, prénommées Noémie et Dorothée, la marraine-fée, la métamorphose de Cendrillon, prénommée Lucette, la permission de minuit, le bal, le prince charmant et la pantoufle de verre égarée. Mais le librettiste place, au milieu de l'acte III, une scène nouvelle qui change la physionomie du conte. En effet, alors que Cendrillon a réussi à rentrer du bal sans avoir été vue de personne, elle entend de la bouche de sa belle-mère que le prince regrette de s'être un instant laissé séduire par l'inconnue du bal, une « drôlesse bonne à pendre ». Son père, Pandolfe, a beau protester que sa femme exagère, Cendrillon ne se laisse pas moins convaincre de ce mensonge. Et désespérée, elle décide de quitter la maison pour aller « mourir sous le chêne des Fées ». S'ensuit alors le très étrange tableau dans la forêt enchantée où le prince et Cendrillon errent dans la forêt, chacun de leur côté, entendant la plainte de l'autre, mais ne pouvant le voir. Finissant par comprendre qui ils sont, ils supplient la marraine-fée de les laisser se voir et finissent par se retrouver et s'enlacer. Mais tout cela n'était sans doute qu'un rêve, puisqu'au début du 4e acte, on retrouve Cendrillon très affaiblie et l'on apprend qu'elle a été retrouvée inanimée près d'un ruisseau quelques mois auparavant.

La suite de l'histoire est plus conforme au conte : le prince fait rechercher par tout le royaume celle qui pourra mettre la pantoufle de verre, mais il n'a pas besoin de l'essayer à Cendrillon car à peine l'a-t-il vue qu'il la reconnaît immédiatement et en fait sa femme. Madame de la Haltière, comprenant que ce ne sera pas l'une de ses propres filles qui deviendra princesse, se précipite vers Cendrillon et la câline en s'exclamant « Ma fille ! » ; et Pandolfe d'affirmer « Ici tout finit bien ».

Cendrillon, 2021-2022 © Monika Rittershaus, Opéra national de Paris.

Massenet a composé sur ce livret une partition qui, par le choix de l'instrumentation, retranscrit parfaitement l'atmosphère magique qui se dégage du conte (utilisation importante de la harpe, bois et cordes dans les aigus). On retrouve des échos de la musique du XVIIIe siècle, notamment dans la longue scène du bal, mais aussi des moments plus romantiques, qui rappellent davantage Mendelssohn ou Wagner. Le compositeur a fait un choix radical en décidant de donner au Prince charmant un rôle en travesti : il l'écrit ainsi pour une soprano « Falcon », sans doute une façon d'insister sur la jeunesse du prince. Mais cela donne également une sonorité toute particulière aux duos d'amour et semble finalement indiquer que, dans ce couple, les deux voix sont à égalité.

La mise en scène de Mariame Clément est globalement réussie. Les décors de Julia Hansen nous transportent à la Belle Époque : on est tout d'abord impressionné par la gigantesque machine qui permet à Madame de la Haltière de fabriquer, en quantité industrielle, de petites princesses ; puis, lors de la scène du bal, on se retrouve sous une immense verrière rappelant l'architecture du Grand Palais de Paris ; enfin, les arbres de la forêt magique sont évoqués par d'étranges citernes blanches recouvertes de mousse. On pourra cependant reprocher quelques éléments vraiment kitsch – même si celui-ci est assumé – qui blessent parfois la vue, comme les robes à

Cendrillon, 2021-2022 © Monika Rittershaus, Opéra national de Paris.

frou-frou fuchsia que portent Noémie et Dorothée, mais également Cendrillon (exactement la même robe, mais pailletée, pour évoquer la magie), ainsi que toutes les autres jeunes filles de la cour ; ou encore l'immense cœur sanglant et palpitant qui sépare les amoureux dans la forêt magique.

L'interprétation que Mariame Clément propose de l'œuvre est très intéressante en ce que le Prince charmant n'est ici pas séduit par la beauté de Cendrillon, mais par son caractère, son attitude décalée. En effet, s'il remarque Cendrillon au bal, c'est parce qu'il est amusé de sa maladresse, de son incapacité à maîtriser les gestes de la chorégraphie de l'éventail. Il lui propose alors de venir près de lui, mais voyant que sa robe-meringue l'empêche de s'asseoir, il la lui ôte et c'est une Cendrillon en sous-vêtements qui discute gaiement avec le prince et s'amuse à observer les danseurs. Les chaussures de verre elles aussi sont bientôt enlevées, au grand soulagement de Lucette, et le prince lui propose galamment ses propres Converse rouges, qu'il avait dû troquer, bien malgré lui, contre une paire de chaussures plus habillées pour assister au bal.

Mariame Clément propose également une vision très nouvelle des deux belles-filles. Remarquant que rien dans le livret n'indique qu'elles sont méchantes avec Cendrillon, elle en fait deux jeunes filles, peut-être un peu bêtes (comme semble le suggérer leur bêlement lorsqu'elles se réjouissent d'être si « be-e-e-e-el-les » dans leur robe de bal) mais très gentilles. Elles semblent en effet bien tristes de laisser Cendrillon seule à la maison pendant qu'elles vont au bal, et lui rapportent avec cordialité ce qui s'y est passé. En outre, ce sont elles qui sauvent Cendrillon de la mort en la ramenant chez elles inanimée, en la veillant et la soignant, avec Pandolfe. Enfin, elles refusent d'essayer la pantoufle de verre, comprenant que ce n'est assurément pas elles que le Prince recherche, et se réjouissent sincèrement du bonheur de Cendrillon lorsque le Prince la reconnaît. Même la marâtre, Madame de la Haltière, n'est pas si méchante, car, explique la metteuse en scène, « elle ne fait que ce qu'on attend d'une mère : trouver le meilleur parti possible pour ses filles, là où Pandolfe, lui, ne remue pas le petit doigt pour la sienne. Elle n'a pas le choix ». Il n'y a finalement pas de véritable méchant dans cette histoire, ce qui ajoute à notre plaisir.

L'Irlandaise Tara Erraught nous charme en Lucette à la fois par sa belle voix de soprano et par sa présence scénique : très émouvante dans son bel air « Résigne-toi, pauvre grillon », elle sait aussi se montrer très drôle lors de la scène du bal. Anna Stephany campe avec réussite un prince à la démarche dégingandée, tout juste sorti de l'adolescence. Sa voix de mezzo-soprano se marie avec bonheur à celle de Tara Erraught. Le reste du plateau vocal ne démérite pas et l'orchestre, dirigé par Carlo Rizzi, nous emporte avec lui dans cet univers merveilleux. Bref, comme le disent les chanteurs, à la toute fin de l'œuvre, tous ont vraiment « fait de [leur] mieux / pour [n]ous faire envoler par les beaux pays bleus ».

Aude Ameille

Cendrillon, 2021-2022 © Monika Rittershaus, Opéra national de Paris

LE ROUGE ET LE NOIR : PIERRE LACOTTE RAVIVE LA FOI ROMANTIQUE

Le Rouge et le Noir, *ballet en trois actes de Pierre Lacotte, sur des musiques de Jules Massenet, Paris, Opéra Garnier, 29 octobre 2021.*

Créer un nouveau ballet narratif en trois actes pour l'Opéra de Paris, adapté du roman de Stendhal, *Le Rouge et le Noir*, c'est le défi que s'est donné le chorégraphe Pierre Lacotte. Lecteur passionné, chercheur attentif et restaurateur persévérant de ballets romantiques oubliés, il ne pouvait être que fidèle à l'œuvre qui l'a inspiré. Ainsi, il en conserve les scènes les plus dramatiques : des rêves de grandeur de Julien Sorel à sa passion pour Madame de Rênal au premier acte, du désespoir au séminaire à sa gloire parisienne chez le marquis de la Môle au deuxième acte, et de l'échec de son mariage avec Mathilde à son exécution au troisième acte. Si le ballet s'inscrit à certains égards dans la veine esthétique néo-classique de ces ballets inspirés de romans du XIXe siècle comme *Onéguine* de John Cranko ou *La Dame aux camélias* de John Neumeier, Pierre Lacotte ne manque pas d'apporter sa touche personnelle, opérant une synthèse de ses inspirations les plus chères et les plus diverses.

La fascination du chorégraphe va assurément aux personnages et à leur tempérament, qu'il met en valeur par le thème musical et la signature chorégraphique qui leur sont respectivement associées. Pour les besoins de la compréhension narrative, il va néanmoins faire quelque entorse à l'intrigue, en développant le personnage de la gouvernante de Madame de Rênal et en faisant d'elle, telle une Parque, le lien funeste qui conduit le héros à l'échafaud. Mais c'est véritablement autour de Julien Sorel que tourne le ballet, ce personnage qui, lui aussi, tourne autour de toutes les sociétés qu'il fréquente, de toutes les femmes qu'il aime. Si c'est lui qui dessine la trame du ballet, c'est cependant la société du XIXe siècle – et ses lois – qui sortent triomphantes de ce duel des classes sociales, décidant de la destinée de Julien ; et ce sont Élisa, Mathilde de la Môle, puis Madame de Rênal qui, en veuves éplorées, vont clore le ballet. La présence de l'ensemble de ces personnages ainsi que la scénographie permettent à Pierre Lacotte d'accomplir le projet romanesque de Stendhal : une étude de mœurs, de classes et de caractères. En quête du parfum du temps, Lacotte s'efforce de reconstituer un XIXe siècle mythique, refaçonné par son imaginaire, et de mettre en lumière le fonctionnement de la société par des procédés inattendus, comme la projection d'un film montrant les voyages Paris-Province de Julien.

L'entreprise de Pierre Lacotte était donc pour le moins ambitieuse : transposer sur scène un roman et, qui plus est, un chef-d'œuvre aussi riche de la littérature française, faire s'enchaîner seize tableaux différents en trois actes, mettre soixante danseurs sur scène, composer toute une partition rassemblant des œuvres de Jules Massenet (voir entretien ci-après), créer des décors grandeur nature sur trente-cinq toiles à partir de gravures du XIXe siècle, mais aussi près de quatre cents costumes d'une grande variété. Dans cette aventure, Pierre Lacotte a tout pensé, tout imaginé, tout réalisé. La difficulté était d'arriver à gouverner cette profusion sans aller trop vite, pour laisser aux personnages le temps de se développer et d'exprimer leur intériorité, sans briser l'intensité dramatique, notamment lors des intermèdes entre les nécessaires changements de décor. Ces écueils n'ont pas été parfaitement évités mais des réajustements au fil des représentations ont permis à la création de se peaufiner.

À l'issue de la représentation, face à cette profusion d'images, de musiques et de caractères, on est ébloui. Aussi est-ce un ballet qu'il faut voir, mais surtout revoir. Pierre Lacotte a donc fait le pari, hardi mais réussi, de créer un nouveau ballet romantique en 2021 dans un monde artistique qui semble pourtant avoir pris ses distances avec une telle conception du monde et de l'art. Le succès des représentations montre que le chorégraphe avait bien raison de penser que le romantisme est éternel et que le public en a encore et toujours besoin. Malgré certains bouleversements dans les distributions, toujours sauvés par la troupe solidaire des danseurs, le spectacle a incontestablement eu la faveur des bonnes étoiles... et la magie a opéré !

Samantha Caretti

ENTRETIEN AVEC PIERRE LACOTTE, CHORÉGRAPHE

Pourquoi avez-vous choisi le roman *Le Rouge et le Noir* ?

P. L. J'ai été ébloui quand j'ai lu *Le Rouge et le Noir* pour la première fois, à quinze ans. J'ai tout de suite senti son potentiel théâtral. Puis j'ai laissé le projet de côté et j'ai relu le roman plus tard, en pensant qu'il faudrait l'adapter en ballet. Je me suis enthousiasmé pour l'étude de mœurs, et surtout l'étude des classes à travers l'ambition démesurée de Julien Sorel, qui va trop loin dans ses exploits et qui est finalement conduit à l'échafaud, à cause de la gouvernante de Madame de Rênal dans le ballet.

La musique est celle du répertoire de Jules Massenet. Or, ces pièces sont postérieures au roman et n'ont pas été écrites pour ballet. Pourquoi ce choix et quelles adaptations ont été réalisées ?

P. L. En choisissant Massenet que j'aime beaucoup, j'ai trouvé un climat musical qui me permettait d'avoir un compagnon auditif qui m'inspirait. Même si ses œuvres sont postérieures au roman, le compositeur est très en avance sur son temps et, de plus, il connaît parfaitement le style de toutes les époques des opéras différents qu'il a montés ; à ce titre, il s'adapte divinement bien. C'est quelqu'un qui sait décrire un paysage en musique, des sentiments, des haines, des heurts, etc. Tout est dans ses opéras, que l'on ne donne malheureusement plus pour la plupart. En réalité, le romantisme a duré très longtemps, il ne s'est pas évanoui tout de suite. Quand il s'agit d'émotions, on s'attache à des œuvres et on peut être intérieurement conquis. Il ne faut jamais chercher l'artifice dans un art comme le nôtre, et il y a une manière de traiter un spectacle qui doit être un vrai spectacle. Il ne s'agit pas de styliser, d'amoindrir les sentiments, d'avoir peur de certains textes ou de certaines idées, il faut s'engager complètement. Un vrai spectacle entraîne le public dans un monde différent où il peut oublier sa vie.

Votre ballet témoigne d'une fidélité scrupuleuse à l'époque de Stendhal. Certaines mises en scène actuelles, notamment au théâtre ou à l'opéra, ne font pas aujourd'hui toujours ces choix. Pensez-vous que la fidélité de la mise en scène à une époque est un frein ou plutôt une aide à l'adhésion du public contemporain ?

P. L. Il n'y a pas de public contemporain. Il y a un public, c'est tout. Tout le monde aime rêver, tout le monde dort, s'illumine, s'extasie. Envisager un public contemporain, c'est accepter tout ce qui se passe, essayer de choquer à tout prix pour se démarquer des autres. C'est ce que l'on fait dans certaines mises en scène d'opéras, ce que je trouve très regrettable parce qu'on s'éloigne du sujet et de l'époque. Ce qui m'a fait plaisir pour *Le Rouge et le Noir*, c'est l'accueil du public, la concentration avec laquelle il a regardé ce spectacle. J'ai même reconnu des personnes plusieurs fois qui étaient revenues voir le même spectacle, et c'est pour moi une véritable récompense. Un vrai spectacle, on s'y attache, on a envie de le revoir, c'est comme un ami.

Le Rouge et le Noir, Pierre Lacotte, 2021 © Svetlana Loboff, Opéra national de Paris.

Comment avez-vous réussi à transmettre l'œuvre de Stendhal, puis votre projet chorégraphique aux danseurs ? Êtes-vous satisfait des représentations qui ont été données à l'Opéra Garnier ?

P. L. ❧ J'ai été très content des représentations. Je me suis peut-être un peu impatienté à tort lors des répétitions, mais j'avais tellement peur de ne pas être prêt dans les dates voulues que je voulais entraîner tout le monde, au risque que cela aille trop vite pour les danseurs et qu'ils ne comprennent pas. Mais j'étais très content des distributions, dont celle avec Florian Magnenet qui, pour moi, a été absolument bouleversant dans son rôle. [NdA : ce danseur, originellement remplaçant, a fini par assurer non seulement le rôle de Julien Sorel, mais aussi les services de plusieurs danseurs blessés.] Il a joué et dansé avec un sens artistique étonnant et j'ai vraiment beaucoup apprécié sa prestation. Le rôle de Julien Sorel est un rôle capital. Il faut donc trouver des êtres qui soient vibrants, qui ne soient pas excessifs et qui arrivent à entrer dans la peau du personnage et à proposer une réflexion du rôle, en considérant les attentes du personnage, ses arrêts, ses espoirs, ses ambitions. J'ai trouvé d'énormes qualités chez tous les danseurs, que ce soit Hugo Marchand, Germain Louvet, Mathieu Ganio — qui s'est malheureusement blessé lors de la première — pour le rôle de Julien Sorel ou Amandine Albisson, Hannah O'Neill, Ludmila Pagliero et Dorothée Gilbert pour le rôle de Madame de Rênal. Le travail avec les solistes a été tout à fait passionnant. Ma grande surprise à l'Opéra a été de trouver des interprètes de qualité, autant parmi les solistes que dans le corps de ballet. J'ai même pu donner une chance à des jeunes de naître dans un rôle, comme Naïs Duboscq, interprète d'Élisa, la petite gouvernante.

J'ai eu une chance fantastique : il n'y a eu ni COVID, ni grève des machinistes ; l'argent pour la captation du ballet a été trouvé, le ministère de la Santé nous a donné l'autorisation de faire enlever les masques aux figurants pour le film, etc. Des difficultés, on en a toujours : il faut passer par des labyrinthes avant d'arriver au résultat final. C'est la vie. Il faut tenir bon, quoi qu'il arrive.

Stendhal fait dire à Julien Sorel enfermé dans le cachot « J'ai aimé la vérité… Où

Le Rouge et le Noir, Pierre Lacotte, 2021 © Svetlana Loboff, Opéra national de Paris.

est-elle ? ... » Le ballet montre-t-il cette quête de la vérité de la part de Julien Sorel ? Et comment ?

P. L. Oui. L'orgueil a mené Julien Sorel très loin. Tout d'un coup, il se pose des questions sur lui-même et sur la société, sur les raisons qui l'ont amené si loin, mais il ne regrette pas. Il est tellement sidéré de pouvoir être accusé certaines fois à tort qu'il finit par se dire : « Au fond, ce n'est pas la peine de me juger, je suis responsable, j'ai tué. Donc, je n'ai pas à être jugé, mais cela s'explique par la classe sociale basse d'où je suis issu, et parce qu'on ne m'a pas laissé m'élever. Mon intelligence et ma culture n'ont pas servi suffisamment à éblouir tout le monde. » Il s'en rend compte à la fin de sa vie, mais il a tellement d'orgueil qu'il veut mourir en héros, et non pas en victime.

Vous avez beaucoup travaillé sur les ballets du XIXe siècle et même cherché à réhabiliter des chorégraphies perdues ou oubliées. *Le Rouge et le Noir* reprend-il des pas de ballets du XIXe siècle ?

P. L. *Le Rouge et le Noir* ne reprend pas les pas des ballets du XIXe siècle. Fatalement, il y a un style qui m'est personnel maintenant, à force de travailler dans cette époque, mais je me suis complètement libéré dans *Le Rouge et le Noir* parce que j'ai voulu être libre, libre de m'exprimer à la fois avec mon école, et avec mes différences. Par exemple, le tableau du séminaire ne relève absolument pas du style romantique dans les pas : c'est une construction différente dans laquelle on voit une masse humaine toute noire allant à droite, allant à gauche puis étouffant Julien, au point qu'il ne puisse plus respirer dans cette atmosphère qu'il avait cru la sienne.

Mais les scènes de bal sont-elles inspirées des danses du XIXe siècle ?

P. L. Oui, c'est sans doute l'endroit où j'ai été le plus proche du romantisme dans tout son éclat, à travers le spectacle grandiose d'une réception, dans un vieil hôtel particulier du XVIIIe. Tout cet ensemble de robes blanches et de tenues noires représente pour moi le Paris de cette époque.

Si vous deviez définir le romantisme, que diriez-vous ?

P. L. Le romantisme est la période la plus extraordinaire pour l'amour que l'on avait des femmes. Cette période permet de les idéaliser et de les sublimer. Elles représentent un idéal inatteignable, que l'on finit par atteindre après mille supercheries.

Avez-vous d'autres projets de création ou de recherche en lien avec le XIXe siècle ?

P. L. Oui. J'ai créé un ballet adapté du roman *Les Trois Mousquetaires* que j'ai donné il y a quelques années avec des danseurs de l'Opéra au Japon. J'ai aussi le projet de redonner certains ballets comme *La Fille du Danube*. Il y a aussi la possibilité de remettre un jour sur pied *Giselle*, comme je l'ai fait pour *La Sylphide*, c'est-à-dire avec les décors, la mise en scène et la chorégraphie d'origine.

Propos recueillis par Samantha Caretti

Le XIXe siècle en littérature

Pourquoi la littérature de genre (roman policier, thriller, steampunk, roman de vampires, gaslight fantasy, etc.) investit-elle massivement, depuis une dizaine d'années, le cadre de l'Angleterre victorienne ? Cette attirance se manifeste aussi dans d'autres pans de la culture populaire comme la BD ou les séries, qui ont été analysées dans l'atelier du XIXe qui s'est tenu le 29 mars dernier au Musée d'Orsay : « La série télé à l'heure du XIXe siècle ». S'agit-il simplement d'une « littérature seconde » qui joue sur la reprise de figures mythiques puissantes élaborées alors, comme Dracula, le Dr. Frankenstein, Sherlock Holmes, ou de personnages historiques comme Jack L'Éventreur, tout en retravaillant les codes des genres connaissant une expansion spectaculaire dans la période, comme le roman policier ou le récit à suspense ? Qu'est-ce qui parle à notre époque dans cet imaginaire victorien, et quelle relecture – nécessairement orientée – en proposent les fictions contemporaines ? C'est ce qu'explorent Sophie-Valentine Borloz et Jessy Neau à travers l'étude de six romans « néo-victoriens » récemment parus. Dialoguant avec les œuvres fondatrices de Dickens, leurs auteurs (britanniques, écossais et irlandais) décrivent une société violente où la séparation des classes semble radicale, tout en retraçant les itinéraires de personnages que leur profession amène à traverser aussi bien les bas-fonds que les élites sociales. Que ce soit dans la reconstitution des progrès de la science médicale (les premières expérimentations sur le chloroforme et les débats auxquelles elles donnent lieu) ou des circuits économiques de l'Empire britannique (avec l'exploitation et les trafics humains qui les sous-tendent), ce sont des questions politiques que les romans nous posent, problématisant les chemins de l'émancipation, entre autres féminine.

Claire Barel-Moisan

SCALPEL ET CHLOROFORME

Ambrose Parry, série des "Raven and Fisher mystery", Eric Betsch trad., Paris, Éditions du Seuil :

Le Cœur et la Chair, *2019 ;*
L'Art de mourir, *2020 ;*
Une lignée corrompue, *2021.*

Du *Bal des folles* de Victoria Mas (et son adaptation cinématographique) à la série télévisée *L'Aliéniste*, de la série romanesque *Les*

Sir James Simpson, frontispice de *Sir James Simpson and Chloroform* (1811-1870) de H. Laing Gordon (1897).

Cahiers noirs de l'aliéniste du Québécois Jacques Côté à la bande dessinée *Le Captivé* de Christophe Dabitch et Christian Durieux, l'univers de la médecine au XIXe siècle, et notamment le monde de l'aliénisme et de la psychiatrie naissante, n'en finit pas d'inspirer les productions culturelles contemporaines.

S'inscrivant dans cette lignée, Ambrose Parry emmène son lecteur dans les cercles médicaux d'Édimbourg dans les années 1840. Sous ce pseudonyme, hommage transparent à Ambroise Paré, se dissimule un couple d'Écossais, Marisa Haetzman et Chris Brookmyre. Elle est médecin anesthésiste et historienne de la médecine ; il est auteur de romans policiers. Ensemble, ils ont créé la série des « Raven and Fisher Mystery », composée, pour l'instant, de trois volumes mettant en scène le Dr Will Raven et la femme de chambre devenue infirmière Sarah Fisher. Les trois romans – *Le Cœur et la Chair* (2019), *L'Art de Mourir* (2020) et *Une lignée corrompue* (2021) – ont pour point d'ancrage la clinique du Dr James Young Simpson (1811-1870), obstétricien écossais qui employa pour la première fois du chloroforme lors d'un accouchement et popularisa son usage comme anesthésiant. Dans le cadre de leur travail auprès du fameux médecin, Raven et Fisher se confrontent aux cas médicaux les plus emblématiques de l'époque, mais aussi à la violence et au crime qui minent la cité. Armés de leur savoir médical, de leur connaissance des bas-fonds et d'un certain talent pour s'attirer des ennuis, ils mènent l'enquête, résolvant meurtres, disparitions et autres escroqueries.

Le genre policier permet à Haetzman et Brookmyre de tisser ensemble plusieurs des fils qui forment la toile de fond d'un Édimbourg à la fois haut lieu de la médecine et infâme coupe-gorge. La résolution d'affaires policières dont les ramifications conduisent souvent loin de la *Old Town* jusque dans les quartiers huppés de la *New Town*, là où réside l'essentiel de la patientèle du Dr Simpson, permet de brosser un portrait de l'organisation à la fois sociale et spatiale d'une ville ultra hiérarchisée, où les avancements et les déchéances s'expriment géographiquement. En apparence, le cloisonnement de ces différents espaces est hermétique, les différents mondes ne se mêlant que peu. L'enquête, comme la pratique médicale, permet de montrer l'envers du décor, de mettre au jour les circulations secrètes et les réseaux clandestins qui relient le haut et le bas. Simpson et ses assistants apparaissent ainsi comme des médiateurs, des opérateurs de lien, les réalités physiologiques passant outre les ségrégations sociales. Le rôle du médecin accoucheur vient souligner, de façon parfois un peu insistante, que les vies aisées ou misérables débutent de la même façon et s'accompagnent des mêmes joies, des mêmes peurs et des mêmes douleurs. Parallèlement à cette unification par l'organicité, les investigations de Raven et Fisher viennent révéler la face la plus sombre de ces rapprochements : nouveau-nés « encombrants » de la haute société évacués par le biais de filières interlopes, grands noms qui viennent s'encanailler dans les bouges de la basse-ville, prostitution, tueurs à gages, etc. L'élévation sociale de l'infirmière et du médecin, rendue possible par la fréquentation de Simpson, est ainsi constamment tempérée par la nécessité de replonger dans les milieux dont ils tentent désespérément de s'extraire.

Le choix de l'enquête en milieu médical permet également aux romanciers d'explorer la ligne étroite qui sépare médecine et boucherie à l'époque. Les découvertes de Simpson ont beau apporter un soulagement important aux patients, certaines scènes d'opération n'en demeurent pas moins brutales, jusqu'à quasiment se confondre avec des scènes de crime. Cette convergence est renforcée par la dimension médicale de plusieurs affaires policières, qui portent par exemple sur des infirmières tueuses, des avorteurs barbares ou des nourrices négligentes. Le chloroforme permet également de jouer sur les deux tableaux, l'anesthésiant providentiel pouvant se muer en narcotique incapacitant, voire en poison mortel lorsqu'il est mal dosé. La proximité entre le soin et la mort jette une lumière crue sur certaines pratiques et sur les extrémités auxquelles doivent se résoudre ceux que la bien-pensance ou l'argent privent d'autres recours.

In fine, à travers le double prisme de la médecine et du meurtre, c'est la question des politiques du corps, et notamment du corps féminin, qui est au cœur du propos. Chacun des trois volumes aborde sous un angle différent le droit des individus à disposer de leur corps et le droit que d'autres s'arrogent sur ce corps. Le choix de l'obstétrique, bien que dicté par la réalité historique de la spécialité du Dr Simpson, constitue ainsi un angle idéal pour explorer les tensions entre l'individu et le social, entre l'intime et le public, entre le droit et le devoir. La découverte de l'usage médical du chloroforme s'insère dans la même logique, la substance cristallisant autour d'elle d'importants jeux de pouvoir. Pour les patientes, l'inconscience et la torpeur qu'amène l'anesthésie constituent paradoxalement une forme de puissance et d'émancipation, en les délivrant pour partie des souffrances de l'accouchement. Pour les autorités religieuses, et médicales parfois, qui s'opposent à son utilisation, le chloroforme va à l'encontre de l'impératif biblique d'enfanter dans la douleur et compromet une part du pouvoir que leur position leur assurait sur leurs ouailles. Les luttes de génération et de domination s'engagent donc sur le terrain que constituent les corps des individus, à la fois corps social et corps souffrant.

Couverture de l'édition originale anglaise du premier tome (Edinburgh, Canongate Books, 2018).

Cet aspect de l'intrigue dépasse le seul

domaine médical. La thématique du pouvoir féminin est inséparable du personnage de Sarah Fisher, domestique promue infirmière et ambitionnant de devenir médecin, en dépit des obstacles de tous ordres qui se dressent sur sa route. Son parcours pose inlassablement la question de l'accès des femmes à l'éducation, au savoir et à la reconnaissance publique. Si le propos manque parfois de finesse et frôle – ou plutôt embrasse – l'anachronisme en faisant tenir à la jeune femme des propos sur l'égalité et le genre qui appartiennent clairement au XXIe siècle, cette perspective féministe amène également une fraîcheur bienvenue à un imaginaire victorien dont les interprétations contemporaines sont parfois encore empreintes de rôles genrés extrêmement stéréotypés. Cette préoccupation permet également d'intégrer dans l'intrigue d'intéressantes figures historiques que les protagonistes sont amenés à rencontrer au fil de leurs investigations. S'il ne s'agit pas uniquement de femmes, tant s'en faut, la volonté farouche de Sarah de rencontrer des pionnières inspirantes permet de mettre en lumière certains noms peut-être moins connus du grand public, telles Elizabeth Blackwell, première femme à avoir mené à bien un cursus médical aux États-Unis, Jessie Mann, mystérieuse assistante des précurseurs de la photographie, David Octavius Hill en Robert Adamson, ou encore Elizabeth Eastlake, influente femme de lettres et historienne de l'art anglaise. La volonté de rendre visibles celles et ceux qui restent ordinairement dans l'ombre, que ce soit en raison de leur statut social ou de leur sexe, conduit ainsi à brosser un portrait plus nuancé et diversifié de l'Athènes du Nord.

Malgré quelques facilités, la trilogie d'Ambrose Parry constitue donc une lecture stimulante et instructive. Elle offre de précieux renseignements sur la scène médicale écossaise du XIXe siècle, sur les débuts de l'anesthésie et les débats qui l'ont entourée, ainsi que sur les cas emblématiques qui ont permis au Dr Simpson d'asseoir sa réputation. Outre des personnages principaux attachants, elle présente une série de protagonistes réels, à l'image du détective et auteur de romans policiers James McLevy, jouant ainsi en permanence à entremêler fiction et réalité et mettant en lumière des figures historiques parfois méconnues. Enfin, il faut reconnaître aux auteurs un talent certain pour le suspense et les rebondissements, la puissance soporifique du chloroforme ne contaminant en rien les pages qui en célèbrent la découverte.

Sophie-Valentine Borloz

THRILLERS DANS LE LONDRES DE DICKENS : TROIS ROMANS NÉO-VICTORIENS

Jon Clinch*, Marley, a Novel, *New York, Atria Books, 2019.

Elizabeth MacNeal,* La Fabrique de poupées (The Doll Factory)*, traduit de l'anglais (Royaume-Uni) par Karine Guerre, Paris, Pocket, 2019.

Joseph O'Connor*, Le Bal des ombres (Shadowplay)*, traduit de l'anglais (Irlande) par Carine Chichereau, Paris, Rivages, 2021.

Le récit à suspense est doté d'une grande plasticité, s'adaptant à tous les lieux et à toutes les époques. Ainsi, le sous-genre du « thriller historique » situé à l'époque victorienne est fréquemment alimenté par de nombreuses parutions. Au-delà des caractéristiques génériques inhérentes au récit à suspense, le « néo-victorianisme » littéraire possède ses procédés propres, inscrits dans un certain post-modernisme, notamment celui d'un dialogue singulier et autoréflexif avec les auteurs et les œuvres littéraires du XIXe siècle.

Trois romans récents illustrent les voies qu'explore le néo-victorianisme littéraire pour dynamiser sa relation avec la littérature anglaise du xixe siècle : la biographie fictive de l'écrivain victorien avec *Le Bal des ombres* (*Shadowplay*) de Joseph O'Connor (2021) qui imagine la vie de Bram Stoker ; l'extrapolation d'un personnage fictif de la littérature victorienne avec *Marley* de Jon Clinch (non traduit en français, paru en 2019), préquelle à *Un chant de Noël* de Dickens ; et l'histoire originale située dans la deuxième moitié du xixe siècle, qui emprunte de nombreux tropes et motifs à la littérature victorienne et notamment, là aussi, à l'œuvre de Charles Dickens avec *La Fabrique de poupées* d'Elizabeth MacNeal (*The Doll Factory*, paru en 2019).

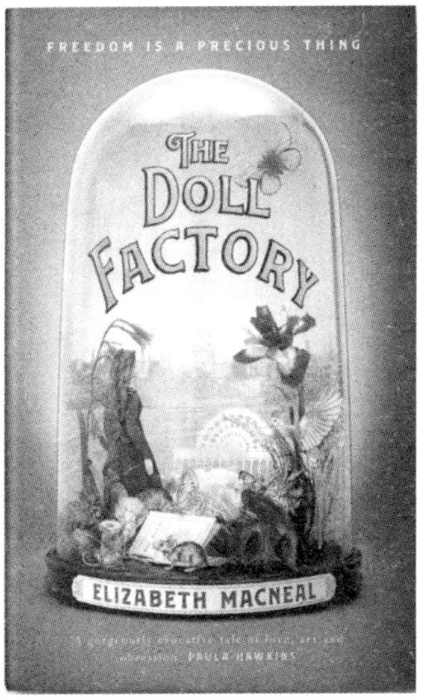

Couverture de *La Fabrique de poupées* (*The Doll Factory*) d' Elizabeth MacNeal, traduit de l'anglais (Royaume-Uni) par Karine Guerre, Paris, Pocket, 2019.

Convocation d'archétypes littéraires victoriens et des mythes fondateurs du *thriller*

Le Bal des ombres situe son intrigue dans l'univers du spectacle, dans lequel évolue Bram Stoker, futur auteur de *Dracula* (1897). La vie de l'auteur irlandais est retracée alors qu'il tente d'écrire des récits qui ne trouvent pas leur public, tout en travaillant en compagnie d'Henry Irving (l'un des plus grands acteurs shakespeariens) et d'Ellen Terry (la Sarah Bernhardt anglaise) en tant qu'administrateur du Lyceum Theatre à Londres. C'est donc toute une constellation de personnages historiques que l'on retrouve, comme Oscar Wilde, compatriote de Bram Stoker et premier amour de l'épouse de ce dernier, mais aussi des personnages fictifs… comme Dracula lui-même ! *Le Bal des ombres* convoque donc à la fois des références littéraires victoriennes et les thèmes fondateurs du roman à suspense, dont tout ce qui relève d'un certain « *Gothic revival* » des décennies 1880 et 1890 : ainsi, les meurtres de Jack l'Éventreur sont relatés en ce qu'ils influencent inévitablement la scène nocturne londonienne, et en ce qu'ils agissent comme source d'inspiration littéraire pour Stoker.

L'ombre de Jack l'Eventreur plane aussi sur l'intrigue de *La Fabrique de poupées*, mélange d'histoire d'amour et d'éléments mystérieux. En 1850 à Londres, année de l'Exposition universelle, les destins de plusieurs personnes se télescopent : Louis Frost, peintre préraphaélite qui rêve de voir ses toiles exposées à l'Académie royale ; Iris, une jeune femme atteinte d'une difformité de la clavicule qui travaille dans une fabrique de poupées mais désire secrètement devenir peintre ; Silas, un taxidermiste qui va devenir peu à peu obsédé par Iris, et enfin Albie, enfant des rues qui vit dans un sous-sol en compagnie de sa sœur prostituée. Dans ce roman – que la couverture de l'édition française décrit comme une histoire « [e]ntre *Oliver Twist* et *La Jeune fille à la perle* » – , la référence à l'auteur des *Grandes Espérances* passe par une reprise d'archétypes comme l'enfant des rues ainsi que par les descriptions de nombreux personnages à la fois interlopes et comiques des bas-fonds de Londres.

Marley de Jon Clinch est une préquelle à une œuvre littéraire victorienne, retraçant l'existence d'Ebenezer Scrooge depuis l'enfance, se voulant ainsi dotée d'une vocation étiologique en expliquant le caractère aigri et solitaire de ce personnage que l'on connaît chez Dickens dans *Un chant de Noël*. C'est, selon le récit de Jon Clinch, la relation entretenue par Scrooge avec son associé d'affaires Marley, véritable escroc, qui a causé sa fin d'existence décrépite. Ce roman qui fourmille de détails sur les circuits économiques de l'Empire lors de la deuxième moitié du XIXᵉ siècle a pour décors les docks de la Tamise (les affaires de Scrooge et Marley sont liées au commerce maritime), le bureau de Scrooge obsédé par les chiffres et ne remarquant pas les malversations opérées par son associé (lequel se livre au commerce triangulaire), et des maisons closes où se déroulent des meurtres sordides. La narration situe le commerce de Marley et Scrooge dans un contexte de trafics d'êtres humains et de crime organisé mondial, de fausses identités et de bas-fonds urbains, jusqu'à ce qu'une enquête policière sur des meurtres fasse aboutir cette sombre intrigue. Dans *Marley*, tout comme dans *La Fabrique de poupées* et *Le Bal des ombres*, Londres est donc aussi bien une « Babylone noire » que la capitale artistique, commerciale et industrielle du monde.

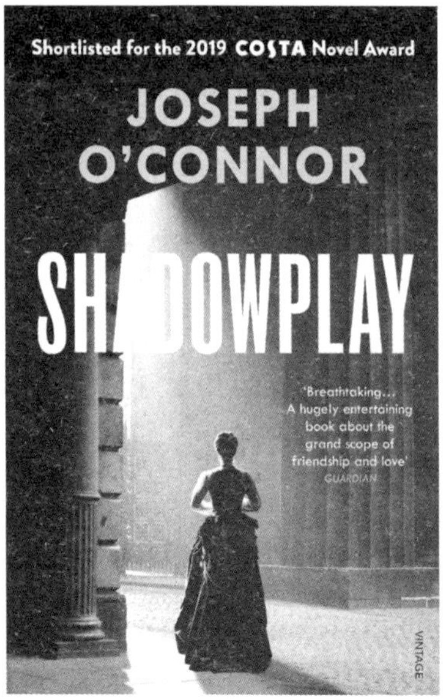

Couverture du *Bal des ombres* (*Shadowplay*), de Joseph O'Connor, traduit de l'anglais (Irlande) par Carine Chichereau, Paris, Rivages, 2021.

Élucidation d'une époque et métahistoire littéraire

Ces romans illustrent l'obsession du néo-victorianisme pour la révélation des aspects cachés ou sombres du XIXᵉ siècle britannique. Elizabeth MacNeal présente ainsi *La Fabrique de poupées* comme allant à l'encontre de l'idéalisation de l'époque victorienne, en montrant la vie des gens très pauvres comme Albie, « prisonniers de cette société capitaliste » (rencontre entre l'auteur et les lecteurs de Babelio.com le 7 novembre 2019). Certes, l'énoncé de cette ambition relève du poncif, car si la profonde division sociale est devenue un motif archétypal de l'époque victorienne, cela est bien du fait des écrivains victoriens eux-mêmes, au premier rang desquels Dickens, qui n'a eu de cesse de représenter sa contemporanéité comme traversée par une rupture radicale entre le monde « d'en-haut » et celui d'« en-bas », selon la maxime consacrée par Jack London.

Cependant, il est vrai qu'aussi bien *La Fabrique de poupées* que *Marley* et *Le Bal des ombres* ont pour originalité de ne pas attacher leurs intrigues aux classes sociales les plus élevées, et qu'ils abordent plutôt les destinées des personnages sur le plan de l'émancipation artistique (Iris et Louis dans *La Fabrique de poupées*, Bram Stoker dans *Le Bal des ombres*) et sentimentale (les personnages précités, ainsi que Scrooge dans *Marley*). D'autre part, *Marley*, en abordant le thème du commerce triangulaire, donne indéniablement un tour plus politique à l'histoire de Scrooge, et se fait même ponctuellement « micro-histoire » : c'est le passage au Parlement britannique du « *Slave Trade Act* » de 1807 qui fournit une partie des éléments déclencheurs des déboires de Scrooge, car c'est dès lors non seulement dans l'immoralité mais aussi dans l'illégalité que vont se faire les manœuvres de Marley. *Le Bal des ombres*, pour sa part, évoque à plusieurs reprises les atrocités commises au XIXᵉ siècle par les Anglais en Irlande – dont Bram Stoker est originaire.

Mais le projet d'élucidation commun aux trois romans réside surtout dans une dimension méta-artistique. Pour *La Fabrique de poupées*, cela passe par le thème de la peinture préraphaélite, que pratiquent Louis et ses acolytes et qui leur vaut l'exclusion systématique des expositions officielles, et par l'importance plus générale des motifs du bizarre dans le Beau (Iris, avec sa clavicule déformée, est un modèle plébiscité par Louis), voire du morbide, passant par la description des daguerréotypes d'enfants morts et du cabinet d'animaux empaillés de Silas.

Le Bal des ombres a pour ambition de proposer une histoire de la création littéraire en semant des motifs « draculéens » tout au long de la biographie fictive de Bram Stoker (ce dernier rencontre par exemple des gens ordinaires qui s'appellent Harker ou Murray, ou bien il entend parler du pouvoir répulsif de l'ail sur les chauves-souris), procédé ludique suscitant la reconnaissance de la part du lecteur. Ce dispositif se charge d'une vocation génétique, en retraçant fictivement l'inspiration de cette œuvre qui crée un véritable mythe moderne, puisque le personnage de Dracula est parvenu à transgresser les limites de l'œuvre littéraire qui l'a fait naître. En cela, *Le Bal des ombres* comme *Marley* s'inscrivent tout à fait dans ce que la critique britannique qualifie parfois de « *Brit Lit Spin Off* », reposant en grande partie sur la reprise de personnages désormais dissociés de leur auteur, ces personnages « tombés dans le domaine public » *(« out of copyrights »)* comme Sherlock Holmes ou Frankenstein, devenus partie prenante de la culture populaire. Dès lors, réassocier ces créatures à leurs créateurs est presque une entreprise originale, ce que pratiquent plusieurs œuvres néo-victoriennes mais toujours en conservant ce goût de la métafiction et de l'anachronisme. Un certain mimétisme est aussi à l'œuvre pour construire ce dialogue : *Le Bal des ombres* se présente sous la forme de nombreuses lettres, journaux intimes et coupures de journaux, tout comme *Dracula*.

On peut donc interpréter ces entreprises néo-victoriennes comme provenant d'une volonté de réexpliquer, de commenter ces œuvres et personnages mythiques victoriens en les replaçant dans un contexte historique particulier, dans la biographie de leur auteur, ou dans l'histoire des procédés littéraires qui les ont fabriqués. En cela, l'utilisation du récit à suspense est d'autant plus efficace, puisque dans son développement à l'époque victorienne (avec Arthur Conan Doyle, Edgar Allan Poe et Wilkie Collins), il allie à la fois l'esprit rationnel du détective et le spectre : deux figures hautement métalittéraires qui disent parfaitement le double jeu de la reprise-hantise et de la reprise-commentaire.

Jessy Neau

LE XIXe SIÈCLE INTIME

Frontières de l'intime

Brigitte Diaz

Comment lire les écrits personnels et qu'ont-ils à nous révéler ? De quelles découvertes sur l'individu qui en est l'auteur sont-ils les vecteurs ? Comment éclairent-ils son histoire, son milieu, son œuvre s'il en a une ? Ces questions sont celles que se posent nécessairement critiques et éditeurs lorsqu'ils se donnent la mission de les rendre publics. Sous des formes éditoriales diverses, ils révèlent au grand jour ce qui, à l'origine, était destiné à rester dans le giron du privé, dévoilant chemin faisant des petits pans d'intimité insoupçonnés ou des univers sociaux interdits au tout venant. Mais précédant la découverte qu'en feront, le cas échéant, les lecteurs, il y a d'abord celles que l'intimiste entend faire pour son propre compte, en écrivant ses jours, ses rêves, ses ambitions. De l'écriture intime pratiquée comme une chasse aux trésors... Cette logique de la découverte – de soi et de l'autre – qui anime le projet de « *s*'écrire », comme dit Flaubert, se perçoit bien dans cette remarque incidente que Ferdinand Bac consigne dans son *Livre-Journal*, dont Claire Paulhan a entrepris l'édition intégrale : « Nous décrivons un monde très-particulier, en-dehors du monde officiel. Dans nulle gazette, dans aucun compte-rendu, dans aucun livre, on ne trouvera ce que le hasard de mille contacts journaliers nous a fait découvrir dans un monde très-fermé. » C'est dire que le diariste mesure le lot de révélations que la publication future – et désirée par lui – de son *Livre-Journal* délivrera le moment venu. Et cela va bien au-delà des potins mondains et des anecdotes de salon. Aux éditeurs, donc, de débusquer les pépites existentielles que le texte intime – lacunaire par nature, car ratant toujours l'exhaustivité, quand bien même c'en serait l'objectif – tient serrées et cachées.

Dans des registres différents, les chercheurs qui présentent leurs travaux dans cette rubrique accomplissent ce travail d'élucidation et de divulgation, en donnant une forme éditoriale et une nouvelle lisibilité à ces écrits dispersés, fragmentaires, obscurs souvent pour le commun des lecteurs en leur état premier. Conservateurs et commentateurs de corpus très différents

…les Chéret, affiche avant la lettre, *Musée Grévin. Théâtre. Les fantoches de John Hewelt.* …p. Chaix (Ateliers Chéret). Paris, 1900.BnF, Gallica.

– lettres, journal intime, poèmes...–, ils se rejoignent dans la même expérience des fluctuantes limites de ce qu'est un « écrit intime » et de son incertaine catégorisation littéraire. Qu'il s'agisse d'une lettre, d'un fragment de journal, d'un récit de rêve, ou encore d'un poème, l'écrit personnel garde une part d'énigme pour qui le découvre. Il est fuyant et souvent déceptif : on n'y trouve pas forcément ce qu'on y cherchait. Comme l'observe Pierre Michel, éditeur de la monumentale correspondance d'Octave Mirbeau, ce n'est pas nécessairement dans ses lettres que l'auteur met son cœur à nu mais c'est en écho avec tous ses autres écrits que s'y dessine son portrait intime.

Chacun le montre ici : mouvantes sont les frontières de l'intime, et plus encore chez ces réfractaires fieffés de l'épanchement que sont, pour ne citer qu'eux, Flaubert et Rimbaud. La formule d'Aragon pour désigner les bribes intimistes glanées çà et là chez Rimbaud, que cite ici Adrien Cavallaro, co-auteur d'un *Dictionnaire Rimbaud*, est à cet égard aussi pertinente que malicieuse : ce sont, écrit-il, des « bouteilles à la mer », sortes d'« objets que le temps fait bizarres parce qu'on ne sait plus à quoi vraiment ils ont bien pu servir ». Charge donc à ceux qui les publient d'en retrouver les modes d'emploi. Illustration exemplaire de cette bizarrerie qui interloque le lecteur, un récit de rêve de Flaubert, dont Joëlle Robert a entrepris l'interprétation. Le parcours éditorial de ce texte qui est venu prendre place dans l'édition de la correspondance de l'auteur, comme s'il s'agissait d'une lettre parmi d'autres, témoigne de l'instabilité identitaire de ces écrits et suggère combien la construction de la catégorie « littéraire » de l'intime est affaire de regard et de lecture. C'est aussi ce que suggèrent les pérégrinations génériques d'autres lettres bien plus fameuses : celles adressées par Rimbaud à deux destinataires bien réels, mais statufiées par la postérité comme les emblèmes de tout un art poétique : les « Lettres du Voyant ». C'est la tâche difficile des éditeurs d'aujourd'hui de redonner toute leur mobilité à ces écrits « hors genre » qui se jouent des frontières.

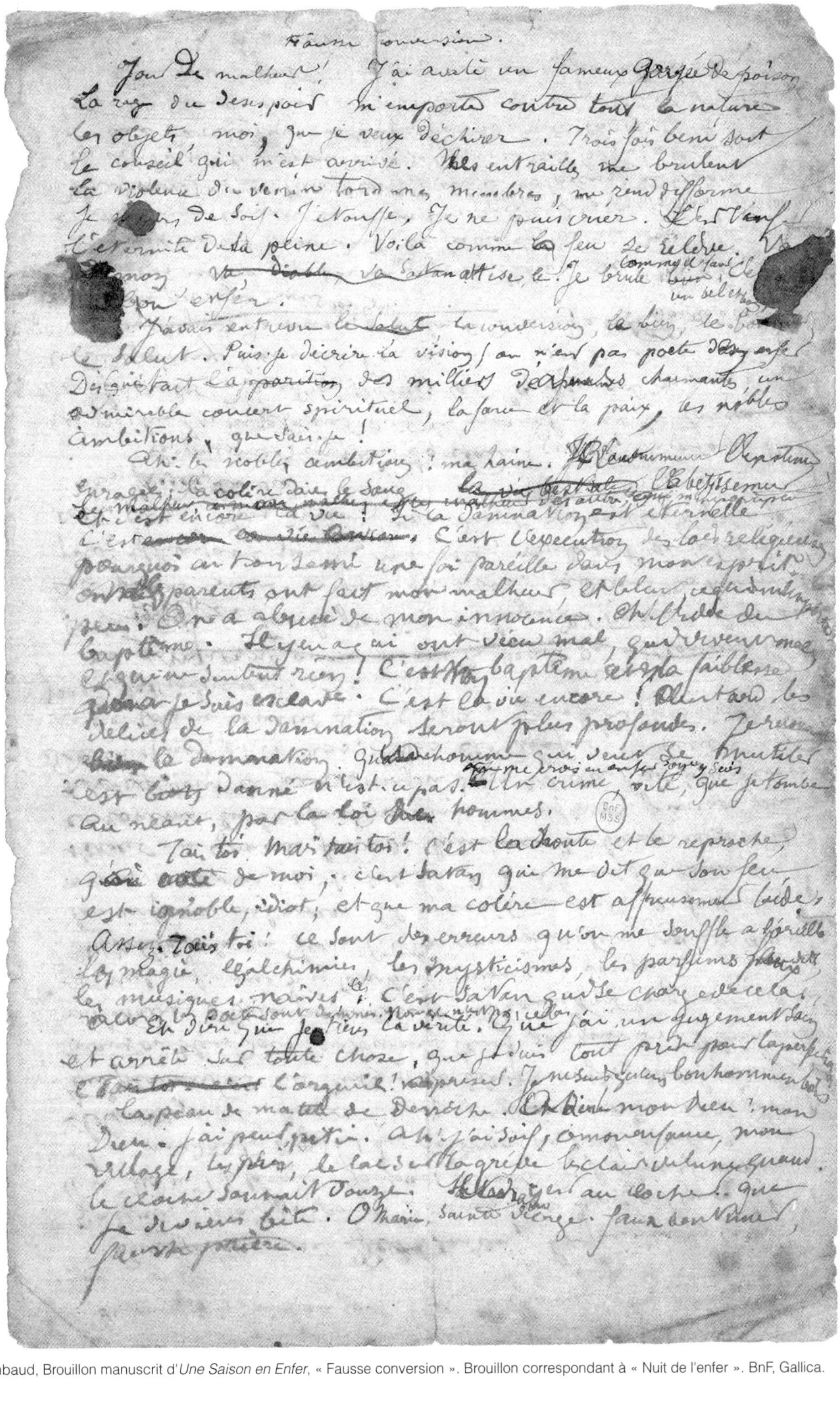

Arthur Rimbaud, Brouillon manuscrit d'*Une Saison en Enfer*, « Fausse conversion ». Brouillon correspondant à « Nuit de l'enfer ». BnF, Gallica.

« Je le soupçonne d'écrire son Livre-Journal »

La rivalité secrète entre Ferdinand Bac et l'abbé Mugnier

Claire Paulhan

L'abbé Arthur Mugnier (1853-1944), nommé vicaire à l'église Saint-Thomas-d'Aquin en 1881 puis à la paroisse Sainte-Clotilde en 1896, est le directeur spirituel, modeste et bienveillant, du Faubourg Saint-Germain. Ferdinand Bac (1859-1952) en est, non pas le confesseur, mais le témoin privilégié : il connaît en effet les arcanes de la noblesse européenne depuis son enfance, puisqu'il est le petit-fils, par la main gauche, de Jérôme Bonaparte. Tous deux, qui se découvrent fervents admirateurs de Chateaubriand et Goethe, et adeptes en secret de la même passion, leurs journaux intimes, se rencontrent souvent dans les salons…

Dans son petit index personnel, destiné à faciliter le travail de son secrétaire, Bac décrit ainsi celui qu'il qualifie de l'un de ses « plus intimes amis » : « Une des figures les plus spirituelles, les plus répandues, les plus charmantes de Paris de 1880 à 1926. Grande érudition, grande humilité, grande bonté, grande insensibilité professionnelle avec une immense sensibilité historique, littéraire et sociologique. Un des survivants du plus bel esprit français du XVIIIe siècle avec une pointe de romantisme de 1830. »

Les deux hommes ne vivent cependant pas sur le même pied, même si leur amitié est réelle. L'abbé Mugnier, d'origine très modeste, se plaint d'avoir été peu éduqué et il a soif de fréquenter le beau monde parisien, qui le fascine et dont il est le jouet… De son côté, Ferdinand Bac déchiffre attentivement, dans son Livre-Journal, ce milieu (qui est celui que décrit Proust dans *La Recherche…*), dont il a toutes les clés et le goût de la description. S'il se situe, comme l'abbé Mugnier, en dehors de l'aristocratie et de la haute bourgeoisie, il est sensible à son évolution et désire faire œuvre d'historien : « Nous décrivons, constate Bac, un monde très-particulier, en-dehors du monde officiel. Dans nulle gazette, dans aucun compte-rendu, dans aucun livre, on ne trouvera ce que le hasard de mille contacts journaliers nous a fait découvrir dans un monde très-fermé » (*Livre-Journal*, 24 octobre 1921).

Près de trente ans avant sa mort en 1952, Ferdinand Bac prend des mesures pour assurer la survie de son *Livre-Journal* tenu de 1919 à 1934, en vue d'une publication posthume (garantie de sa totale liberté de témoignage et de commentaire) qu'il estime possible dès 1980. Échaudé par l'affaire du *Journal* des Goncourt, dont l'Académie du même nom bloque alors l'édition intégrale, il déposera un dactylogramme, réalisé sous sa dictée par son amie, Mme Ladan-Bockairy, dans trois bibliothèques patrimoniales de Genève, Londres et Paris. Le fonds Bac de la Bibliothèque de l'Arsenal comprend, au-delà de son *Livre-Journal* que j'ai commencé à publier en 2003, une partie de sa correspondance, des photographies, des articles de presse et de la documentation...

Tous les manuscrits de l'abbé Mugnier ont abondé en 1964 les Archives nationales. Son *Journal 1879-1939* a été publié en 1985 dans la merveilleuse collection « Le Temps retrouvé », au Mercure de France. Mais la sélection drastique des entrées, opérée parmi les soixante années de son journal, laisse le lecteur sur sa faim. Nul doute qu'il faille reprendre cette édition, ne serait-ce que pour redonner à l'abbé Mugnier une vision un peu plus détaillée et subtile de ses contemporains et de Ferdinand Bac, trop peu mentionné... Mais j'apprends qu'une nouvelle édition, bien plus complète, est en cours aux éditions Bouquins.

En attendant, voici quelques extraits du *Livre-Journal 1921* de Ferdinand Bac concernant ses sympathiques et intéressantes rencontres avec l'abbé Mugnier.

Ferdinand Bac

Mardi 14 Juin 1921

À midi et demi, déjeuner 5 rue de Constantine, chez la comtesse Robert de Fitz-James, « la dernière hôtesse de Paris », comme dit l'Abbé Mugnier. Je le rencontre dans l'escalier. Il se recueillait en haut du palier et redescend pour tomber dans mes bras. Ce tête-à-tête est favorable à une rencontre qui marque la joie de nous retrouver après huit mois de séparation.

Madame de Fitz-James est une bonne hôtesse. Elle n'a point d'esprit ni de conversation, mais elle est contente que des gens éminents, ou simplement distingués, viennent manger sous son toit. Après le repas, tout le monde s'en va et tout ce rite se renouvelle deux ou trois fois par semaine, avec les mêmes personnes.

Henri de Régnier et Boylesve manquent, mais « Paul » est là. Paul Bourget, qu'on appelle Paul. Il arrive à petits pas comptés, sourcils froncés, tête baissée, l'échine roide, la jambe peu agile. On dit qu'il a une maladie des reins, de l'urémie. Il a vieilli, il tend sa main molle comme à regret, en regardant les gens d'un air chagrin et scrutateur. Avec indifférence aussi. Presque avec un air de dégoût. C'est une attitude. Aux dames, il accorde un pâle sourire derrière son monocle, ce tourment et cette gêne de sa vie entière, mais dont il ne peut plus se séparer, car *il fait partie de sa ressemblance*. Et nous savons que les hommes de Lettres, les artistes, se font un masque. Une fois pour toutes, ils portent, tel une mèche comme Barrès, tel autre une certaine cravate, auxquelles ils doivent demeurer fidèles, de peur de ne plus être reconnus dans la rue par la foule des admirateurs anonymes.

Bourget a vieilli. Il se met dans un petit cercle avec l'Abbé Mugnier qui se glisse toujours à côté des invités les plus notoires car je le soupçonne d'écrire son *Livre-Journal*. Il y a aussi la charmante marquise Guy de Lubersac, dont le mari fut jadis si follement aimé de Marie de Rohan, plus tard Princesse Lucien Murat. Madame de Lubersac est malheureuse en ménage. Son mari s'en soucie comme de sa dernière chemise, et la pauvre, fille du prince Amédée de Broglie, est obligée de faire de la peinture pour se distraire. Mais l'art – pour une femme surtout – ne remplace pas l'amour. On dit qu'elle a pris amant, elle n'en a pas l'air. Elle s'approche de moi et en deux mots bien sentis, elle m'exprime sa lassitude de Paris, son dégoût pour la monotonie vide et stérile du monde. Elle ne doit pas avoir un amant, voilà mon idée. Quand ces dames aiment, elles trouvent tout bien.

[...] L'Abbé m'entraîne ailleurs. Chemin faisant il me dit qu'il a eu une grande joie. Chez Henri Bicon il a fait la découverte d'une petite-fille de Charlotte Buff (*Werther*) et cela enchante son âme romantique. C'est la fille d'un Monsieur Chapelin. Elle a trente ans. Elle fait de la peinture, elle élève des rossignols. Elle écrit, elle habite Rome en hiver et Florence en été. Les rossignols apprivoisés vivent sur ses épaules, dans le creux de ses bras. Elle a de beaux yeux. L'Abbé est bercé de ce récent souvenir. Naturellement il soupire :

— *Ah! Cher M. Bac! M. de Chateaubriand! M. de Goethe! Tout est manqué! Le monde mange et boit sa haine, ne vit plus que de haine. Quel ridicule! Quelle tragique bouffonnerie! Quelle légion d'imbéciles! Car enfin le monde est irrémédiablement imbécile. Il n'est même pas animal. Les animaux ne sont pas aussi bêtes que l'est l'homme. Si encore il n'était que stupide, mais l'homme est un imbécile prétentieux! Voilà le malheur!*

Ainsi parla le cher Abbé en faisant avec moi les cent pas sur la terrasse des Feuillants. Ensuite Place du Palais-Bourbon – car nous rôdons sans but, de banc en banc dans les jardins publics – nous tombons sur un groupe dans l'ombre d'un bec de gaz : c'est Maurice Barrès, droit et lustré sous un chapeau de paille de jeune étudiant, la tête renversée, ricanant, puis André Chaumeix, jeune homme aux cheveux gris, toujours amoureux de Marie de Régnier, enfin la silhouette courbée et chevelue, hirsute et mal équilibrée, tassée, aux épaules tombantes, de ce bon Pierre de Nolhac. Nous ne voulons pas déranger leur conversation purement politique. Après ce que nous venons de dire de sévère sur l'humanité, nous devons garder le silence et passer.

Lundi 27 Juin 1921

Allé à Paris. Dernier déjeuner académique de la Saison dans la maison de Madame Paul de Saint-Victor. Je trouve l'Abbé Mugnier devant la loge de la concierge. Il a le chapeau à la main et dit :

— *Madame, serais-je indiscret de vous demander l'heure? Je dois déjeuner chez Madame de Saint-Victor et ne voudrais arriver chez elle ni trop tôt ni trop tard.*

À ce moment je lui frappe sur l'épaule et lui dis :

— *C'est l'heure, Monsieur l'Abbé!*

Et nous voici partis dans l'ascenseur. Nous nous rencontrons généralement dans l'escalier des maisons où l'on nous convie ensemble. L'Abbé est devant une glace, se regarde avec soin, met son petit mantelet qu'il porte roulé sous le bras à la place du Bréviaire. Puis d'un geste prompt, il remonte son petit toupet blondasse qui se trouve aplati sur le sommet de sa tête et qu'il veut redresser afin, sans doute, que Dieu puisse le saisir par là pour le mener au Paradis.

Dans l'ascenseur, il me raconte ses éblouissements de la semaine. Il n'a pas vu le bal masqué des Perroquets de l'Opéra, mais il a assisté au mariage de Gladys Deacon avec Marlborough, ce qui était un autre genre de bal masqué, en plein air, dans le jardin de la Place d'Iéna. L'Abbé en est encore tout émerveillé. Tant de belles dames ! tant de toilettes, des Fragonard ! Des Fragonard! La mariée lui a dit :

— *Ne m'appelez pas déjà Madame la Duchesse! Je ne pense qu'à une chose : j'ai faim!*

Et au son des orchestres qui jouent éperdument « *Malbrough s'en va-t-en guerre... Il ne reviendra plus...* », elle dévore des sandwichs dans sa belle robe d'or taillée en vertugadin...

Madame de Saint-Victor a l'air du dernier Perroquet échappé du Bal de l'Opéra. Elle est toute peinte en rose et blanc avec sa belle perruque blonde, montée à la mode. Mais quelle brave femme, accueillante et heureuse de réunir des beaux esprits ! Arrive M. Lasserre et sa femme. Il écrit un livre sur Renan et aussitôt l'Abbé court à lui. Il me trompera jusqu'à la fin car il me laissera partir seul, contre son habitude, pour dévorer les paroles de cet écrivain catholique.

Ce sujet le passionne. Je lui pardonne son indifférence à mon égard pendant tout l'après-déjeuner. On voit qu'il écrit ses « Mémoires ». Il y a là un signe manifeste dans la manière dont il fonce sur les gens qui ont quelque chose à lui apprendre.

Lundi 22 Août 1921

Nous passons l'après-midi dans le pavillon de Penthièvre. Les boiseries craquent. Une petite pluie fine tombe par moments. L'Abbé nous donne la réplique. J'évoque la vie d'autrefois, les derniers locataires du Pavillon. Madame de Turenne regarde, au loin, la tache rouge des bégonias, dans les corbeilles démodées, du temps de Greffulhe. Elle dit :

— *Je déteste le rouge. Il me donne la nausée. Je ne peux pas le supporter. C'est une répugnance physique.*

L'Abbé se penche d'un air désolé et dit:

— *Alors, vous ne pourriez pas vivre avec un Cardinal?*

Elle part à cinq heures et j'emmène l'Abbé dans une barque, à l'autre rive de la Seine, vers le « *Pressoir du Roy* », transformé en école pour les orphelins de la guerre. Le maître, à demi-paralysé, nous reçoit. Puis nous nous promenons sous l'averse drue, le long de la terrasse qui surplombe le verger, sous les charmilles du roi et de Gabrielle d'Estrées. Nous parlons de Goethe, intermédiaire entre deux grandes cultures, dont le règne sombre dans les crises de barbarie et renaît avec la Paix. La pluie est torrentielle. Nous nous rembarquons dans le canot et serrés sur la banquette, sous nos parapluies, l'eau sur nous, autour de nous, sous nos pieds, au milieu de la Seine, ruisselants et submergés, il me dit:

— *J'ai lu Nietzsche!*

C'est comme un aveu timide. Il attend ce que j'en dirai moi-même. Et je réponds:

— *C'est un Titan. Il a cloué nos errements au pilori. C'est le plus grand cerveau du dix-neuvième siècle. Si Goethe est un apollinien, Nietzsche est un dionysien, un bachique. Il a la coupe levée, remplie de vin de feu!*

Il me prend la main et s'écrie avec une joie immense :

— *Ah! Vous l'aimez aussi! Comme je suis heureux! Je n'osais pas vous l'avouer! Oui! C'est un Titan! Je le dévore et il me dévore, mais les hommes de nos âges peuvent le lire sans danger. Quand je suis découragé, je le prends. Il m'électrise, c'est un radium de l'Esprit. Son verbe est splendide et terrible. Son style est comme les lettres romaines des arcs de triomphe. Quand je suis allé à Bayreuth, hôte de Cosima Wagner, on mangeait, à déjeuner, un lièvre aux poires (!). Je voulus parler de Nietzsche, elle me foudroya et me dit: « Monsieur l'Abbé, vous savez bien que l'on ne prononce pas ce nom ici. » J'avais fait une gaffe. Ce n'est que ces jours-ci que j'ai eu la clef de ce secret. Aux limites de sa Raison et de sa Folie, il a envoyé à Madame Wagner ce mot, écrit au crayon : « Titania, je vous aime ». C'était son dernier cri de sagesse. La folie l'a pris aussitôt, définitivement...*

Ainsi parla l'Abbé. Nous débarquons sous l'averse. Nous sommes trempés jusqu'aux os. L'Abbé est heureux. On nous sèche. Nous dînons seuls avec Madame Fabre-Luce. On arrive à parler de la vie des prêtres et il dit:

— *Les prêtres devraient être confessés à leur tour par leurs paroissiens. Cette omnipotence, sans intermédiaire avec Dieu, a quelque chose de trop périlleux pour la plupart d'entre nous. Je vous choisirais comme confesseur, Madame.*

Madame Fabre-Luce accepte, en principe,

cette mission, dans la certitude de donner l'absoute pour tous les péchés mignons de l'Abbé, qui serait « *un saint prêtre* » s'il n'avait pas tant d'esprit, tant d'indulgence, tant de poésie évangélique en lui, et tant de curiosités.

Je le reconduis dans la nuit à son train de Paris et nous prenons congé sur la voie. Il s'écrie dans les ténèbres :

— *Vous êtes unique ! Vous êtes le meilleur des amis !*

À LIRE

Bac, Ferdinand, *Livre-Journal 1919*, éditions Claire Paulhan, 2000 ; *Livre-Journal 1920*, éditions Claire Paulhan, 2013 ; *Livre-Journal 1921*, éditions Claire Paulhan, 2022. Ces trois volumes sont annotés et présentés par Lawrence Joseph, professeur émérite de littérature à Smith College (USA).

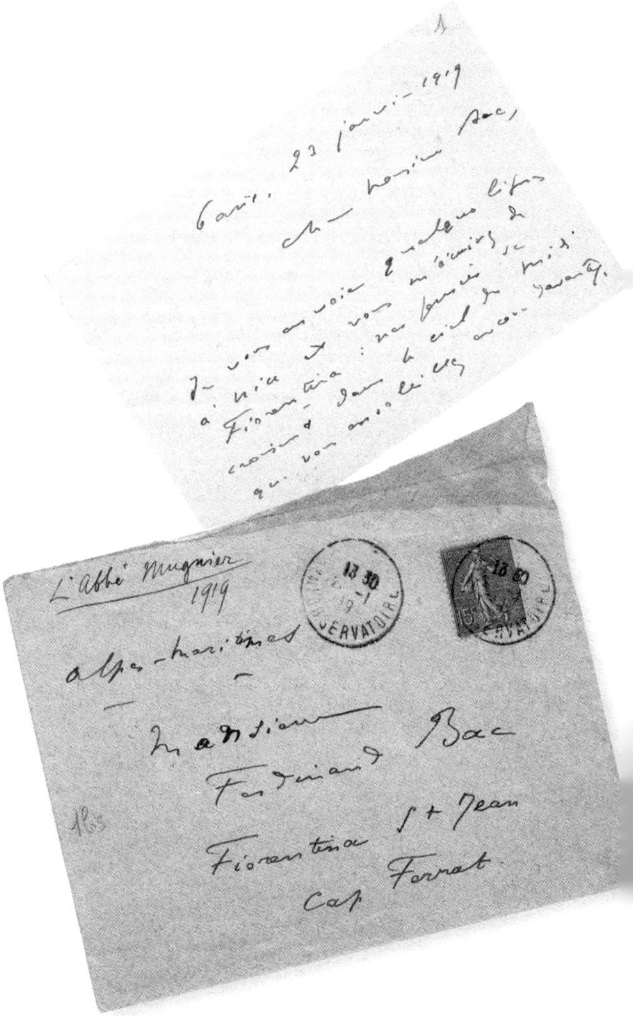

Paris. 23 janvier 1919

Cher Monsieur Bac,

L'Abbé Mugnier
1919

Alpes-Maritimes

Monsieur
Ferdinand Bac
Fiorentina St Jean
Cap Ferrat

Lettre de l'Abbé Mugnier adressée à Ferdinand Bac. 1919. BnF, Gallica.

Octave Mirbeau en correspondance

Pierre Michel

C'est en mai 2022 qu'est enfin sorti le tome IV et dernier de mon édition de la *Correspondance générale* d'Octave Mirbeau, d'un total de plus de 4 000 pages très abondamment annotées, parachevant ainsi un travail entamé cinquante-cinq ans plus tôt, en 1967, dans ce qui devait initialement constituer ma thèse complémentaire…

Journaliste, romancier, dramaturge, critique d'art et « intellectuel » engagé, Mirbeau a été, pendant une quarantaine d'années, au centre d'un vaste réseau d'amis, de confrères, d'artistes admirés, et les échanges qu'il a eus avec les éminents représentants de la littérature, de l'art, du théâtre et du politique constituent un précieux trésor pour mieux appréhender, à travers le prisme d'un artiste en perpétuel renouvellement, l'histoire culturelle et sociale de la Belle Époque, qu'il s'agisse du boulangisme et de l'affaire Dreyfus, mais aussi des batailles pour faire reconnaître le génie de Monet et de Rodin, de Van Gogh, de Camille Claudel et de Maillol. Sa correspondance est donc une source irremplaçable, non seulement pour la connaissance et la compréhension de sa création littéraire, mais aussi, par-delà son cas particulier, pour celle de toute une époque, que l'on qualifia de « Belle » après coup.

Mais la correspondance d'un écrivain, c'est aussi, et sans doute plus encore, le moyen privilégié pour entrer dans son intimité : le voir vivre, sentir et créer, jour après jour. Cependant, si le lecteur espère dénicher dans sa correspondance des confidences sur la vie sentimentale ou sexuelle de Mirbeau, en dehors de ses lettres de jeunesse, il risque fort d'être déçu : casé et même marié avec Alice Regnault, pour le meilleur comme pour le pire, c'est motus et bouche cousue sur le sujet. Pour évoquer « l'abîme infranchissable » qui, selon lui, sépare à tout jamais les deux sexes, il faudrait se reporter, non à sa correspondance, mais à un conte écrit au lendemain de son mariage et doté d'un titre ô combien ironique, « Vers le bonheur », ou à un article d'une gynécophobie inouïe, prudemment signé d'un pseudonyme ignoré d'Alice, à propos de la *Lilith* de Remy de Gourmont, publié dans *Le Journal* (20 novembre 1892), ou encore à une longue nouvelle écrite en pleine crise conjugale, à l'automne 1894, *Mémoire pour un avocat*. Certes, dans ses lettres, Alice est très souvent présente ; mais, en même temps, nombre de phrases sont révélatrices du peu de soutien qu'il attend d'elle et du peu de communication qui existe entre des époux définitivement séparés par un véritable abîme : ce que révèleront publiquement les diverses trahisons posthumes de la veuve abusive, au premier rang desquelles la publication, dans *Le Petit Parisien*, du 19 février 1917, soit deux jours après la mort d'Octave, d'un faux « Testament politique d'Octave Mirbeau », concocté

Portrait d'Octave Mirbeau, dans *Nos contemporains chez eux* / Dornac. 1887-1917. BnF, Gallica

par le futur nazi Gustave Hervé !

Rien, donc, de bien croustillant à se mettre sous la dent de ce côté-là. Et rien non plus du côté d'hypothétiques aventures extraconjugales. L'intimité conjugale est bien gardée : aux psychiatres, s'ils l'osent, d'étiqueter ce type de relations, où l'on subodore une logique de culpabilité et d'expiation et un comportement passablement masochiste (voir la notice « masochisme » du *Dictionnaire Octave Mirbeau* (http://mirbeau.asso.fr/dicomirbeau/index.php?option=com_glossary&id=656), en s'appuyant sur les transpositions romanesques et quelques aveux très indirects ! La correspondance ne nous fournit que de trop rares indices...

En revanche, infiniment précieuses sont ses lettres pour suivre son parcours intellectuel, mieux comprendre ses difficultés et son évolution, déceler ses passions et ses contradictions, ses aspirations et ses limites. Particulièrement révélatrices à cet égard sont les missives que Mirbeau adresse à ses confidents de prédilection, Alfred Bansard dans sa jeunesse, puis Paul Hervieu, dans les années 1880-1890, et Jules Huret, au tournant du siècle, ainsi que celles qu'il destine aux trois « dieux de [son] cœur », Claude Monet, Camille Pissarro, père idéal de substitution, et Auguste Rodin : il est leur chantre quasiment officiel, ils lui doivent en grande partie leur reconnaissance internationale, et ils le considèrent à juste titre comme leur égal, et peut-être plus encore, comme le suggère cette déclaration de Rodin, dans une lettre de 1910 : « Vous avez tout fait dans ma vie, et vous en avez fait le succès » (lettre citée dans le catalogue de la vente de la bibliothèque de Mirbeau, en 1919). Ce qui est particulièrement touchant dans toutes les lettres destinées aux grands artistes auxquels il voue une admiration sans failles, et dont, tel un sismographe, il suit les tâtonnements et scrute les évolutions, c'est sa volonté constante de leur venir en aide, de contribuer efficacement à leur percée, de les glorifier de leur vivant comme ils le méritent, et de servir humblement leur génie. Non seulement il leur consacre quantité d'articles (recueillis dans les deux volumes de ses *Combats esthétiques*), où il ne lésine pas sur les hyperboles – sans pour autant se faire la moindre illusion sur les réactions de la plupart de ses lecteurs misonéistes –, mais il sert également de truchement auprès des instances officielles (notamment pour l'exposition Rodin de 1900), des galeristes, des collectionneurs et des amateurs fortunés, afin de leur obtenir des commandes, de leur permettre d'organiser des expositions (par exemple l'exposition conjointe Monet-Rodin de 1889 chez Georges Petit) et de vivre honorablement de leur art. Ses lettres à la nombreuse famille Pissarro, en 1904-1905, révèlent en outre son exceptionnelle aptitude à écouler les toiles de la succession de Camille, notamment celles de Cézanne. En quelques semaines il réussit à en vendre pour plus de 100 000 francs, que se partage la tribu reconnaissante ! Il est donc heureux de constater en 1910 que leur cote s'envole, alors que celle des peintres académiques et pompiers s'effondre : non sans jubilation, il proclame que ces derniers sont désormais « *plus que morts* », selon le titre d'un article paru le 19 mars 1910 dans *Paris-Journal*.... Précieuse est aussi son amitié réconfortante quand ces prestigieux amis sont à leur tour aux prises avec des doutes harcelants, voire traversent des phases de désespérance. Tout particulièrement Claude Monet, à qui il arrive de détruire nombre de ses toiles, mais que les lettres de son ami, selon les témoignages de ses proches, apaisent étonnamment. Telle cette lettre de fin 1889 :

> Raisonnez-vous un peu. Vous êtes perdu parce que la neige a fondu, au lieu de rester sur la terre... C'est de l'enfantillage. Êtes-vous en progrès, ou bien en décadence ? Depuis trois ans vous avez fait des pas de géant, vous avez découvert des choses nouvelles... Vous êtes, de ce temps, le seul artiste qui ayez doté la peinture de quelque chose qu'elle n'avait pas... Vous êtes le plus fort, le plus subtil aussi, celui qui laissera, après soi, le plus d'influence. Et vous dites que vous êtes foutu ? (t. II, p. 178)

Même si on en parle moins, il convient de rappeler que Mirbeau a joué également le rôle d'un promoteur efficace de jeunes talents dans le domaine littéraire, notamment auprès de Paul Hervieu, Maurice Maeterlinck, Remy de Gourmont, Marcel Schwob, Charles-Louis Philippe, Marguerite Audoux, Léon Werth, etc. On en trouve de nombreux témoignages dans la correspondance de années 1903-1916 (t. IV). Les lettres qu'il échange avec eux complètent les articles qu'il leur consacre, et ses autres interventions, publiques et privées, notamment à l'occasion du Prix Goncourt annuel, à partir de 1903.

Les lettres de Mirbeau éclairent non seulement ses combats multiples, tant politiques et sociaux que littéraires et artistiques, mais aussi son évolution littéraire, notamment dans la remise en cause du genre romanesque et du théâtre, genre auquel il ne s'attaque que tardivement, car il le croit mort et impossible à ressusciter. Il n'en finira pas moins par conquérir de haute lutte le Théâtre-Français, au terme de deux grandes batailles fort médiatisées, que ses lettres, de 1901 à 1909, permettent de suivre presque au jour le jour. Pour ce qui est du roman, il est très tôt sensible aux insuffisances d'un genre stéréotypé et il a une sorte d'illumination en découvrant Dostoïevski et la psychologie des profondeurs. Dès lors, il est à la recherche de voies nouvelles pour s'émanciper du carcan des formes prises par le roman, qu'il soit réaliste, naturaliste, ou idéaliste, sans même parler des romans de gare et de ceux qui, comme au théâtre, exploitent inlassablement le filon de l'adultère bourgeois. Mais il tâtonne, il a conscience d'aller un peu à l'aveuglette, sans boussole rassurante, sans perspectives clairement définies, et il est tellement harcelé par le doute que son confident Paul Hervieu voit en lui un « douteur de soi-même » (lettre du 3 mars 1890. Octave Mirbeau, *Études et actualités*, n° 3, avril 2022). Bref, nombre de ses lettres constituent un témoignage, souvent poignant, de ses incertitudes et de ses recherches, qui ne parviennent jamais à le satisfaire, au point que seuls les encouragements de ses amis admirés réussissent à le rassurer quelque peu sur lui-même : « J'ai la rage de vouloir toujours rêver de choses que je n'ai pas le talent de faire, sans parvenir à me contenter de ce que je fais », confie-t-il à Paul Hervieu, alors qu'il ahane sur *L'Abbé Jules* (fin janvier 1888, t. IV, p. 924). La nécessité de chroniquer dans la presse pour gagner sa pitance et payer les dettes accumulées au début des années 1880 pèse sur lui comme un boulet et l'oblige à recourir mécaniquement à des tas de procédés faciles, dont il aspire justement à se libérer dans son œuvre littéraire. Et puis, comme tout artiste digne de ce nom, il a des exigences supérieures aux moyens dont il dispose, et l'œuvre idéale, telle qu'il la porte en lui pendant des années de gestation et sur laquelle il travaille avec acharnement, parce qu'il est en quête d'une inaccessible perfection rêvée, ne saurait jamais être à la hauteur de ses ambitions. Dans une lettre à Paul Hervieu du 26 octobre 1885, il va jusqu'à employer symptomatiquement le terme d'« *enceint* » : « Je voudrais bien que l'art dont je suis enceint sorte [...], mais il n'en sortira jamais » (t. I, p. 455). Cette tragédie de l'artiste, aux prises avec « la folie du toujours mieux », Mirbeau l'évoque dans son roman *Dans le ciel*, publié en feuilleton en 1892-1893, dont le personnage principal, le peintre Lucien, est clairement inspiré de Van Gogh. Il se sent, de surcroît, bridé dans ses romans et ses pièces de théâtre par quantité de contraintes – qu'elles soient journalistiques, éditoriales ou théâtrales –, qu'il lui est difficile de contourner totalement : force lui est de passer par des compromis dont témoigne abondamment sa correspondance. Bref, il n'est jamais content de ce qu'il publie. Ainsi confie-t-il au peintre Jean-François Raffaëlli, en décembre 1885 : « Je me bats, je me bats contre mon métier, et il est plus fort que moi, et chaque jour me terrasse. Oh ! l'inquiétude, la torture de ne pas rendre ce qu'on ressent ! Je traîne dans la banalité, dans le *tout le monde*, je suis découragé » (t. III, p. 482). Et, en février 1891 il avoue au compositeur Emmanuel Chabrier : « J'ai l'horreur de mes livres, parce que je sens, en moi, autre chose, que j'essaie maintenant d'exprimer » (t. I, p. 1008). Refrain *ejusdem farinae* dans une lettre d'août 1900 au fraternel journaliste Jules Huret, à propos du *Journal d'une femme de chambre* : « Il me semble maintenant que mon livre est tellement mauvais que je ne puis croire à la sincérité de ceux qui m'en disent du bien. [...] Plus je vais, plus il me dégoûte » (t. III, p. 628).

Ce qui est frappant dans son œuvre de fiction comme dans ses chroniques journalistiques, c'est qu'elles sont imprégnées de sa personnalité, précisément telle qu'elle transparaît dans ses lettres, comme beaucoup de critiques le lui ont reproché : la subjectivité y est totale et assumée, sans qu'il s'en satisfasse pour autant, car il est mieux placé que personne pour en connaître les défauts et en sentir les risques. Reste que, pour lui, l'expression « sincère » d'un tempérament, en proie à des questionnements, à des doutes, à des contradictions, voire à des déchirements, tels qu'ils s'expriment librement dans sa correspondance, est aussi importante, voire plus, que la peinture d'une prétendue « réalité » extérieure : l'art ne peut être que subjectif, avec toutes les limites que cela implique et dont il a douloureusement conscience. Mais, à défaut d'être en mesure d'apporter aux lecteurs des révélations aussi exceptionnelles que celle qu'il a reçue de Dostoïevski au mitan des années 1880, la sincérité d'un auteur parfaitement lucide et la subjectivité inhérente à son œuvre peuvent du moins lui apparaître comme une condition de la confrontation avec son lectorat, sans laquelle il ne saurait y avoir de dessillement du regard. Si on n'offre à ses lecteurs que des produits finis, concoctés dans des moules conformes aux règles en usage, on les entretient dans la passivité, le conformisme, le misonéisme et la répétition du même. C'est seulement s'ils sont confrontés à un tempérament différent et à des œuvres qui en sont le reflet et qui sortent des sentiers battus qu'ils auront une chance, fût-elle minime, de se poser enfin des questions, de commencer à mettre en doute l'opinion vulgaire et le conditionnement social, et intellectuellement, par suite, d'évoluer. C'est la seule ambition de Mirbeau, mais elle n'en est pas moins considérable ! C'est précisément cette totale sincérité qui frappe dans sa correspondance, même s'il est parfois obligé d'enrober un peu et de prendre des gants. Certes, il lui arrive de changer d'opinion sur des hommes, des écrivains ou des artistes qu'il a encensés, ou au contraire descendus en flèche. Mais du moins assume-t-il d'avoir changé d'avis au fil de ses expériences et de son enrichissement, et, quitte à faire un public *mea culpa*, d'espérer être allé « du pire vers le mieux », comme il le reconnaîtra, pendant l'Affaire, dans un article justement célèbre, intitulé « Palinodies » (*L'Aurore*, 15 novembre 1898).

C'est un des intérêts majeurs de l'édition de cette correspondance que de nous permettre de découvrir, derrière l'écrivain dérangeant – et si souvent mal compris par des critiques à œillères et préjugés –, un homme à la riche personnalité, doté d'une plume hors de pair, qui lui sert à la fois d'exutoire et de thérapie. Un homme sensible et passionné, avide d'amitiés fortes, aux prises avec ses émotions et ses admirations, ses dégoûts et ses enthousiasmes, ses désillusions et ses désespérances. Un homme qui est, par conséquent, en perpétuelle évolution, comme la vie elle-même. À mille lieues de l'image d'un caractère irascible et violent, sûr de lui et arcbouté sur des certitudes quelque peu dogmatiques – ou, au contraire, incohérent, versatile et palinodiste... –, que ses ennemis – et ils étaient nombreux ! – ont tenté de donner de lui, histoire de démonétiser sa parole.

À LIRE

MIRBEAU, Octave, *Correspondance générale*, t. IV, Pierre Michel éd., Brissac, Petit Pavé, 2022, 1248 p. Les trois premiers volumes sont parus en 2002, 2005, 2009, aux éditions L'Âge d'Homme. L'index complet du tome IV est accessible sur : https://fr.calameo.com/read/0060681359c3df29a4665.

—, « Vers le bonheur », *Le Gaulois*, 3 juillet 1887. Conte recueilli dans *Contes cruels*, Pierre Michel éd., Librairie Séguier, 1990.

—, *Mémoire pour un avocat* a été publié en 2007 aux Éditions du Boucher et est accessible en ligne (http://www.leboucher.com/pdf/mirbeau/avocat.pdf).

—, *Combats esthétiques*, Pierre Michel et Jean-François Nivet éd., Séguier, 1993.

LEMARIÉ, Yannick, et MICHEL, Pierre, *Dictionnaire Octave Mirbeau*, Lausanne, L'Âge d'Homme, 2011, 1200 p.

Aristide Delannoy, portrait d'Octave Mirbeau. *Les Hommes du jour*, 3 octobre 1908. BnF, Gallica.

Quand Flaubert rêve

Joëlle Robert

« *Vieille, chapeau, Présidente* » : tel est le titre que Flaubert a donné à un rêve nocturne qu'il a fait le 3 mars 1856. En général, on oublie un rêve dès le réveil, tout y est fugitif, les images sont fuyantes, confuses et s'estompent rapidement. Mais dans ce cas précis, Flaubert a voulu garder la trace de son rêve : il l'a noté dès son réveil, et, tenant manifestement à le conserver, il a glissé sa note dans une enveloppe qu'il a cachetée. Tous ces gestes étonnants de sa part – écrire un rêve, le conserver, le cacher – sont d'autant plus remarquables que Flaubert, à l'époque, affirme prendre ses distances avec toute forme de curiosité introspective. On connaît ses préceptes, répétés à l'envi à Louise Colet et à Louis Bouilhet dans sa correspondance : « Adieu et pour toujours au personnel, à l'intime, au relatif. [...] Rien de ce qui est de ma personne ne me tente » (à Louise Colet, 26 août 1853). Flaubert ne tient pas de journal, refuse l'écriture autobiographique, et *Souvenirs*, *Mémoires* ou *Confessions* disparaissent alors des projets de l'écrivain.

Flaubert a donc gardé le récit de ce rêve dans ses tiroirs, sans jamais le reprendre ni le récrire. On ne l'a découvert qu'après la mort de sa nièce Caroline. Il se trouvait dans les papiers de l'écrivain, vendus à l'Hôtel Drouot en 1931 dans la succession de Caroline Franklin-Grout. Le document a été acheté par J.- S. Marchaut, qui l'a publié dans la revue *Candide*, le 22 septembre 1932. On le connaît donc depuis longtemps. Jean Bruneau a ensuite choisi de publier le récit de ce rêve dans son édition de la *Correspondance* de Flaubert, chez Gallimard dans la « Bibliothèque de la Pléiade ». Ce texte, pourtant, n'appartient pas en propre au genre épistolaire. Il n'a jamais été envoyé, ni même joint à une lettre. Jean Bruneau l'a cependant inséré dans la chronologie de la correspondance, exactement au moment où il s'est produit. Il est imprimé dans le tome II, à la date du 3 mars 1856. L'éditeur le met ainsi en relation avec les lettres que Flaubert écrit à ce moment-là et avec les correspondants auxquels il s'adresse. Il est vrai que l'écrivain l'évoque dans deux lettres destinées, l'une, à Louis Bouilhet et l'autre, à Aglaé Sabatier. Pour son ami intime, il s'agit d'une notation furtive livrée en post-scriptum d'une lettre : « J'ai fait cette nuit un singulier rêve que je viens d'écrire. Décidément, la Sylphide m'a lancé du fluide ». Pour la demi-mondaine, Aglaé Sabatier, la lettre est plus dramatique « [...] je suis bouleversé par un rêve atroce que j'ai fait cette nuit et où vous figuriez. Si vous avez aujourd'hui quelque démarche importante à faire, ne la faites pas. Remettez-la. » Flaubert s'y montre superstitieux, semblant partager les opinions de l'Antiquité qui attribuaient aux rêves la prémonition d'événements douloureux et l'annonce de morts imminentes.

Notre projet était donc de commenter ce texte rare et parfaitement singulier dans la production flaubertienne, comme dans celle, d'ailleurs, du XIXe siècle, car on connaît peu d'autres exemples de récits de rêve à l'époque où il est écrit. Certes, la littérature s'intéresse aux rêves, mais aux rêves fictionnels, intégrés dans des romans ou des nouvelles au sein desquels ils assument diverses fonctions : affiner le portrait d'un personnage, anticiper sur l'intrigue, annoncer des événements dramatiques à venir... Rien de tout cela ici.

On peut d'abord observer que la date du 3 mars 1856, précisément indiquée sur le manuscrit, résonne fortement dans l'univers de Flaubert. Ce 3 mars 1856, l'écrivain vient en effet d'enterrer Emma en achevant son roman *Madame Bovary*. Le problème de la publication se pose désormais à lui. À part deux petites œuvres de jeunesse, *Bibliomanie* et *Une leçon d'Histoire naturelle (genre commis)*, parus en 1837 dans un journal rouennais, *Le Colibri*, il n'a encore rien fait paraître et la correspondance garde trace de ses hésitations. Il écrit à Louis Bouilhet, le 13 mars 1850 : « Publierais-je ? ne publierais-je ? qu'écrirai-je ? » ; et à Maxime Du Camp, le 21 octobre 1851 : « J'admets que je publie, y résisterais-je ? De plus forts y ont péri. Qui sait si au bout de quatre ans je ne serai pas devenu un infâme crétin ? » Maxime Du Camp, qui aura la primeur du texte dans la *Revue de Paris* au dernier trimestre 1856, apparaît d'ailleurs également dans le rêve.

À cette date du 3 mars 1856, Flaubert se trouve devant un dilemme : doit-il ou non publier ce roman ? On sait qu'il écrit depuis l'âge de neuf ans et qu'il a dans ses cartons de nombreuses œuvres inédites, qui forment actuellement deux volumes dans « La Pléiade », précédant l'édition de *Madame Bovary* dans le tome III. Pourra-t-il affronter le public et sortir du domaine privé de l'autographe ? Cette angoisse entre en résonance avec différents événements douloureux de sa vie. Plusieurs mariages et décès ont en effet profondément ébranlé l'écrivain et on les retrouve en filigrane dans cette date du

Étienne Carjat, *Portrait de Flaubert*, photographie. Paris, 1860. BnF, Gallica.

3 mars 1856. Caroline Flaubert, la jeune sœur que Gustave chérissait, avait épousé un de ses condisciples, Émile Hamard, précisément un 3 mars, mais en 1845, donc onze ans auparavant. Et en mars 1856 approche l'anniversaire des dix ans de la mort de Caroline, décédée le 23 mars 1846 d'une fièvre puerpérale. Il y a aussi le décès de l'*alter ego* de Gustave, Alfred Le Poittevin, mort à 32 ans, le 3 avril 1848, qui ressurgit dans sa pensée. Alfred, l'écrivain mort trop jeune, avant d'avoir publié, fut l'initiateur de Gustave sur tous les plans, amoureux, érotique, littéraire, philosophique et même cynique. Le mariage d'Alfred en juin 1846 avait marqué une première rupture entre les deux amis, que sa mort deux ans plus tard ravive profondément. Ces disparitions

Illustration d'Odilon Redon pour *La Tentation de Saint-Antoine* de Gustave Flaubert. 1888. Bibliothèque numérique de Rouen, BnF, Gallica.

douloureuses suivent le décès du père, Achille-Cléophas Flaubert, survenu brutalement deux mois avant celui de la sœur, en janvier 1846.

Ces décès, mentionnés dans le bref commentaire que Flaubert donne de son rêve, et l'angoisse latente qu'ils suscitent donnent au cauchemar une empreinte funèbre ; mais figure aussi dans ce rêve la rencontre de femmes aimées, dont l'ombre se dessine dans les nombreux détails de cette fantasmagorie onirique. Ces femmes, dont certaines sont nommées, Aglaé Sabatier, Edma Roger des Genettes, dite la Sylphide, se superposent dans les méandres de ce rêve avec d'autres qui n'apparaissent que dans des détails significatifs, comme par exemple, l'amante Louise Colet, avec qui Flaubert vient de rompre en 1854, et qui surgit parfois dans les mots mêmes du rêve.

En croisant les données biographiques de l'écrivain présentes dans la correspondance, et en les mettant en résonance avec le rêve, on peut tenter de donner du sens à ce cauchemar, qui par bien des aspects reste énigmatique. Le titre étrange, « *Vieille, chapeau, Présidente* », souligne la complexité du rêve sans éclairer véritablement sa coupure en deux parties. Le texte, assez long, pourrait en effet être composé de deux rêves distincts, n'ayant rien de commun ensemble : d'abord l'évocation d'une chambre avec un dormeur solitaire, puis celle d'un salon, et d'une soirée mondaine avec des hommes de lettres… En reprenant les mots du titre, on pourrait sans doute intituler la première partie « La Vieille » et la deuxième, « La Présidente ». Mais que fait ce chapeau entre ces deux femmes ? et comment ces deux songes sont-ils reliés l'un à l'autre ? L'étude attentive permet de se rendre compte que des éléments de la deuxième partie apparaissent déjà dans la première, et que la « Vieille » figure aussi une Muse dégradée, puisqu'elle récite un poème grotesque, et que des personnages du second épisode, notamment Gautier, mais aussi la poésie de Saint-Amant, apparaissent dès la première partie. Suivre les fils de l'écheveau permet d'éclairer quelque peu cet apparent non-sens.

Ce texte présente un intérêt biographique, puisqu'il renvoie à la mort des êtres que Flaubert aimait plus que tout : Caroline Hamard et Alfred Le Poittevin ; il évoque également la figure de la mère, et celle des autres femmes chères à l'écrivain. À travers le personnage complexe de la Présidente surgissent d'autres figures féminines, d'autres amours disparus, mais encore bien vivants, qui se superposent et échangent leurs signes… Mais l'intérêt est aussi littéraire, puisque Flaubert semble y poursuivre son questionnement sur la publication, ou non, de *Madame Bovary* et sur ses relations avec Maxime Du Camp, qui dirige alors avec Laurent-Pichat la *Revue de Paris*. À une époque où personne n'évoque encore « l'ermite de Croisset », le rêve le présente sous la figure de Saint-Amant, auteur baroque haut en couleurs, que Gautier célébrait dans ses *Grotesques*, et sous la double hypostase du « saint » et de « l'amant ». Ce sont ces fils ténus que nous avons suivis pour tenter sinon de comprendre, du moins d'éclairer ce rêve énigmatique. Pour ce faire, *L'Interprétation des rêves* de Sigmund Freud s'est offert à nous comme un texte toujours précieux parce qu'il élabore des concepts d'analyse pertinents. Freud a eu recours aux notions de censure, de déplacement, et de condensation qui permettent de redonner du sens à ce qui semble ne pas en avoir. C'est le chemin que nous avons suivi. La première difficulté venait de la situation même : comment interpréter un rêve sans le rêveur, alors que Freud lui-même indique que seules les associations du rêveur sont pertinentes pour le comprendre. À défaut, c'est à la correspondance de l'écrivain que nous avons eu recours, mais aussi à des écrits personnels, comme le texte intitulé « Alfred », rédigé au moment du décès de l'*alter ego*, et bien sûr à toutes les données biographiques disponibles. Les retours de mots, d'images, de personnages, de situations, nous ont permis de trouver des échos et d'éclairer des pans du rêve. Freud avait d'ailleurs ouvert la voie à ce genre d'analyses, en interprétant des œuvres littéraires et artistiques sans avoir jamais rencontré leurs auteurs : *La Gradiva* de Jenssen, *Un souvenir d'enfance de Léonard de Vinci*… tentatives réussies d'explications, qui nous ont aidé à démêler cet étrange rêve de Flaubert.

Illustration d'Odilon Redon pour *La Tentation de Saint-Antoine* de Gustave Flaubert. 1888. Bibliothèque numérique de Rouen, BnF, Gallica.

À LIRE

FLAUBERT, Gustave, *Correspondance*, édition Jean Bruneau et Yvan Leclerc, Gallimard, « Bibliothèque de la Pléiade », 5 vol., 1973-2007.

ROBERT, Joëlle, *Un rêve de Flaubert, « Vieille, chapeau, Présidente »*, Éditions « Passage(s) », Essais, 2021.

Rimbaud *intus et in cute*

Adrien Cavallaro

Un cœur sous une soutane, dont Rimbaud acheva probablement le manuscrit durant l'été 1870, porte un sous-titre sans nul doute ironique, en accord avec la visée satirique de cette petite « nouvelle », mais qui n'en caractérise pas moins l'un des versants fondamentaux de l'œuvre à venir : « Intimités d'un Séminariste ». Associe-t-on pour autant spontanément l'œuvre et le parcours du poète à la sphère de l'intime ? Ce n'est pas évident, si l'on songe à l'extension considérable du rimbaldisme au XXe siècle, et à la portée universelle que, peu à peu, il acquiert. Le statut même de la correspondance du poète concentre un puissant paradoxe : si l'on s'en tient aux lettres dites « du voyant », adressées le 13 mai 1871 à Georges Izambard et le 15 mai 1871 à Paul Demeny, l'on constatera sans mal qu'en devenant bien commun, ce qui s'inscrit de fait dans un espace familier (la correspondance avec un ancien professeur de rhétorique, ou avec un poète de second plan) efface chez le poète de Charleville les frontières de l'intime. La destinée de la seconde lettre, parue dans *La NRF* en octobre 1912, semble dépasser les limites de l'exercice épistolaire : son élévation par certains écrivains des années 1930 au statut d'œuvre autonome (André Rolland de Renéville, auteur de *Rimbaud le Voyant* en 1929, parle de la *Lettre du Voyant*) semble actualiser une évidente vocation de manifeste poétique et polémique, assez peu soucieux du destinataire – comme si ce cadre épistolaire était dès l'origine doté d'un caractère provisoire et purement instrumental. Il y a là, sans doute, un mirage de type finaliste. Mais ce mirage même nous dit combien l'approche de l'intime relève aussi, dans la longue durée, de dynamiques singulières de lecture.

L'une d'entre elles consiste en une incorporation mémorielle de l'œuvre. Au gré de la circulation de formules fameuses (« L'amour est à réinventer, on le sait », « *changer la vie* » ou encore « *dérèglement* de *tous les sens* »), l'œuvre de Rimbaud est en effet devenue une langue critique, une langue en partage entre un poète qui s'est tu et des lecteurs qui, d'une façon tout à fait originale, lui ont donné une voix. Chez nombre d'écrivains qui ont forgé cette langue et en ont fait usage, l'expérience rimbaldienne s'accomplit pour ainsi dire *intus et in cute*. Dans une lettre fameuse, adressée à Jacques Rivière le 12 mars 1908, Claudel choisit un terme physiologique pour la rendre sensible : « Mais Rimbaud seul a eu une action que j'appellerai séminale et paternelle et qui me fait réellement croire qu'il y a une génération dans l'ordre des esprits comme dans celle des corps. » Bien plus tard, en 1967, dans *Blanche ou l'Oubli*, Aragon, le plus accompli sans doute et le plus original des lecteurs rimbaldiens au XXe siècle, compte ces formules au nombre des « bout' à la m' » (« bouteilles à la mer ») – « objets que le temps

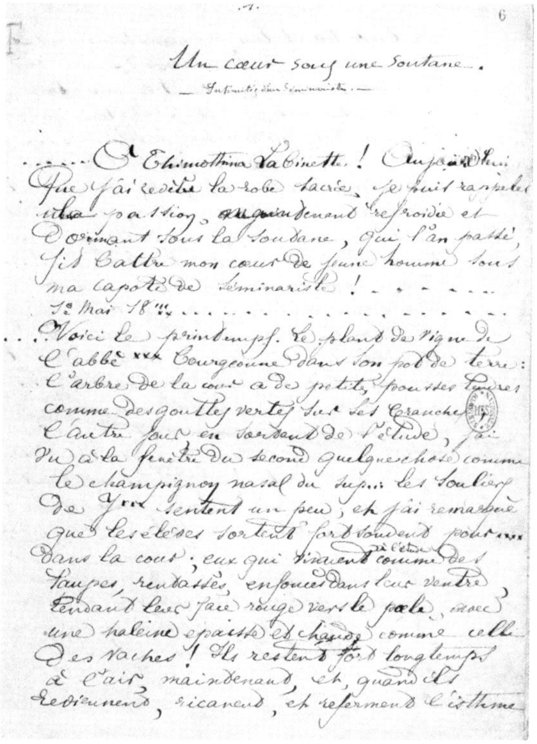
Un cœur sous une soutane.
— Intimités d'un séminariste. —

… Ô Thimothina Labinette ! Aujourd'hui que j'ai revêtu la robe sacrée, je puis rappeler la passion, maintenant refroidie et dormant sous la soutane, qui l'an passé, fit battre mon cœur de jeune homme sous ma capote de séminariste ! … … …

1er Mai 18.. … … …

… Voici le printemps. Le plant de vigne de l'abbé *** bourgeonne dans son pot de terre : l'arbre de la cour a de petites pousses tendres comme des gouttes vertes sur ses branches ; l'autre jour en sortant de l'étude, j'ai vu à la fenêtre du second quelque chose comme le champignon nasal du sup… Les souliers de J*** sentent un peu ; et j'ai remarqué que les élèves sortent fort souvent pour … dans la cour ; eux qui vivaient à l'étude comme des taupes, rentassés, enfoncés dans leur ventre, tendant leur face rouge vers le poêle, avec une haleine épaisse et chaude comme celle des vaches ! Ils restent fort longtemps à l'air, maintenant, et, quand ils reviennent, ricanent, et referment l'isthme

Rimbaud, Manuscrit d'*Un cœur sous une soutane, intimité d'un séminariste*. BnF, Gallica.

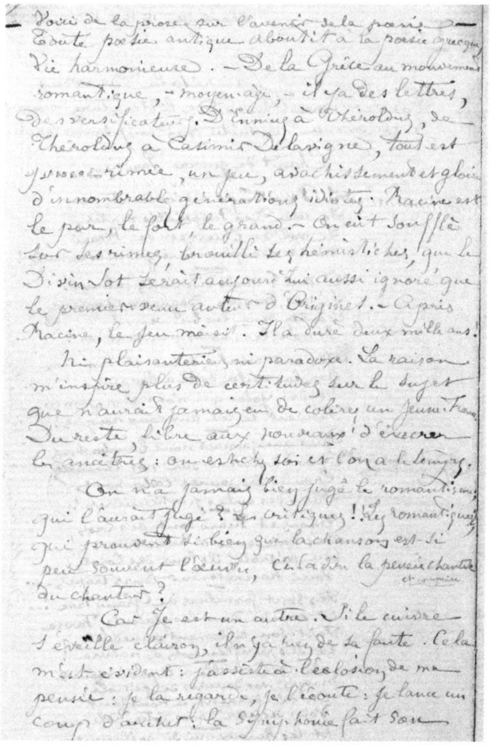
— Voici de la prose sur l'avenir de la poésie — Toute poésie antique aboutit à la poésie grecque, Vie harmonieuse. — De la Grèce au mouvement romantique, — moyen-âge, — il y a des lettrés, des versificateurs. D'Ennius à Théroldus, de Théroldus à Casimir Delavigne, tout est prose rimée, un jeu, avachissement et gloire d'innombrables générations idiotes : Racine est le pur, le fort, le grand. — On eût soufflé sur ses rimes, brouillé ses hémistiches, que le Divin Sot serait aujourd'hui aussi ignoré que le premier venu auteur d'Origines. — Après Racine, le jeu moisit. Il a duré deux mille ans !

Ni plaisanterie, ni paradoxe. La raison m'inspire plus de certitudes sur le sujet que n'aurait jamais eu de colères un Jeune-France. Du reste, libre aux nouveaux ! d'exécrer les ancêtres : on est chez soi et l'on a le temps.

On n'a jamais bien jugé le romantisme ; qui l'aurait jugé ? les critiques !! Les romantiques qui prouvent si bien que la chanson est si peu souvent l'œuvre, c'est-à-dire la pensée chantée et comprise du chanteur ?

Car Je est un autre. Si le cuivre s'éveille clairon, il n'y a rien de sa faute. Cela m'est évident : j'assiste à l'éclosion de ma pensée : je la regarde, je l'écoute : je lance un coup d'archet : la symphonie fait son

Rimbaud, Lettre dite « *Lettre du voyant* », Charleville, 15 mai 1871.BnF, Gallica.

fait bizarres parce qu'on ne sait plus à quoi vraiment ils ont bien pu servir » –, comme en dépôt dans la psyché du narrateur, en particulier les « peintures idiotes » de son « cher vieux Rimb' », reines des premières années surréalistes. Lorsqu'au cours des années 1920, dans son virulent *Traité du style* (1928), il incriminait le « rimbaldisme » contemporain, c'était au motif que le « succès de Rimbaud » démonétisait une réception de *happy few* : « Le succès de Rimbaud, puisque telle est la saloperie des faits qu'il peut être question du succès de Rimbaud, est en grande partie dû à la curieuse moralité que l'on prête à sa vie », soulignait alors un Aragon pamphlétaire. Quant à Pierre Michon, après la parution de *Rimbaud le fils* (1991), il confie que le poète est de « ceux, dans [sa] lignée par la chair ou l'esprit, qu'[il a] vécus comme des paradigmes » (« Un jeu de vessies et de lanternes », 1992). La circulation de l'œuvre est aussi affaire d'intimité de la mémoire.

Si les « bout' à la m' » issues des textes de Rimbaud touchent au plus profond les meilleurs lecteurs du poète, c'est aussi parce que l'exploration de l'intime est une basse continue de l'œuvre elle-même. Arrêtons-nous sur quelques-uns des jalons qui, au côté de l'« enfant » pour nous si familier de la marche à l'aube, font de Rimbaud un poète des intimités – pérégrines, domestiques mais aussi physiologiques. Rimbaud, bien sûr, se distingue nettement de François Coppée, qui choisit ce titre, *Intimités* (1868), pour imprimer à l'un de ses premiers recueils le ton de la confidence amoureuse et pour peindre l'atmosphère des « premiers baisers sous la voilette » (II). Mais il pratique à l'occasion une poésie du *locus amoenus* familier – et en particulier de l'auberge –, où l'on peut « Bienheureux […] allong[er] les jambes sous la table » (*Au Cabaret-Vert*, 1870). La « salle à manger brune, que parfumait / Une odeur de vernis et de fruits » de *La Maline* (1870), qui laisse

Portrait de Rimbaud par Paul Verlaine, juin 1872. Reproduit dans *Poésies complètes*, avec préface de Paul Verlaine et notes de l'éditeur. 1895. BnF, Gallica.

le voyageur « heureux et coi », en est sœur, de même que l'espace cerné par l'indiscrète nature du poème *Trois baisers*, publié le 13 août 1870 dans le journal satirique *La Charge* : « Elle était fort déshabillée / Et de grands arbres indiscrets / Aux vitres penchaient leur feuillée / Malignement, tout près, tout près. » Le « petit wagon rose / Avec des coussins bleus » de *Rêvé pour l'hiver* (1870) met en mouvement cet espace des émois adolescents qui, à l'échelle de l'œuvre, offre les aspects d'une heureuse clairière. C'est au demeurant « sur le lit ou sur le pré » que, dans « Veillées I », le plus verlainien des poèmes des *Illuminations*, le poète imagine un « repos éclairé ». En quelques brèves phrases qui vont *diminuendo*, le poème esquisse l'accord d'une intimité domestique et d'une intimité cosmique, avant de dire l'évanouissement final d'un rêve tout personnel d'ataraxie.

C'est que les espaces clos ne prennent pas tous chez Rimbaud les aspects « naïfs » de l'auberge. La « chambre [...] ouverte au ciel bleu-turquin » de *Jeune ménage* (juin 1872) se refuse ainsi au « repos éclairé ». Plus en amont, l'un des grands poèmes de 1871, daté du 26 mai et adressé le 10 juin à Paul Demeny, *Les Poètes de sept ans*, nous donne accès à l'espace domestique asphyxiant d'une enfance où se répète la confrontation des « yeux bleus » de la mère et du fils. Son déroulement s'apparente à une succession de clichés photographiques qui, sous le regard du poète de presque dix-sept ans, ressaisissent le quotidien du jeune poète de sept ans. Il s'ouvre *in medias res* sur une scène de catéchisme domestique, dont l'instrument répulsif est le « livre du devoir », c'est-à-dire la Bible (« Et la Mère, fermant le livre du devoir »). Il se clôt sur une séquence au plus profond de la solitude créatrice cultivée par l'enfant « dans la chambre nue aux persiennes closes, / Haute et bleue, âcrement prise d'humidité ». C'est dans cette pièce que, de façon privilégiée, la vocation poétique se donne libre cours et que les prescriptions du « livre du devoir » sont chassées par les séductions du « roman sans cesse médité ». Autre sommet de l'œuvre, *Mémoire*, dont une première version s'intitule *Famille maudite*, probablement composé en 1872, confère à ce cadre domestique, transféré au plein air de la prairie, une coloration qui n'est plus celle de l'affrontement, mais de la nostalgie. L'intimité de la famille bourgeoise, surplombée par la mère qui « se tient trop debout » – toujours en représentation – gravite autour d'objets symboliques, « ombrelle » et « livre de maroquin rouge » : « Madame se tient trop debout dans la prairie / prochaine où neigent les fils du travail ; l'ombrelle / aux doigts ; foulant l'ombelle ; trop fière pour elle / des enfants lisant dans la verdure fleurie / leur livre de maroquin rouge ! »

Si de telles évocations disparaissent des dernières œuvres, le domaine de l'intime, lui, y demeure essentiel. Ses accents font entre autres alterner l'amertume et le sarcasme ; la critique sociale et la rétrospection douloureuse s'y donnent la main. Songeons à l'« Adagio » qui accompagne « [l]'ingénuité physique amèrement rassise… », dans « Jeunesse III » (*Illuminations*). Écoutons le *lamento* de la « Vierge folle », dans une section centrale d'*Une saison en enfer* : « À côté de son cher corps endormi, que d'heures des nuits j'ai veillé, cherchant pourquoi il voulait tant s'évader de la réalité. Jamais l'homme n'eut pareil vœu. Je reconnaissais, — sans craindre pour lui, — qu'il pouvait être un sérieux danger dans la société. — Il a peut-être des secrets pour *changer la vie* ? Non, il ne fait qu'en chercher, me répliquais-je. » Lisons, dans un autre registre, la charade d'« H », dans les *Illuminations*, qui nous presse de reconnaître derrière Hortense l'« Habitude » solitaire – l'onanisme – « ardente hygiène des races ». Une telle ressaisie sociale de l'intime ne relève plus de de la caricature, comme dans certains poèmes de 1870 ou dans les productions de l'*Album zutique*, mais s'inscrit dans le prolongement d'un discours critique comme celui que tiennent *Les Premières Communions* (1871) autour des « nœuds d'hystéries » de la jeune communiante.

D'autres intimités attendent le lecteur qui rouvre ce dictionnaire de notre conscience moderne qu'est Rimbaud. Les « souvenirs familiers » (Ernest Delahaye) abondent et participent activement de la légende du poète. À rebours des salutaires démystifications, pourquoi refuser d'épouser une fois cette courbe légendaire, pour suivre le poète aventurier jusque dans sa chambre de l'Hôpital de la Conception, à Marseille, à l'automne 1891, dont Isabelle Rimbaud a trop bien restitué, ou réécrit l'atmosphère sépulcrale ? Dans une lettre adressée à sa mère et datée du 28 octobre 1891, dont le caractère apocryphe a été largement mis en avant et discuté, celle-ci veut attester une conversion finale douteuse. La communion affective avec le frère mourant est intense : « Il me regardait toujours avec le ciel dans les yeux ; moi aussi » ; autre échange de regard, dernières intimités, avant une fin précoce.

À LIRE

Aragon, Louis, *Pour expliquer ce que j'étais* [1943 ?], Paris, Gallimard, 1989.

Cavallaro, Adrien, Frémy, Yann et Vaillant, Alain (dir.), *Dictionnaire Rimbaud*, Paris, Classiques Garnier, « Dictionnaires et synthèses », 2021.

—, *Rimbaud et le rimbaldisme. XIXe-XXe siècles*, Paris, Hermann, « Savoir Lettres », 2019.

Michon, Pierre, *Rimbaud le fils*, Paris, Gallimard, « L'Un et l'autre », 1991 ; rééd. Paris, Gallimard, « Folio », 1993.

Rivière, Jacques, *Rimbaud. Dossier 1905-1925*, présenté, établi et annoté par Roger Lefèvre, Paris, Gallimard, 1977.

Deux lettres adressées par Rimbaud à sa mère, 4 mai 1881 et 10 octobre 1885. BnF, Gallica.

Confetti
Manufactured
by
J & E Bella,
113 Charing Cross Rd.
London.
W.C.

ARCHIVES

La psychologie animale selon Louis Pergaud

Jean-Claude Yon

Connu de nos jours avant tout pour *La Guerre des boutons* (1912), Louis Pergaud (1882-1915) est un écrivain à part dans la vie littéraire de la Belle Epoque. Celui qui disparut « en pleine gloire littéraire naissante » (selon les mots de son biographe Bernard Piccoli) a puisé dans son enfance franc-comtoise la matière de son œuvre. « Pergaud-le-rustique », comme l'avait surnommé Lucien Descaves, a su en effet mettre en scène paysages, habitants des campagnes et animaux avec une extraordinaire justesse et une profonde humanité. Instituteur à partir de 1901, il doit faire face aux tensions qui opposent l'Église et l'École républicaine. Il monte à Paris en 1907. Après avoir publié deux recueils de poésies, il se tourne vers la prose et obtient à la fin de l'année 1910 le prix Goncourt pour *De Goupil à Margot*. Ce recueil de nouvelles publié au Mercure de France a pour héros des animaux dont Pergaud décrit, avec sensibilité et non sans humour, la vie âpre et la perpétuelle lutte pour la vie. Le livre, qui se vend très bien, apporte à la fois la renommée et un début d'aisance au jeune écrivain dont les ouvrages suivants (*La Guerre des boutons*, *Le Roman de Miraut*) poursuivent la description des mœurs franc-comtoises, tant humaines qu'animales.

À la veille de la Grande Guerre, Pergaud prépare un recueil de nouvelles villageoises, *Les Rustiques*, qui sera publié de façon posthume en 1921. Il continue également à écrire des textes sur les animaux qu'il publie sous le titre générique *La Vie des bêtes*. « Vous savez si je hais la guerre ; mais vraiment nous ne sommes pas les agresseurs et nous devons nous défendre », écrit-il à Lucien Descaves le 2 août 1914, la veille de partir au front. Pacifiste et antimilitariste, le sergent puis sous-lieutenant Pergaud n'en combat pas moins vaillamment et disparaît dans la nuit du 7 au 8 avril 1915 en lançant à la tête de ses hommes une attaque sur la côte 233 de Marcheville (Meuse). En 1923 est publié *La Vie des bêtes*, un volume qui reprend des études, des nouvelles et les trois premiers chapitres de *Lebrac, bûcheron*, un roman inachevé. On y trouve les quatre textes que nous publions ci-dessous, en nous reportant toutefois à leur première publication dans la presse en 1913-1914. Le volume de 1923 comprend aussi une étude intitulée « La Fontaine et la

ri de Toulouse-Lautrec, *Confetti, Manufactured by J & E Bella 113 Charing Cross Rd., don, WC*, affiche lithographique. Imp. Bella & de Malherbe London & Paris. Paris, 1894. Gallica.

Monsieur Louis Pergaud gagnant du Prix Goncourt. Photographie de presse : Agence Meurisse.1910. BnF, Gallica.

psychologie animale » que Pergaud a publiée dans la revue *L'Île sonnante* en mars 1911. Il y démontre que le fabuliste, dont il admire le génie, n'est en rien un observateur fiable des animaux et qu'on ne peut pas se référer à ses fables pour essayer de les comprendre. Cette prise de position, exprimée avec humour et déférence démontre *a contrario* combien Pergaud connaît bien les animaux. Les quatre textes qui suivent illustrent sa science de la psychologie animale – laquelle repose notamment sur l'idée qu'il n'y a pas de séparation tranchée entre l'homme et l'animal. Pour Alain Schaffner, qui a étudié ce corpus dans un article de 2016, Pergaud est en cela « un précurseur des théoriciens actuels qui annoncent "la fin de l'exception humaine" ».

« Jacquot, mon geai » a été publié en juillet 1913 dans *L'Éclair*, un quotidien fondé en 1888 et qui s'est signalé par ses virulentes prises de position anti-dreyfusardes. Pergaud s'y met en scène, ainsi que son épouse. Le personnage principal de ce petit conte, Jacquot, a déjà fait une très courte apparition dans *De Goupil à Margot* où il apparaît comme un ami de la pie Margot. L'histoire a pour cadre les paysages familiers de Pergaud : le bois du Tuchevé est présent dans *La Guerre des boutons* et Longeverne est l'un des deux villages concernés par cette lutte enfantine. L'écrivain distille une certaine ironie en citant un alexandrin de Rodenbach (tiré du *Règne du silence*) et un autre de Hugo (tiré de *Ruy Blas*) mais il décrit avec empathie la guérison de l'animal, blessé par un braconnier. Nulle complaisance pourtant : Jacquot n'a aucune reconnaissance envers son sauveur. Dans « L'hypocrisie du chat ? », publié en avril 1914 dans *Le Bonnet rouge*, un périodique d'extrême-gauche, Pergaud a recours à un personnage bien connu de ses lecteurs, le chien Miraut. Mais il délaisse bien vite la fiction pour se livrer à une attaque en règle contre les idées reçues dont les animaux sont victimes. Il démontre avec brio que le chat est loyal et non hypocrite et que l'homme n'a qu'à s'en prendre à son observation déficiente et à « une humanisation abusive des animaux, une absence de prise en compte de leur spécificité » (Alain Schaffner). On admirera au passage combien l'écrivain est fin observateur quand il relève toutes les manifestations d'agacement du chat, « indices précurseurs de l'orage ».

Avec « L'âme olfactive et l'âme visuelle », publié également dans *Le Bonnet rouge* le même mois, Pergaud pousse sa réflexion encore plus loin. Il s'appuie sur une nouvelle publiée en 1912 dans le recueil *La Nuit* par la comtesse de La Baume-Pluvinel (1858-1911), une écrivaine belge dont le pseudonyme était Laurent Evrard. Cela lui permet de comparer l'importance des différents sens chez l'homme et chez l'animal. Il invente le concept de « culture animale » et montre le rôle prédominant qu'y jouent l'odorat et l'ouïe. S'il ne nie pas que l'homme a pu mieux utiliser ses sens en bénéficiant de l'expérience de ses prédécesseurs, il n'hésite pas à dire que bien des animaux sont plus intelligents que certaines « brutes humaines » et achève son propos en méditant sur ce qu'aurait pu être une « civilisation canine ou lycienne [*sic*] ». Cette comparaison avec l'homme est sous-jacente dans le dernier texte proposé ici, « Les parias », publié en juillet 1914 dans *L'Homme libre*, le quotidien fondé par George Clemenceau en mai 1913. Là encore, la culture littéraire de Pergaud est bien présente (Rabelais, Barrès, Agricol Perdiguier), de même que sa profonde connaissance des animaux, tant sauvages que domestiques. La dureté de la vie animale n'est pas dissimulée. Mais elle est montrée sans pathos et avec respect envers tous les êtres vivants qui souffrent. Ainsi que l'a écrit André Beaunier dans la *Revue des Deux Mondes* quand *La Vie des bêtes* est sortie en 1923, Pergaud « connaît à merveille les animaux. Il les comprend, comme il est possible de les comprendre ; il ne feint pas de les comprendre davantage. »

À lire ces quatre textes, on regrette d'autant plus que la mort prématurée de Pergaud l'ait empêché de poursuivre son exploration du monde animal, lui qui avait notamment en projet un récit sur un chat retournant à la vie sauvage intitulé *Le Grande équipée de Mitis*. Surtout, à l'heure où l'homme se pose enfin la question d'un partage plus équitable de la Terre avec les animaux, les réflexions de Pergaud, « chasseur et "éthologue" amateur (un des premiers en France) » (Alain Schaffner), servies par une plume toujours inspirée, ont beaucoup à nous apporter.

Jacquot, mon geai

Ce matin, Jacquot, mon geai, n'a pas piaulé, roucoulé, garrulé, ni battu les barreaux d'osier de sa grande cage pour tenter un essor vain vers une liberté qui lui est ravie.

Il est là sur son perchoir, pensif, dirait-on, comme un bougnat dont les affaires vont mal, et renfrogné, les plumes hérissées instinctivement, le bec pendant, triste ; il sent la pluie qui va venir :

C'est l'automne, la pluie et la mort de l'année.

Son œil mort ou plutôt son orbite vide purule encore un peu de la blessure ancienne, tandis que l'autre, le bon, dans la sclérotique bleuâtre entourée d'une couronne noire qui lui fait un monocle d'acier, a perdu momentanément l'éclat radieux des jours de soleil.

Malgré sa captivité, sa maladie, son infirmité devrais-je dire, il participe quand même, du haut de ce cinquième étage où je l'oblige à vivre avec moi parmi des odeurs qu'il doit juger épouvantables, à la vie de sa tribu et de sa race, à ses grands instincts, à ses frémissements.

Dans la chambre chaude, il a senti la pluie. Et pourtant il n'a vécu qu'une saison encore et ne sait rien de l'hiver ni de ses neiges, de l'automne ni de ses brouillards froids.

Son jabot blanc, immaculé, que deux tresses de velours noir attachent par les côtés, semble se rétrécir et se froisser dans le cou qui s'engonce, et il me regarde sans broncher, la première fois peut-être depuis huit jours qu'il s'est rendu compte de sa situation.

Si j'avais su pourtant, peut-être !...

Voici trois semaines que Jacquot est notre compagnon.

Je l'ai ramassé un midi, l'œil gauche crevé, arraché de son orbite, tout le côté meurtri sous les plumes par l'invisible sillage d'un plomb de quatre, du plomb fatal, abruti par la secousse terrible du coup de fusil et de la dégringolade dans les branches.

Je l'ai perché en liberté dans la cuisine après avoir condamné les chatières et expulsé les matous, les sales rôdeurs de gouttières de la campagne, affamés, voleurs, assassins par nécessité et par goût aussi.

Il faisait sombre dans la pièce comme dans sa tête, sa pauvre tête inclinée du côté malade, et il est resté morne, immobile, triste, inconscient, ne songeant ni à boire, ni à manger. Il boitait de la patte gauche ; l'aile non plus ne marchait pas, et c'était une loque de bête incapable de fuir ni de bouger, prête à tomber sous la griffe ou sous la dent du premier rôdeur forestier ou domestique qui eût passé à portée.

Mais je veillais. J'ai soigné Jacquot. Les gens me disaient :

– Il veut crever ! Tuez-le donc ! C'est bon à manger, le geai ; c'est même très bon avec des choux !

Pauvre bête, qui n'avait même plus l'instinct de fuir !

Dès le lendemain, il a mangé : quelques miettes de gâteau, des vers, un grain de raisin, et il a bu un peu aussi ; puis, je l'ai reperché comme on couche un enfant, et il est resté perché de nouveau jusqu'au repas suivant, et chaque jour je lui ai tendu la pâture, qu'il ne songeait guère à prendre. Il était toujours inconscient.

Mais le jour du départ est venu : on n'est pas rentier, hélas ! Laisser Jacquot là-bas pour lui faire rendre la liberté plus tard ?... J'y ai pensé ! C'était bien hasardeux dans un pays où la meilleure farce consiste à manger en civet le chat du voisin. Un geai, c'est embêtant à soigner, surtout quand il est si facile de lui tordre le cou et d'écrire qu'il se porte bien. Et puis, il n'aurait plus pour le protéger une sentinelle vigilante comme ma femme, et les chats passent partout ; mon jeune Miraut est si fou, la chienne Finette, sa mère, si jalouse. Ah ! Jacquot ! quels dangers !

J'ai amené Jacquot ici. Il a voyagé en voiture, en chemin de fer, en taxi-auto ; il a été cahoté, bousculé, tripoté, interpellé ; il n'a rien vu, rien su, rien entendu, rien senti, sauf la douleur, la grande, la seule douleur de son œil arraché que je lavais de temps à autre sans qu'il se défendît, sans qu'il essayât de me piquer.

Je l'ai installé ici. Il avait vécu huit jours là-bas. La plaie se fermait lentement ; je me disais : il guérira, il mange ; l'autre œil reste clair, et, quand il se retrouvera valide, il sera tout naturellement apprivoisé et déjà familier avec nous.

Il a été quelques jours inconscient et sombre, puis un beau matin il a sauté tout seul sur le perchoir de sa cage, il a mangé, sans qu'on ait eu besoin de les lui tendre, le pain, les fruits et le foie qu'on mit dans sa mangeoire. C'est Toto chat qui n'était pas content qu'on prélevât sur sa réserve pour ce citoyen-là !

Et trois jours après, comme j'approchais de sa cage pour me rendre compte du point où en était sa guérison, il me regarda ahuri, avec un œil rond, effrayé, comme s'il ne m'avait jamais vu, comme si je ne l'avais pas déjà nourri et soigné pendant plus de quinze jours et que je n'eusse pas été pour lui un camarade.

Il s'élança avec impétuosité contre les barreaux, se cassa des plumes, hérissa son casque, poussa des « tchaie ! tchaie ! » colères, puis, me regardant de son œil furieux, il m'injuria gravement de « rrau ! rrau ! pier... rau ! aôh ! » et, ce faisant, il dressait le col et tournait avec un air méprisant d'hidalgo drapé dans sa sauvagerie.

Plus délabré que Job et plus fier que Bragance !

Il ne consentit à se taire et à rester tranquille que lorsque je me fus retiré à une distance raisonnable de sa maison et de sa personne.

Et, dès lors, Jacquot nous a regardés, ma femme et moi, comme des ennemis. Seul, Toto chat ne l'effraie pas ; ils passent, la cage sur le parquet, de longues heures à se regarder, à chercher ce qu'ils sont, à flairer un mystère dont ils ne sont pas inquiets, bien sûr, mais qui les intrigue tout de même.

Chaque matin, quand il veut faire beau temps, Jacquot, avant notre lever, piaule et roucoule et bat des ailes ; quand il me voit approcher, il s'affole et piaille, un peu moins cependant maintenant. Je suis encore l'ennemi, ma main est terrible pour lui, lui qui se tenait, les premiers jours, de longues heures perché sur mon doigt et se laissait gratter gentiment le crâne. Jacquot a repris conscience de sa vie d'autrefois : il ne sait pas quel trou dans le temps sépare les heures d'aujourd'hui du matin de jadis où il accourait joyeux dans la forêt à l'appel du braconnier qui l'a fusillé sur son chêne.

Hier, comme je voulais le prendre pour faire un dernier pansement à son œil malade, il s'est défendu avec acharnement et m'a tailladé les doigts de deux coups de bec ; mais il a moins peur tout de même et ne s'effraie plus quand sa maîtresse, flanquée de Toto chat, lui apporte sa ration.

L'an prochain, je lui ferai refaire le voyage, et je le relâcherai bien portant et robuste, et il retrouvera les geais du bois du Tuchevé, où j'entendis le coup de feu qui le démolit et sa plainte de détresse qui m'amena sur le lieu du drame.

Jacquot alors piaillait entre les doigts du braconnier Kinkin, qui voulait en profiter, disait-il.

Kinkin n'en profita pas. Et mon Jacquot ne se doute mie qu'il m'a coûté, à moi qui ne suis guère bavard, un long discours à ce monsieur, une pièce de quarante sous, plus une tournée de mauvaise absinthe que j'ai dû bel et bien ingurgiter chez le bistro de Longeverne.

L'Éclair, n° du 16 juillet 1913

L'hypocrisie du chat ?

Il était une fois trois amis : Miraut, chien Mitou, chat, et Lulu, gosse. Ils avaient bien six ans pour les trois, c'est-à-dire que, si les deux premiers comptaient environ douze mois d'âge chacun, le troisième, lui, marchait gaillardement, tantôt à deux, tantôt à quatre pattes, vers son quatrième anniversaire. À eux trois, ils emplissaient l'appartement, la cour et le jardin de leurs cris et de leurs jeux, et c'était dans la maison une joie et une fête perpétuelles.

Mais quelqu'un troubla cette fête.

Un beau jour, Lulu gosse fut séparé de ses deux compagnons et conduit dans un vaste local où d'autres enfants, sagement assis sur des bancs symétriques, écoutaient une longue personne sèche dont le lorgnon d'or chevauchait un nez pointu.

La femme disait : « Le chien est fidèle, obéissant et dévoué à son maître ; le chat est hypocrite, gourmand et voleur. » Et les petits répétaient docilement ces paroles, et tous avaient un air si convaincu que cette conviction troubla Lulu. La maîtresse insista : « Méfiez-vous des chats, mes amis, et ne jouez jamais avec eux. »

Quand Lulu rentra chez lui et que ses deux fidèles compagnons, qui s'étaient bien ennuyés durant son absence, voulurent lui témoigner leur joie de le revoir, Miraut chien, qui jappait et remuait la queue, fut bien accueilli. Quant à Mitou chat, son gras dos et son ronron ne reçurent pour toute réponse que ces mots peu aimables :

– Va-t'en, toi, tu n'es qu'un vilain et un hypocrite !

La fin de l'histoire, je vous la dirai quelque jour. Il suffit, pour l'instant, que je vous aie fait entendre que la plupart des jugements que l'on porte sur les bêtes n'ont pas de base plus solide que celle de ce bébé et que les braves minets sont depuis longtemps les innocentes victimes d'une réputation calomnieuse.

« Tout notre mal vient d'asnerie », disait Montaigne, tout le mal dont souffrent nos frères prétendus inférieurs vient également de là.

Quel fut le méchant imbécile auquel son chat exaspéré décocha un coup de griffe vengeur ; quel fut l'avare dont le petit compagnon affamé fit gueule basse sur la pitance qu'on lui mesurait trop parcimonieusement ; quel fut le philosophe en chambre, plus habitué à scruter les jeux de physionomie de ses nobles contemporains que les frémissements de mufle d'un innocent minet, qui osèrent porter sur nos charmants compagnons domestiques des jugements aussi grossiers et aussi stupides ? Ma foi, je n'en sais rien, et j'aime autant ne pas le savoir ; mais ce que je tiens à dire, c'est que l'hypocrisie est une vertu, c'est-à-dire une force humaine, et non point animale.

Avant toute chose, il serait prudent de la définir, et cela nous pourrait mener un peu loin. Aussi, bornons-nous à dire, puisque aussi bien c'est de lui, et de lui seul qu'il s'agit, que le chat ne s'est vu attribuer cette fâcheuse réputation qu'en raison des mouvements défensifs violents qui sont sa sauvegarde au moment critique, et auxquels l'imbécillité méchante de ses tourmenteurs ne s'attendait point.

C'est le coup de griffe et le coup de dents qui font de lui un hypocrite et une fripouille. Mais l'égoïsme humain ne veut point voir les raisons qui ont provoqué ses gestes, et l'habitude paresseuse de ne pas sortir de nous-mêmes nous a, seule, longtemps empêchés de suivre sur des facies poilus, un peu fermés à nos investigations et différents des nôtres, des jeux de physionomie qui sont extrêmement caractéristiques, nuancés et variés à l'infini.

L'homme rapporte tout à son genre de beauté, si l'on peut dire, et c'est pour cela qu'il trouve le singe si parfaitement hideux. Il est probable, d'ailleurs, que le singe doit en juger de même à notre égard.

Quiconque a vu un matou en train de chasser souris ou moineaux – et c'est là surtout que la bête devrait ruser et se montrer hypocrite – ne peut plus charger de ce défaut cet animal. Le parti pris, l'aveuglement de l'être à la fois juge et partie dans l'affaire peuvent seuls troubler jusqu'à l'illogisme et à l'absurde la rectitude d'un jugement, qui n'est pas toujours – et nos tribunaux nous en donnent assez souvent des preuves éclatantes – illuminé de la grâce et inspiré par la justice.

Pour pouvoir conclure, notre entendement épais a besoin de manifestations grossières et violentes et, en ce qui concerne le chat, la plupart des hommes sont inaccessibles aux avertissements multiples qui décèlent une patience à bout.

Le redressement des sourcils, le renversement des oreilles, le brandissement des moustaches, le frémissement du nez, un pli imperceptible au coin du mufle, l'agrandissement ou le rétrécissement des paupières, l'avivement de l'œil, un frétillement nerveux de la queue, certaines façons de se ramasser et de faire porter le poids du corps sur une seule patte, sont autant d'indices précurseurs de l'orage auxquels ne se trompent point ceux qui se sont donné la peine d'examiner d'un peu près nos charmants petits familiers.

Plus véhément, plus bruyant, plus gueulard, plus près de l'homme pour tout dire, le bon chien, qui braille fort lorsqu'on l'ennuie et ne se résout à mordre qu'après avoir manifesté à haute et intelligible voix ses sentiments, n'a jamais été taxé d'hypocrisie, mais il a joué de ce fait à son camarade chat, plus discret, un véritable tour de cochon, si l'on peut dire.

Car le brave minet aura beau faire sentir à sa manière qu'il est énervé et agacé et multiplier les avertissements : aveugle à ses manifestations, ne voyant dans sa patience qu'une façon de cacher son jeu, l'homme griffé ne trouvera rien de mieux que de le taxer d'hypocrisie pour masquer son ignorance et sa méchanceté.

Plus physionomistes que nous en ce qui les concerne, nos inférieurs frères fourrés savent bien reconnaître à notre attitude, à notre langage, au mouvement de notre face, tous les sentiments que nous leur portons. S'ils connaissaient l'hypocrisie que nous leur prêtons, nous ne pourrions pas les tromper comme le font certaines brutes qui, pour capturer les bêtes, s'affublent de gestes patelins et se gargarisent la bouche de paroles mielleuses. Jamais un chat ne vous fera le gros dos avant de vous mordre ou de vous égratigner. C'est une bête loyale comme toutes les bêtes et nous lui devons, nous aussi, la franchise.

Je n'ai pas de secrets sentimentaux pour le cœur de mon chat Toto, et lui n'en a pas pour moi. Je ne puis pas dire qu'à ce sujet il m'ait jamais trompé ; quant au reste, c'est-à-dire à mes préoccupations économiques, politiques ou artistiques, il sait quelles ne sont pas de son ressort ; aussi s'en fiche-t-il sereinement.

Le Bonnet rouge, n° du 3 avril 1914.

L'âme olfactive et l'âme visuelle

Vous êtes-vous jamais demandé ce que serait l'éducation d'un enfant qui naîtrait, non point avec une hiérarchie de sens constituée selon la norme humaine, c'est-à-dire pour qui la vue et le toucher constitueraient les organes essentiels de communication avec le monde extérieur, mais, selon la formule réglementaire animale, avec l'odorat, l'ouïe et le goût dominant le reste ?

Une femme qui fut du reste un littérateur de grand talent, morte depuis quelques années, Laurent Evrard, avait étudié ce cas. Son héros, dont la configuration ne présentait au premier abord rien d'anormal, se conduisait pourtant, tantôt comme un être extrêmement intelligent, tantôt comme un idiot. C'est que, son nez se trouvant le meilleur de ses organes, c'était à lui qu'il recourait naturellement en premier lieu pour prendre connaissance des êtres, des choses et des phénomènes qui se passaient autour de lui.

Je ne me souviens plus des mésaventures multiples dont il fut victime jusqu'à ce qu'un savant observateur qui s'était constitué son mentor eût découvert la source de ces anomalies et eût rendu à la vie normale ce sujet bizarre en affaiblissant, par des procédés imaginés par lui, son sens de l'odorat pour le subordonner à la prédominance de la vue.

Je me rappelle toutefois que les méthodes ordinaires d'éducation qui réussissaient avec des enfants notoirement moins intelligents que lui n'avaient aucun effet sur sa mémoire ; apprendre à lire entre autres devenait un travail presque fabuleux et impossible. C'est que les lettres ne disant rien à son nez, ni à son oreille, c'est-à-dire à ses meilleurs instruments, il ne croyait point utile d'avoir recours à un instrument qu'il savait beaucoup plus imparfait : la vue.

En règle générale, ce qui se passait pour cet enfant se passe quotidiennement chez les bêtes. Désignez à l'attention d'un chien, d'un chat, d'un animal familier quelconque un objet que vous jugerez sans odeur et vous le verrez s'approcher peu à peu ; s'il n'a aucune raison de se méfier, il ne s'arrêtera point à la distance normale pour regarder, mais continuera à avancer jusqu'à ce que son mufle touche presque l'objet en question et le flairera successivement sous toutes ses faces, et toujours le nez dessus.

L'a-t-il vu ? C'est possible ! L'a-t-il examiné avec les yeux ? Certainement non. Les formes et les couleurs lui disent peu de chose, ce sont les odeurs et les bruits qui lui parlent.

La culture générale animale et, comme conséquence, l'intelligence et l'âme animales sont donc d'essence olfactive et auditive, si l'on peut dire, puisque toutes les sensations reçues viennent, sinon uniquement du nez et de l'oreille, mais ont leur point de départ et atteignent leur maximum d'intensité dans ces deux organes, les autres ne servant que de compléments. L'attention peut être attirée indifféremment par l'œil, l'oreille ou le nez, la sensation ne vient presque jamais que d'une odeur ou d'un bruit. L'animal possède donc surtout, dans son cerveau, une bibliothèque d'odeurs et un catalogue de sons soigneusement classés. C'est sur ces données que sa logique travaille et c'est de la comparaison et de la combinaison de ces bruits et de ces odcurs que le cerveau ou l'âme de la bête forme ses idées et élabore en grande partie ses sentiments.

Il nous sera probablement impossible, dans l'impuissance où nous nous trouvons de plonger dans ce domaine subtil de sensations particulières, de nous faire jamais une idée, même rudimentaire et vague, de l'étendue de la culture animale, de même que les profondeurs de notre culture restent inaccessibles aux bêtes.

Si l'animal a un langage, – et comme il a l'ouïe extrêmement fine, rien n'empêche que son diapason soit à peine perceptible à l'oreille humaine, – ce langage doit être extrêmement riche en ce qui concerne les odeurs pour lesquelles nous n'avons, nous, qu'un vocabulaire tout à fait réduit. Ses sensations et sa logique ne lui en permettent pas moins, par des chemins différents des nôtres, d'arriver à une connaissance du monde et à une vérité relative grâce auxquelles il se conduit dans la vie avec autant et même plus de bonheur que l'humanité.

Tout orgueil mis à part, on pourrait en induire qu'il n'y a comme différence, entre l'homme et la bête, qu'un renversement de rapports et que ce que l'on a appelé instinct chez les grands animaux n'est autre chose que l'intelligence de l'odorat.

Il apparaît cependant que l'homme ait poussé plus loin que l'animal et à son avantage l'utilisation pratique des données que lui ont fournies ses sens ; toutefois, chez certains humains, la qualité transformatrice du cerveau, l'intelligence active du sujet semble très inférieure à celle dont font preuve certains chats, certains chiens, certains renards, qui, eux, ne bénéficient d'aucuns travaux exécutés par leurs devanciers, et dont l'activité cérébrale doit être bien plus intéressante que celle d'un grand nombre de brutes humaines.

Si nous ne les avions pas ravalés par la domestication, si nous ne les avions pas tant tracassés dans leur existence, qui sait, par exemple, si un loup, un chien ou un renard de génie n'aurait pas imaginé – sa vie matérielle étant assurée – de transmettre à ses enfants, au moyen d'un alphabet construit par lui de toutes pièces, le produit de son expérience d'ancien ? Ses descendants y auraient ajouté sans cesse et une civilisation canine ou lycienne [*sic*], dont nous n'avons aucune idée, étonnerait peut-être, aujourd'hui, le monde de ses inventions, certainement différentes des découvertes humaines.

Le Bonnet rouge, n° du 23 avril 1914.

Les parias

Quand on est bête il ne fait pas bon vieillir ! Qu'on me comprenne ; mon intention n'est pas de décocher une épigramme de plus à la malheureuse humanité ; je veux dire simplement que si les hommes et les jolies femmes ont quelque raison d'appréhender l'irréparable outrage des ans, les vieux animaux, plus encore, peuvent à bon droit redouter les jours de la décrépitude finale.

Sauf les cigognes qui ont la réputation d'observer fort strictement les prescriptions du quatrième commandement du Décalogue, et d'honorer leurs père et mère, afin sans doute de vivre longuement, sauf quelques communautés, comme celles des corbeaux, où la discipline est fortement organisée et les lois observées, les vieux animaux, solitaires ou non, ne jouissent pas, vers la fin de leur vie, de la douce retraite qu'une existence toute d'activité et de lutte devrait leur avoir acquise si la justice, ainsi que de doux rêveurs le prétendent, régnait davantage dans la nature que chez les hommes.

La cigogne, j'ignore si sa réputation d'amour filial est justifiée, aussi bien la laisserai-je tranquille ; il n'est pas l'heure de vous narrer, tel Panurge aux géants, alors que le loup-garou et Pantagruel s'entre-battoient, « les fables de Turpin ou le conte de la Ciguoingne ». Quant aux corbeaux, si les vieux jouissent de l'autorité et du respect que les Romains et les Grecs témoignaient aux vieillards, cela tient à ce que leur vieillesse est verte, que leurs sens restent jusqu'au bout merveilleusement affinés et puissants et qu'enfin, pour veiller aux destinées de la petite république noire, nul n'est mieux qualifié que ceux-là qui ont beaucoup vu et beaucoup retenu.

Les corbeaux vont même plus loin encore. Je ne prétends pas qu'ils aient, comme M. Barrès, le culte des morts, mais ils font des funérailles à ceux qui tombent et il m'a été donné un jour d'assister, d'assez loin il est vrai, à une cérémonie de ce genre. Tels ces gavots ou ces dévorants dont le bon Agricol Perdiguier, dans les *Mémoires d'un Compagnon*, nous a exposé les coutumes et les mœurs et qui hurlaient aux obsèques d'un camarade mort, les braves corbeaux poussaient, aux côtés du défunt, des croassements lugubres. Jamais pleureuses à gages ou chantres aux grands poumons n'ont mugi avec une telle fougue désolée que ceux-là.

Quoi qu'on puisse penser de cette exception, il n'en est pas moins avéré que les vieilles femelles et les vieux mâles, ces derniers surtout, s'ils ne savent pas suppléer par la ruse à la force qui décroît, deviennent vite pour les adultes et les jeunes des parias sur qui pleuvent les coups et à qui on refuse, si c'est possible, la nourriture.

Le vieux coq qui a perdu l'hégémonie est le souffre-douleur de toute la volaille de la basse-cour ; non seulement les hommages qu'il tente de présenter d'une patte claudicante et d'une aile caduque sont méprisés, mais de telles prétentions sont vigoureusement châtiées par le jeune godelureau devenu le seigneur attitré du troupeau ; aux heures où l'on jette le grain, il est le parent pauvre qu'il paye de vigoureux coups de bec, comme si les quelques grains qu'il réussit à piquer de-ci de-là étaient un vol à la communauté.

Les animaux domestiques en général n'ont pas à redouter beaucoup les effets de la vieillesse, car l'homme, pour leur épargner sans doute la douleur de se sentir diminués et honnis, les occit avant que l'heure en ait sonné ; quant aux sauvages qui vivent solitaires, ils sont condamnés par l'âge à une solitude plus grande encore, chaque rencontre avec un compagnon, qui est presque toujours un rival, se soldant généralement par une raclée vigoureuse.

Il n'est pas que les vieux qui soient des parias : les anormaux et les chétifs, chez les bêtes comme chez les gosses, sont l'objet de la haine des autres : l'eau va toujours à la rivière et les soins des parents, emplumés ou poilus, vont aux robustes et aux forts. Malheur aux malingres qui compromettent l'avenir de la race ! Les jeunes poussins frappent sans pitié le petit frère déplumé et chétif ; le père et la mère fauvette n'ont de soin que pour le coucou qu'ils ont couvé sans le savoir et délaissent pour celui-là, plus gros que les autres, leurs véritables enfants ; le chat maigre n'est jamais caressé et les camarades bien portants s'écartent de lui. Il en est de même des anormaux : la haine active de toute la communauté et des hordes voisines l'enserre dans ses réseaux et il est rare qu'il en réchappe. Qu'un poulet ait à la patte un doigt de plus que le compte réglementaire : sans être forte en mathématiques, sa mère s'en apercevra bientôt et, avant qu'il soit adulte, si l'on n'y met ordre, son compte, à lui, sera réglé par les camarades ; les veaux à deux têtes et les moutons à cinq pattes ont de la veine de mourir en naissant, car ils seraient plutôt très mal venus dans n'importe quel troupeau d'encornés ou de laineux.

Chez les sauvages, de telles attitudes sont plus difficiles à observer ; pourtant quelques faits identiques permettent d'induire que, dans leurs sociétés aussi, ces règles spartiates ne souffrent pas d'exceptions.

Si les merles blancs sont si rares, c'est moins parce qu'il en naît peu que parce que les autres oiseaux du taillis, geais et corbeaux, à défaut des parents, se chargent de les exécuter sans délai.

Les corbeaux surtout sont de terribles justiciers qui n'admettent, même chez les tribus voisines, aucun écart à la norme. On les a vus, dans certains cas, malgré leur terreur du fusil qu'ils connaissent bien, se faire les auxiliaires de l'homme : un sansonnet albinos fut ainsi cerné et tiré par des chasseurs auxquels des corbeaux, croassant formidablement, servaient de rabatteurs volontaires et conscients.

Chose bizarre, l'animal distingue toujours l'estropié de naissance de l'accidenté : ce dernier ne perd rien de sa valeur auprès des camarades de l'un ou de l'autre sexe pour avoir laissé dans une bagarre quelconque un œil, une patte ou une oreille, et je crois que La Fontaine s'est moqué de son public quand il nous a narré l'aventure de ce renard honni de ses compères pour avoir perdu sa queue dans une bataille.

Toutefois, chez les sauvages, il existe encore un autre genre de parias : ce sont ceux qui, pour une raison quelconque, volontaire ou non, ont approché l'homme : l'oiseau qui s'est évadé de sa cage, le renard ou le blaireau qui brisent leurs liens, tous ceux qui, plus ou moins domestiqués déjà, reprennent la clef des champs ou des bois, deviennent pour les autres sauvages, pour les purs, des sujets de répulsion et d'horreur, au moins pour un temps.

Inutile au malheureux de s'expliquer, son odeur parle pour lui. Les nègres [*sic*] d'Afrique prétendent que les Européens sentent la mort, les sauvages de nos forêts doivent penser sans doute que ceux qui ont touché à l'homme gardent un parfum de trahison et de crime. La domestication de quelques transfuges devenus des auxiliaires précieux pour l'animal à deux pattes justifie jusqu'à un certain point cette opinion ainsi que la coalition générale contre celui qui s'est frotté à l'homme. Tant que cette odeur n'a pas disparu, il est traqué et poursuivi impitoyablement.

Bonnes gens qui vous bouchez le nez d'un air dégoûté en passant devant les grottes des renards au Jardin des Plantes, soyez persuadés que ces messieurs Goupils, de même que leurs voisins, vous le rendent bien.

L'Homme libre, n° du 18 juillet 1914

Les Trois Valets, un scénario inédit de Ludovic Halévy

Jean-Claude Yon

Ludovic Halévy (1834-1908) a formé avec Henri Meilhac (1831-1897) un couple dramatique qui a tenu dans la vie théâtrale des années 1860 et 1870 une place de tout premier plan. Si la postérité a surtout retenu leurs livrets pour Offenbach (*La Belle Hélène*, *La Grande-Duchesse de Gérolstein*, *La Périchole*, etc.), les deux auteurs ont également triomphé avec des pièces comme *Froufrou*, *Tricoche et Cacolet*, *Le Réveillon*, etc. Leur rôle dans l'évolution des formes théâtrales n'est pas à négliger car, en prenant le contrepied de la « pièce bien faite » chère à Scribe, ils ont préparé le théâtre d'avant-garde de la fin du siècle. Joués avant tout sur les théâtres secondaires (Variétés, Gymnase, Palais-Royal), ils ont également cherché à conquérir les scènes officielles, à vrai dire sans grand succès – même si c'est paradoxalement le livret de *Carmen*, créé à l'Opéra-Comique en 1875, qui s'est révélé à long terme leur plus grand titre de gloire. Avant cette collaboration avec Bizet, Meilhac et Halévy avaient juste donné un ballet et une cantate pour la fête du 15 août à l'Opéra en 1864 et une comédie en un acte à la Comédie-Française en 1873. Ce n'est pourtant pas faute d'avoir essayé de se faire jouer sur les scènes impériales. Dès 1861, les deux auteurs ont en projet à la salle Favart avec Offenbach un opéra-comique en deux actes *Fédia ou la Baguette*. Le musicien espère avec cette œuvre effacer l'humiliation causée par l'échec de *Barkouf* en décembre 1860. L'ouvrage entre en répétitions durant l'automne 1862 mais sa préparation est brutalement interrompue pour des raisons qui n'ont pas à ce jour été élucidées.

C'est vraisemblablement dans ce contexte qu'est rédigé le scénario qu'on lira ci-dessous. On peut penser qu'il a été conçu pour permettre à Meilhac et Halévy d'être joués salle Favart malgré l'échec de *Fédia*. Si Meilhac n'est pas intervenu sur le manuscrit, rien ne dit qu'il n'aurait pas co-signé l'ouvrage si celui-ci était passé du stade de scénario à celui de manuscrit complet et de celui de manuscrit à celui de pièce mise en répétitions puis jouée. Sous le Second Empire comme auparavant, l'Opéra-Comique – qui donne des représentations tous les jours – met très souvent à l'affiche des pièces en un acte. De 1860 à 1862, sur les vingt-trois ouvrages créés (hors cantates), treize sont des opéras-comiques en un acte dont trois repris au répertoire du Théâtre-Lyrique (on compte aussi dans ce corpus une partition posthume de Donizetti, *Rita*, et un livret posthume de Scribe, *La Beauté du diable*). C'est dire si ce scénario, s'il s'était transformé en une pièce complète dotée d'une partition, avait de bonnes chances d'aboutir à une création sur la scène du Théâtre Impérial de l'Opéra-Comique. Aucun document, dans l'état actuel de la recherche, ne permet de comprendre pourquoi

Ludovic Halévy, portrait par Lhéritier. BnF, Gallica.

Halévy a abandonné ce projet. Le scénario a-t-il été soumis à la direction de l'Opéra-Comique ? A-t-il été proposé à un compositeur ? Les noms d'artistes envisagés pour créer les rôles correspondent en tout cas à la troupe de la salle Favart au début des années 1860, ce qui permet de le dater de ces années.

Totalement inédit, ce scénario mérite d'être redécouvert tant pour sa valeur propre que comme document aidant à comprendre le processus de création d'un ouvrage lyrique au XIXe siècle. En le lisant, on retrouvera tout l'art de Meilhac et Halévy, habiles à trousser une intrigue. Le choix de l'époque de la Régence renvoie à la fascination du XIXe siècle pour le siècle qui l'a précédé et donne un vernis libertin à l'intrigue. L'auberge constitue un décor classique. Bernard, l'aubergiste, est un personnage stéréotypé mais son étonnement à ne pas voir arriver la marquise est amusant. La rencontre de Gaston et de Michelin, tous les deux déguisés en valet, fait songer à celle de Bobinet et Gardefeu au début de *La Vie parisienne*. Le fait qu'Henri de Semage ait lui aussi pris un habit de domestique – d'où les trois valets du titre – est une trouvaille, riche en quiproquos comme le dialogue à la scène 13 entre Henri et Michelin. Ninette, la soubrette, est un personnage intéressant qui participe à l'évolution de l'intrigue. L'ouvrage se termine par une scène de repas assez développée. Le final est sans doute le passage le moins réussi car l'action est dénouée de façon très plate. On peut supposer que ce dénouement aurait été modifié si le travail avait été poursuivi.

Encore plus intéressant peut-être est le statut de ce scénario qui, on le voit bien, présente une intrigue pas encore totalement au point (par exemple dans la scène 6 lorsque les deux prétendants évoquent Marguerite en l'appelant Mme de Semage avant de savoir qu'elle est mariée ou dans la scène 9 assez confuse ou encore dans la scène 13 où est annoncé un trio qui est de fait un duo qui ne se transforme en trio qu'à la scène suivante). Ce document préparatoire permet surtout de mesurer le soin apporté à concevoir les huit numéros de la partition. En excellent librettiste qu'il est, Halévy – qui du reste hésite à trois reprises entre couplets et duo – invente des numéros musicaux qui font avancer l'action. On n'a pas de mal à imaginer tout ce qu'aurait pu tirer un compositeur talentueux du quatuor n° 3 et du quintette n° 7. Le scénario, par ailleurs, offre des bouts de dialogues qui ne demandent qu'à être complétés et, au final, l'ensemble offre une image assez suggestive de ce qu'aurait pu donner la pièce une fois écrite et montée.

Pour transcrire ce scénario, nous avons

suivi de façon fidèle le manuscrit : ponctuation, majuscules, soulignements, etc. On ne s'étonnera donc pas de quelques incohérences, Halévy oubliant par exemple deux fois de souligner les noms des personnages après l'indication de la scène. Par souci de lisibilité, nous avons malgré tout ajouté quelques points d'interrogation entre crochets. Quelques mots sont restés illisibles, heureusement sans grande conséquence.

SCENARIO

Les Trois Valets
opéra-comique en un acte

Personnages
[nom illisible] **Henri de Semagez** 25 ans
[nom illisible] **Marguerite de Semage** sa femme, 22 ans, veuve du marquis de Valonay et portant pendant la pièce le nom de marquise de Valonay
[Ponchard Ste-Foy] **Gaston de Villiers** 30 ans
[Prilleux] **Michelin** fermier général 50 ans
[Lemaire] **Bernard** aubergiste
[Lemercier] **Ninette** femme de chambre de la marquise

La pièce se passe en 1720 dans un petit village de France près de la frontière d'Italie.

La scène est dans le grand salon de l'auberge de Bernard.

Scène Première
Bernard, deux garçons d'auberge

Quelle grande journée pour moi, dit Bernard. Une grande dame, une marquise de Valonay honore aujourd'hui mon hôtellerie de sa présence ! Tout est-il bien en ordre [?]

Un bruit de voiture se fait entendre au dehors.

Bernard court à la fenêtre – Ce n'est pas la marquise ! – Un grand seigneur descend d'une chaise de poste attelée de quatre chevaux.

Scène Deuxième
Bernard, Gaston, les deux garçons d'auberge

C'est bien ici que doit descendre la marquise de Valonay [?], demande Gaston – Ici même – Voulez-vous gagner dix louis facilement ? – Certainement oui – Donnez-moi les habits et la place de l'un de vos garçons – Avec plaisir – Et quand madame la marquise arrivera chargez-moi seul du soin de la servir – Je ne sais si je puis...

Bernard consent. Un nouveau bruit de voiture se fait entendre. Gaston passe dans un cabinet dont la porte ouvre à droite emmenant avec lui un des garçons avec lequel il va changer de costume.

Scène Troisième
Bernard, Michelin, un garçon d'auberge

Nouvelle surprise de Bernard – Ce n'est pas encore la marquise ! – C'est un second grand seigneur ! – ce que Gaston a demandé Michelin le demande à son tour – L'étonnement de Bernard va croissant – Michelin aussi veut être placé au service de la marquise – Comment Bernard pourrait-il refuser de se prêter au désir de Michelin ; Gaston offrait dix louis, Michelin en offre vingt.

Michelin entre dans le cabinet de gauche avec le second garçon d'auberge.

Scène Quatrième
Bernard seul

Bernard se demande si sa conduite est parfaitement digne d'un honnête hôtelier mais après tout jamais une conscience d'hôtelier n'a valu plus de trente louis.

Scène Cinquième
Bernard, Gaston

Gaston revient habillé en garçon d'auberge ; veste blanche, pantalon tablier blanc et bonnet de coton – Attendez ici, lui dit Bernard ; dès son arrivée la marquise y viendra – Bien, dit Gaston, mais ne pouvez-vous pas me donner un aide plus entendu [*sic*] que moi aux choses de la cuisine et de l'office [?] – Tenez, lui répond Bernard, voici votre compagnon – (Et il lui montre Michelin qui rentre sous le même costume que Gaston)

Scène Sixième
Gaston, Michelin
Duo des deux domestiques

[en marge : 1° Duo]

Quelque butor, se dit Michelin – Quelque rustre de campagne, pense Gaston – Ne nous trahissons pas et jouons bien notre rôle de domestique – Pour se donner le change l'un à l'autre ils exagèrent le langage et les manières des paysans et poussent à l'extrême cet amour de la vraisemblance. Ils en viennent aux injures et aux coups. Au moment où la querelle devient tout à fait sérieuse, ils se regardent, se reconnaissent, ils se sont rencontrés vingt fois au Palais-Royal chez le régent et se racontent leurs histoires.

Tous deux aiment la marquise, tous deux apprenant son départ pour Florence l'ont poursuivie espérant la toucher par cette preuve d'amour.

Mais le voyage de M. de Villiers se complique d'une mission : l'abbé Dubois l'a chargé d'arrêter le comte Henri de Semage qui, soupçonné d'être l'auteur de couplets satiriques contre le régent, s'est enfui de Paris prenant la route d'Italie. Gaston ne connaît pas M. de Semage, il laisse d'ailleurs à ses gens qui gardent la frontière le soin de l'arrestation de M. de Semage.

Faisons-nous loyalement la guerre, se disent les deux prétendants ; nous sommes méconnaissables aux yeux de Madame de Semage [*sic*] sans poudre et sous ces bonnets de coton ; ne nous trahissons pas et que le vaincu reste l'ami du vainqueur.

Une nouvelle chaise de poste s'arrête devant la porte de l'auberge.

Cette fois c'est bien Marguerite.

Michelin et Gaston se retirent ; ils veulent ne se montrer [*sic*] que plus tard.

Scène Septième
Marguerite de Valonay, Bernard, Ninette, Henri de Semage (ce dernier en grande livrée se tient respectueusement au fond de la scène.)

Réception empressée de Bernard. – Il regarde Henri avec inquiétude : la marquise a un domestique : mes deux protégés seront volés : enfin, ils m'ont payé, se dit l'aubergiste.

Marguerite annonce ne devoir rester que quelques heures ; elle envoie Henri commander des chevaux pour le départ, elle lui parle avec une certaine dureté.

Marguerite renvoie Bernard ; quand je voudrai dîner, je sonnerai, dit-elle, on me servira ici.

Scène Huitième
Marguerite, Ninette

[en marge : N°2 Couplets de Marguerite ou petit duo avec la soubrette]

Ninette ne comprend rien à cette fuite de Paris – Comment, Madame, vous si belle, si riche, si entourée d'adorateurs, quitter la cour au moment des fêtes et des bals.

Air de Marguerite

Tout ce bruit la fatiguait, il lui faut le bonheur, le repos, & –

Ninette ne renonce pas à son étonnement. Puis elle se plaint de Pierre, le domestique qui voyage avec la marquise. – Te ferait-il la cour [?], demande Marguerite avec quelque inquiétude – Bien au contraire, Madame, il ne m'adresse pas la parole, & –

Marguerite veut dîner, elle sonne.

Paraissent à chacune des portes de droite et de gauche Michelin et Gaston.

Scène Neuvième
Les mêmes, Gaston, Michelin
*Quatuo*r

[en marge : 3° Quatuor]

Deux domestiques, quel luxe ! disent Marguerite et Ninette. – Puis en les regardant Ninette éclate de rire – Voyez, Madame, la ressemblance – Marguerite ne reconnaît pas – Ninette lui nomme Gaston de Villiers et Michelin – Il y a quelque chose, répond Marguerite, mais ces garçons-là sont mieux ; et qu'ils étaient ridicules ces deux soupirants de Paris dont tu me parles.

Ici des couplets pour les deux femmes – Premier Couplet sur Gaston ; deuxième couplet sur Michelin. – même refrain

Gaston et Michelin sont forcés d'accepter un louis que la marquise leur donne.

Ils sortent pour apporter le dîner sans avoir pu se déclarer ; ils se sont intimidés [*sic*] constamment l'un l'autre.

Ninette les suit – Montrez-moi l'office et la cuisine, leur dit-elle. – Ils ne connaissent la maison ni l'un ni l'autre.

Ils s'emmènent l'un l'autre [*sic*] ne voulant pas que la marquise pût un moment rester seule avec l'un deux.

Au moment où ils sortent revient Henri. – Ah, celui-ci n'est pas à craindre, au moins, c'est un vrai domestique.

Scène Dixième
Marguerite, Henri

[en marge : 4° Couplets de Henri ou Duo entre lui et Marguerite]

Enfin je puis embrasser ma femme, s'écrie Henri en se voyant seul avec Marguerite – et il l'embrasse.

Duo

L'avenir est plein d'espérances, & en Italie nous trouverons le bonheur et la liberté & –

Henri de Semage a épousé secrètement Marguerite avant son départ pour [*sic*] Paris. Forcé de fuir la colère du régent il espère pouvoir quitter la France sous le déguisement de domestique de sa femme. Marguerite s'enfuit sort en entendant revenir Gaston et Michelin – Voici vos confrères, dit-elle à Henri, étudiez-les et apprenez le service.

[en marge : on apprendra le mariage qu'à la dernière scène apprendre le mariage à cause de la scène des confidences]

Scène Onzième
Henri, Gaston, Michelin, Ninette

Gaston et Michelin arrivent chargés de vaisselles et de plats. Ils redescendent chercher les nappes, les couteaux et les fourchettes. Henri et Ninette restent seuls.

Scène Douzième
Henri, Ninette

[en marge : 5° Duo de Suzette [*sic*] et de Henri]

Ninette demande une explication à Henri.

Ici, Duo ou Couplets de Ninette

Votre conduite est indigne, Monsieur Pierre, lui dit-elle ; je n'y peux plus tenir, la colère m'étouffe ; comment depuis Paris pas un baiser, pas un compliment – c'est une infâmie ! Je suis jolie, pourtant. – Soyez un peu amoureux, je vous en prie ! Faites-moi la cour ! Nous avons encore une journée de voyage, je mourrai d'ennui en route si vous ne vous décidez [pas] à m'adorer.

Le retour de Michelin vient tirer Henri d'embarras. Michelin envoie Ninette à l'office et reste seul avec Henri.

Scène Treizième
Michelin, Henri

[en marge : 6° Grand Trio des trois hommes / scènes 13, 14 et 15 huit mots illisibles]

Michelin montre à Henri une bourse bien garnie – Eh l'ami, lui dit-il, ceci ne déplairait pas à un pauvre diable comme toi – C'est bien vrai ! – Eh bien, tu peux le gagner facilement – Et comment ? – Tu as une bonne figure et je veux avoir confiance en toi – C'est trop de bonté –Je vais te révéler un grand secret : je ne suis nullement garçon d'auberge. Je suis Michelin, le fermier général – Ah, bah ! – J'aime ta maîtresse à en perdre la raison – Ah, bah ! – Je la suis en poste depuis son départ de Paris – Ah, bah ! – C'est pour approcher d'elle que j'ai pris ce déguisement – Ah, bah ! – On dirait que cette intrigue t'intéresse – Je ne saurais vous dire à quel point – Eh bien, ce n'est pas tout ; il est encore un autre secret, celui que tu prends pour mon camarade n'est pas... Ah, diable ! Et mon serment de ne pas trahir son incognito ; enfin voici la chose : il faut que ce soir pendant le dîner tu écartes de cette pièce ce grand flandrin de domestique qui sert avec moi et que tu trouves le moyen de me ménager un quart d'heure de tête à tête avec la marquise ; si tu réussis, il y a pour toi dix louis de récompense – Je tâcherai de les gagner, répond Henri.

Rentre Gaston toujours chargé d'assiettes.

Scène Quatorzième
Les mêmes, Gaston

Gaston à Michelin : on vous demande à l'office, on a besoin de vous ; allez et dépêchez ; Madame la marquise doit s'impatienter ; elle attend son dîner depuis une heure. – Michelin descend.

Scène Quinzième
Henri, Gaston

Tout en mettant le couvert, Henri et Gaston jouent exactement la scène qui a précédé entre Henri et Michelin – Je ne suis pas domestique, je suis le comte Gaston de Villiers ; si tu veux me servir je te récompenserai largement ; pendant le dîner retiens loin de cette salle ce gros garçon d'auberge qui est toujours sur mes talons. – Henri consent.

Ninette et Michelin reviennent apportant les plats du premier service. – Ninette va prévenir Marguerite.

Scène Seizième
Les mêmes, Marguerite, Ninette, Michelin

[en marge : 7° Quintette / chanson de paysan / Double déclaration]

Marguerite prend place à la table servie : Henri se tient impassible derrière elle, Michelin et Gaston la servent avec empressement.

Quintette

Ninette cherche à distraire sa maîtresse – Madame, dit-elle à Marguerite, ces garçons doivent savoir des chansons du pays, demandez-leur de vous chanter quelque chose – Et voici Gaston et Michelin forcés de chanter à eux deux une ronde de paysans – Marguerite rit aux larmes. – Le dîner se poursuit – Enfin Michelin et Gaston ne peuvent plus résister à leur passion ; ils se jettent tous deux aux genoux de Marguerite et lui déclarent leur amour. Étonnement de Marguerite. Elle regarde Henri. Lui est toujours impassible – Ninette est ravie – Vous avez eu beau faire, Madame, dit-elle à Marguerite, il y a des amoureux partout et quel bon exemple pour vous, ajoute-t-elle en s'adressant à Henri. Marguerite demande pour répondre aux demandes pressantes de Gaston et de Michelin quelques minutes de réflexion ; elle renvoie tout le monde en ne retenant que Henri.

Scène Dix-septième
Marguerite, Henri

Il n'est qu'un moyen de sortir de cette sotte situation, Henri – Et lequel [?] – Mettez-vous à cette table et dînons – que signifie ? – Je vais tout avouer à ces Messieurs, il n'y a rien à craindre d'eux ; je les connais pour de galants hommes. Vous allez vous nommer et tout sera dit. J'échapperai ainsi à de déplorables poursuites et je me tirerai d'une situation quelque peu compromettante. – Soit, dit Henri.

Scène Dix-huitième et dernière
Les mêmes, Michelin, Gaston, Ninette

[en marge : 8° Final]

Je vous présente mon mari, Monsieur le Comte Henri de Semage – Au nom du roi je vous arrête, dit Gaston à M. de Semage – Moi – Vous !

Final

Tout est perdu, s'écrie Marguerite ; laissez-nous fuir, Monsieur, dit-elle en suppliant Gaston – [Cinq mots illisibles rayés] Eh bien partez, répond celui-ci. [Une phrase illisible rayée] Je ne vous pas ai pas rencontré ; c'est dans ma chaise de poste que vous passerez la frontière ; vous éviterez ainsi toute poursuite et toute recherche.

[en marge : Départ. Michelin enlève Marguerite avec Henri sur le siège]

Source : Bibliothèque nationale de France, département des manuscrits, NAF 19805, folios 120 à 126.

Ludovic Halévy, photographie, tirage de démonstration. Atelier Nadar, 1910. BnF, Gallica.

Molière, 1620 [sic]-1673, lithographie de Barry. Imp. Bertauts, Paris, 1840. BnF, Gallica.

Un hommage à Molière en 1854

Jean-Claude Yon

En cette année où les quatre cents ans de la naissance de Molière font l'objet de nombreuses manifestations, on peut se souvenir que c'est au XIXe siècle que le culte de l'auteur du *Misanthrope* a pris une ampleur particulière (pour plus de détails, on consultera avec profit l'ouvrage collectif *Molière des romantiques* publié en 2018). Si ce culte a été particulièrement développé sous la Troisième République, il avait été largement initié auparavant, comme en atteste l'inauguration de la Fontaine Molière rue de Richelieu en 1844. Dès 1821-1822, on avait pris l'habitude de célébrer le 15 janvier la naissance de l'écrivain (ou plus exactement la date de son baptême à l'église Saint-Eustache). Cette célébration prit un éclat particulier à partir de 1854 – année où à l'initiative de Berthier, danseur à l'Opéra, l'association des artistes dramatiques invita la société des auteurs et compositeurs dramatiques (SACD) à fêter ensemble Molière.

L'intercession du baron Taylor (1789-1879), à l'origine des principales associations littéraires et artistiques du XIXe siècle, facilite l'organisation de ce premier « banquet de Molière ». Taylor préside, flanqué à sa droite de l'auteur dramatique Eugène Scribe (1791-1861) et à sa gauche de l'acteur Joseph-Isidore Samson (1793-1871). Le premier a été le fondateur de la SACD en 1829, le second – sociétaire de la Comédie-Française – a créé avec Taylor l'association des artistes dramatiques en 1840. Les deux hommes peuvent réclamer chacun une part de l'héritage de Molière, écrivain et comédien. C'est d'ailleurs dans ce sens que Taylor les apostrophe dans son discours. « Après Dancourt, Lesage, Picard, toi, Scribe, toi qui continues si légitimement cette renommée universelle du Théâtre-Français », dit-il en se tournant vers son voisin de droite ; « et toi, Samson, artiste dramatique, fils célèbre de ce théâtre fondé par Molière, théâtre qui a si admirablement contribué à perpétuer ce nom illustre », ajoute-t-il à l'attention de son voisin de gauche. C'est bien en héritiers de Molière que Scribe et Samson sont amenés à s'exprimer.

L'enjeu n'est pas exactement de même nature pour les deux hommes. En honorant Molière, Samson cherche avant tout à valoriser la condition de l'acteur, encore sujette alors à bien des *a priori*. Il le dit clairement : « Shakespeare et Molière sont deux noms que les comédiens opposent avec orgueil à leurs ennemis, aux partisans surannés d'un préjugé barbare, d'une flétrissure sociale peut-être trop lente à s'effacer entièrement. » Si Samson, qui parle après Scribe, reconnaît que le premier discours revenait de droit au président de la SACD, il fait de son intervention à la gloire du « grand auteur-comédien » un plaidoyer en l'honneur de sa profession. Il en va autrement pour Scribe lequel, en 1854, voit son étoile pâlir à Paris et qui a sans doute trouvé dans cette cérémonie un certain réconfort. Après avoir vanté l'universalité du génie de Molière en s'appuyant habilement sur une citation de l'acteur anglais David Garrick (1717-1779), le vieil auteur – il a déjà fait jouer à cette date près de 400 pièces – loue la collaboration entre auteurs et comédiens et se laisse aller à une intéressante confidence sur les « émotions du théâtre ». Fier de la place tenue par le théâtre dans la société, il rend hommage à l'activité d'auteur dramatique de Samson (*La Belle mère et le gendre*, 1826 ; *La Famille Poisson*, 1845) et rappelle l'action caritative menée par les deux sociétés. « Molière vient d'être loué dignement par un de ses plus dignes héritiers », constate Samson dans son discours. Scribe était à coup sûr conscient de l'importance de sa prise de parole, comme en attestent les nombreuses corrections effectuées sur le manuscrit que nous reproduisons ci-dessous. Son discours a été publié dans la presse, avec de très légères modifications par rapport au manuscrit.

Il est à noter que, le 15 janvier 1854, d'autres discours ont été prononcés. Frédérick Lemaître s'est ainsi très brièvement exprimé pour porter un toast à la « plus vaste intelligence qu'ait produit [*sic*] l'humanité » et réclamer que tous les théâtres puissent jouer du Molière (ce qui a été rendu possible dix ans plus tard par le décret sur la liberté des théâtres du 6 janvier 1864). Le banquet de Molière a continué à être organisé jusque dans les années 1880, avant d'être concurrencé par diverses autres initiatives.

(au banquet de la société des artistes dramatiques) 15 janvier 1854

Messieurs,

Il y a aujourd'hui deux cent trente-deux ans que dans l'arrière-boutique d'une maison située sous les piliers des Halles venait au monde le fils d'un marchand tapissier, enfant obscur destiné par sa naissance à l'état paternel, appelé par son génie à instruire et charmer sa ville natale, sa patrie et le monde entier ; ~~talent admira~~, poète, philosophe et moraliste, talent ~~le premier~~ le plus rare et le premier de son siècle, dans le siècle le plus célèbre de tous ceux qui ont illustré la France ! génie créateur et sans modèle, ~~le seul à qui l'antiquité n'ait rien appris~~, le seul de son temps qui n'ait rien emprunté à l'antiquité, et le seul qui n'ayant pas eu de maître n'a ~~pas~~ eu non plus ~~de~~ ni rival ni ~~de~~ successeur... Molière ! Messieurs ! Molière que l'on nomme et devant qui l'on s'incline en silence car il y aurait orgueil ou témérité à l'un de ses plus humbles disciples d'oser ~~penser~~ croire qu'un seul de ses éloges puisse ajouter à la gloire du maître !

Ce qui assure à jamais celle de Molière, c'est qu'il est de tous les temps comme de tous les lieux, c'est que tous les peuples le réclament comme leur ~~patriote~~ compatriote ~~et c'est, dût en murmurer notre esprit national, que sa patrie à lui n'est pas seulement la France mais l'humanité toute entière.~~ Vous connaissez le mot de l'illustre étranger qui s'écriait : votre Molière est aussi le nôtre ! Après lui avoir donné la mission d'éclairer, d'amuser et d'honorer le genre humain, Dieu le lança au hasard du ciel sur la terre et c'est sur la France qu'il est tombé !

Celui qui parlait ainsi, Messieurs, c'était un comédien anglais ! C'était Garrick ! Tant il est vrai que de ce temps là déjà c'étaient comme aujourd'hui les plus habiles interprètes du maître qui savaient l'apprécier et le glorifier le mieux.

Charles Meryon, *Le Tombeau de Molière [au Père-Lachaise]*, estampe. Paris, 1854. BnF, Gallica.

Nous en voyons ici la preuve, Messieurs, dans cette fête donnée par vous en son honneur et où vous avez bien voulu nous appeler. Nous nous sommes empressés ~~d'accepter votre invitation~~ d'accourir, heureux de resserrer encore ainsi les liens qui unissaient déjà nos deux sociétés en les plaçant [quelques mots illisibles rayés] sous l'invocation de Molière, notre maître et notre patron à ~~nous~~ tous !

S'il est en effet deux arts faits pour s'estimer et s'entendre, ce sont ceux qu'il a résumés en lui et qu'il a honorés à jamais en les exerçant ! L'art de l'auteur dramatique et l'art du comédien. Depuis longtemps ~~de tout temps~~ ils auraient dû comme aujourd'hui contracter alliance et se tendre la main, par ne fût-ce que par reconnaissance mutuelle.

Oui, Messieurs, ce n'est pas parce que nous dînons chez vous, mais nous sommes forcés d'avouer que si parfois vous êtes nos débiteurs plus souvent encore nous sommes les vôtres ! ~~Car au théâtre le talent de l'écrivain n'a de va~~[…] ~~Car au théâtre l'art de bien dire vaut celui de bien faire. Le premier serait peut-être plus difficile si nous en jugions par / plus rare si nous en prenions à témoin Molière lui-même qui n'atteignit peut-être pas toujours dans votre art la perfection dépassée par lui / où il est arrivé dans le nôtre~~ !

Oui, Messieurs, et mes confrères ne me démentiront pas, ~~je déclare que~~ de toutes les émotions du théâtre, émotions qui ne peuvent se comparer à aucune autre et qu'on ne peut oublier quand on les a connues, émotions qui usent la vie mais qui la charment et l'enivrent, la plus douce de toutes est d'entendre, [mot illisible rayé], au milieu de la foule attentive, ~~sa pensée~~ son œuvre traduite par un ~~voix fidèle~~

interprète habile qui, s'inspirant de votre [mot illisible rayé] pensée et la faisant sienne, la devinant et la complétant souvent mieux que vous-même, [votre rôle] la rend non pas seulement telle que vous l'avez écrite, mais telle que vous l'aviez rêvée !

~~Et~~ ce bonheur, nous l'avons souvent éprouvé, Messieurs, et grâce à vous et personne ne s'en étonnera. Car à aucune époque, même à celle du grand siècle, l'instruction, les lumières, la connaissance de l'art et du théâtre n'ont été plus qu'aujourd'hui répandues ~~qu'aujourd'hui~~. Il est tels de vous [trois mots illisible rayés], nous l'avouons avec reconnaissance, dont l'expérience et les conseils sont pour nous inappréciables, tels de vous qu'on écoute avec bonheur, le soir et avec profit, le matin ; il est tels de vous enfin, soldats dans les deux camps, soldats heureux, soldats habiles, qui ont connu l'émotion des deux champs de bataille… ~~Il en est~~ Nous en connaissons beaucoup et des plus distingués, que je vois d'ici et que je pourrais citer, je les résumerai tous en un seul.

L'auteur de *La Belle-mère et le Gendre*, ~~l'auteur de~~ *La Famille Poisson*, votre confrère et le nôtre, car nous faisons comme Garrick, nous le réclamons : l'auteur de *La Famille Poisson* nous prouve chaque jour que l'étude assidue de Molière porte bonheur, que les bons vers deviennent contagieux et se gagnent. Fidèle imitateur du maître qu'il traduit, ~~comme Molière, il sait les dire, comme lui il sait les faire, et s'assimilant encore plus au maître qu'il traduit de toutes les manières~~ comme lui il a su mériter le succès du théâtre, l'estime du monde et l'affection de tous.

~~Ce n'était pas seulement par de bons ouvrages mais aussi par de bonnes actions que Molière s'était rendu célèbre~~. Molière se distinguait non seulement par de bons ouvrages mais encore par de bonnes œuvres. C'était le philosophe qui s'écriait en souriant : où la probité va-t-elle se nicher ? Mais c'était l'homme… l'homme de bien qui ce jour-là donnait la pièce d'or… et la donnait double au malheur !

De ce côté-là, Messieurs, vous avez voulu l'imiter aussi et votre généreuse association le prouve – association dont la nôtre est la sœur, ~~et le seul avantage qu'elle ait, son seul avantage~~, et le seul avantage de la nôtre, triste avantage entre sœurs, ~~c'est que la nôtre est~~ c'est qu'elle est l'ainée, l'ainée de vingt ans. Avant vous, nous avions voulu qu'une caisse alimentée par les plus riches vînt en aide aux plus pauvres, mais dans cette œuvre il nous manquait ce que vous avez eu le bonheur de rencontrer, un administrateur, un ministre des finances, un président, homme d'initiatives, de zèle et de ~~haute intelligence~~ cœur, qui a fait pour la bienfaisance ce que Carnot avait fait autrefois pour la victoire, il l'a organisée.

Ah ! Si comme les poètes l'affirment, et dussent-ils se tromper il est doux de les croire, s'il est vrai que ceux qui ne sont plus aiment à revenir aux lieux où on les aime, l'ombre de Molière doit se plaire aujourd'hui parmi ceux qui le chérissent, qui le révèrent, qui s'inspirent de son souvenir et nous, Messieurs, nous ses fervents adorateurs, nous tous, voués à son culte à des titres différents mais [réunis] par une même admiration, portons d'un commun accord le premier toast de ce banquet à notre maître à tous, à Molière.

À Molière ! Messieurs !

Source : Bibliothèque nationale de France, département des manuscrits, NAF 22541, folios 72 à 74.

Rouargue Frères, *Fontaine Molière*, Estampe. BnF, Gallica.
La Fontaine a été construite en 1844 en hommage à Molière, grâce à une souscription nationale. Elle se situe à Paris, rue de Richelieu.

L'ESPRIT DES LIEUX : TIVOLIS, BALS ET JARDINS DE DIVERTISSEMENT

François Kerlouégan

Où s'amusait-on à Paris au XIXe siècle ? Dans les cafés, cabarets et maisons de jeu, mais aussi – du moins au cours de la première moitié du siècle – dans ce que l'on appelait les « jardins de divertissement ». Installés dans les parcs d'anciennes demeures d'aristocrates, ces jardins, qui mêlaient manèges, jeux, attractions, buvettes, salles de bals, spectacles et illuminations, concrétisaient le désir du grand public de s'approprier les rituels festifs raffinés de l'aristocratie d'Ancien Régime. Dans sa *Physiologies des bals de Paris et des environs* (1845), Étienne de Champeaux explique en effet que, avant la Révolution, « on ne connaissait pas ce que c'était que les jardins publics ». Ce n'est qu'après la Révolution, poursuit-il, que « [l]e peuple voulut connaître à son tour les jouissances de cette noblesse que la loi venait de proscrire » : alors, « il pénétra dans ses hôtels [...], il en parcourut les délicieux jardins », où des entrepreneurs « ressuscitèrent, au profit d'une foule curieuse et avide d'émotions nouvelles, les fêtes qui ne s'y étaient données précédemment que pour un petit nombre d'élus. » Démocratisation de la fête, dont les tivolis, d'abord, qui regroupaient attractions et danse, furent la plus belle incarnation. Au milieu du siècle, le divertissement se centra sur la danse, et les bals proprement dits prirent le relais, délaissant les attractions, qui allaient être récupérées, sous le Second Empire, par les expositions universelles et, à la Belle Époque, par les premiers Luna Parks, ancêtres des parcs de loisirs d'aujourd'hui.

Notre excursion se fera en deux temps. Nous irons d'abord vers Saint-Lazare explorer les tivolis, qui, riches de leurs « parades en plein-vent » et de leurs « montagnes égyptiennes », connurent un succès monstre jusqu'en 1840. Nous nous égaillerons ensuite aux quatre extrémités de Paris, suivant en cela l'évolution du divertissement parisien au cours du siècle : place aux bals, au premier rang desquels ces institutions que furent le Château des Fleurs, le bal Mabille et le bal Bullier. En écrivant son *Précis historique sur les fêtes, les spectacles et les réjouissances publiques* (1830), l'artificier et entrepreneur Claude Ruggieri disait vouloir « communiquer le goût des fêtes ». Puissent nos deux promenades avoir le même effet !

Anonyme, *Les Montagnes Russes, ou la Passion du Jour*, 1816. Détail.
Paris Musées / Musée Carnavalet.

Des fausses ruines aux montagnes russes : l'épopée des tivolis

François Kerlouégan

DES FOLIES AUX TIVOLIS

Étouffé par les miasmes de la ville et animé par un désir de verdure, le Paris du XVIIIe siècle invente les « folies », ces domaines de plaisance où, autour d'un luxueux pavillon, se déploient d'immenses jardins (le mot « folie » désigne un « abri de feuillage ») prolongés par la campagne environnante, que certains privilégiés – aristocrates, grands bourgeois, fermiers généraux, courtisanes entretenues – se font construire aux portes de la capitale. Dès leur création, certains de ces parcs, où l'on trouve cascades, grottes, fausses ruines et pavillons chinois, à l'image du monde cosmopolite qui émerge et en résonance avec la botanique nouvelle, ouvrent au public, qui, moyennant un prix modique, peut en faire la visite.

Sous la Révolution, abandonnées par leurs propriétaires, les folies deviennent des biens publics. Mais, faute de pouvoir rétribuer paysagistes et jardiniers pour les entretenir, l'État les vend. Des hommes de spectacle s'en emparent, les ouvrant à un large public : elles deviennent des « jardins de divertissement » ou « jardins-spectacles ». Pour attirer des visiteurs plus nombreux que les amateurs de boutures, ces entrepreneurs font venir acrobates et funambules. On aménage des estrades pour les orchestres et des pistes pour le bal. Sous le Directoire, ces jardins, qui ne sont plus *seulement* des jardins, deviennent l'épicentre du divertissement à Paris, et ils le resteront jusqu'en 1840. Marque d'une appropriation de l'espace privé par tous, ils voient se croiser une foule grouillante et bruyante : muscadins et merveilleuses y côtoient petits bourgeois et nouveaux riches. L'époque, avide d'oublier une actualité politique tumultueuse, invente là une nouvelle manière de faire la fête.

L'un de ces premiers jardins de divertissement installés dans des folies, le Jardin Beaujon (anciennement Folie Beaujon, du nom du financier pour qui elle fut construite), situé à l'emplacement actuel des avenues Hoche et de Friedland, fait fureur dès son ouverture, en 1801, et ses « Promenades aériennes » ou « Montagnes françaises », ancêtres des montagnes russes, que l'on y érige en 1817, si célèbres en leur temps qu'elles inspirent à Scribe et Dupin le titre d'un vaudeville, font la joie du public jusqu'en 1824.

Cette sorte de jardins s'inscrit aussi dans le sillage des *vauxhalls* anglais, ces parcs dotés de pavillons, kiosques, cafés et salles de bal, qui fleurirent à Londres au milieu du XVIIIe siècle, et dont le nom provient de l'un d'eux, les Vauxhall Gardens, inauguré dans les années 1730. En plein air (vauxhalls d'été) ou dans une salle (vauxhalls d'hiver), ces lieux d'agrément connaissent un grand succès à Paris dans les

Caroline Naudet, *Jardin Beaujon. Montagnes françaises*, estampe, Édit. Veuve Chereau, Paris, 1817. BnF, Gallica.

dernières décennies du XVIIIe siècle. Le Vauxhall de Torré (du nom de l'artificier italien qui le conçoit), où sont donnés des spectacles pyrotechniques, ouvre près du boulevard du Temple (le percement de la rue de Lancry en 1777 le fera disparaître), le Vauxhall d'hiver, en 1769, à la Foire Saint-Germain (actuel quartier Mabillon) et le Vauxhall du Colisée, en 1771, aux Champs-Élysées.

Allons flâner dans l'un des plus célèbres de ces jardins-spectacles : Tivoli – ou, plutôt, *les* Tivoli, et même (ne craignons pas l'antonomase) les tivolis, car il y en eut quatre successifs, installés dans le même quartier, au nord de la Chaussée d'Antin et au sud de la barrière de Clichy, tous dans des parcs d'anciennes folies : le Tivoli (1795-1810), le Tivoli de la Folie-Richelieu (1810-1812), le Grand Tivoli (1812-1825) et le Nouveau Tivoli (1825-1842).

DE LA FOLIE-BOUTIN À LA FOLIE-BOUXIÈRE

À la fin des années 1760, le receveur des finances Simon-Charles Boutin se fait bâtir une folie sur un terrain (l'espace, vaste, est nettement visible sur les plans de Paris de l'époque), qui s'inscrivait entre les actuelles rues Saint-Lazare, d'Amsterdam, d'Athènes et de Clichy. Le domaine, connu sous le nom de Folie-Boutin, abrite un pavillon entouré d'un grand parc, que son propriétaire baptise « Tivoli » en hommage au jardin italien qui lui a servi de modèle. Le parc comprend trois jardins : à la française, à l'anglaise et à l'italienne. Rochers, rivière, ponts, îlots, serres, potager, verger, laiterie et basse-cour : le jardin, ouvert à la visite pour quelques hôtes choisis, étonne et séduit. Bachaumont, dans ses *Mémoires secrets*, écrit : « Le sieur Boutin [...] a entrepris de créer dans un faubourg de Paris un jardin singulier, où

Félix Fortuné Delarue, *Tivoli*, Charles Motte, Imprimeur-lithographe, 1827. Paris Musées / Musée Carnavalet

il rassemblera tout ce que la nature agreste et cultivée peut fournir de productions et de spectacles, en quelque genre que ce soit ». La bonne société, à la veille de la Révolution, s'y retrouve. Élisabeth Vigée Le Brun, familière de Boutin, évoque, quant à elle, « cette charmante maison placée sur la hauteur du magnifique jardin qu'il avait nommé Tivoli [...] au milieu d'arbres superbes, qui formaient de grandes et belles allées ». Et la baronne d'Oberkirch, qui le visite en 1782, s'exclame : « C'est un lieu de plaisance ravissant, les surprises s'y trouvent à chaque pas ; les grottes, les bosquets, les statues, un charmant pavillon meublé avec un luxe de prince. Il faut être roi ou financier pour se créer des fantaisies semblables. »

Boutin périt sur l'échafaud en 1794. Dès l'année suivante, son parc devient un jardin-spectacle doté d'attractions (cafés, bals, cabinets de verdure, mais aussi balançoires, bascules, manèges, spectacles de magie et de science, départs de montgolfières, etc.). Les feux d'artifice et les spectacles « pantomi-pyrrhiques » sont dirigés par un maître en la matière, le pyrotechnicien Claude Ruggieri, auteur, quelques années plus tard, d'un guide des lieux de fête parisiens où Tivoli... figure en bonne place. Le succès du parc est immédiat car, remarque son créateur, « après des temps si horribles, on cherchait avec l'empressement le plus vif tous les moyens possibles de dissipation et d'amusement ».

En 1800, Johann Georg Heinzmann, dans son *Voyage d'un Allemand à Paris*, écrit qu'on trouve à Tivoli « [d]e la musique, des salles à danser, des foires, des bosquets, des jets d'eaux, des perspectives, des pyramides, des berceaux, des labyrinthes, des comédies en plein air, des joueurs de gobelet, des arlequins, des bateleurs, des marchands de modes, des joueurs d'orgues et de violon, des chansonniers », avant d'ajouter qu'« il y a dans ce jardin même une bergerie, où des enfants en habit de berger gardent les troupeaux ». La nouveauté de Tivoli provient en effet de la juxtaposition de distractions diverses, réunies en un lieu unique, un peu à la manière dont le grand magasin, un demi-siècle plus tard, le fera avec les biens de consommation. Cette « capitalisation » du divertissement amène aussi celle du commerce sexuel : les bosquets de Tivoli deviennent un haut lieu de la prostitution.

En 1810, le Tivoli quitte la Folie-Boutin pour s'installer non loin de là, de l'autre côté de la rue de Clichy (qui n'était alors qu'une route arborée bordée de maisons basses), à nouveau dans le jardin d'une ancienne folie, la Folie-Richelieu, située à l'emplacement actuel du Casino de Paris et du Théâtre de Paris. Construite pour le maréchal de Richelieu vers 1730 afin d'abriter ses parties fines (des dîners en « costumes (?) adamiques », précise Jacques Hillairet !), cette folie reçut la visite de Louis XV et de la Pompadour, avant de tomber dans l'escarcelle, sous le Directoire, d'une merveilleuse, Fortunée Hamelin. Pendant deux ans, le Tivoli est donc là, avec quasiment les mêmes attractions qu'à la Folie-Boutin.

Deux ans plus tard, en 1812, le Tivoli regagne la Folie-Boutin et renaît sous le nom de Grand Tivoli. Ces années en marquent l'apogée. On y retrouve tout ce qui fit le succès des deux premiers tivolis : grande roue, manèges, montagnes russes, fantaisies pyrotechniques toujours plus extraordinaires (et toujours créées par Ruggieri), spectacles scientifiques, cafés, orchestres et pistes de bal. Dans *Mon voisin Raymond*, roman de jeunesse de Paul de Kock paru en 1822, le héros, Eugène Dorsan, se rend régulièrement à Tivoli (qui donne son nom au titre d'un chapitre), essentiellement pour séduire des grisettes. Le jardin y est ainsi décrit : « La musique, les illuminations, les jeux de toute espèce, le feu d'artifice, tout se réunit pour éblouir les yeux et flatter les sens ». Et De Kock d'évoquer, massée autour du « tapecu », de l'« oiseau égyptien » et de la « boutique à silhouettes », la « foule de bons bourgeois [...] contents d'avoir du plaisir pour toute la semaine ». C'est que le quartier est situé au-delà du boulevard et que, au milieu des jardins potagers et des petits lopins de terre, les guinguettes et cabarets sont moins chers qu'en ville et les manières plus détendues. C'est donc, tout logiquement, un public de petits-bourgeois, de commerçants et de lorettes qui fréquente ces parcs d'attraction et leurs abords.

Le 6 juillet 1819, lors d'une fête grandiose, Sophie Blanchard, première femme aéronaute, monte dans un ballon en forme de char, d'où il est prévu qu'elle lance des feux d'artifice, mais, « horrible catastrophe », « son char de triomphe » prend feu, tombe, heurte une cheminée d'immeuble et éjecte la malheureuse, qui meurt sur le coup (Ruggieri). Préfiguration symbolique de la chute du Grand Tivoli ? Car, sous la Restauration, le quartier commence à être loti. Les actuelles rues de Londres et d'Athènes (cette dernière s'appellera, jusqu'en 1881, rue de Tivoli) sont percées en 1826. La Folie-Boutin est démolie. Joseph Pain, dans ses *Nouveaux Tableaux de Paris* (1828), signe son acte de décès : « les bosquets de Tivoli ont disparu sous les moellons ».

La dernière incarnation de Tivoli aura lieu, urbanisation galopante oblige, plus au nord. C'est tout en haut de la rue de Clichy, sur la droite en montant (entrée au niveau de l'actuel 88 de la rue), qu'est inauguré, en 1825, le Nouveau Tivoli. C'est toujours une ancienne folie, la Folie-Bouxière, aussi nommée Pavillon La Bouëxière, véritable Petit Trianon s'étendant

Garnera, *Tivoli, La Folie du jour*, frontispice du t.2 du *Nouveau Diable boîteux*, an VII [1798-1799]. BHVP.
La gravure représente une fête au parc Monceau en 1798.

sur onze hectares, édifié pour le fermier général de La Bouëxière en 1760, qu'investit l'entrepreneur belge Étienne Robertson, féru d'aérostation et connu pour ses spectacles de fantasmagories. Il fait construire des salles de bal, des cafés, deux théâtres et un cabinet de physique. Son jardin est éclairé, ô modernité, au gaz hydrogène. Parmi les nombreux manèges, il y a les « Courses Éoliennes », montagnes russes sur le modèle de celles du Jardin Beaujon, ou plutôt « anglaises », comme on disait à l'époque. En 1831, on y installe – la mode vient elle aussi d'Angleterre – un tir aux pigeons.

VIE ET MORT DES TIVOLIS

Trop de succès tue le succès. Si le bal du Ranelagh (rotonde couverte située à La Muette, datant de la fin du XVIIIe siècle, détruite par les Russes en 1815, puis reconstruite en 1834 avant de disparaître à nouveau) a perduré, estime Edmond Texier dans son *Tableau de Paris* (1853), c'est qu'il fut dédié à une seule activité (la danse), tandis que les tivolis voulurent rassembler trop d'attractions diverses : le Ranelagh a survécu, constate-t-il, « pendant que Tivoli, Beaujon et Marbeuf ont succombé victimes de leurs programmes d'une variété trop fastueuse. Ils ont péri dans l'encombrement de leurs richesses, avec leurs orchestres d'harmonie, leurs chandelles romaines, leur ventriloquie, leurs ballons lumineux et leurs sorciers ».

De surcroît, les tivolis sont peu à peu, on l'a dit, grignotés par l'urbanisation. Le quartier Saint-Georges est loti sous la monarchie de Juillet, ce qui entraîne une transformation drastique et rapide du quartier. Le Nouveau Tivoli est contraint de fermer en 1842, en raison du percement des rues Ballu, de Bruxelles, de Douai et de Calais. En 1852, c'est la construction de la première église de la Trinité (avant la seconde, en 1861), puis les débuts de l'haussmannisation avec la création du quartier de l'Europe.

Une autre raison de leur déclin est que, dès la fin des années 1830, les tivolis ont perdu de leur lustre. Il faut à présent aux Parisiens des attractions moins rudimentaires, plus nerveuses. Désormais, c'est l'électrique boulevard et son flux permanent de sollicitations qui attire les foules. Toutefois, si le Nouveau Tivoli est le dernier des jardins-spectacles construits dans un parc d'ancienne folie, il n'est pas le dernier parc d'attractions, bien au contraire. Au milieu du siècle, l'institution qu'est le jardin d'amusements se divise en deux types de lieux, avec des activités différentes : d'un côté, les bals (le plus célèbre d'entre eux, le bal Mabille, fondé en 1831, est étudié dans l'article qui suit), qui reprennent la partie des tivolis consacrée à la danse, à la musique et aux consommations ; de l'autre, les parcs d'attractions proprement dits, qui récupèrent grandes roues, manèges et montagnes russes, et connaîtront une vogue immense, dans toute l'Europe et aux États-Unis, à partir des années 1870.

Mais les tivolis demeureront, durant une bonne partie du siècle, le mètre étalon à l'aune duquel seront évalués les lieux de distraction parisiens. Dans son *Tableau de Paris*, Edmond Texier, décrivant le Château-Rouge, bal public ouvert en 1847 dans un manoir aujourd'hui démoli mais qui a donné son nom au quartier de Paris situé à l'est de la butte Montmartre, évoque « ses feux d'artifice qui éclipsent les soleils de son devancier, l'ancien Tivoli ».

Des tivolis, il ne demeure aujourd'hui que quelques chétifs vestiges. Au 88 de la rue Saint-Lazare, là où s'étendait le premier Tivoli, s'élève un portail monumental : c'est l'ancienne entrée du siège de la compagnie du PLM, édifié en 1869 sur le terrain du parc d'attractions ; c'est à présent un ensemble d'immeubles de bureaux, rénové à grands frais en 2015 et pompeusement nommé… « Le Tivoli » (l'inscription resplendit au-dessus de la grille). À quelques encâblures, à l'emplacement du Nouveau Tivoli, dans le charmant square Berlioz, place Adolphe-Max, entre le boulevard et la rue de Clichy, ex-square Sainte-Hélène où trôna quelque temps une gigantesque statue de Napoléon dans le plus simple appareil, les arbres, parie Jacques Hillairet, sont encore ceux de la Folie-Bouxière. Maigres fétiches d'un temps révolu, que Baudelaire, un demi-siècle après les tivolis, célèbre à sa manière dans « Les Petites Vieilles », où, brossant le portrait d'anciennes courtisanes adulées réduites à l'état de momies anonymes perdues dans le Paris moderne, il chante l'une d'elles, fugitif emblème de sa mélancolie, par ces mots : « célèbre évaporée / Que Tivoli jadis ombragea de sa fleur ».

« Les pieds qui r'muent ».

La fièvre du samedi soir à Paris, de la monarchie de Juillet à la Troisième République

Jean-Didier Wagneur

Quand la fête échappe au comput des jours chômés, religieux ou laïcs, elle connaît un autre cycle non totalement découplé du travail, celui de la semaine. On n'attend plus la fête, on décide de la faire. Pour cela les industriels du divertissement de l'Ancien Régime ont mis à la disposition du peuple de nouveaux espaces baptisés Jardins, Tivolis, Vauxhalls. La Révolution avait vendu les biens de l'aristocratie, à commencer par ses demeures et jardins parisiens. La population a de la sorte investi symboliquement ces petites Bastille en se prenant pour le souverain, à la différence que l'entrée n'en était pas gratuite. Au lendemain de la Terreur et du Directoire au Premier Empire, Paris a connu la folie des jardins. Jardins à thèmes et à surprises, où l'expérience ultime était la lutte contre la gravité au double sens du mot – fous rires, mâts de cocagne, balançoires, montagnes russes, ascension aérostatique ou expérimentations périlleuses d'une invention alors souvent fatale : le parachute. On se fait peur pour se rassurer après la mémoire des journées noires de la Révolution et les exorciser en s'adonnant à d'autres frayeurs, plus ludiques, quoique vertigineuses.

La Restauration et la monarchie de Juillet marquent cependant une pause dans l'ouverture des jardins de loisirs : lassitude et nécessité du renouvellement, coût important des attractions, pression de l'immobilier. L'urbanisation exploite les surfaces des anciens Tivoli pour construire des immeubles ou percer de nouvelles rues, en témoigne la création en 1826 de la rue de Tivoli (aujourd'hui rue d'Athènes) et du passage Tivoli (aujourd'hui rue de Budapest). Dans tout jardin, il y a désormais une attraction davantage en vedette, le bal champêtre et la musique prennent désormais le dessus sur le tir au pistolet ou les descentes infernales. On cède à la « dansomanie » sous les frondaisons, le gaz et plus tard sous les lumières électriques, versions domestiquées des feux d'artifices et de Bengale.

En 1837, la Folie-Beaujon et ses promenades aériennes n'existent plus que dans une pièce de Dumersan et Rochefort, *La Folie-Beaujon ou l'Enfant du mystère*. Et le critique dramatique du *Figaro* de commenter : « aucun de nous qui ne se rappelle encore ce jardin Beaujon, où s'établirent les premières montagnes russes, qui était situé sur l'avenue des Champs-Élysées, en face du jardin Marbeuf, encore existant. Le jardin Beaujon est devenu depuis une de ces *cités* encloses dans Paris, où personne n'habite, et qui servent seulement à entasser des hypothèques et à constituer des cens de députés et d'électeurs » (30 décembre 1837). Les chariots des montagnes russes ont été démontés et, privés de leurs roulettes, sont recyclés en traîneaux pour accompagner les patineuses et les patineurs sur le canal Saint-

Hyacinthe, *Paris au bal. Le Ranelagh*, Camus, Imprimeur-lithographe. Paris Musées / Musée Carnavalet – Histoire de Paris

Martin. Non loin du Jardin Beaujon règne désormais le Château des Fleurs. « Tous les soirs, de 7h à 11h, promenades et concerts » annonce la publicité dans *Le Charivari* du 25 juillet 1847 :

> Le Château des fleurs justifiera pleinement son titre : établi dans une portion excellente, sur l'avenue des Champs-Élysées, en vue de l'Arc-de-Triomphe de l'Étoile, il sera chaque soir la halte naturelle au retour du Bois, il sera le bouquet digne de la ville de Paris, un bouquet de huit mille mètres carrés.
>
> Rien n'est épargné par l'administration pour satisfaire aux exigences des plus difficiles : Le Château des fleurs réunira les jeux de toute espèce ; il aura le tir au pistolet pour dames de Henry, les mélodies de Schubert et les glaces de Blanche ; bercé sur sa banquette, l'élégant désœuvré y trouvera, à la clarté d'une double illumination au gaz et en verres de couleurs, des femmes à regarder, de la musique à entendre, des fleurs à respirer. Un orchestre choisi, dirigé par Giuseppe Daniele, et des chanteurs d'élite, exécuteront les chefs-d'œuvre des grands maîtres et des morceaux inédits, expressément composés pour la circonstance.
>
> Le Château des fleurs est une excellente innovation à introduire en France, où pour entendre de la bonne musique, il faut s'étouffer dans les loges d'un théâtre ou sur les chaises d'un salon. — À l'étranger, il n'en est pas ainsi, et pendant certains étés de Londres, on a vu toute la fashion anglaise, les lords en bas de soie et les femmes en toilette de bal, venir s'asseoir sur l'herbe au Vauxhall ou à Surrey-Garden [...].

Son grand concurrent est alors le bal Mabille et tous deux, dans un article du *Ménestrel* de 1861, sont qualifiés de derniers jardins de Paris – nous nous permettons de le citer longuement tant il est emblématique d'une mutation :

> La génération actuelle n'a pas connu Tivoli, un vaste parc, situé tout au haut de la rue de Clichy, une sorte d'Éden qui, à une époque disparue, où nous avions bien réellement un été, défiait victorieusement, par la fraîcheur de ses ombrages, l'ardeur brûlante du soleil. Ce délicieux séjour, ouvert à tous les rangs de la société, à toutes les fortunes, jouit longtemps d'une juste renommée, d'une grande célébrité ; chacun venait chercher là, par une belle nuit, les distractions les plus variées, les jeux de toute espèce ; son jardin étincelait de feux aux mille couleurs ; dans ses vastes allées, on se promenait aux sons d'une enivrante musique, et l'on marchait, pour ainsi parler, de surprise en surprise ; la danse (car on dansait alors) ne cessait qu'au retour de l'aurore. — Tout cela ressemblait à un pays enchanté, à un pays créé par l'imagination fantastique d'Hoffmann.
>
> Hélas ! Tivoli n'est plus ! la *bande noire* a passé par là ; les marchands de pierres sont venus : — et maintenant, à la place de ces arbres centenaires,

sous lesquels nos enfants ont joué, à la place de ces méandres bordés de fleurs, où nous avons rêvé, on n'aperçoit que des maisons à cinq et six étages ; — pas le moindre brin d'herbe pour reposer nos yeux ! Eh bien ! ce qui est arrivé pour Tivoli arrivera inévitablement pour le peu de jardins publics qui nous restent. Paris, grâce à une volonté puissante, s'est agrandi, s'est embelli ; nos quartiers, privés d'air, se sont élargis, assainis ; le pauvre a du moins, aujourd'hui, sa part de soleil ! Mais si un jardin se trouve sur notre passage, si la spéculation (cette reine du moment) l'aperçoit, — adieu ces beaux arbres, ces fleurs, ces fontaines, ces gazons ! ils deviendront, en un instant, la conquête ou la proie facile d'une armée d'entrepreneurs et de maçons : « Paris se peuple chaque jour davantage, diront-ils.... bâtissons. » Voilà pourquoi je ne passe jamais devant Mabille et le Château des Fleurs sans trembler pour eux, sans les regarder avec tristesse, sans leur envoyer un mélancolique adieu. — Et, pendant ce temps, la foule insouciante et rieuse est là, ne se doutant pas qu'elle danse sur des décombres, au bruit joyeux de l'orchestre si vaillamment conduit par Olivier Métra, un digne élève plein de verve et d'entrain, du pauvre et bien regretté Adolphe Adam, pour qui la vie fut si rapide ! — ne se doutant pas que ces vieux arbres, si verts pour leur âge, disparaîtront peut-être bientôt ; — ne se doutant pas que ces fleurs se flétriront sans espoir d'un autre printemps, et que ces allées (bruyamment mystérieuses) n'entendront plus de doux propos menteurs!

En d'autres termes, ceci veut dire : Si vous ne connaissez pas Mabille et le Château des Fleurs, — ces deux derniers jardins de Paris, — allez bien vite faire leur connaissance, et vous serez enchantés de votre course. Tivoli a disparu, Mabille et le Château des Fleurs peuvent disparaître ; — je vous en avertis !

Mabille ne disparaîtra pas de suite et ne s'effacera jamais des mémoires tant il a été chanté, dessiné, caricaturé ou chroniqué.

MABILLE

Si le Château des Fleurs était plutôt familial, Mabille deviendra plus interlope et accueillera des femmes qui « gagnent à être connues », comme le disait ironiquement leur dessinateur Gavarni. Le bal Mabille est l'affaire d'une dynastie. Il a été fondé en 1831 comme un de ces nombreux bals de barrière mais cependant, constate Jean Rousseau, « ses mœurs [...] étaient plus décentes, et sa tenue [...] était plus correcte. [...] Pour tout le reste, Mabille ressemblait à la Reine Blanche, à l'Ermitage, au bal Constant et *tutti quanti* » (*Paris dansant*). En 1847, il passe entre les mains de Victor Mabille, le fils aîné, qui agrandit les jardins, aménage une salle spacieuse et richement décorée, crée un « café-divan » en style moresque et dote le bal de nombreux jeux, le tout éclairé par cinq mille becs de gaz. Il utilise la réclame pour promouvoir ce nouvel espace de plaisir, cherchant une clientèle plus aisée que la précédente. Tout bal ayant ses célébrités plastiques et dansantes, celles de Mabille deviennent de véritables vedettes, dont les noms résonnent dans les poèmes et la prose du siècle :

> On compte à Mabille, — suivant les époques différentes où elles ont rayonné, — jusqu'à trois générations de célébrités de l'un et l'autre sexe :
>
> Première génération. — Mesdames : Pomaré, Rose Pompon, Panache, Clara Fontaine, Bacchanal, Marie la Polkeuse, Céleste Mogador.
>
> Messieurs : Pritchard, Tortillard et Chicard.
>
> Deuxième génération. — Mesdames : Frisette, Rigolette, Marionnette.
>
> MM. le vrai Brididi, le faux Brididi, et encore Chicard.
>
> Troisième génération. — Mesdames : l'Écureuil, Jenny l'Hirondelle et Souris.
>
> MM. et toujours Chicard !
>
> Chicard est éternel. Voilà plus de vingt ans que Chicard danse à Mabille. Chicard n'est pas encore las ; il danse toujours. Le jour où Chicard s'arrêtera on pourra l'enterrer de confiance, — Chicard sera mort. (*Paris dansant*)

Anonyme, *Le Bal Mabille*, dessin, XIXe siècle. BnF, Gallica.

Le Quartier latin n'est pas en reste et s'honore de bals qui sont aussi entrés en littérature : bals d'étudiants, de bohèmes et de grisettes.

LA GRANDE CHAUMIÈRE

Le bal de la Grande Chaumière est alors un des derniers Tivolis. Il a pour origine le Jardin de la Grande Chaumière, bal créé en 1783 par l'anglais Tickson. On y créa en 1816 des « Montagnes suisses », 65 m de trajet : un ancêtre du *Ferrari World* d'Abou Dabi qui accélère en quatre secondes à 240 km/h et sur deux kilomètres. L'expression en vigueur à l'époque n'est pas « s'éclater » mais « se faire ramasser » :

> Après cet exercice, les sens étaient agités, les fibres d'amour vibraient violentes, le cœur battait, on s'appuyait plus mollement sur le bras du Cortéjo ; les endroits sombres et peu fréquentés étaient ceux qu'on préférait, et, que sais-je... plus d'une fois un galant malheureux dans ses entreprises auprès d'une vertu haut gourmée et de prise difficile, se servit de ce moyen, si inoffensif au premier abord, pour vaincre et triompher, et plus d'une femme en descendant de sa ramasse oublia sa vertu et déboutonna ses passions. Sagesse des hommes, pudeur des femmes, à quoi tenez-vous ? (Armand Pommier, *M. Lahire et la Grande Chaumière*)

On y ajouta aussi plus sagement des chevaux de bois.

En 1837, la Chaumière passa entre les mains de Lahire, personnage célèbre dans tout Paris. Toujours à l'écoute de ses « pratiques », « toujours bien mis, coiffé d'un chapeau d'une forme créée par lui, souvent retouchée, cet excellent M. Lahire possède une tournure *sui generis* qui ne s'oublie plus. Ses habitués, il les connaît presque tous. Il donne des conseils aux uns, reçoit les confidences des autres, réprime les écarts chorégraphiques de plusieurs et les porte tous au fond de son cœur. Souvent il lui arrive de prendre à part un jeune aspirant au doctorat et de lui rappeler, la montre sur le creux de la main, que l'heure d'aller retrouver Barthole et Cujas, Bichat et Andral a sonné depuis longtemps » (*M. Lahire et la Grande Chaumière*). M. Lahire était aussi marchand de vin en gros, lieutenant dans la garde nationale et montrait « avec orgueil dans un casier spécial, 108 thèses, dont 26 pour le doctorat » (*id.*) dont il avait été indirectement l'inflexible auxiliaire. La Grande Chaumière fut entièrement rénovée en 1844. Le bal en occupe l'essentiel et les « montagnes suisses » sont reléguées à son extrémité. Café, restaurant, salons tapissés de miroirs, larges allées bordées d'orangers, c'est un Éden parisien, ménageant l'intimité amoureuse et facilitant l'exhibition sociale. Les héros du jour, ce sont les danseurs et la « bande-son », le quadrille, la polka, la cachucha, le cancan. On s'y affronte en duels chorégraphiques et quand on est las, outre cafés et restaurants, il reste le billard chinois.

DE LA GRANDE CHARTREUSE À BULLIER

Bullier, c'est la Closerie des Lilas au 9 du carrefour de l'Observatoire, à la sortie du Luxembourg. Il a été établi sur un autre bal nommé « La Grande Chartreuse » que tenait Carnaud et qui était constitué d'une immense tente dite « marocaine ». Bal très bohème à lire Privat d'Anglemont qui a consacré au moins deux livres et un almanach à la description de ce haut lieu du *Quartier lapin* :

Ce bal était fréquenté par les collégiens qui faisaient l'école buissonnière, les grisettes de dix-sept ans, ignorantes de leurs charmes, qui, par cela seul, n'avaient encore ni la robe ni le chapeau voulus pour se lancer sur un plus grand théâtre ; les rapins des ateliers de peinture et de sculpture, beaucoup de chambrières, des soldats *en bordée*, quelques ouvriers *fashionables*, orfèvres et décorateurs de porcelaine, et une société fort mêlée, qui n'a pas encore de nom dans notre langue, c'est la grande famille des existences problématiques. (*La Closerie des Lilas*)

Bullier, déjà propriétaire du Bal du Prado (un bal d'hiver), fit l'acquisition de la Chartreuse et la transforma en « palais enchanté » en un mois. Il la baptisa d'abord Prado d'été (1838) puis Closerie des Lilas, mot mis à la mode par une pièce de Frédéric Soulié, *La Closerie des genêts*, donnée en octobre 1846. Le bal ouvrit en avril de l'année suivante. La Closerie

Gustave Doré, *1840 - Règne de la grande Chaumière, de Mogador et de Pomaré*, estampe, 1852. BnF, Gallica.

a eu un statut privilégié : ouverte été comme hiver, elle devint un lieu de rendez-vous offrant au Quartier latin comme une campagne à Paris.

LE CHÂTEAU-ROUGE ET LE RANELAGH

De l'autre côté de Paris règne un dernier parfum de Tivoli et un bal qu'on a souvent présenté comme un héritier.

En 1845, M. Bobeuf lance, Chaussée Clignancourt, le bal du Château-Rouge qui est devenu vite à la mode avec sa demeure centrale qui rappelait les anciens jardins du début du siècle. Un puff publicitaire fait de ce lieu celui des amours de Gabriel d'Estrées et d'Henri IV, rien n'est moins faux. Il deviendra un des bals les plus courus et entrera dans l'histoire, d'abord en 1847 par le banquet réformiste qui s'y est tenu, puis en 1871, par un épisode capital de la Commune : le général Lecomte y signa l'ordre d'évacuer la butte Montmartre, avant d'être fusillé.

Le bal du Ranelagh, lui, est quasiment un fantôme de l'Ancien Régime. Ouvert en 1774 dans les jardins du château de la Muette, il avait été fréquenté par Marie-Antoinette avant qu'il ne ferme ses portes. La duchesse de Berry

A. Provost, *Closerie des Lilas. Jardin Bullier*, estampe. Édit. Maison Martinet. BnF, Gallica.

les rouvrit pendant la Restauration. La bonne société le fréquenta à nouveau, puis il devint une annexe de la rue Bréda, avec ses lorettes et demi-mondaines, ce qui inspira une pièce à Siraudin, Édouard et Villeneuve, *Lorettes et Aristos* (Théâtre des Variétés, 31 août 1849).

CARNETS DE BAL

Combien de bals compte-t-on alors à Paris ? Des centaines et il est bien difficile de le calculer : il y a ceux du carnaval, la célèbre descente de la Courtille, les bals masqués et ceux champêtres dits d'été, ceux d'hiver dont certains sont minuscules et se déroulent à l'étage. On y vient de la Province en trains de plaisir et de l'étranger par bateaux. Les guides les cataloguent. Ils se superposent aussi à la segmentation sociale : peuple, gens de maison, haute et basse bohème, apaches, prostitution. Certains sont dangereux et parfois, passé minuit, se muent en spectacles pornographiques. Le *High life* s'y encanaille, les écrasés de la vie y lèvent la jambe cherchant dans cet espace neutre un spectacle jubilatoire, une évasion sociale et l'amour tarifé. Les bals ont eu rapidement leurs historiens comme Alfred Delvau avec *Les Cythères parisiennes, histoire anecdotique des bals de Paris*, qui est un de ses plus beaux livres, bordé par l'émotion des bals perdus de sa jeunesse. Aussi les bals sont-ils un sujet privilégié des petits journaux et de la librairie de masse. Ils ont eu même leurs journaux spécialisés. Le petit journal aborde le thème sous plusieurs formes, physiologies de bal, biographies des danseuses, nouvelles sentimentales, échos divers. Véritable marronnier de la petite presse, le bal contamine aussi la librairie sous la forme de petites monographies amusantes, proposées aussi à la vente à l'entrée des établissements. Il faut cependant avoir auparavant sacrifié à l'essentiel, aux cours de danse, comme celui de Cellarius qui publie *La Danse des salons* en 1849. La scène de bal s'inscrit aussi bien dans la fiction et l'estampe (Gavarni, Marcelin, Cham, Hadol, Gill) qu'en musique avec *La Symphonie fantastique* de Berlioz. Le bal de l'Opéra, à lui seul, a produit une quantité de textes et d'images considérable. Le carnavalesque en est la dimension essentielle, l'hystérie son climat et Musard en fut le diable dirigeant l'orchestre en tirant des coups de pistolets ou en brisant des chaises. À n'en pas douter, beaucoup de ces textes en prose ou en vers ont été inspirés par les propriétaires des établissements négociant avec les petits journalistes l'insertion de ces publicités indirectes. Jusqu'à la fin du siècle, « bal » est un mot magique qui capte immédiatement l'attention du lecteur, mais aussi de la lectrice qui peut y découvrir les nouvelles tendances de la mode et y apprendre les mots du dernier chic, non sans, bien sûr, bovaryser à loisir, de même que les jeunes gens. Mais *quid* du Tivoli ?...

DU PARC D'ASNIÈRES À DISNEYLAND

Le Tivoli, lui, ne fait que sommeiller, car il lui faut de l'espace et bizarrement toujours un château – et cela jusqu'à celui de la Belle au bois dormant de Disneyland. C'est en proche banlieue qu'il réapparaît en force autour du Château d'Asnières. Et ce n'est pas sans raison que dans *La Vie parisienne* d'Offenbach, le Brésilien réclame qu'on l'emmène au bal d'Asnières. Celui-ci est né le 15 août 1849. Dominé par son château bâti en 1751 par le marquis Voyer d'Argenson, il était de plus bordé par la Seine pour la joie des canotiers, *sportsmen* à la mode. On y organisa dans une débauche d'éclairage au gaz, des fêtes monstres, bals et orchestres de centaines de musiciens, ascensions en ballons libres ou captifs, jeux, feux d'artifice de Ruggieri, trains spéciaux depuis Saint-Lazare. Il eut en 1865-1866 sa gazette, *Le Parc d'Asnières, Journal hebdomadaire* et fut aussi choisi par de nombreux comités et associations pour y mener des soirées fastueuses. Ses cafés et sa table étaient réputés, il organisait des régates et avait une école de natation. Plus de cinq mille personnes pouvaient y évoluer. Un journaliste de *La Semaine des familles* a noté judicieusement : « Le parc d'Asnières est, en effet, la ville d'eau hebdomadaire de cette population de plaisir qu'on trouve dans toutes les grandes villes, à Paris plus que partout ailleurs, et qui veut s'amuser à tout prix, et surtout à bon marché » (23 juin 1866). Suivront le Luna Park de la Porte Maillot cher à Raymond Queneau et qui enchantera le début du siècle suivant, puis Disneyland aux États-Unis avant Marne-la-Vallée. Les Tivolis sont les premiers parcs à thèmes, constructions fantasmagoriques dont l'univers de signes a été brillamment déconstruit par Louis Marin dans ses *Utopiques : jeux d'espace* (Minuit, 1973).

À LIRE

Tivolis

Sources du XIXe siècle

L'Ancien et le nouveau Tivoli, ou les Danses en plein air, Paris, chez les principaux libraires, 1827.

Les Folies parisiennes, ou la Revue des trois montagnes russe, suisse et de la Folie-Beaujon, Paris, Impr. de Laurens, 1817.

Les Modes, ou la Soirée d'été, poème en trois chants, avec des notes et des anecdotes particulières à la bonne compagnie, Paris, Maret, 1797.

Paris en miniature, ou Petit tableau critique et amusant de Paris, de ses plaisirs, de ses usages, de ses mœurs, par une société de flâneurs et musards de la capitale, Paris, R. Leroux, 1826.

Quelle folie, ou Galerie des caricatures depuis les Incroyables jusqu'au Bœuf à la mode. Étrennes assez piquantes pour la présente année, Paris, Ouvrier, s. d.

Ch. R. C****u, *Le Tribunal volatile, ou nouveau Jugement porté sur les acteurs, actrices, auteurs, et sur divers endroits publics de Paris*, Paris, Tiger, an XI [1803].

CHAUSSARD, Pierre-Jean-Baptiste, *Le Nouveau Diable boiteux. Tableau philosophique et moral de Paris. Mémoires mis en lumière et enrichis de notes par le docteur Dicaculus, de Louvain...* Paris, F. Buisson, an VII [1798-1799].

DUVAL, Alexandre, *Les Artistes par occasion, ou l'Amateur de Tivoli*, comédie en un acte et en prose [Paris, Opéra-Comique, 22 février 1807], Paris, Vente, 1807.

GOUFFÉ, Armand, *Tivoli, ou le Jardin à la mode*, vaudeville en un acte, Paris, Barba, 1796.

L***, *Paris et ses modes, ou les Soirées parisiennes*, Paris, Michelet, an XI [1803].

LANGLE et BERNARD, *Les Plaisirs de Tivoli, scènes anacréontiques*, Paris, Dépôt de librairie, an VI [1797-1798].

LUCHET, Auguste, *Paris : esquisses dédiées au peuple parisien et à M. J.-A. Dulaure*, Paris, J. Barbezat, 1830.

MERLE, Jean-Toussaint, *L'Espion anglais, ou Correspondance entre deux milords sur les mœurs publiques et privées des Français* [1777], Paris, Léopold Collin, 1809.

MOSSÉ, J.-M., *Chronique de Paris, ou le Spectateur moderne, contenant un tableau des mœurs, usages et ridicules du jour*, Paris, chez l'auteur, 1812.

PONSON DU TERRAIL, Pierre Alexis, *La Bouquetière de Tivoli (Les Incendiaires)*, Paris, L. de Potter, 1865.

RUGGIERI, Claude, *Précis historique sur les fêtes, les spectacles et les réjouissances publiques*, Paris, chez l'auteur, 1830.

TESSIER [Citoyen], *Tableau de Paris, en 1797, par Madame S. S.*, Paris, Mlle Durand, 1797.

UN AMATEUR, *Le Tivoli-Montmartre*, Paris, chez les principaux libraires, 1827.

Études modernes

CAPON, Gaston, *Monographies parisiennes. I, Les Tivolis, 1796-1841*, Tours, Impr. de E. Arrault, 1901.

CAZES, Georges, *Les Grands parcs de loisirs en France : réflexions sur un nouveau champ de recherches*, Aix-en-Provence, Centre des hautes études touristiques, 1988.

CORBIN, Alain, *L'Avènement des loisirs, 1850-1960*, Paris, Flammarion, 2001.

LANGLOIS, Gilles-Antoine, *Folies, tivolis et attractions : les premiers parcs de loisirs parisiens*, Paris, Délégation à l'action artistique, 1991.

–, *Jours de fête : de Tivoli à Eurodisneyland*, Paris, Syros-Alternatives, 1992.

MARIN, Louis, *Utopiques : jeux d'espaces*, Paris, Minuit, 1973.

WILLEMIN, Véronique et Gilles-Antoine Langlois, *Les Sept folies capitales*, Paris, Syros-Alternatives, 1986.

Bals

Sources du XIXe siècle

Le Diable à Paris. Paris et les parisiens : mœurs et coutumes, caractères et portraits des habitants de Paris, tableau complet de leur vie, Paris, J. Hetzel, 1845-1846.

CHAMPEAUX, Étienne-Junien de, *Physiologie des bals de Paris et de ses environs*, Paris, Decaux, 1845.

CHICARD et BALOCHARD, *Physiologie des bals de Paris*, dessins par MM. Lacoste et Kolb, Paris, Desloges, 1841.

DAIRNVAELL, Georges, *Physiologie des étudiants, des grisettes et des bals de Paris, par Satan*, Paris, G. Dairnvaell, 1849.

DELVAU, Alfred, *Les Cythères parisiennes, histoire anecdotique des bals de Paris*, Paris, E. Dentu, 1864.

FORSTER, Karol, *Paris et les Parisiens : quinze ans à Paris : 1832-1849*, Paris, Firmin-Didot frères, 1848-1849.

HUART, Louis, *Le Bal Musard*, 60 vignettes par Cham, Paris, Aubert, 1850.

KARR, Alphonse, « Le bal au cinquième étage », *Paris, ou le Livre des cent-et-un*, Paris, Ladvocat, 1831-1834, tome XI, p. 105-118.

KOCK, Paul de, « Le bal de l'Opéra », *La Grande ville : nouveau tableau de Paris, comique, critique et philosophique*, ill. de Gavarni, Victor Adam, Daumier, Paris, Bureau central des publications nouvelles, 1842-1843, p. 375-384.

LUCHET, Auguste, « Les bals champêtres en 1833 », *Nouveau Tableau de Paris au XIXe siècle*, Paris, Mme C. Béchet, 1834-1835, tome II, p. 367-393.

MALBERT (G.) [Gustave Bourdin], *Voyage*

A. Provost, *Des couples de danseurs au bal Bullier*, estampe/ BnF, Gallica.

autour de Pomaré, reine de Mabille, princesse du Ranelagh, grande-duchesse de la Chaumière, par la grâce de la polka, du cancan et autres cachuchas, Paris, G. Havard, 1844.

NARREY, Charles, *Les Polkeuses : poème étique sur les célébrités de la polka par Nick Polkmall*, Paris, P. Masgana, 1844.

REY-DUSSUEIL, Antoine, « Le siècle au bal », *Paris, ou le Livre des cent-et-un*, Paris, Ladvocat, 1831-1834, tome X, p. 247-265.

ROUSSEAU, Jean-Baptiste, *Paris dansant*, Paris, Michel Lévy frères, 1861.

STAINES, Théodore, *Les Oiseaux de nuit et les polkeuses des scènes publiques*, Paris, chez tous les marchands de nouveautés, 1845.

VITU, Auguste et BLANRY, Laurence de [Paul Farnèse], *Physiologie de la polka d'après Cellarius*, Paris, l'éditeur, chez tous les libraires, 1844.

Études modernes

Paris au bal : treize physiologies sur la danse, éd. établie par Alain Montandon, Paris, Honoré Champion, 2000.

GASNAULT, François, *Guinguettes et lorettes : bals publics et danse sociale à Paris entre 1830 et 1870*, Paris, Aubier, 1986.

Jules Chéret, *Tous les jours de 2h à minuit Montagnes russes, Boulevard des Capucines, 28*. Affiche. Imprimerie Chaix. Paris, 1888. BnF, Gallica.

LE Magasin du XIXe siècle

DIRECTEUR DE LA PUBLICATION
José-Luis Diaz

PRESIDENT DE LA SERD
Jean-Claude Yon

RÉDACTRICE EN CHEF
Victoire Feuillebois

SECRÉTARIAT DE RÉDACTION
Julien Schuh

COMITÉ ÉDITORIAL
Brigitte Diaz
Victoire Feuillebois
François Kerlouégan
Mathilde Labbé
Julien Schuh
Jean-Didier Wagneur
Jean-Claude Yon

RECHERCHE ICONOGRAPHIQUE
Julien Schuh

CONCEPTION GRAPHIQUE
Jennifer Ward

LE MAGASIN DU XIXe SIÈCLE
ISBN : 979-10-267-1110-0

DÉPÔT LÉGAL
Novembre 2022

ADRESSE DE LA RÉDACTION
Société des études romantiques
et dix-neuviémistes
Université Paris Diderot,
UFR Lettres, Arts, Cinéma,
5-7 rue Thomas Mann,
Bibliothèque Seebacher
Bât. A, 2e étage
75013 Paris
https://serd.hypotheses.org/

ÉDITEUR
Éditions Champ Vallon
01350 Ceyzérieu
04 50 56 15 51
info@champ-vallon.com

DIFFUSEUR
Harmonia Mundi

IMPRIMEUR
Présence graphique
2, rue de la Pinsonnière - 37260 Monts
contact@presence-graphique.fr

TIRAGE
Imprimé en France - 750 exemplaires

ONT PARTICIPÉ À CE NUMÉRO

Ada Ackerman, Aude Ameille, Brice Ameille, Chloé d'Arcy, Claire Barel-Moisan, Constance Barbaresco, Corinne Bayle, Sophie-Valentine Borloz, Samantha Caretti, Adrien Cavallaro, Bérangère Chaumont, Isabelle Conte, Brigitte Diaz, José-Luis Diaz, Damien Delille, Romain Enriquez, Victoire Feuillebois, Florence Filippi, Marie Gaboriaud, Agathe Giraud, Aude Jeannerod, Mathilde Labbé, Pierre Lacotte, Occitane Lacurie, Jacqueline Lalouette, Mathilde Leïchlé, Corinne Legoy, Judith Lyon-Caen, Bertrand Marquer, Pierre Michel, Olga Medvedkova, Sophie Mentzel, Jessy Neau, Alain Pagès, Claire Paulhan, Benoît Peeters, Valentina Ponzetto, Anne Reverseau, Joëlle Robert, Stella Rollet, Olivier Sauvage, Julien Schuh, François Schuiten, Gisèle Séginger, Sarah Vitacca, Jean-Didier Wagneur, Erika Wicky, Jean-Claude Yon

ILLUSTRATION DE COUVERTURE

A. Provost, « Le bal Mabille en 1867 », Bibliothèque Nationale de France.

PUBLICATIONS DE LA SOCIÉTÉ DES ÉTUDES ROMANTIQUES ET DIX-NEUVIÉMISTES

Romantisme, revue du XIXe siècle
La Lettre de la SERD
Le Magasin du XIXe siècle

Le Magasin du XIXe siècle bénéficie d'une subvention du Centre national du Livre (CNL).

FICHE D'ADHÉSION 2023

Romantisme
Le Magasin du XIXe siècle
La Lettre de la SERD

Secrétariat : Bibliothèque Seebacher
Université Paris Diderot, UFR Lettres, Arts, Cinéma
5-7 rue Thomas Mann, Bât. A, 2e étage
75013 Paris

APPEL À COTISATION POUR 2023

À remplir et à retourner à : Antonia Fonyi
139 rue du Faubourg Saint-Antoine
75011 Paris
France
antonia.fonyi@wanadoo.fr

Plusieurs formules d'adhésion sont proposées, vous donnant le droit de vote lors du renouvellement annuel par tiers du conseil d'administration :

• adhésion simple, vous assurant, outre le statut de membre, la réception du *Magasin du dix-neuvième siècle*, revue annuelle imprimée et illustrée de 300 pages, et de trois *Lettres* électroniques dans l'année, qui vous informeront de la vie dix-neuviémiste ;

• adhésion combinée avec abonnement à *Romantisme* à un tarif préférentiel, vous assurant, outre les avantages indiqués ci-dessus, la réception des quatre numéros annuels de la revue *Romantisme*.

• adhésion couplée à la Society of Dix-Neuviémistes (SDN, https://uksdn.wordpress.com) pour 12 euros de supplément sur l'adhésion choisie.

Modalités de règlement :

• en ligne, depuis le site de la SERD par PayPal : https://serd.hypotheses.org/paiement-par-paypal

• par virement, au compte de la SERD au Crédit mutuel Enseignants (guichet 6500, compte n° 2069 3801 ; IBAN : FR76 1027 8065 0000 0206 9380 105 ; BIC : CMCIFR2A)

• par chèque, établi **exclusivement** à l'ordre de la Société des Études Romantiques et adressé à Antonia Fonyi, 139 rue du Faubourg Saint-Antoine, 75011 Paris, France

Nom ______________________ Prénom ______________________

Institution ______________________

Adresse postale ______________________

Adresse électronique ______________________
(pour recevoir les *Lettres* électroniques de la SERD)

ANNUAIRE DES MEMBRES DE LA SERD

L'adhésion donne droit de figurer dans l'annuaire et d'y porter soi-même les informations qu'on souhaite y voir figurer. Un mot de passe (dix caractères maximum) donne accès au formulaire et garantit que les informations ne seront pas modifiées par un tiers. Le mot de passe des anciens adhérents reste valide, mais ils peuvent le modifier ci-dessous. Les nouveaux adhérents sont invités à l'indiquer ici.

Verse **la cotisation annuelle 2022**, et règle la somme de ______________________

Particuliers, France

❑ **Formule 1 (sans Romantisme)** : 34 € (17 € pour les étudiants et jeunes docteurs ayant soutenu leur thèse depuis moins de 5 ans et ne disposant pas de poste à l'université ou dans la recherche) ______________________

❑ **Formule 2 (avec Romantisme)** : 79 € (64 € pour les étudiants et jeunes docteurs) ______

Particuliers, étranger

❑ **Formule 3 (sans Romantisme)**: 39 € (22 € pour les étudiants et jeunes docteurs) ______

❑ **Formule 4 (avec Romantisme)**: 84 € (69 € pour les étudiants et jeunes docteurs) ______

Institution

❑ **Formule unique (sans Romantisme) pour la France et l'étranger** : 40 € ______

Adhésion couplée à la Society of dix-neuviémistes (SDN) : ajouter 12 € au tarif choisi.
Les numéros de notre ancien *Bulletin du XIX*[e] *siècle* peuvent être commandés au prix de 12 € l'exemplaire.
La dernière version imprimée (2010) de notre annuaire international peut être commandée au prix de 30 euros.

TOTAL ______________________

Date ______________ Signature ______________________